송자대전

한국고전번역원 한국문집번역총서

송자대전 13

宋子大全

송시열 지음
宋時烈

이기찬 옮김

일러두기

1. 이 책 《송자대전》은 《국역 송자대전》(1981~1988)의 미번역 부분을 포함하여 수정·번역한 완역서이다.
2. 이 책의 번역 대본은 한국고전번역원에서 간행한 한국문집총간 108~116집 소재 《송자대전(宋子大全)》으로 하였다. 번역 대본의 원문 텍스트와 원문 이미지는 한국고전종합DB(http://db.itkc.or.kr)에서 확인할 수 있다.
3. 역주는 내용이 간단하면 간주(間註)로, 길면 각주(脚註)로 처리하였다.
4. 한자는 필요한 경우 이해를 돕기 위하여 넣었으며, 운문(韻文)은 원문을 병기하였다.
5. 원문의 오류를 수정하였거나 오류가 의심되는 경우, 교감자료와 중요한 자구(字句)에서 차이가 있는 경우에는 그 내용을 각주로 밝혔다.
6. '한글 맞춤법'의 용법과 다르거나 새로 만든 문장 부호는 다음과 같다.
   「 」: ' ' 안의 재인용을 나타낼 때 사용한다.
   『 』: 「 」 안의 재인용을 나타낼 때 사용한다.
   …… : 원문의 '云云'을 처리할 때, 각주에서 긴 인용문을 처리할 때, 각주의 표제어가 네 어절 이상일 경우 생략되는 말을 처리할 때 사용한다.
   - - : 본문에서 소자(小字) 원문 주(註)의 처음과 끝에 사용한다.
   □ : 원문의 글자가 빠진 빈 난을 표기하거나 '결락과 판독 불가 글자에 대한 지침'에 따라 번역할 때 사용한다.
   ▨ : 훼손 등으로 인해 판독이 불가능한 원문을 표기할 때 사용한다.

차례

송자대전 제59권

서 書

송자대전 제60권

서 書

송자대전 제61권

서書

송자대전

제58권

書서

민대수[1]에게 답함 신해년(1671, 현종12) 1월

答閔大受 辛亥正月

이해의 전후로 두 통의 편지를 받았는데 형언하기 어려울 만큼 기쁘고 후련합니다. 비본(碑本)은 이제 이에 의거하여 수정하고 있습니다. 거취(去就)의 대의는 비유하자면 물을 마시는 자가 그 물을 차게 마실지 따뜻하게 마실지 스스로 알아서 선택하는 것과 같습니다.[2] 그런데 석가(釋迦)는 몇천 몇백억 개로 화신(化身)하여 한결같이 중생을 제도하는 것에 마음을 두었기 때문에 천세 만세토록 존자(尊者)로 일컬어진다는 사실입니다. 지금 집사는 어느 한쪽을 위주로 하지는 않겠지만, 고통받는 나라를 도탄에서 다 구할 수 있는 것으로 말하자면 부처도 한 걸음 뒤로 물러나 양보해야 할 테니, 매우 우습습니다. 마침 서백(西伯)[3]의 파발 편이 있어 대략 이렇게 답장을 보냅니다.

1 민대수(閔大受) : 민정중(閔鼎重, 1628~1692)으로, 대수는 그의 자이다. 본관은 여흥(驪興), 호는 노봉(老峯)이며 송시열과 송준길의 문인이다.

2 거취(去就)의……같습니다 : 민정중이 송시열에게 자신의 출사(出仕)에 대한 거취를 물은 데 대해 거취는 스스로 알아서 선택할 문제라는 견해를 표명한 것이다. 민정중은 1669년 10월에 동지사(冬至使)로 청나라에 가면서 친구인 전라 감사 김징(金澄)에게 표피(豹皮)로 만든 갖옷 한 벌을 전별 선물로 받은 일이 있었는데, 이후 후임 전라 감사 오시수(吳始壽)가 1670년 6월 6일에 상소를 올려 김징이 전라 감영에 있던 표피 다섯 벌을 사사로이 썼다고 언급하였다. 이 일로 민정중은 사직하고 충추(忠州)로 낙향하였다. 《老峯集 卷4 待罪疏》

3 서백(西伯) : 일반적으로 충청 감사인 호서백(湖西伯)과 평안 감사인 관서백(關西伯)을 가리키는 말인데, 여기서는 누구를 가리키는지 분명하지 않다.

민대수에게 답함 신해년(1671, 현종12) 5월

答閔大受 辛亥五月

병중에 그리운 마음이 배나 더 간절하던 차에 이번에 의정부의 서리(胥吏)가 와서 서찰을 전해 주니[4] 기쁜 마음을 뭐라 말할 수가 없습니다. 다만 우(禹) 임금과 후직(后稷)의 일은 본래 군자의 본분이고[5] 심산유곡에는 부득이한 자만이 처하는 것입니다. 더구나 지금은 떠도는 백성과 굶어 죽은 시체가 길에 가득하니[6] 바로 어진 사람이 은혜를 베풀고 은덕을 펴야 할 시점인 것입니다. 그런데 집사는 이런 때에 서둘러 물러날 방책을 찾고 있으니, 다시 나올 때의 초심과는 다르지 않습니까. 전석(前席)에서 하교하시던 날, 이 사람은 이미 시험해 봤으나 아무런 효험을 보지 못했다고 우러러 대답하지 못했으니, 공적으로나 사적으로나 어찌 유감스럽지 않겠습니까.[7] 오늘날 중생을 구제하는 일

4 의정부의……주니 : 민정중은 스승 송시열의 충고에 따라 1671년 1월에 다시 출사하여 예조 판서가 되고 한성부 판윤을 거쳐 3월부터는 의정부 좌참찬으로 있었다.

5 우(禹)……본분이고 : 우 임금과 후직이 직무에 바빠서 세 번이나 자기 집 문 앞을 지나가면서도 집에 들어가 보지 못하였는데, 공자(孔子)는 이를 군자로서 당연히 해야 할 본분이라고 여겨 이들을 훌륭하다고 칭찬하였다. 《孟子 離婁下》

6 지금은……가득하니 : 1670년 경술년부터 1671년 신해년까지 기근이 계속되었는데, 이를 경신대기근(庚辛大饑饉)이라고 한다. 2년 동안 지진, 역병, 냉해, 가뭄, 홍수의 피해와 메뚜기, 참새, 딱정벌레 떼의 역습으로 큰 흉년이 들어서 100만 명의 기아자가 발생하고 아사자가 속출하여 인구가 1할 이상 줄어드는 등 피해가 극심하였다. 《顯宗改修實錄 11年 2月 15日, 閏2月 16日・26日, 3月 7日, 4月 5日, 5月 17日, 6月 8日・20日》

7 전석(前席)에서……않겠습니까 : 임금과 국정을 논하는 자리에서 임금이 하교할 때

은 진실로 석가(釋迦)가 나오더라도 할 수 없는 점이 있으니, 다만 주자(朱子)가 진찰(塵刹)을 받든 것을 배울 뿐입니다.[8]

관서(關西)에서 온 편지를 통하여 북쪽에서 사신(使臣)이 온다는 설이 경계(經界)를 지적하는 것임을 알았습니다.[9] 기억하기로, 옛날 판서 이경증(李景曾)이 원접사(遠接使)의 명을 사양하면서 말하기를 "저 나라에서는 필시 '이모(李某) 형제 외에 조선에는 사람이 없는가 보다.'라고 말할 것이니, 그러면 신의 집안으로서는 영광이지만 어찌 당대의 수치가 아니겠습니까." 했다 하는데,[10] 당시에 온 세상이 그 상소 때문에 포복절도했었습니다. 이는 바로 집사의 집안을 위해서

능력이 없음을 분명하게 말하지 못하여 송시열 자신도 벼슬을 맡고 말았다는 말이다. 1671년 5월에 송시열은 우의정에 제수되었다. 《尤菴先生書節要集解 卷4》

8 주자(朱子)가……뿐입니다 : 《능엄경(楞嚴經)》에 "이 심신을 가지고 진찰을 받드는 것, 이를 일러 부처님 은혜 보답하는 거라 하네."라는 구절이 있는데, 여기서 진찰을 받든다는 것은 마음을 견지하고 수행하는 것을 말한다. 주희가 진동보에게 답하는 편지에서 이 구절을 인용하여 구차하게 출사(出仕)해서는 안 된다는 뜻으로 말하였다. 즉 벼슬에 나갔다가 일을 그르쳐 누를 끼치기보다는 물러나 수학하면서 세교(世敎)를 돕는 것이 임금 은혜에 보답하는 길이라는 것이다. 《晦菴集 卷36 答陳同甫》 여기서는 송시열이 정승에 제수되었으나 나가지 않겠다는 뜻을 드러낸 것이다.

9 관서(關西)에서……알았습니다 : 관서에서 온 편지는 평안 감사로 있는 민유중(閔維重)에게서 온 편지를 말하는 것으로 보인다. 그 편지의 핵심은 강계(疆界)를 정하기 위하여 장차 청나라에서 사신이 나올 것인데 민씨(閔氏) 집안에서 원접사의 명을 받을 것이라는 내용이었다. 《尤菴先生書節要集解 卷4》

10 이경증(李景曾)이……하는데 : 이경증은 본관은 덕수(德水), 자는 여성(汝省), 호는 미강(眉江)이다. 이조 판서와 병조 판서 등을 지냈다. 일본 사신과 청나라 사신을 접대하는 원접사로 활동하였는데, 《승정원일기》 인조 17년 9월 15일 기사에 비변사에서 이경증이 원접사로 적임자임을 아뢰는 계사가 있다.

준비된 것이니, 한바탕 크게 웃을 만합니다. 이만 줄입니다.

별지

〔문〕 무소뿔〔犀角〕 8전(錢)에 대하여 ○ 본래 저축된 것이 없었는데 마침 무소뿔로 만든 칼자루를 가지고 와서 바치는 사람이 있었습니다. 소인은 본래 공작(工作)하는 일을 하지 않기 때문에 그것을 심약(審藥)에게 남겨 주어 약재(藥材) 예비용으로 두었다가 삼가 이를 올립니다. 혹 살펴보다가 의심하실까 염려되기에 외람되이 경위를 아뢰는 것입니다.

〔답〕 이 무소뿔에 대한 주(註)는 김원회(金元會 김징(金澄))가 손수 썼습니다. 이 역시 공작임을 밝힐 하나의 증거가 될 수 있을 텐데, 제 행적에 혐의가 될까 저어하여 감히 이를 가지고 집사의 애매한 상황[11]에 대한 시비를 밝힐 수가 없으니, 바로 주자의 이른바 "서로 낭패를 당하는데도 고개를 들고 한번 외치지 못하여 깊이 걱정과 부끄러움을 지고 있다."[12]라는 말과 같은 상황이라 하겠습니다. 한가한 중에 옛 편지를 살피다가 우연히 이 편지를 발견하고 이렇게 올리니, 대수는 한번 살펴보고 되돌려주시기 바랍니다.

11 집사의 애매한 상황 : 민정중이 김징에게 선물로 받은 표피가 전라 감영의 공적인 물건이었음을 지적받고 1670년에 사직한 일을 말한다. 자세한 내용은 19쪽 주2 참조.

12 서로……있다 : 주희가 임정백(林井伯)에게 보내는 편지에 나오는 말인데, 남송 영종(南宋寧宗) 연간에 주희와 당시 학자들이 한탁주(韓侂冑)에 의해 위학당(僞學黨)으로 몰려 배척을 당했기 때문에 한 말이다. 《晦菴集 別集 卷1 林井伯》

민대수에게 답함 신해년(1671, 현종12) 6월

答閔大受 辛亥六月

서쪽 인편이 와서 편지를 전해 주어 자상하게 해 주신 말씀을 살펴 알게 되니, 위로되고 후련해지는 마음이 맑은 바람을 쐬는 것 이상이었습니다. 그리고 은둔할 생각을 크게 재고하고 경기 백성들을 진휼하셨다는 소식을 접하였습니다.[13] 이를 통해 어진 사람의 마음은 이렇듯 자신의 몸을 사사로이 하지 않는다는 것을 볼 수 있었으니, 공경하고 우러르는 마음을 금할 수가 없습니다. 반면에 저 같은 사람은 스스로 헤아려 봐도 백에 하나 능한 재주가 없는 데다 전일에 물러나 돌아가는 것으로 스스로를 징계한 뒤로 감히 재차 벼슬길에 나올 생각을 하지 못하고 있으니, 참으로 식견이 얕아 대장부의 진면목을 제대로 못 알아봤다고 하겠습니다.

제가 농담을 잘한다고 하신 말씀은 사람으로 하여금 배를 잡고 웃게 합니다. 이미 그런 일을 할 수도 없을뿐더러 또 그런 말을 할 수도 없게 되었으니, 평소의 굳세었던 마음이 깊은 우물 속에 빠져 버렸다고 할 수 있습니다. 근래 엮은 〈삼학사전(三學士傳)〉[14]은 더욱 사람으로 하여금 간담을 비장하게 하는데 이를 계승하는 자가 없는 것이 한스럽

13 은둔할……접하였습니다 : 민정중은 당시 굶주리는 백성을 진휼할 목적으로 한성부 판윤을 자청하여 한성부 내에 진휼소를 설치하여 서울과 경기 백성을 진휼하였다. 《顯宗實錄 12年 1月 25日》

14 삼학사전(三學士傳) : 송시열이 병자호란 당시 척화를 주장하다가 청나라 심양(瀋陽)에 잡혀가서 죽은 홍익한(洪翼漢), 윤집(尹集), 오달제(吳達濟)의 전기이다.

습니다. 단지 주자(朱子)가 "남북이 다시 기뻐하고 중외에 우환이 없다 보니 복수를 해야 한다는 말을 우활하고 어리석은 소견으로 여겨 다시 입 밖에 꺼내지 않게 되었다."라고 탄식한 말[15]만 외우게 되니, 저도 모르게 비분강개하여 개탄을 금할 수가 없습니다. 보내 드렸던 김원회(金元會)의 짧은 편지를 돌려주지 않으셨는데 다음 인편에 보내 주시는 것이 어떻겠습니까? 가뭄과 불볕더위가 매우 기승을 부리고 있으니 시대를 위하여 더욱 몸을 보중하여 멀리서 염려하는 사람의 마음을 위로해 주시기 바랍니다.

○ 대략 기억하기로, 몇 년 전에 온양(溫陽) 행조(行朝)에서 삼학사를 명예를 낚은 사람이라고 말한 자가 있었는데, 집사께서 그렇지 않다고 매우 분명하게 밝히셔서 특별히 성상의 인가를 받았습니다.[16] 매번 학문이 고명하신 성상을 우러를 때마다 요순(堯舜)과 탕무(湯武) 같은 성인이 되실 수 있다는 생각이 듭니다. 그때의 대화를 부디 상세히 기록하여 보여 주시기를 청하니, 〈삼학사전〉의 뒤에 삽입하여 서술하고 싶을 뿐입니다.

15 남북이……말 : 《회암집(晦菴集)》 권75 〈무오당의서(戊午讜議序)〉에 보인다.

16 몇……받았습니다 : 1668년에 현종이 온양 온천의 행궁(行宮)에 행차한 적이 있는데, 그때 임금이 대신에게 삼학사에 대해 묻자, 이조 참판 민정중이 본말을 자세히 설명하였다. 그러자 좌의정 허적(許積)이 "그들은 일을 좋아하여 명예를 낚은 사람입니다."라고 하므로 민정중이 대답하기를 "그때에 오랑캐가 감히 명나라를 적수로 여겨 황제를 참칭하던 상황이었으니, 저 삼학사가 어찌 통렬하게 배척하지 않을 수 있었겠습니까." 하였다. 이에 현종이 "천조(天朝)를 섬기는 데 관계되므로 대의로 볼 때 의당 그러해야 하는데, 더구나 끝내 몸을 죽여 말을 실천하였으니 명예를 낚았다고 말할 수는 없다."라고 하였다. 《宋子大全 卷213 三學士傳》

민대수에게 답함 신해년(1671, 현종12) 6월

答閔大受 辛亥六月

인편을 통해 편지를 받아 보았는데 마치 만나서 이야기를 나누는 것 같으니, 위로되고 감사한 마음을 뭐라 형언할 수 있겠습니까. 다만 재이(載邇)[17]의 죽음에 대해서는 놀라움과 애통함을 금치 못하겠습니다. 그가 배우지 못해 무식하다 보니 때때로 크게 사리에 어긋난 적도 있었지만 나라를 위해 진력한 점으로 보자면 다른 사람들이 따라갈 수 없으니, 이런 면에서 매우 애석하다 하겠습니다.

어제 영인공(榮姻公)이 보내온 편지를 받았는데 집사가 은둔할 생각을 거의 돌린 것을 두고 근래의 제일 좋은 소식이라고 언급하였습니다. 이는 참으로 이른바 인정이 어떤지 크게 살펴볼 수 있다고 하겠는데,[18] 잘 모르겠습니다만 어떻게 이렇게 할 수 있었습니까? 가만히 보면 하늘의 뜻도 전리(田里)에서 한가롭게 지내게 하지 않으려는 듯한데, 이 점에 대해 어떻게 생각하십니까? 저는 병이 날로 더욱 고질이 되어

17 재이(載邇) : 서필원(徐必遠, 1613~1671)의 자이다. 본관은 부여, 호는 육곡(六谷)이다. 김집(金集)과 정홍명(鄭弘溟)에게 수학하였고 형조와 병조의 판서를 역임하였다.

18 어제……하겠는데 : 영인공(榮姻公)은 광성부원군(光城府院君) 김만기(金萬基)를 가리킨다. 그의 딸이 숙종 비 인경왕후(仁敬王后)이기 때문에 영광스러운 임금의 인척이라는 뜻으로 칭한 것이다. 이때 김씨와 민씨 두 집안 사이에 약간 틈이 있었는데, 그럼에도 불구하고 김만기가 민정중의 출사를 두고 근래 들어 제일 좋은 소식이라고 칭찬하였으므로 송시열은 당시의 인정을 살펴볼 수 있는 계기가 될 만하다고 말한 것이다.《宋子大全隨箚 卷6》

가므로 흉년에 상관없이 죽지 못할까 걱정하지 않아도 될 정도입니다. 삼학사(三學士)에 대한 유사(遺事)는 부디 일찍 써서 보내 주시기 바랍니다.

민대수에게 답함 신해년(1671, 현종12) 7월 13일
答閔大受 辛亥七月十三日

서쪽 파발 편이 와서 9일에 보내신 편지를 전해 주었고 아울러 돌려주시는 짧은 편지와 무신년(1668)의 일기[19]까지 받았는데, 마음을 기울여 써 주신 정성은 어떤 말로도 비유할 수가 없습니다. 얼마 전에 집안사람을 통해 집사가 병조 판서에 제수되는 명을 받았다는 소식[20]을 대략 듣고서 공적으로나 사적으로나 기쁨과 걱정스러움이 실로 제 가슴속에 절절해졌습니다. 지금 살펴보건대 앞으로 정책이 어디로 갈지 알 수 없으니 그대의 거취는 이제 이미 말할 수 없는 상황이 되고 말았습니다. 무엇보다 해마다 군정(軍丁)을 등록하고 포(布)를 징수하는 두 가지 문제는 현재 여항의 백성들 형편으로 보면 손쓰기가 매우 어렵습니다. 그것을 전적으로 폐할 수 없는 경우라면 대략 그 안에서 형편을 고려하면서 적절히 재량하여 처리할 방도는 있습니까? 재야에서 부질없는 걱정에 절로 애가 타는데 이 역시 직분 밖의 어리석은 생각일

19 짧은……일기 : 짧은 편지란 무소뿔과 관련된 김징(金澄)의 편지를 가리킨다. 이에 대한 자세한 내용은《송자대전》권58 〈민대수에게 답함(신해년 5월)〔答閔大受(辛亥五月)〕〉에 보인다. 무신년의 일기는 민정중이 1668년 온양(溫陽) 행궁(行宮)에서 삼학사(三學士)와 관련하여 대신들과 논란을 벌인 일의 시말을 적은 기록이다. 24쪽 주16 참조. 송시열은 민정중에게 이 일을 상세히 기록하여 보여 주기를 청하였는데,《송자대전》권58 〈민대수에게 답함(신해년 6월)〔答閔大受(辛亥六月)〕〉에 관련 내용이 보인다.

20 병조……소식 :《현종실록(顯宗實錄)》에 따르면 민정중은 1671년 6월 29일에 병조 판서에 제수되었다.

뿐입니다.

계주(季周)가 승지가 된 것[21]은 말만 들었지 아직 보지를 못했습니다. 그러나 바쁘다는 말을 이미 들었으니 조용하게 회포를 풀 수는 없을 듯합니다. 〈삼학사전(三學士傳)〉은 초고를 이미 청주 목사(淸州牧使)[22]에게 보냈는데 그의 회답을 기다려 보내 드리겠습니다. 저는 여러 달 더위에 시달린 나머지 독리(毒痢)가 틈을 타고 발병하여 말할 수 없이 고생을 하고 있습니다. 이로 인해 누워서 대신 쓰게 하다 보니 일일이 갖추어 말씀드리지 못합니다.

21 계주(季周)가……것 : 계주는 이단하(李端夏)의 자이다. 《현종실록》에 따르면 그는 1671년 6월 17일에 동부승지가 되었고 7월에는 좌부승지가 되었다.

22 청주 목사(淸州牧使) : 당시 청주 목사로 있던 남구만(南九萬)을 가리킨다. 삼학사 중 한 명인 오달제(吳達濟)가 남구만의 고모부이기 때문에 송시열이 〈삼학사전〉의 내용과 관련하여 그와 상의하는 일이 많았고 초고를 완성한 뒤에 보내어 내용을 살펴보게 한 것이다. 《宋子大全隨箚 卷6》

민대수에게 보냄[23] 신해년(1671, 현종12) 8월

與閔大受 辛亥八月

아버지가 폐질(廢疾)이 있으면 그의 아들이 승중(承重)한다는 말은 《정지(鄭志)》[24]에서 비록 천자와 제후에 의거하여 말한 것이기는 하지만, 주자(朱子)가 논한 것[25]을 가지고 본다면 이것은 실로 천자부터 서민에 이르기까지 공통으로 적용할 수 있는 예라고 하겠습니다. 화숙(和叔 박세채(朴世采))의 의견도 이것에 의거하여 논단하였다면 가벼이

23 민대수에게 보냄 : 이 편지는 민신(閔愼)이 아버지 민세익(閔世益)을 대신하여 조부 민업(閔業)의 상복을 입는 데 대해 논한 것이다. 김장생의 문인이었던 교관(敎官) 민업이 1671년에 죽었는데 아들 민세익이 정신 질환으로 상주 노릇을 할 수 없는 상황이었다. 그러자 민씨 집안에서 민정중을 통해 박세채에게 문의하였는데, 박세채는 주희(朱熹)가 〈상복에 대해 토론하기를 청하는 차자〔乞討論喪服箚子〕〉에서 주장한 설에 따라 민신에게 대신 삼년복을 입게 하였다. 그 뒤 송시열에게도 의견을 물었는데, 송시열도 주희가 가묘(家廟)에 고한 글에서 정한 설과 정현(鄭玄)의 설에 근거하여 손자 민신이 아버지를 대신하여 참최 삼년복을 입는 것이 타당하다는 의견을 제시하였다. 그런데 이후 숙종 즉위년(1674) 9월 9일에 송시열과 사이가 좋지 않았던 김우명(金佑明)이 인대(引對)할 때 이 사실을 숙종에게 아뢰었고, 그 결과 조사와 심문 과정을 거쳐 민신이 원지(遠地)로 유배 가게 되었다. 결국 이 사건은 예론과 관련된 당대의 논란에 또 하나의 불씨로 작용하면서 남인과 노론 간의 당쟁의 빌미가 되었다. 《顯宗實錄 14年 9月 9日·12日, 15年 1月 2日》《肅宗實錄 卽位年 10月 15日, 11月 23日》

24 정지(鄭誌) : 정현이 그의 제자들과 경서에 대해 문답한 것을 모은 책으로, 정현이 죽은 뒤에 그의 아들 정소동(鄭小同)이 편찬하였다.

25 주자(朱子)가 논한 것 : 《회암집(晦菴集)》 권14 〈상복에 대해 토론하기를 청하는 차자〉를 말한다.

논란해서는 안 될 듯합니다.

기억하건대 예전에 어떤 사람이 주장하기를 "《통전(通典)》에 '아버지가 죽어 초빈(草殯)도 하기 전에 조부가 죽는다면 조부에 대한 상복을 기년(朞年)만 입는다.'[26]라고 한 것은 차마 그 부친을 죽었다고 인정하여 갑자기 승중의 복을 입을 수 없어서이다. 부친이 이미 죽었어도 오히려 이렇게 하는데 더구나 지금은 부친이 생존해 있는데 폐질이 있다 하여 갑자기 차마 그 복을 대신 입을 수 있겠는가." 하였는데, 이 설도 분명 이치가 있기는 합니다. 그러나 선사(先師) 사계(沙溪) 선생께서는 일찍이 《통전》의 설이 타당하지 않다고 여겨 "이렇게 되면 이는 상제(祥祭)와 담제(禫祭)가 없게 되는데 그래서 되겠는가."라고 하였습니다. 그렇다면 《통전》의 설은 아마도 정론(定論)이 될 수 없을 듯합니다.

또 일찍이 주자에게 다음과 같이 질문하는 자가 있었는데 "70세가 되어 가사(家事)를 자손에게 전하면 적자(嫡子)나 적손(嫡孫)이 제사를 주관하게 되니, 이렇게 되면 가묘(家廟)의 신주를 모두 다시 바꾸고 적자나 적손의 이름으로 만들어 제사를 받들어야 합니다. 그러나 부모가 아직 생존해 있으니 마음에 편하겠습니까?"[27]라고 하니, 주자가 대답하기를 "이런 일은 행하기 어려우니, 또한 자기 몸으로 직접 행해야 할 것이다." 하였습니다. 그러나 또 주자가 일찍이 가묘에 고한 글[28]에

26 아버지가……입는다 : 《통전》 권97 〈부친을 초빈하기 전에 조부가 사망했을 때의 복제에 대한 논의〔父未殯而祖亡服議〕〉에 보인다.

27 70세가……편하겠습니까 : 주희의 제자 심한(沈僩)의 질문으로, 이 문답은 《주자어류(朱子語類)》 권87 〈소대례(小戴禮) 곡례(曲禮)〉에 나온다.

서는 "나이 70이 되니 쇠병(衰病)이 침범하여 근골이 매우 쇠약해졌기에 이미 성상의 은혜를 입어 치사(致仕)에 대한 윤허를 받았습니다. 그러니 맡고 있는 집안의 일도 의당 자손에게 전해 주어야 하는데 이을 자식은 이미 죽었습니다.[29] 그렇다면 저 외로운 손자 감(鑑)이 종통(宗統)을 이을 차례인데 그 또한 나이가 어려서 꿇어앉아 전(奠)을 올리는 일을 아직 감당하지 못합니다. 하지만 지금 이미 논의를 정하여 그에게 제사를 받들게 하고 제 두 아들 야(埜)와 재(在)에게 서로 옆에서 도와주도록 하였습니다.……"라고 하였습니다. 이 두 가지 설이 비록 금일의 일과는 대략 같지는 않지만 역시 이를 참조하여 처리할 수는 있을 것입니다.

대체로 이 일은 체모가 매우 중대하므로 내 생각에는 민씨(閔氏) 집안에서 이러한 사정을 자세히 적어 예조에 올리면 예조에서 조정과 의논하여 한 시대의 전례(典禮)로 정할 것이니, 그렇게 되면 일이 더욱 완비될 것이라고 여기는데 어떨지 모르겠습니다.

28 가묘(家廟)에 고한 글 : 주희의 〈치사를 가묘에 고하는 글[致仕告家廟文]〉을 가리킨다. 주희가 살아 있을 때 손자에게 종통을 잇고 조상의 제사를 받들게 한 주희 본인의 사례를 제시한 것이니, 본문에서 바로 앞에 제시한, 아버지가 살아 있을 때 아버지를 대신해 조상 제사를 주관하게 해서는 안 된다고 했던 주희 본인의 설과는 상반된다. 《晦菴集 卷86》

29 이을……죽었습니다 : 주희의 맏아들 주숙(朱塾)은 아들 주감(朱鑑)을 낳고 주희보다 먼저 젊은 나이에 죽었다.

민대수에게 답함 신해년(1671, 현종12) 9월

答閔大受 辛亥九月

병조의 조례(皁隸)가 와서 18일에 보내신 편지를 전해 주었는데, 지면 가득 간곡하고 자상하게 해 주신 말씀이 병든 사람의 마음에 큰 위로가 되었습니다. 저의 병은 설사가 아직 그치지 않았고 다리에 부종(浮腫)이 갑자기 생겼습니다. 그러나 다리가 부은 뒤로 아직 의원의 말을 듣지 못했기 때문에 정간(鄭諫)과 권의(權醫)가 처방해 준 약을 그대로 복용하고 있는데,[30] 이는 대승기탕(大承氣湯)을 써야 할 증세에 도리어 사군자탕(四君子湯)을 쓰는 격[31]에 가깝지 않겠습니까.

집사가 고향으로 돌아가려는 마음은 실로 도도한 강물처럼 강한 줄을 잘 알지만, 벗어나기 어려울 듯하고 아직 그때도 아닌 듯한데, 어떻게 생각하십니까? 나라의 살림이 실로 애통하다 할 만하지만 안으로 궁중에서부터 밖으로 이서(吏胥)들에 이르기까지 한결같이 백성들이 뿔뿔이 흩어지고 이리저리 전전하는 어려운 때임을 자각하고 화려한

30 정간(鄭諫)과……있는데 : 정간은 당시 사헌부 지평으로 있던 정유악(鄭維岳)을 가리킨다. 《송자대전수차》에 따르면 정유악이 의술에 밝았다고 한다. 그리고 권의는 당시에 어의(御醫)로 있던 권유(權愉)를 가리키는데, 당시 현종(顯宗)이 어의와 약물을 보내어 송시열의 병을 치료하게 하는 일이 자주 있었다.

31 대승기탕(大承氣湯)을……격 : 대승기탕은 대증 요법으로 급히 투약해야 할 때 쓰고 사군자탕은 허해진 진기(眞氣)를 보완할 때 쓰는 약이다. 《晦菴集 卷34 答呂伯恭》 여기서는 다리가 붓는 새로운 증상이 생겼으니 처방을 달리하여 약을 써야 하지 않겠느냐는 말이다.

옷, 좋은 음식, 살진 말, 넓은 집에 대한 생각이 전혀 마음에 싹트지 않게 한다면 고난을 넘어 모두 형통해지는 시기가 머지않아 도래할 것입니다.

두문(斗文)에 대한 논의[32]는 삼가 가르침을 잘 들었습니다. 아무개 형제분이 이전 편지에서 번거롭게 하신 말씀은 실로 저의 죽을죄인데도 심하게 배척하지 않으니 참으로 감사할 뿐입니다. 제 아이가 만약 주선에 힘입어 해직(解職)되어 돌아온다면[33] 어떤 기쁨이 그것만 하겠습니까. 하고 싶은 말은 너무 많으나 남의 손을 빌려 대충 쓰느라 갖추어 다 말씀드리지 못합니다.

32 두문(斗文)에 대한 논의 : 두문은 파주(坡州) 자운산(紫雲山) 근처의 마을 이름으로 율곡(栗谷) 이이(李珥)의 무덤이 있는 곳이다. 1671년 이이의 무덤이 좋은 혈(穴)이 아니라는 이유로 김집(金集)이 생존했을 때부터 개장(改葬) 논의가 있었는데 김집이 사망하면서 논의가 중단되었다. 이때 와서 다시 논의가 재개되어 화석정(花石亭) 근처로 개장할지 아니면 그대로 두고 묘역을 수리할지를 놓고 서인(西人)들 사이에 의견이 갈렸다. 1671년 8월 9일 송시열은 이이의 종손 이후시(李厚蒔)에게 편지를 보내어 개장에 무게를 두고 생각해 보라고 하면서 자세한 것은 민정중 형제와 상의하라고 말하였다. 《宋子大全 卷115 答李英伯》

33 제……돌아온다면 : 송시열의 아들 송기태(宋基泰)는 1671년 7월 장원서 별제(掌苑署別提)에 제수되었다. 《承政院日記 顯宗 12年 7月 26日》

민대수에게 답함 신해년(1671, 현종12) 9월 12일
答閔大受 辛亥九月十二日

주자(朱子)가 말하기를 "삼년상에 거친 상복을 입고 미음과 죽을 먹는 일은 천자(天子)부터 서민에 이르기까지 귀천의 차별이 없다[34]고 하였습니다. 그리고 예경(禮經)과 칙령(勅令)에서 '아들이 아버지를 위하여, 그리고 적손(嫡孫)으로서 승중(承重)한 자가 조부를 위하여 모두 참최 삼년복(斬衰三年服)을 입는다.'라고 하였습니다. 이는 적자(嫡子)가 당연히 아버지의 후사(後嗣)가 되어 막중한 대종(大宗)을 계승해야 하지만, 지위를 이어받아 집상(執喪)할 수 없는 경우에는 적손이 종통(宗統)을 계승하여 아버지 대신 집상하는 것이 의리로 보아 당연하기 때문입니다." 하였는데,[35] 이는 실로 오늘날 박화숙(朴和叔 박세채(朴世采))이 분명하게 논증했던 사안입니다. 《주자어류(朱子語類)》에서 주자가 심한(沈僩)이 질문한 데 대해 비록 "또한 자기 몸으로 직접 행해야 할 것이다."라고 답한 적도 있지만,[36] 《주자대전(朱子大全)》에 또 칠십에 전중(傳重)을 가묘(家廟)에 고한 글이 있으니[37] 더욱이 《주

34 삼년상에……없다 : 《맹자》 〈등문공 상(滕文公上)〉에 보인다.

35 주자(朱子)가……하였는데 : 《회암집(晦菴集)》 권14 〈상복에 대해 토론하기를 청하는 차자〔乞討論喪服箚子〕〉에 보인다.

36 주자어류(朱子語類)에서……있지만 : 아버지가 살아 있으나 어쩔 수 없는 사정이 있을 때 아들이나 손자가 대신 조상의 제사를 주관하는 것은 마음이 편치 않으니 아버지 본인이 직접 행해야 한다는 말이다. 《朱子語類 卷87 小戴禮 曲禮》

37 주자대전(朱子大全)에……있으니 : "칠십에 전중을 가묘에 고한 글"이란 주희의

자어류》의 말을 정론(定論)으로 삼아서는 안 될 것입니다.

그러나 주자가 일찍이 〈송조의 조묘에 대해 논의한 글〔論宋朝祧廟議〕〉에서는 "지금 태상(太上)이 성수(聖壽)가 무강하여 바야흐로 천하의 봉양을 누리고 계시는데, 태묘(太廟)에 갑자기 한 대(代)의 자리를 비우면서 조금도 거리낌이 없다면 이것이 무슨 예란 말인가.……"라고 하였는데,[38] 여기에서 이른바 태상은 바로 폐질(廢疾)을 앓고 있던 광종(光宗)을 가리킵니다. 지금 적손이 아버지를 대신하여 승중하더라도 신주를 쓸 때에 이르러 갑자기 조손(祖孫)으로 일컫는다면 이는 미리 아버지의 자리를 비워 두는 것이기에 바로 주자가 기롱한 것같이 되는 셈이니, 이렇게 하기는 난처한 일입니다. 혹자는 "손자에게 그 상을 대신 행하게만 하고 신주를 쓸 때에는 아버지를 위주로 해야 한다."라고 하는데, 이렇게 하면 온당하게 될 듯합니다.

하지만 이에 대한 옛날의 분명한 글이 없는 데다 주자가 일찍이 "새로운 예법을 세우는 일은 성대한 덕을 지닌 자가 아니면 행할 수 없다."[39] 라고 하였으니, 지금 누가 감히 스스로 성대한 덕을 지닌 자라고 칭하

〈치사를 가묘에 고하는 글〔致仕告家廟文〕〉을 가리키는데, 주희가 살아 있을 때 맏손자에게 종통을 잇고 조상의 제사를 받들게 한 일을 집안 사당에 고하는 내용이다. 《송자대전》 권58 〈민대수에게 보냄(신해년 8월)〔與閔大受(辛亥八月)〕〉에 자세한 내용이 보인다.

38 주자가……하였는데 : 효종(孝宗)이 죽었을 때, 그 아들 광종이 폐질에 걸렸으므로 광종의 아들 영종(寧宗)이 선양(禪讓)을 받아 대신 상주가 되었다. 여기에서 주희의 말은 손자가 승중하더라도 그 부친이 살아 있으면 신위를 손자의 이름으로 개제(改題)해서는 안 된다는 말이다. 《晦菴集 卷29 與趙丞相書》

39 새로운……없다 : 《회암집》 권36 〈육자수에게 답함〔答陸子壽〕〉에 보인다.

면서 그 사이에서 참작하여 새로운 예를 만들 수 있겠습니까. 그래서 지난번 저의 편지에서 민씨 집안이 예조에 이런 사정을 적어 올려 조정의 논의를 거쳐 처리하기만을 바랐던 것입니다.

민대수에게 답함 신해년(1671, 현종12) 9월 13일
答閔大受 辛亥九月十三日

새벽에 까치가 울어 기쁜 소식을 알려 주었는데 그 뒤에 정다운 편지가 다시 이르니, 제 마음이 너무 놀랍고 신기하여 병이 다 사라진 듯합니다. 지난밤에 중우(仲羽)[40]와 베개를 나란히 베고 누워 얘기를 나누었는데, 나랏일의 걱정스러움이 회생하기 어려운 이 몸과 별 차이가 없으니 참으로 어찌한단 말입니까.

약을 이렇게까지 곡진하게 생각하여 보내 주시니 감사한 마음 어찌 끝이 있겠습니까. 다만 원기가 이미 다 떨어져서 효과를 볼 수 없을 듯합니다. 태의(大醫)가 위로해 주는 말은 다 믿을 것이 못 되지만 정간(鄭諫 지평 정유악(鄭維岳))의 말은 참으로 옳으니, 바야흐로 이제 태의와 상의를 해 보려고 합니다. 천궁(川芎), 당귀(當歸), 작약(芍藥), 지황(地黃)은 삼가 잘 받았으나 사탕가루가 없으니 혹 중간에 분실되었는지 모르겠습니다. 지난번에 별지를 받았는데 어수선하여 답변을 드리지 못하다가 이제야 제 변변치 못한 설을 뒤미처 올리는 바입니다.

별지

《주자어류(朱子語類)》에서 제자 보광(輔廣)이 묻기를 "기일에 곡해야

40 중우(仲羽) : 이숙(李翻, 1626~1688)의 자이다. 본관은 우봉(牛峯), 호는 일휴정(逸休亭)이며 송시열의 문인이다.

합니까?" 하니, 주자가 답하기를 "슬픔이 올 때에는 곡해야 한다. 당나라 때 사대부들은 예전의 예에 따라 기일에 상복을 입고서 조문을 받았다. 그런데 오대(五代) 때 어떤 사람이 기일에 조문을 받고 있었는데 어떤 사람이 조문을 왔다가 마침내 앉은 자리에서 상주를 찔러 죽이는 일이 벌어졌다. 그 뒤로는 기일에 사람들의 위문편지만 받고 접견하지 않게 되었다." 하였다.[41] 또 제자 여도(呂燾)가 묻기를 "사람이 여행 중에 자기 집안의 기일을 만나면 여관에서 탁자를 펴 놓고 향을 피워도 됩니까?" 하니, 주자가 답하기를 "이런 미세한 것까지는 고인(古人)이 말하지 않았으나 만약 의리에 크게 거리낌이 없다면 거행하는 것도 무방하다." 하였다.[42]

주자가 논한 기일의 의례는 위와 같은데 이제 대감 집에서 행하는 예와 관련지어 말해 보겠습니다. 살아 계실 때 섬긴 적이 있는 조부모에서부터 부모까지의 기일에는 자리를 만들어 절하고 곡한다고 했는데, 이는 주자의 이른바 "슬픔이 올 때에는 곡해야 한다."라는 뜻이라 할 수 있습니다.

증조(曾祖) 이상에는 단지 배위(拜位)만 설치하고 만다고 했는데, 이는 주자의 이른바 "탁자를 펴 놓고 향을 피우는 것이 의리에 크게 거리낄 것이 없다."라는 뜻이라 할 수 있습니다. 주자가 일찍이 기일의 의복(衣服)에 대해 논하기를 "기일에 선친과 조부, 증조부, 고조부를 위해 입는 의복에 각각 등차가 있고 선비(先妣)와 조비(祖妣)를 위해 입는 복도 같지 않다."[43] 하였습니다. 의복도 이미 같지

41 보광(輔廣)이……하였다 : 《주자어류》 권90 〈예(禮)7 제(祭)〉에 보인다.

42 여도(呂燾)가……하였다 : 《주자어류》 권90 〈예7 제〉에 보인다.

않으니 곡을 하고 하지 않는 것에도 역시 차이가 있어야 할 것입니다. 이렇게 보면 이우(李友)[44]의 견해도 근거가 있는 듯합니다.

출가한 딸의 경우 곡을 해야 할지 하지 않을지에 대해서는 근거가 있지는 않습니다만, 제자 호백량(胡伯量 호영(胡泳))이 일찍이 묻기를 "며느리가 부모의 상을 당하여 계절이 바뀌는 때를 만나면, 잘 모르겠습니다만 곡하는 소리를 내도 됩니까?" 하니, 주자가 답하기를 "시부모가 있다면 그 옆에서 곡하는 소리를 내기는 어렵다." 하였습니다. 상중에도 오히려 이와 같다면 기일에도 곡을 할 수 없음을 알 수 있습니다.

43 기일에……않다 : 《주자어류》 권87 〈소대례(小戴禮) 제의(祭義)〉에 보인다.

44 이우(李友) : 초려(草廬) 이유태(李惟泰)를 가리키는 듯하다.

민대수에게 답함 신해년(1671, 현종12) 9월
答閔大受 辛亥九月

일전에 답장을 돌아가는 파발 편에 부쳤는데 지금 병조의 조례(皁隷)가 다시 이르러 편지를 전해 주었습니다. 편지의 뜻이 정중한 것을 보고서 매우 두터이 마음을 써 주신 데 대해 진실로 감격하였습니다. 그러나 이것은 중우(仲羽 이숙(李翻))와 권의(權醫 어의 권유(權愉))가 집사에게 소식을 전하였기 때문에 서둘러 이렇게 도와주시는 것은 아닙니까? 주자가 일찍이 말하기를 “여항의 서생(書生)은 거친 밥과 나물국도 본디 일상적인 분수라고 여기는데 후생(後生)들은 이것을 처음 보고 이상하게 여겨 가볍게 서로 말을 전한다.” 하였으니, 이는 바로 오늘을 위하여 준비한 말인 듯합니다.

또 이 도(道)의 전(前) 감사(監司)가 중우의 편지로 인해 인근의 열읍(列邑)에 분정(分定)하여 찬물(饌物)을 보내 주게 하였고 병이 나을 때까지 돌아가며 대 주게 하였다고 하는데, 듣는 자들이 코웃음을 치고 있습니다. 중우가 생각이 없고 감사가 더욱 이렇게 생각이 없을 줄은 몰랐습니다. 이번에 집사가 보내 준 것은 매우 아름답고 좋은 것들이라 천한 사람에게는 너무나 분에 넘칩니다만, 이렇게 정밀하면서도 간결하게 조처해 주시니 사람의 마음에 절로 위안이 됩니다. 다만 병조의 조례가 빈번하게 여기에 오니 이 점은 너무 번거롭게 한다는 혐의가 있지 않겠습니까. 병을 무릅쓰고 겨우 쓰느라 말하고 싶은 것을 일일이 갖추어 쓰지 못합니다.

민대수에게 보냄 신해년(1671, 현종12)

與閔大受 辛亥

봉산(鳳山)에 사우(祠宇)를 세우려는 논의[45]는 감히 함부로 할 수 없는데, 이는 월당(月塘)이 아직도 죄적(罪籍)에 들어 있기 때문입니다.[46] 그리고 어렵게 여기는 자들이 말이 없을 수 없으니[47] 조금이라도 후일을 기다리는 것이 온당하다고 여겨집니다. 구봉(龜峯)은 석담(石潭 이이(李珥))과 파산(坡山 성혼(成渾))의 친구이고 사계(沙溪 김장생(金長

45 봉산(鳳山)에……논의 : 이 당시 사림들이 송익필(宋翼弼)을 위해 황해도 봉산에 사당을 세우려고 논의한 것을 말한다.《宋子大全隨箚 卷3》송익필은 본관은 여산(礪山), 자는 운장(雲長), 호는 구봉이다. 김장생과 정엽(鄭曄)의 스승으로 예학에 조예가 깊었다. 원래 노비 집안이었는데 아버지 송사련(宋祀連)이 주인의 아들 안처겸(安處謙)을 고변(告變)하여 공신에 책봉되고 당상관에 올랐으나 나중에 조작임이 밝혀져서 송익필의 형제들이 다시 안씨 집안의 노비로 환속되었다. 그러자 송익필은 성명을 바꾸고 도피 생활을 하다가 자수하여 유배를 가기도 하였고, 후에 석방되어 황해도 일대를 전전하며 살다가 불우하게 일생을 마쳤다.

46 감히……때문입니다 : 월당은 강석기(姜碩期)의 호이다. 강석기는 본관은 금천(衿川), 자는 복이(復而)이다. 김장생의 문인이다. 청나라에서 돌아온 소현세자가 급서한 뒤에 세자빈이었던 딸이 인조를 저주한 사건의 주모자로 몰려 죽는 이른바 '강빈의 옥사'가 벌어졌을 때 먼저 죽은 강석기는 관작을 추탈당하였고 그의 가문은 역적 집안으로 몰려 멸문의 화를 당하였다.《月塘集 卷6 諡狀》여기서는 강석기가 현종 당시까지 죄적에 들어 있었으므로 사승(師承) 관계가 있는 송익필의 사우를 건립하는 문제를 거론하는 것은 어렵다는 말이다.

47 어렵게……없으니 : 우계(牛溪) 성혼이 그의 유문(遺文)에서 송익필에 관한 두어 가지 일을 기록한 것이 있는데 그 내용이 매우 좋지 않았기 때문에 당시 성혼의 문인들은 그에 대해 불만이 있었다.《宋子大全 卷31 答宋明甫(辛亥)》

生))와 신독재(愼獨齋 김집(金集))의 스승이므로 끝내 행적이 민멸되는 지경에는 이르지 않을 것입니다. 그러나 그 안에서 비방하는 말이 아직도 있으니 일찍 일을 추진하여 비난을 초래하기보다는 조금 늦게 행하여 분란을 면하는 것이 더 나을 것입니다.

다만 반정(反正) 초기에 사계 노선생과 수몽(守夢 정엽(鄭曄)) 등 여러 공이 올렸던 신원하는 상소가 있으니[48] 이 소본(疏本)을 얻어서 출행(出行)한다면 힘을 얻을 수 있을 것입니다. 또 생각해 보면 서쪽 지방 같은 외진 곳은 말이 많은 남쪽 지역과는 차이가 있으니, 의논하는 자들이 만약 이를 큰 사체(事體)라고 여기지 않고 있는 듯 없는 듯 처리한다면 혹 크게 분란이 일어나지 않을 수도 있을 것입니다. 이는 단지 자세히 살펴서 신중히 처리하는 데 달려 있다 하겠습니다.

48 반정(反正)……있으니 : 1625년(인조3) 2월에 병조 판서 서성(徐渻), 부호군 정엽, 동지중추부사 김장생 등이 상소하여 스승인 송익필의 신원(伸冤)을 청한 것을 말한다. 이들은 상소에서, 법적으로 환천(還賤)의 대상이 될 수 없는 송익필을 당시 실권을 잡고 있던 신하들이 미워하여 다시 노비로 환천시켰고, 그 결과 온 가족이 떠돌다가 곤궁한 처지에서 죽었는데 30년이 지나도록 노비라는 이름을 면치 못하고 있으니 이는 성명(聖明)한 시대의 큰 흠이라고 주장하면서 그를 신원시켜 줄 것을 요청하였다. 그러나 인조는 선왕조 때의 일이라 가볍게 의논하기 어렵다면서 윤허하지 않았다. 《仁祖實錄 3年 2月 20日》

민대수에게 답함 신해년(1671, 현종12) 11월

答閔大受 辛亥十一月

간절하게 그리워하던 차에 편지를 받으니 너무나 기쁩니다. 제 병은 차도를 보이다가도 심해지는 등 일정하지 않으니, 의약이 아무런 효험이 없어 조물주의 빈정거림에 그냥 맡겨 둘 뿐입니다. 시대의 위기가 이 지경에 이르렀으니 대감의 몸이 비록 강호(江湖)에 무게가 쏠려 있더라도 어찌 몸을 이끌고 시골로 갈 수 있겠습니까. 지난번에 뭇사람의 논의에 내몰려서 상소를 올려 면직(免職)을 청하는 외에 몇 마디의 말을 조금 덧붙였다가 세상의 온갖 구설에 올라 필시 고달프셨을 것입니다. 고인(古人)들도 시사(時事)를 말하려고 할 때 친구들이 찾아와 번갈아 말리는 경우가 있었는데, 지금 세상에는 한결같이 어쩌면 그리도 이와 어긋난단 말입니까. 잘 모르겠습니다만 집사 같은 분도 이런 상황에 처해 있다면 고금의 인간들은 이제 어디에 처한단 말입니까. 비록 이미 소용이 없기는 하지만 이에 대해 듣기를 원합니다.

민대수에게 보냄 임자년(1672, 현종13) 1월
與閔大受 壬子正月

멀리서 대감의 문안 편지를 받으니 이는 실로 새해에 제일 기쁜 일이라 여겨집니다. 저는 병중에 삼가 스스로를 논핵하는 상소[49]를 다듬었는데, 다시 무슨 일을 야기할까 두려워 아침저녁으로 산개(刪改)하며 봉하려다가 다시 그만두기를 계속한 뒤에 어저께야 비로소 현(縣)과 도(道)를 통해 상소를 올렸습니다. 이로써 힐책을 면할 수 있을지 아니면 전보다 더한 일이 벌어질지 다만 두 손을 모으고 그 결과를 기다려 볼 뿐입니다. "아버지 앞에서 자식은 이름을 부른다."[50]라는 것 또한

49 스스로를 논핵하는 상소 : 송시열이 1672년 1월 18일에 올린 자핵(自劾) 상소를 말한다. 이보다 앞서 1671년 10월에 당시 우의정으로 있던 송시열이 우레의 변고로 인해 상소하여 사직하면서 시사에 대해 몇 조목을 올렸는데, 대신(大臣)이 사심으로 정사를 행하면서 도리를 다하지 못한다면 바꾸어야 한다고 하였고, 근래의 대간(臺諫)들은 죄를 입을까 두려워 구차하게 용납되기만을 일삼는다며 대간 윤계(尹堦)와 윤가적(尹嘉績)을 거론하였다. 이로 인해 영의정 허적(許積)이 송시열의 상소에서 거론된 대신은 자신이라며 사직하는 상소를 올렸고 지척을 받은 두 대간도 인피(引避)하였다. 이런 상황에서 다시 헌납 윤경교(尹敬教)가 12월 5일에 상소하여, 임금이 송시열의 말을 따르지 않고 영의정 허적의 말만을 따르므로 국사가 무너지고 있다고 지적하면서 허적을 탄핵하였다. 이에 현종이 노하여 윤경교에게 흉악하고 교활하다느니, 금수(禽獸)라는 등의 말로 강하게 비난하면서 체직(遞職)시키는 한편 "다른 사람의 뜻에 부합하는 짓을 한다."라며 배후에 송시열이 있다는 뜻을 은연중에 내비쳤다. 이에 송시열은 그 말이 자신을 지척하는 것이라고 하면서 1672년 1월 18일에 자핵하는 상소를 올리고 사직을 청했다. 《宋子大全 卷14 辭右議政疏 三疏(辛亥十月二十三日), 附錄 卷5 年譜》《顯宗改修實錄 12年 11月 30日》《顯宗實錄 12年 12月 5日》

예를 의논하는 일과 관련되지만 끝내 구설이 없을지는 잘 모르겠습니다.

연로하고 기운이 쇠해지자 두렵지 않은 일이 없고 두렵지 않은 사람이 없습니다. 장년(壯年) 시절을 돌이켜 생각해 보면 때때로 절로 웃음이 나는데, 장년에 만약 진기(眞氣)을 닦고 양생(養生)하여 본래의 기운을 찾았더라면 지금 당연히 늙을수록 더 강해졌을 것이라는 생각이 들기도 합니다. 그러나 종전의 생각은 그저 모두 객기이고 부질없는 생각일 뿐이니, 참으로 우습습니다. 윤음(綸音)을 고치기를 청했다[51]는 말씀은 무슨 구절을 두고 언급하셨는지 잘 모르겠습니다만, 천신(賤臣)인 저의 일과 관계있는 것이라면 더욱더 황공할 뿐입니다.

○ 시서(詩序)의 구설(舊說)은 《시경집전(詩經集傳)》의 첫머리에 넣어 아울러 간행하지 않을 수 없으니, 홍 좌랑(洪佐郎)[52]과 상의해 보시는 것이 어떻겠습니까? 이 본(本)은 전주(全州)에 있다고 합니다.

50 아버지……부른다 : 《예기(禮記)》 〈곡례 상(曲禮上)〉에 "아버지 앞에서 자식은 이름을 부르고 임금 앞에서 신하는 이름을 부른다."라고 하였는데, 여기서는 아버지 앞에서 자식이 이름을 숨기지 않듯이 송시열 자신은 상소에서 말을 숨기지 않고 정직하게 하는 것이 예의라고 생각하여 그렇게 하였다는 말이다. 《宋子大全隨箚 卷3》

51 윤음(綸音)을 고치기를 청했다 : 1671년 12월 16일에 재상들을 인견(引見)한 자리에서 병조 판서 민정중(閔鼎重)이 아뢰기를 "전하께서는 전부터 말씀하시는 중에 간혹 지나칠 때가 있었습니다만, 이번에는 더욱 심하셨습니다. 금수라는 등의 하교는 매우 거북한 점이 있으니, 이것이 어찌 신하에게 대놓고 할 말이겠습니까." 하자, 현종이 이르기를 "금수라는 등의 말이 거북했다면 내 마땅히 고치겠다." 하였는데, 민정중이 이를 가리켜서 거론한 듯하다. 《顯宗改修實錄 12年 12月 16日》

52 홍 좌랑(洪佐郎) : 병조 좌랑 홍기(洪覬)를 말한다. 본관은 남양(南陽), 자는 언명(彦明), 호는 해갑(蟹甲)이다. 1666년 식년시(式年試) 문과에 급제하였다.

민대수에게 보냄
與閔大受

〈삼학사전(三學士傳)〉은 누차 종이를 바꿔 정서하여 이제 한 부를 북백(北伯)[53]에게 보냈습니다. 부디 개봉하여 한번 보신 뒤에 급히 파발 편에 부치거나 본가(本家) 사람에게 부쳐 분실되지 않게 해 주시는 것이 어떻겠습니까. 그 안에는 결코 남들이 보아서는 안 되는 내용이 들어 있으니 만약 혹시라도 이것이 새어 나가서 청(淸)나라 사람들이 구하게 되면 실로 서너 집의 복(福)이 아닐 것입니다.

53 북백(北伯) : 남구만(南九萬)을 가리킨다. 남구만은 청주 목사로 있다가 1671년(현종12) 7월 함경 감사에 제수되었다. 《顯宗實錄 12年 7月 15日》 삼학사 중 한 명인 오달제(吳達濟)가 남구만의 고모부이다. 28쪽 주22 참조.

민대수에게 답함 임자년(1672, 현종13) 5월

答閔大受 壬子五月

부(府)의 조례(皁隸)가 와서 보내신 서찰을 전해 주어 두문(斗文)의 일[54]을 자세히 알게 되니 매우 위안이 되고 너무나 감사합니다. 새로 무덤을 쓰는 것의 장단점은 감히 추측할 수 없지만 옛 무덤이 좋지 않은 것은 제 육안으로 보더라도 7, 8할은 헤아릴 수 있는데, 앞으로 어떻게 결말이 날지 잘 모르겠습니다. 비석을 세우는 일[55]이 진행되고 있다는 것은 매우 기쁜 일입니다.

말씀하신 분쟁의 단초는 당초에 이미 생각했던 일입니다. 다만 흘러드는 근원의 물은 분명히 돌아갈 곳이 있다고 들었는데, 이 점이 집사를 위해 적이 걱정스럽습니다.[56] 그러나 만약 분란을 야기한 근본이

54 두문(斗文)의 일 : 두문은 파주(坡州)의 마을 이름으로 이이(李珥)의 무덤이 있는 곳이다. 당시에 이이의 무덤을 개장(改葬)할지 보수할지를 놓고 서인(西人)들 사이에 논의가 있었는데, 이 일을 말한다. 자세한 내용은 33쪽 주32 참조.

55 비석을 세우는 일 : 율곡 이이의 묘비를 세우는 일을 말한다. 1672년 자운서원(紫雲書院)에 송시열이 지은 묘정비(廟庭碑)가 세워졌다.

56 분쟁의……걱정스럽습니다 : 분쟁의 단초란 1672년 5월 28일에 올린 송시열의 상소를 말하는데, 송시열은 이 일로 인한 여파가 민정중에게 미칠까 염려하여 이렇게 말한 것이다. 송시열은 이 상소에서, 윤경교(尹敬教)를 변호하는 상소를 올린 바 있는 송준길(宋浚吉)을 당나라 때의 권간(權奸)인 이임보(李林甫)에 비유하며 맹공을 펼친 허적(許積)에 대해 군자를 무함하는 소인이라고 강력하게 비판하였고, 또한 임금이 근래 벌어진 일의 근원인 윤경교는 죄를 물어 극변(極邊)에 안치시켰으면서 그 근원의 근원이라고 할 자신은 오히려 좌의정에 제수하였으니 이는 도리에 맞지 않는 처분이라

참으로 군자가 되고 이임보(李林甫)가 사람으로 하여금 술잔을 들게 하는 결과가 되지 않는다면 집사의 영광도 적지 않을 것이니,[57] 그럴 경우 도리어 집사를 위해 축하하게 될 것입니다. 매번 집사의 글에는 이런 농담이 있으니 어찌하면 저도 〈폄우(砭愚)〉 같은 글을 얻어 집의 벽에 붙일 수 있겠습니까.[58] 이 병이 날로 더욱 고질이 되어 가고 있으니 한번 죽어 관(棺)에 들어가면 그 뒤로 꼬이는 온갖 모기와 파리는 내가 알 바가 아닐 것입니다. 할 말이 많지만 남을 시켜 대충 쓰느라 이만 줄이겠습니다.

고 하면서 직임을 체차해 달라고 요청하였다. 결국 허적을 탄핵한 윤경교의 상소가 노론과 남인 대간들의 상호 공박으로 이어지다가 당의 영수들이 전면에 나서는 예측불허의 상황으로 비화한 것이다. 《宋子大全 卷14 陞拜左議政後引罪乞遞疏(壬子五月二十八日)》

57 분란을……것이니 : 당 현종(唐玄宗) 때의 재상 이적지(李適之)가 권신(權臣) 이임보의 무함으로 파면된 뒤 지은 시에 "현을 피하여 처음 재상에서 파직되고, 성을 좋아하여 우선 술잔을 든다.〔避賢初罷相, 樂聖且含杯.〕"라는 구절이 있는데, 여기에서 현은 탁(濁)의 의미이고 성은 청(淸)의 뜻이다. 결국 이 시는 간신 이임보가 이적지 자신을 내친 것을 풍자한 것이다. 여기서는 분란을 일으킨 근원인 윤경교가 대간으로서 재상을 비판하는 직임을 제대로 수행한 것으로 결론이 나고 재상을 쫓아냈다는 오명을 받지 않게 된다면 매우 다행일 것이라는 말이다.

58 매번……있겠습니까 : 〈폄우〉는 송나라 학자 장재(張載)가 지은 〈동명(東銘)〉을 가리킨다. 〈동명〉은 말과 행동을 깊이 경계하는 내용으로 되어 있는데, 송시열은 매사 여유로운 농담으로 원만하게 행동하는 민정중을 부러워하면서 그렇게 행동하지 못하여 번번이 분란을 일으키는 자신을 자책하는 뜻으로 이렇게 말한 것이다.

민대수에게 답함 임자년(1672, 현종13) 6월

答閔大受 壬子六月

이전의 편지도 매우 감사한데 방금 공편(公便)에 다시 편지를 거듭 받으니 그리워하던 마음에 더욱 위안이 되었습니다. 다만 사퇴를 청하려는 뜻이 있으셨는데, 이미 참소하는 말이 중외에 전파되어 현명하게 보필하던 분[59]이 물러난 상황에서 집사께서도 사직하고 돌아간다면 강 중류에 있는 배는 누가 맡아 끌고 간단 말입니까. 매우 우습습니다.

저는 조용한 가운데 병을 다스리기 위해 이 계룡산(鷄龍山)의 깊은 계곡으로 온 지 이미 한 달이 되어 갑니다. 세상과 통하는 다리를 끊어 버린 화상(和尙)이 되는 것[60]은 무방하나 섣부른 재주가 또 함부로 발동하여 요리를 돕는 자와 크게 어긋나고 말았으니[61] 그 득실을 알 만합니다. 대체로 시초점(蓍草占)은 주자(朱子)를 속이지는 않았더라도 주

59 현명하게 보필하던 분 : 당시 윤경교(尹敬教)의 일이 발단이 되어 여러 차례 공박을 받고 사직한 뒤 시골로 물러나 있는 허적(許積)을 가리키는지, 아니면 윤경교를 변호하면서 허적을 비판하는 상소를 올렸다가 남인 대간들의 공격을 받고 물러나 있는 송준길(宋浚吉)을 가리키는지 분명하지 않다.

60 세상과……것 : 《송자대전수차》 권4에 "옛날에 세상과 통하는 다리를 끊어 버리고 수행한 스님이 있었는데, 그를 단교화상(斷橋和尙)이라 불렀다."라는 말이 있는데, 세상과 단절되어 홀로 지내는 처지를 말한다.

61 섣부른……말았으니 : 섣불리 상소를 올렸다가 결과적으로 분란만 일으켰다는 말이다. 요리를 돕는 자란 "요리를 돕는 자는 음식을 맛보고 싸움을 돕는 자는 상처를 입는다."라는 말에서 온 것으로, 선한 일을 돕는 자는 복을 받고 악한 일을 돕는 자는 해를 입는다는 뜻이다. 《國語 卷3 太子晉諫靈王壅穀水》

자의 초심은 사람을 속인 것이니,[62] 어느 곳에서 고인(高人)이 베개에 기대어 보고 있는지 잘 모르겠습니다. 조만간 처음 품었던 사직(辭職)의 뜻을 이루게 되면 어느 산으로 향할 작정입니까? 만약 충주(忠州)로 가신다면 낙양산(洛陽山)[63] 산중에서 한번 만나기로 약속했으면 합니다. 이만 줄입니다.

62 시초점(蓍草占)은……것이니 : 《주자행장(朱子行狀)》에 "선생이 만언(萬言)의 상소문을 초안하였으나 주장한 말이 너무나 통절하였으므로 문인들이 충고하여 점을 쳐서 결정하기로 했는데, 돈괘(遯卦)가 나오자 선생이 그 상소를 불사르고 둔옹(遯翁)이라 자호(自號)하였다."라고 하였는데, 만언의 상소문이란 당시 한탁주(韓侂胄)의 모함으로 귀양 간 재상 조여우(趙汝愚)를 변론하고 한탁주의 간교한 짓을 비판하는 내용의 글이었다. 소인이 뜻을 얻은 상황에서 군자는 집 안에 들어앉아 집 안의 일만 돌본다는 의미의 돈괘가 나왔으므로 상소를 올리지 않고 불태운 것이다. 여기서 송시열은 주희(朱熹)가 실로 세상을 피해 은둔하려는 마음이 있었기 때문에 돈괘가 나온 것으로 보고 사람을 속인 것이라고 말한 것이다. 《宋子大全隨箚 卷6》

63 낙양산(洛陽山) : 속리산(俗離山) 서쪽 기슭에 있는 산 이름으로, 송시열은 1666년 8월 이 산 아래 화양동(華陽洞)에 집을 지어 이사하였다.

민대수에게 답함 임자년(1672, 현종13) 8월

答閔大受 壬子八月

방금 중형(仲兄)에 대한 만사(挽詞)[64]와 편지를 받고 감격한 나머지 깊이 오열하였습니다. 그런데 이제 또 병비(兵裨)가 19일에 보내신 편지를 전해 주기에 읽어 보고 나서 강가에서 세상을 잊고 자연을 즐기는 흥취에 젖어 계심을 알고는 목을 빼고 그리로 달려가는 마음만 간절하였습니다. 저는 그저께 가형(家兄)의 상을 발인하여 무덤에 도착하였는데, 이제 만사가 다 끝났으니 오히려 다시 무슨 말을 하겠습니까.

두문(斗文)에 대한 글[65]은 선비들의 간청에 몰려 경솔하게 억지로 지었기에 분수에 넘치는 짓을 했다는 두려움이 들었는데 이렇게 장려를 해 주시니 도리어 부끄러운 마음만 더해집니다. 스스로 여러 사람의 논의를 헤아려 볼 때 일을 서술한 것이 너무 소략하다고 할 수도 있는데, 이것은 함께 수정과 윤색을 가하면 될 것입니다. 돌에 새기는 것을 검수하는 일은 제 생각에는 집사의 아드님[66]이 아니면 끝내 거칠고 보잘것없게 될 수 있습니다. 부자(父子)가 전적으로 관장한다는 혐의를

64 중형(仲兄)에 대한 만사(挽詞) : 중형은 송시묵(宋時默)을 가리킨다. 송시묵은 1672년 7월 5일 세상을 떠났고 8월 28일 공주(公州)의 신오(新塢)에 장사 지냈는데, 이때 민정중이 만사를 보내온 것이다. 《宋子大全 附錄 卷6 年譜》

65 두문(斗文)에 대한 글 : 송시열이 지은 자운서원 묘정비(廟庭碑)의 비문을 말한다. 자세한 내용은 33쪽 주32 참조.

66 집사의 아드님 : 민진장(閔鎭長, 1649~1700)을 말한다. 자는 치구(稚久)이고 송시열의 문인이다. 병조, 호조, 형조의 판서 등을 지냈고 우의정을 역임하였다.

말씀하셨는데 그저 크게 웃을 뿐입니다.

화양동(華陽洞)에서 만날 약속은 사람으로 하여금 매우 기다려지게 합니다. 장례가 끝난 뒤에 선사(先師 김장생(金長生))의 유고(遺稿)를 교정하기 위해 여기에서 한 달 시간을 들일 작정인데, 계산해 보면 10월 보름 정도에나 산에 들어갈 듯합니다. 잘 모르겠습니다만, 그때 조정에서 오히려 우리 병판(兵判)이 한가롭게 다녀갈 수 있도록 허락해 줄지 모르겠습니다. 나머지는 이만 줄입니다.

민대수에게 보냄 임자년(1672, 현종13)

與閔大受 壬子

자운(紫雲)의 표액(表額)과 음기(陰記)[67]를 베껴 보내 주시니 매우 감사합니다. 표액은 당연히 먼저 선생에 대해 쓰고 그다음에 "부인이 나중에 합장되었다.〔夫人祔後〕"라고 쓰는 것이 정례(正例)인데, 지금은 "부인이 나중에 합장되었다.〔夫人在後〕"라고 먼저 쓰고 선생을 그 아래에 썼습니다. 잘 모르겠습니다만, 당시에 현자들이 즐비하였는데도 이런 일이 벌어졌으니 어쩌다 이렇게 잘못되었단 말입니까. 이는 개정하지 않아서는 안 될 것입니다. 부디 큰아드님[68] 및 그 밖에 말할 만한 사람들과 얘기를 나눠 보는 것이 어떻겠습니까. 음기는 굳이 고칠 필요가 없을 듯합니다.

67 자운(紫雲)의 표액(表額)과 음기(陰記) : 파주(坡州) 두문리 자운산 자락에 있는 율곡(栗谷) 이이(李珥)의 묘비 표석(表石)의 앞면과 뒷면의 글을 말한다.

68 큰아드님 : 민정중의 아들 민진장(閔鎭長)을 가리킨다.

민대수에게 답함 임자년(1672, 현종13) 10월
答閔大受 壬子十月

이렇게 날이 추워져서 그리운 마음이 더욱 간절하였는데, 홀연히 지난 밤에 전달 17일에 쓰신 편지를 받으니 지극히 위로되는 마음을 뭐라 말할 수가 없습니다. 오늘날의 일은 제가 단지 척추를 곧추세우고 '뒤로 물러나다.〔退步〕'라는 두 글자를 짊어질 뿐입니다.[69] '신하의 분의로 볼 때〔分義所在〕'라는 네 글자가 세상 사람 중에 적지 않은 사람들을 그르친다 하겠는데,[70] 사직 상소를 또 올렸다고 하시니 찬탄하고 우러르는 마음이 어찌 끝이 있겠습니까. 저는 지금 신오(新塢)[71]에 있는 그대 집안의 촌사(村舍)에 머물면서 날마다 선사(先師)의 유고를 교정하고 있는데, 이제 20일쯤에는 산중(山中 화양동(華陽洞))으로 들어갈 것입니다.

69 오늘날의……뿐입니다 : 당시에 윤경교(尹敬教)와 허적(許積)의 일로 현종의 노여움이 상당하여 신하 중에 그 일과 관련된 말을 하는 자가 있으면 바로 견벌(譴罰)이 내려지는 일이 잦았다. 송시열이 이를 불편하게 여겨 여러 번 상소하여 사직을 청하였고 1672년 9월 2일에 마지막 소를 올려 사직을 청하자, 현종이 10월 17일에 마침내 사직을 윤허하였다. 《宋子大全 附錄 卷6 年譜》 여기서는 송시열이 자신이 물러남으로써 이 일에 대한 모든 책임을 지겠다는 말이다.

70 신하의……하겠는데 : 신하들이 어떤 일이 있어 물러났다가 다시 조정에 나아갈 때마다 진퇴의 의리를 분명하게 따져 보지 않고 의례적으로 신하의 분의와 도리상 나아가지 않을 수 없다는 핑계를 대며 구차하게 나아가는데, 바로 이것이 많은 사람들을 그르치는 원인이 된다는 말이다. 《尤菴先生書節要集解 卷4》

71 신오(新塢) : 공주(公州)에 있는 지명이다. 사오(沙塢)라고 하기도 한다.

민대수에게 답함 임자년(1672, 현종13) 10월 25일

答閔大受 壬子十月二十五日

눈이 쌓여 산을 덮은 때에 보내온 편지를 읊어 보니 마치 추연(鄒衍)이 율관(律管)을 불어 보낸 것 같은 기분을 느꼈는데[72] 얼마나 다행이고 얼마나 감사한지요. 다만 이전에는 선가(禪家)에서 운명에 맡기고 느긋하게 사는 것처럼 아무런 일 없이 지내는 집사가 매번 부러웠는데, 이제 다시 문자를 다스리는 일이 있어 바쁘시다는 말을 들으니, 이 몸이 도리어 집사에게 부러움을 사게 된 것이 우습기만 합니다.

얼마 전에 제가 막내 대감에게 답한 편지[73]에서 "오늘날은 단지 '퇴(退)'라는 한 글자를 이마에 붙여 두는 것이 첫째 의리입니다."라고 하였는데, 그가 이를 어떻게 생각할지 잘 모르겠습니다. 흥원(興原)에 대한 마음[74]은 매번 그곳 산과 시내 사이로 훌쩍 떠나 바로 숨어 사는

72 추연(鄒衍)이……느꼈는데 : 음악에 조예가 깊었던 전국 시대 제(齊)나라의 추연이 북쪽의 연(燕)나라에 있을 적에 그곳이 토질은 좋지만 날씨가 추워 오곡이 잘 자라지 않았는데, 추연이 음률(音律)을 정하는 피리인 율관을 불자 기후가 따뜻하게 변하여 곡식이 잘 자라게 되었다고 한다.《列子 湯問》 여기서는 민정중의 편지를 받으니 겨울인데도 따뜻한 기운이 느껴졌다는 말이다.

73 막내……편지 : 막내 대감은 민정중의 동생 민유중(閔維重)을 말한다. 이 편지는 《송자대전》 권62의 〈민지숙에게 답함(임자년 10월)〔答閔持叔(壬子十月)〕〉을 가리킨다.

74 흥원(興原)에 대한 마음 : 흥원은 강원도 원주(原州) 관할의 흥원창(興原倉)이 있는 지역의 이름인데, 송시열은 일찍부터 이곳 또는 가흥(可興) 땅으로 이사하여 이유태(李惟泰), 박세채(朴世采) 등과 이웃하여 살면서 학문을 강론하려는 생각을 가지고 있었으나 결행하지 못하였다.《宋子大全隨箚 卷5》《宋子大全 卷49 答李季周(甲寅五月

것인데 아직도 거기를 가 보지 못했으니, 이는 몸이 벼슬살이에 매여 있으면서 앉아서 천태산(天台山)을 얘기하는 것과 무엇이 다르겠습니까. 한탄스러울 뿐입니다.

포도(葡萄)에 대한 것은, 요동(遼東)과 계주(薊州)에서 "장막 아래에서 포도주를 마시네.〔帳下飮葡萄〕"라는 시구를 낭랑하게 읊은 것이라고 듣고 나니 평소의 장한 마음이 부질없이 다시 일어났습니다. 이어 기억하건대 무술년(1658, 효종9) 겨울에 상께서 초구(貂裘)를 하사하신 적이 있었는데, 그때 은밀하게 받은 하교에 "요동과 계주의 대설(大雪) 속에서 기필코 함께 말달리며 사냥하자."라는 말씀이 있었습니다.[75] 매번 풍설(風雪)을 만날 때마다 받들어 음미하다 보면 저도 모르게 피눈물이 흐릅니다. 이만 줄이겠습니다.

十日)》《文貞公遺稿 卷9 答兒鎭厚(乙卯正月二十一日)》

75 무술년……있었습니다 : 1658년에 효종이 송시열에게 초구 1벌을 하사하고 비밀리에 하유하기를 "경은 나의 뜻을 깨닫지 못하는가? 요동과 계주의 풍상 속에서 장차 함께 말을 달리고자 해서이다." 하였는데, 북벌(北伐)의 뜻을 함께 이루고자 하는 의지를 드러낸 것이다.《宋書續拾遺 附錄 卷2 墓誌》

민대수에게 답함 임자년(1672, 현종13) 11월
答閔大受 壬子十一月

눈이 온 뒤로 더욱 사람 소리가 없다가 홀연히 서원의 유생을 만났고 이어 보내 주신 서한을 받았습니다. 이 반가움이 어찌 사람의 발자국 소리에 기뻐하는 정도일 뿐이겠습니까. 다만 이 산속에 들어와서는 일이 한 가지도 없기를 바랐는데 이런 감당하지 못할 부탁을 받았으니, 참으로 사람을 끊고 세상을 피하기 어렵다는 말이 실감이 납니다. 다만 유생의 요청을 감히 저버릴 수 없어서 대략 두 건의 종이에 먹을 적셔 글씨를 쓰기는 했는데, 단지 독을 덮는 용도로나 쓰기를 요할 뿐입니다. 수일 전에 병마영(兵馬營)으로부터 전일에 보내신 편지를 전해 받았기에 바로 답장을 쓰고 그 편에 부쳤는데, 아직 받아 보시지 못했습니까?

일찍이 보내 주신 선제(先帝)의 어필을 받은 적이 있는데[76] 영외(嶺外)의 한 유생이 이를 본떠 새겨서 간인(刊印)하고 싶다기에 즉시 허락했습니다. 그러나 발문이 없어서는 안 되겠기에 대략 몇 마디 말을 엮었습니다. 하지만 다시 생각해 보니 이것까지 아울러 간인하여 세상

76 일찍이……있는데 : 선제의 어필이란 명 의종(明毅宗) 숭정황제(崇禎皇帝)가 쓴 '비례부동(非禮不動)' 네 글자 어필을 말한다. 민정중이 1669년에 동지사(冬至使)로 북경에 갔을 때 숭정황제의 유필(遺筆)을 구하였는데 한 사람이 이 어필을 가지고 와서 보이기에 정중히 받아 들고 슬피 흐느끼자 그 사람이 그 뜻을 듣고는 값을 받지 않고 선물로 주었다. 이것을 민정중이 백 겹으로 싸서 가지고 돌아와 화양동(華陽洞)에 있는 송시열에게 기증하였다. 《宋子大全 卷147 崇禎皇帝御筆跋》

에 돌아다니다 보면 지나치게 염려할 일이 없지 않을 듯하기에 감히 함께 보내지는 못하였습니다. 그러나 또한 집사께는 숨기는 일이 있어서는 안 되므로 이렇게 삼가 기록하여 보냅니다. 서원의 편액을 만약 버리지 않고자 하신다면 모름지기 글씨를 아는 유생으로 하여금 주자의 설에 의거하여 글자체를 수정하게 하는 것이 어떻겠습니까?[77]

○ 어필은 이 산의 정상 석벽(石壁)에 깊이 새기고 싶은 마음이 간절하나 이는 모름지기 좋은 관인(官人)을 만난 연후에나 말할 수 있을 것입니다.[78]

77 서원의……어떻겠습니까 : 여기에서 송시열이 편액을 써 준 서원은 민정중과 관련 있는 서원으로 보이나 정확히 어떤 서원인지는 찾지 못하였다. 주희는 남에게 글씨를 써 줄 때 "글자체를 아는 사람으로 하여금 수정하게 하라."라고 하였는데, 이는 글씨 가운데 여윈 부분과 살찐 부분을 적절히 보태고 깎아서 수정하라는 뜻이다. 《晦菴集 卷27 答詹帥書》 송시열도 주희의 뜻을 따라 이렇게 말한 것이다. 《宋子大全 卷101 答洪士式(戊辰八月一日)》

78 어필은……것입니다 : 송시열은 68세 되던 해인 1674년 3월 29일에 숭정황제의 어필을 화양동 시내 벼랑의 석벽에 새긴 뒤 그 옆에 암자를 세워 승도(僧徒)로 하여금 지키게 하고 환장암(煥章庵)이라 이름하여 그 진본을 암자에 간직하였다. 그리고 문곡(文谷) 김수항(金壽恒)에게 애사(哀詞)를 지어 그 일을 서술하게 하였는데, 후운(後雲) 홍석기(洪錫箕)도 그 일을 노래로 지어 찬양하였으므로 송시열도 그 운을 따라 시를 짓고 김수항의 시와 함께 간직하였다. 《宋子大全 附錄 卷6 年譜》

민대수에게 답함 임자년(1672, 현종13) 11월

答閔大受 壬子十一月

연이어 서한을 받고 평안하다는 소식을 즐겨 들으니, 누가 열 통의 편지보다 한 번 보는 것이 낫다고 말할 수 있겠습니까. 더구나 섣달 전에 찾아오겠다는 말씀을 들으니 적이 기다리는 마음을 금할 수가 없습니다. 또 날마다 시골의 뛰어난 인재들과 글을 읽으며 공부하신다고 들었습니다. 옛날 정이천(程伊川)이 말년에 용문(龍門)으로 옮겨가 살면서 사방에서 오겠다는 사람들을 만류하기를 "굳이 내 문하에 올 필요가 없다."라고 하였고,[79] 주자(朱子)는 말하기를 "나는 일찍이 글을 올려 변명한 적 없고 또 시를 지어 남을 비방하지도 않았으며 단지 벗들과 더불어 옛 책을 강론하고 도리를 말할 뿐이다." 하였는데,[80] 이제 집사께서는 사람과 처하기를 정이천의 방식으로 하려 하지 않고 절로 주자의 일을 배우고 계시니, 어찌 주자와 같은 만 길 절벽의 우뚝한 기상[81]을 사모하지 않을 수 있겠습니까. 한바탕 크게 웃을 만합

79 정이천(程伊川)이……하였고 : 정이(程頤)가 부주(涪州)로 귀양 갔다 돌아와서 서경 국자감(西京國子監)에 임명되었다가 다시 삭적된 뒤로는 말년까지 용문으로 옮겨가서 조용히 지냈다. 《二程全書 卷50 伊川年譜》

80 주자(朱子)는……하였는데 : 《심경부주(心經附註)》 권2 〈대학(大學) 정심장(正心章)〉에 보인다. 송 영종(宋寧宗) 경원(慶元) 연간에 주희가 한탁주(韓侂胄)에게 당화(黨禍)를 입으려 할 때 한 말이다.

81 주자와……기상 : 주희가 위학당(僞學黨)으로 몰려 해를 입을 상황이 되자, 양방(楊方)이 말하기를 "공자(孔子)도 송나라에서 화를 당하려 할 때 변복(變服)을 하고

니다. 만약 그 속에서 굶주림과 추위도 잊고 도의 진수를 맛보는 경우가 있다면 더욱 즐거울 것입니다. 나머지는 이만 줄입니다.

별지

오늘은 양기(陽氣)가 회복되는 동지이기에 멀리 대궐을 바라보며 삼가 성상께서 관문(關門)을 닫고서 은미하게 그 양(陽)을 기르고[82] 음유(陰柔)의 도에 이끌림[83]을 완전히 끊어 버리시길 축원하였으며, 이어 저 자신이 선(善)으로 돌아가 스스로 새로워지는 공(功)이 없는 것을 부끄러워하였습니다. 이는 집안의 지친에게도 요구할 수 없는데 하물며 존귀한 임금에게야 말해 무엇 하겠습니까. 임금의 마음을 바로잡는 자는 절로 대인(大人)의 덕이 있어야 함을 여기에서 알 수 있으니, 맹자(孟子)가 어찌 저를 속였겠습니까.[84]

국경을 빠져나갔다."라고 하면서 조용히 화를 피하는 것이 좋겠다고 권하였다. 이에 주희가 말하기를 "지금 화를 피해야 한다는 말을 하는 사람은 참으로 나를 아끼는 마음에서 말을 했지만 만약 이때 나를 천 길 절벽처럼 우뚝 서게 한다면 그것이 어찌 더욱 우리 도학의 빛이 되지 않겠는가." 하였다. 《朱子語類 卷107 朱子四內》

82 관문(關門)을……기르고 : 《주역》 〈복괘(復卦) 상(象)〉에 "동짓날에는 관문을 닫아 장사꾼과 여행자가 다니지 못하게 하며 임금은 사방을 시찰하지 않는다."라고 하였는데, 그 전(傳)에 "양(陽)이 처음 회복되는 때에는 매우 미미하므로 안정된 뒤에야 자랄 수 있으니, 임금은 천도에 순응하여 동짓날 양이 처음 생길 때 심신을 안정시켜 양을 길러야 한다."라고 하였다. 즉 임금은 천도에 순응하면서 심신을 안정시키고 성덕을 길러야 한다는 말이다.

83 음유(陰柔)의 도에 이끌림 : 정도(正道)를 보존하지 못하고 사도(邪道)에 끌린다는 말이다. 《주역》 〈구괘(姤卦) 초구(初九)〉에 있는 말이다.

84 임금의……속였겠습니까 : 《맹자》 〈이루 상(離婁上)〉에 "오직 대인(大人)만이 임금 마음의 잘못을 바로잡을 수 있으니, 임금이 어질면 어질지 않은 사람이 없고, 임금이

철원(鐵原)에 사당(祠堂)을 세우려는 논의[85]는 대략 들은 적이 있습니다. 근래 공주(公州)의 유생이 충현사(忠賢祠)에 선사(先師 김장생(金長生))를 제향하고자 하여 저에게 와서 의향을 물었는데, 저는 "우리 문생(門生)의 도리로는 감히 그 사이에서 권하거나 만류할 수 없다."라고 대답하였습니다. 그리고 생각해 보면, 이 일은 이루기가 어려운 것이 아니라 지켜 나가기가 어렵습니다. 만약 일을 이룬 자가 죽고 난 뒤로 이 일을 계승하는 자가 제대로 된 사람이라는 법이 없으니 그렇게 되면 결국 사당에 먼지가 쌓이고 잡초가 우거져서 꼴이 말이 아니게 될 것입니다. 이렇게 되면 선사를 높이려던 것이 도리어 누를 끼치는 결과가 되고 말 것이니, 이것이 감히 권할 수 없는 까닭입니다. 반면에 만약 만류하고자 하면 힘이 미칠 수 없을 뿐만 아니라 듣는 자들이 곡절을 몰라서 필시 매우 놀라고 의아해할 것이니, 이것이 감히 만류할 수도 없는 이유입니다. 공주에서도 오히려 이러한데 하물며 궁벽한 지역인 철원이야 말해 무엇 하겠습니까. 제 생각은 이러한데 어떻게 생각하시는지 모르겠습니다.

율곡(栗谷) 선생 비문(碑文) 초고(草稿)의 붉은 찌지는 서울의 유생들이 집사의 의견이라고 하던데, 잘 모르겠습니다만 사실입니까? 일찍이 찌지 아래에다 각각 제 생각을 덧붙여 질문했을 뿐입니다.

의로우면 의롭지 않은 사람이 없고, 임금이 바르면 바르지 않은 사람이 없다. 한번 임금을 바르게 하면 나라가 안정된다."라고 하였다.

85 철원(鐵原)에……논의 : 강원도 철원에 사당을 세워 김장생을 제향하려는 논의를 말한다. 김장생이 철원 부사를 지냈으므로 이런 논의가 있었다. 《宋子大全隨箚 卷6》

민대수에게 보냄 임자년(1672, 현종13) 12월 8일
與閔大受 壬子十二月八日

매서운 추위가 섣달을 재촉하는 때인데 조용히 지내시는 기거가 더욱 좋으십니까? 동춘(同春 송준길(宋浚吉))이 끝내 병석에서 일어나지 못하고 이때에 영영 세상을 떠났습니다. 그의 처지에서는 만족스럽겠지만 평생을 추념(追念)해 보면 가슴이 에이는 듯하니, 죽기 전까지 어떻게 이 고통을 견딜 수 있을까 싶습니다. 다만 "슬퍼할 날이 얼마 남지 않았다.〔悲不幾時〕"라는 한 구절[86]이 그래도 조금이나마 이해가 될 뿐입니다.

그런데 염습(殮襲)을 마치려는 때에 다시 서문(西門)의 부음이 갑자기 이르렀으니,[87] 사람 사는 집안의 재앙이 어떻게 이럴 수가 있단 말입니까. 사병(四炳)과 상에 둘러앉아 통곡한 뒤에 또 이 참판(李參判)이 공관(公館)에서 죽었다는 소식을 들었는데,[88] 어진 가문의 운세의 어긋

86 슬퍼할……구절 : 한유(韓愈)가 조카 한노성(韓老成)의 죽음을 애도하여 지은 제문에 나온다. 《韓昌黎集 卷23 祭十二郎文》

87 서문(西門)의……이르렀으니 : 송준길의 딸이자 민유중(閔維重)의 부인인 은진 송씨(恩津宋氏)가 죽은 것을 말한다. 《宋子大全隨箚 卷6》 민유중 형제들이 서울의 서문 밖에 살았기 때문에 이렇게 말한 것이다.

88 사병(四炳)과……들었는데 : 사병은 송광식(宋光栻)의 아들인 송병문(宋炳文), 송병하(宋炳夏), 송병원(宋炳遠), 송병익(宋炳翼)을 말한다. 송광식의 부친이 송준길이다. 이 참판은 당시 예조 참판으로 있던 이연년(李延年)을 말하는데, 그는 민정중 형제의 매부(妹夫)이다. 1672년에 함경도 함흥부(咸興府) 정화릉(定和陵) 정자각의 화재를 살피러 갔다가 안변(安邊)의 남산역(南山驛)에서 병으로 죽었다. 《顯宗改修實

남 또한 경악할 만합니다. 저는 전달 20일 이후에 동춘과 영결하고자 추위를 무릅쓰고 서쪽으로 갔다가 그저께 비로소 화양동의 거처로 돌아왔는데, 그사이 몸이 상한 것이 말할 수 없을 정도입니다. 한창 뒹굴면서 고통에 신음하고 있으니 앞으로의 일은 실로 알 수가 없습니다.

회덕(懷德)에 있을 때[89] 어떤 사람이 전해 준 대감의 상소[90] 초본(草本)을 보았습니다. 말씀하신 뜻이 참으로 좋았는데 이로부터 문을 닫기를 더욱 견고하게 하실 듯하니 시대를 위하여 깊이 탄식하게 됩니다. 누워서 남을 시켜 쓰느라 이만 줄이겠습니다.

錄 13年 11月 24日》

89 회덕(懷德)에 있을 때 : 충청도 회덕 송촌(宋村)의 송준길 상가(喪家)를 말한다.

90 대감의 상소 : 민정중이 1672년 11월 1일에 대사헌을 사직하면서 자신의 소회를 진달한 상소를 말한다. 이 상소에서 당시 현종으로부터 엄하게 국문(鞫問)하라는 처분을 받은 이단하(李端夏)를 적극 변호하였다. 이단하가 당시에 죽은 영안위(永安尉) 홍주원(洪柱元)의 치제문(致祭文)을 지었는데, 치제문의 일반적인 양식에 따라 홍주원의 생전 이력을 칭찬하였다. 그런데 현종은 이단하가 당론(黨論)을 부식(扶植)하려는 의도로 홍주원을 찬양했다고 보고 잡아다 엄하게 국문하도록 지시하였다. 현종의 처분이 이렇게 강했던 이유는, 효종 때 조석윤(趙錫胤)이 유배 중에 지은 시를 홍주원이 보고 임금에게 충성하려는 뜻에 변함이 없다고 여겨 조석윤을 석방하도록 청하는 상소를 올렸다가 의빈(儀賓)이 당론에 관여한다는 죄목으로 파직된 적이 있었기 때문이다. 민정중은 이 상소 이후로 현종이 승하할 때까지 제수(除授)의 명이 내려도 벼슬길에 나아가지 않았다. 《顯宗改修實錄 13年 11月 1日》《老峯集 卷4 辭大司憲兼陳所懷疏》

민대수에게 보냄 임자년(1672, 현종13) 12월
與閔大受 壬子十二月

낙정(樂靜)에 대한 글[91]은 사고가 계속 생기는 바람에 이제야 비로소 초고를 보내는데, 결코 십 분의 일도 제대로 표현했다 할 수 없습니다. 집사께서 세세하게 산정(刪定)한 뒤에 그 자제에게 전해 주시는 것이 어떻겠습니까? 비석을 세우는 역사(役事)는 매우 큰일인데 그 집안의 재력으로는 이를 마련할 수 없을 듯하니, 이는 실로 문생(門生)들과 친구들의 책임입니다.

일전에 서리(徐吏)가 지나면서 편지를 전해 주기에 그것을 읽다가 계주(季周)의 "거친 것을 포용해야 한다."라는 말에 이르러 저도 모르게 손자 아이와 한바탕 크게 웃었습니다.[92] 그리고 상소 중에도 이 말을

91 낙정(樂靜)에 대한 글 : 송시열이 지은 〈낙정 조공 신도비명(樂靜趙公神道碑銘)〉을 말하는 것으로 보인다. 낙정은 조석윤(趙錫胤)의 호이다.

92 계주(季周)의……웃었습니다 : 계주는 이단하(李端夏)의 자이다. "거친 것을 포용해야 한다."라는 말은 《주역》 〈태괘(泰卦) 구이(九二)〉에 "거친 것을 포용해 주고 황하를 맨몸으로 건너는 용맹을 발휘하며, 멀리 있는 사람을 버리지 않고 붕당을 없애면 중도에 합치하리라.〔包荒, 用馮河, 不遐遺, 朋亡, 得尙于中行.〕"라고 한 구절에서 왔다. 이단하가 과거 시험에서 이 구절로 글을 써서 급제하면서부터 붕당을 초월하여 관대하게 포용하는 것을 평생 자신의 일로 자임하였는데, 사람들은 그를 우활하다고 여겼다고 한다. 《肅宗實錄 1年 閏5月 15日》 이때 이단하가 홍주원의 치제문과 관련하여 당론을 부식하려 한다는 이유로 하옥되자, 민정중은 그를 구원하는 상소를 올리는 한편 송시열에게 편지를 보내 그의 고지식함을 기롱하였다고 한다. 송시열은 자신도 민정중과 같은 생각이었기 때문에 웃었다고 한 것으로 보인다. 《尤菴先生書節要集解 卷4》 《宋子大全 卷48 答李季周(丁未七月二十七日)》 《顯宗改修實錄 13年 12月 17日》

다시 했는데 성상께서 과연 어떻게 생각하셨을지 잘 모르겠습니다. 듣자니 그가 면직되어 나간 뒤에 선산(先山)이 있는 백아곡(白鴉谷)[93]으로 돌아가려 한다고 했다는데, 그렇게 되면 한강 상류의 시내와 산이 적막하지는 않을 것입니다.

지난달 26일 동춘당(同春堂)에 도착해서 그와 말을 나누기는 했는데 분명하게 다 마치지 못했습니다. 제가 묻기를 "다시 성상께 말씀드릴 수 있기를 바라는가?" 하니, 그가 답하기를 "어찌 그럴 뜻이 없겠습니까만 어찌 감히 그렇게 하겠습니까." 하고, 또 말하기를 "저 역시 선하지 못한 점이 있었습니다." 하였습니다. 그래서 제가 "선하지 못했다는 것은 무슨 일인가?"라고 물으니, 그가 "김 감사(金監司)의 일입니다." 라고 대답할 뿐 이어 그 말을 다 하지 않았기 때문에 누구를 가리키는지 알지 못했습니다. 잠시 뒤에 드디어 원회(元會)의 이름을 거론하였는데, 경술년(1670)의 일이 가슴속에 맺힌 듯하다는 생각은 들었지만[94] 그 스스로 선하지 못했다고 한 말의 뜻은 알 수 없는 점이 있습니다.

93 선산(先山)이 있는 백아곡(白鴉谷) : 현재 경기도 양평군 양동면 쌍학리의 안골을 말한다. 이곳에 이식(李植)과 그의 아들인 이단하, 이면하(李冕夏)의 무덤이 있다.

94 원회(元會)의……들었지만 : 원회는 김징(金澄)의 자이다. 경술년의 일이란 1670년에 전라 감사 김징이 어머니의 회갑 잔치를 벌이면서 관할 지방 수령들에게 많은 예물을 받았다고 탄핵당한 일을 말한다. 이 일에 대해 같은 해 5월에 이단하가 상소를 올려 김징을 구원하려 하였는데, 김징이 그 상소에 사실과 다른 점이 있는 것을 염려하여 올리지 못하게 하였다. 현종이 이 사실을 알고 죄인과 내통했다 하여 이단하를 의금부에 하옥하였는데, 가슴속에 맺힌 일이라고 한 것은 이 사건과 관련이 있는 것으로 보인다. 《顯宗實錄 11年 2月 13日, 5月 27日》

민대수에게 답함 임자년(1672, 현종13) 12월 27일

答閔大受 壬子十二月二十七日

회덕(懷德)에서 돌아온 뒤로 앓지 않은 날이 없었으나 갑자기 엊그제는 온몸이 너무 아파서 신년을 못 보겠다는 생각이 들었습니다. 그러던 차에 편지가 이르렀는데 말씀하신 내용이 은근하고 후하였습니다. 종전에 대감의 편지를 받았을 때에는 매번 마음과 눈이 모두 밝아지는 것을 느꼈는데, 오늘은 편지를 펼쳐 읽은 뒤에도 안개 속에 있는 것처럼 정신이 아찔하니 병세가 이 정도로 심각할 줄은 짐작도 못 했습니다.

그런데 집사의 눈이 흐린 증세가 가볍지 않다는 것[95]을 알고 나니 염려스러운 마음 그지없습니다. 주자(朱子)의 도가 쇠퇴한 지 오래되면서 그 병을 앓았다고 전해지는 자도 아직 듣지 못했으니, 오늘의 염려스러운 마음이 비록 깊지만 기쁨 역시 크다 하겠습니다. 위산(潙山)에 대한 말씀[96]은 매우 경계가 되고 자신을 성찰하게 됩니다. 백발

95 집사의……것 : 민정중이 송시열에게 보내온 편지에, 병이 악화되어 독성이 두 눈으로 들어가는 바람에 왼쪽 눈은 완전히 보이지 않고 오른쪽 눈의 반은 백태가 끼었으므로 서책을 들고 공부하는 일은 그만두어야 할 상황이라고 한 내용이 보인다. 《老峯集 卷6 上尤齋(癸丑)》

96 위산(潙山)에 대한 말씀 : 위산은 당나라 때의 승려로 이름은 영우(靈佑)이다. 위산에 절을 짓고 기거했으므로 위산선사(潙山禪師)로 불렸다. 《심경부주(心經附註)》 권2 〈성의장(誠意章)〉에 "위산선사가 말하기를 '나는 여러 해 참선하였으나 지금까지 유주상(流注想)을 끊지 못했다.' 하였다."라는 말이 있는데, 유주상이란 물이 흐르는 것처럼 번뇌와 망상이 끊이지 않는다는 말이다. 민정중이 보내온 편지에 "위산의 늙은 중을 면치 못할 걱정이 있어 문하에 나아가 가르침을 청하고 싶습니다."라는 말이 있는

이 되도록 경서를 연구해도 아직 도를 모르는 데다 허명(虛明)하고 드넓고 환히 밝은 근원[97]을 본 적이 없어 항상 스스로 부끄럽고 두려운데, 고명(高明)께서는 어찌 다시 이런 것이 있으시겠습니까.

저기에서 여기까지는 가는 길이 매우 험난한데 귀하의 인편이 답장을 가지고 돌아가니 반드시 그로 연해 근심이 생깁니다. 언 감[凍柿]은 아이들이 머리를 맞대고 먹으니 잠깐 사이에 다 없어졌습니다. 산속에서의 굶주린 위장은 사실 고삼(苦蔘)이나 웅담(熊膽)이라도 오히려 엿처럼 달기 마련인데, 더구나 이런 과일이야 말해 무엇 하겠습니까. 말하고 싶은 것은 많지만 남을 시켜 대충 쓰느라 이만 줄입니다.

데, 바로 이 뜻이다. 《老峯集 卷6 上尤齋(癸丑)》《宋子大全隨箚 卷6》

97 드높고……근원 : 《장자(莊子)》〈천지(天地)〉에서 나오는 말로, 텅 비고 밝은 마음의 본체를 말한다. 석홍경(石洪慶)이 돌아가려 할 때 주희가 말하기를 "이제 공부해 보고자 한다면 우선 모름지기 단정하고 엄숙한 자세로 존심양성(存心養性)을 하여 드넓고 환히 밝은 근원의 경지를 홀로 보도록 해야지 공부를 허비하여 종이 위의 말만 뚫어지게 쳐다봐서는 안 될 것이다."라고 한 것을 송시열이 인용한 것이다. 《朱子語類 卷115 朱訓門人》

민대수에게 보냄 계축년(1673, 현종14) 3월
與閔大受 癸丑三月

북쪽 유생이 와서 전해 준 편지를 받았고 또 아이가 말 위에서 쓴 편지에 그대를 만나서 나눈 얘기를 대략 언급하였으므로 얼굴을 대하여 마음을 각성시키는 것과 차이가 없었습니다. 아홉 개의 배는 참으로 신선의 과일이라 이 마을 안에서는 입맛을 다시면서 지나가는 것이 너무나 당연합니다.

듣기에 서책을 새로 지은 집에 많이 두셨다고 하니 참으로 산림 속에서 한가롭게 지내는 재상을 본 셈인데, 당나라 승려가 일어나지 못해한 사람만 보게 된 것이 한스러울 뿐입니다.[98] 저는 연산(燕山)에서 돌아온 뒤로[99] 더욱 인간 세상에 뜻이 없어졌습니다. 때때로 옛 책을

98 산림……뿐입니다 : 당나라 승려이자 유명한 시인인 영철(靈澈)이 강남서도 관찰사(江南西道觀察使)로 있던 위단(韋丹)에게 시를 지어 보내기를 "나이 늙고 몸 한가하여 바깥일 없으니, 삼베옷에 풀밭 자리도 몸을 용납할 만하다네. 만나면 다들 벼슬 그만두고 떠난다 하지만, 산림에 가 은거하는 이 하나도 못 보았네.〔年老身閑無外事, 麻衣草坐亦容身. 相逢盡道休官去, 林下何曾見一人?〕" 하면서 관직에 있는 자들이 산림에 은거하려 하지만 실제로는 벼슬을 그만두지 못하는 것을 기롱하였다.《紺珠集 卷4》 여기서는 당나라 승려 영철처럼 벼슬하는 자를 기롱하는 사람이 없다 보니 지금 같은 혼란한 상황에서도 다들 벼슬자리에만 연연하고 명분과 의리에 따라 물러나 은거하는 사람은 민정중 한 사람밖에 보이지 않는 게 한스럽다는 말이다.

99 연산(燕山)에서 돌아온 뒤로 : 연산은 연기(燕岐)이다. 송준길의 장지(葬地)가 연기에 있었으므로 송시열이 그곳에 가서 무덤을 조성하는 것까지 보고 돌아왔다는 말이다.

열람하다가 마음에 맞는 대목이 있으면 참으로 천년이 멀다는 것도 깨닫지 못할 뿐입니다. 일찍이 여기로 한번 오시겠다는 뜻이 있었기 때문에 선황제의 어필을 새기는 일[100]을 직접 만나서 상의하고 싶은 마음 간절합니다. 이 일이 점차로 차질이 생기고 있으니 이러다가 마침내 천고의 한이 될까 두렵습니다.

100 선황제의……일 : 명 의종(明毅宗) 숭정황제(崇禎皇帝)가 쓴 '비례부동(非禮不動)' 네 글자를 석벽에 새기는 일을 말한다. 자세한 내용은 57쪽 주76 참조.

민대수에게 보냄 계축년(1673, 현종14) 3월
與閔大受 癸丑三月

선황제의 어필은 창졸간에 새길 수 있는 것이 아닙니다. 만약 석벽(石壁)에 새기고자 한다면 곧게 선 절벽에 새기는 경우가 매우 많으나 이는 갈고 깎는 일이 매우 쉽지 않습니다. 그리고 강가의 바윗돌을 쓸 경우에도 역시 좋긴 하지만 운반하는 인력을 얻기가 매우 어렵습니다. 대체로 많은 인부를 써야 하기 때문에 처음에는 집사께 여쭈어 보고 본주(本州)에 넌지시 통지하려고 했었는데, 지금 한창 바쁜 농사철이라 이미 소용없게 되었습니다. 하지만 집사께서 만약 왕림해 주신다면 그 명성을 빌려서 사사로이 승려들의 힘을 얻고 싶은데, 집사께서 자취가 드러나는 혐의가 있으니 어찌하면 좋겠습니까. 이 때문에 매우 마음이 흔들립니다.

이 일은 반드시 깊은 곳에서 드러나지 않게 하려고 합니다. 제 조모(祖母)의 선친이신 이 정헌공(李正獻公) 윤경(潤慶)의 묘소가 양근(楊根)에 있는데, 그 묘비에 왜구를 토벌한 공[101]이 기록되어 있어 임진년(1592, 선조25)에 왜적이 와서 보고 그 비석을 부순 일도 있었기 때문에 후일에 무슨 사변이 생길지 알 수 없는 점이 있습니다. 또 조정에서 만약 이런 일이 있다는 사실을 들으면 필시 화근이라고 여길 것이기

101 왜구를 토벌한 공 : 1555년(명종10) 을묘왜변이 일어났을 때 이윤경은 전주 부윤으로 있으면서 영암성(靈巖城)에서 왜구의 침입에 맞서 싸워 100여 명의 수급을 얻는 전공을 세웠고 그 공으로 전라 감사가 되었다.《明宗實錄 10年 5月 29日》

때문에 자못 사람들이 알기를 바라지 않습니다. 집사께서 상세히 생각해 주시어 새길 만한 장소가 있고 이 일을 맡을 만한 사람이 있다면 굳이 여기에 구애될 필요는 없을 것입니다. 만약 백세(百世) 뒤에 이로 인하여 본조(本朝)에서 선황제를 잊지 않았던 의미를 안다면 실로 작은 일이 아닐 것이기에 이 때문에 마음을 쓰고는 있는데 쉽게 이루어지지 않으니 참으로 탄식할 일입니다.

민대수에게 답함 계축년(1673, 현종14) 4월
答閔大受 癸丑四月

어제 친족이 모여 선조에게 제(祭)를 올릴 일이 있어 그저께 서쪽으로 회덕(懷德)에 이르렀는데, 뜻밖에도 안부 편지가 백 리 길을 뒤따라 도착하였습니다. 여러 장의 편지에서 말씀하신 내용으로 인해 감격스러운 마음을 견딜 수가 없었습니다. 강학(講學)을 자력으로 할 수 없는 것은 노졸(老拙)한 저도 전보다 더욱 심해졌는데, 어찌 정력적이던 집사마저도 이런 일이 생겼단 말입니까.

목릉(穆陵)은 일찍이 신미년(1631, 인조9) 연간에 술수가(術數家)가 물이 고이는 근심이 있다고 말하였기 때문에 천장(遷葬)하였습니다.[102] 그런데 개봉(改封) 운운하신 말씀은 혹 그 전에 있었습니까? 오늘날 신하가 뒤미처 그 성의를 다해야 할 일은 오직 이 일에 있다 할 것입니다. 그러나 재야에 있는 신하는 조정에 있는 신하와는 자연 처신의 방도가 같지 않습니다.[103] 주자(朱子)의 산릉(山陵)에 대한 의

102 목릉(穆陵)은……천장(遷葬)하였습니다 : 경오년(1630) 2월에 원주 목사 심명세(沈命世)가 선조(宣祖)의 능인 목릉이 풍수상 좋지 않으며 물이 솟아난다는 풍수가의 말에 따라 능묘를 옮기자고 상소하였다. 여러 논의를 거쳐 천장이 결정되어 그해 11월에 건원릉(健元陵) 서쪽 능선에서 동쪽 능선으로 천장하였다. 신미년 연간이라고 한 것은 경오년과 신미년 사이의 일이기 때문인 듯하다.《仁祖實錄 8年 2月 4日·30日, 11月 11日》

103 개봉(改封)……않습니다 : 1673년 3월 24일 영림부령(靈林副令) 이익수(李翼秀)가 효종(孝宗)의 능인 영릉(寧陵)의 봉분이 기울어지고 석물 사이에 틈이 벌어져 빗물이 고인다고 상소하면서 "전하께서 만약 천릉(遷陵)의 일이 중대하므로 행하기

장(議狀)[104]도 자신이 논의하는 반열에 있었기 때문에 올린 것이니, 집사께서도 만약 소견이 있으시면 단지 막내 대감[105]을 통해서 그 성의를 다하면 될 것입니다. 만약 천릉하는 일이 있게 된다면 비록 노쇠하고 병중에 있는 저 같은 사람도 능을 파서 여는 날 어찌 달려가 곡함으로써 하늘에 사무치는 슬픔을 쏟아 내지 않을 수 있겠습니까. 저의 견해는 이와 같은데 만약 특단의 밝은 견해가 있으면 부디 다시 가르침을 주시기를 지극히 바라 마지않습니다.

선황제의 어필을 새기는 일은 당연히 집사의 아드님이 오기를 기다려서 의논할 것입니다. 듣건대 고을 수령에게도 오겠다는 뜻을 알렸다고 합니다.

○ 어필의 모사본(摸寫本)은 삼가 받았는데, 한 획이 빠진 것은 당연히 진본과 다시 대조해야 하고, 여기에 다시 모사를 잘하는 사람이 없으면 편지에서 말씀하신 사람을 써서 새기겠습니다. 돌을 구입하여 선후의 글을 새기는 것은 본래 대단한 일이 아니지만 일의 선후에서

어렵게 여긴다면 대신과 예관에게 물어보고 예경(禮經)을 참작하여 능침을 개봉하소서."라고 하였으므로 당시에 이와 관련한 논의가 진행되고 있었다. 이에 민정중이 송시열에게 편지를 보내어 재야에 있는 신하는 무덤의 개수나 천장에 대한 논의가 벌어지는 이때 어떻게 처신해야 하는지 물었으므로 송시열이 이렇게 답변한 것이다.《顯宗實錄 14年 3月 24日》《顯宗改修實錄 14年 6月 22日》《老峯集 卷6 上尤齋別紙》결국 1673년에 현재의 동구릉(東九陵)에 있던 영릉을 여주(驪州)의 홍제동(弘濟洞)으로 천장하였다.

104 주자(朱子)의……의장(議狀) : 주희가 1194년 송 효종(宋孝宗)의 산릉을 정하는 일에 대해 의견을 개진하여 광종(光宗)에게 올린 주의(奏議)를 말한다.《晦菴集 卷15 山陵議狀》

105 막내 대감 : 민유중(閔維重)을 말하는데, 당시 호조판서 겸 총융사로 있었고 영릉을 천릉할 때에는 영릉천릉도감 제조(寧陵遷陵都監提調)를 맡았다.

바뀌어서는 안 되는 것이 있는 경우에는 얼마나 신중해야 합니까.

강효원(姜孝元)의 묘표(墓表)[106]에는 말씀하신 대로 그냥 관향(貫鄕)만 쓰는 것이 전아(典雅)할 듯합니다.[107] 그러나 수레로 운반하는 일에 이르러서는 모두 성대한 가문에서 벗어나지 않았으니,[108] 거백옥(蘧伯玉)이 혼자 군자 되기를 부끄러워했던 마음과 비교할 때 어떻다 하겠습니까.[109] 우습습니다. 새기는 일을 직접 와서 보고 싶다고 하시

106 강효원(姜孝元)의 묘표(墓表) : 강효원은 소현세자(昭顯世子)가 청나라 심양(瀋陽)에 볼모로 잡혀갔을 때 배종한 세자시강원의 서리(書吏)이다. 당시 청나라의 통역관으로 있던 정명수(鄭命壽)의 횡포가 심하여 청에 보내는 우리나라의 세폐(歲幣)를 도둑질하기까지 하자, 필선(弼善) 정뇌경(鄭雷卿) 등이 분개하여 그를 청에 고발하여 제거하려고 도모하였다. 그때 강효원도 논의에 적극 가담하였는데, 뒤에 일이 누설되어 정뇌경 등이 무고죄로 처형당하자, 강효원이 말하기를 "나도 이 모임에 참여했으니 의리상 나만 살아남을 수 없다." 하고는 자원하여 죽음을 당하였다. 《宋子大全 附錄 卷16 朴光一錄》 강효원의 묘표는 송시열이 썼고 그 후기(後記)를 민정중이 썼다. 《宋子大全 卷190 姜孝元墓表》《老峯集 卷9 姜孝元墓表後記》

107 관향(貫鄕)만……듯합니다 : 실제로 송시열이 쓴 묘표에는 강효원에 대한 심양에서의 간략한 행적을 적고 집안에 대해서는 "효원은 진주(晉州) 사람이다. 그 아버지는 겸사복 희룡(希龍)이라고 한다."라고만 언급하고 있다. 《宋子大全 卷190 姜孝元墓表》

108 수레로……않았으니 : 수레로 운반하는 일이란 당시 강효원의 집안이 가난하여 비석을 준비할 여력이 없자, 민정중의 형인 강화 유수 민시중(閔蓍重)이 자신의 녹봉을 덜어 작은 비석 하나를 사서 운반해 준 것을 말하는 듯하다. 민정중은 묘표의 글씨와 후기를 쓰고 그 형은 비석을 사서 보내 주었으므로 송시열이 성대한 가문 운운한 것이다. 《老峯集 卷9 姜孝元墓表後記》

109 거백옥(蘧伯玉)이……하겠습니까 : 거백옥은 춘추 시대 위(衛)나라의 대부(大夫) 거원(蘧瑗)이다. 거백옥이 혼자 군자 되기를 부끄러워했다는 것은 인(仁)과 의(義)를 자신이 독차지하려 하지 않고 남과 더불어 함께하려 했다는 말이다. 《後漢書 黨錮列傳》 여기서는 민정중 형제들이 함께 선한 일을 한 것을 거백옥과 비교하여 칭찬한 것이다.

니 어찌 고대하는 마음을 금할 수 있겠습니까. 그런데 그믐께 저는 기일 제사가 있어 회덕으로 가야 하니, 만약 그 전에 오신다면 더욱 다행이겠으나 어찌 바랄 수 있겠습니까.

민대수에게 답함 계축년(1673, 현종14) 5월
答閔大受 癸丑五月

집사의 진퇴가 매번 제 마음에 걸렸는데 이번에 편지를 받아 보고 체직(遞職)을 윤허받지 못하셨다는 사실[110]을 알았습니다. 삼가 살펴보건대 운신의 폭이 점점 좁아지고 있으니 매우 염려됩니다. 산릉(山陵)의 일이 벌어질 때[111] 만약 그와 관련하여 큰 소임을 받는다면 생각건대 잠시 나가서 성심을 다해 헌신하지 않을 수 없을 것입니다.

그리고 석벽에 어필을 새기는 일은 큰아드님이 필시 돌아가 직접 뵙고 상세하게 진달할 것입니다. 다만 석공(石工)을 빨리 얻고자 한다면 정자(釘子)까지 아울러 감사(監司)에게 부탁해 보는 것이 어떻겠습니까? 감사가 이제 막 성역(城役)을 마쳤으므로 필시 쉽게 부응해 줄 것입니다.

상소의 초고는 현재 어느 한쪽으로 결정을 못 내렸으니 부디 남에게

110 체직(遞職)을……사실 : 민정중은 1673년 4월 대사헌에 제수되었으나 고향인 충주(忠州)에 있으면서 계속 나오지 않다가 5월 12일에 사장(辭狀)을 올려 사직을 청했는데, 현종은 사직하지 말고 속히 올라오라는 전교를 내렸다. 《承政院日記 顯宗 14年 4月 18日, 5月 12日》

111 산릉(山陵)의……때 : 1673년 3월 24일 이익수(李翼秀)가 상소하여 영릉(寧陵)의 석물(石物) 사이에 틈이 벌어져 빗물이 고이므로 천릉(遷陵)이나 개봉(改封)에 대해 논의하기를 청하였다. 그러자 5월 5일에 현종은 우의정 김수흥(金壽興)과 예조 판서 조형(趙珩) 등을 인견하고 새로운 길지를 정하여 천릉하는 것으로 결정하였으며, 6월 2일에는 천릉 장소를 여주(驪州)의 홍제동(弘濟洞)으로 확정하였다. 《顯宗實錄 14年 3月 24日, 5月 5日, 6月 2日》

말하지 말고 그 가부를 상세하게 가르쳐 주시는 것이 어떻겠습니까. 저 역시 고인(古人)들이 처신했던 바와 시의를 잘 헤아려서 어떻게 대응할지를 결정하려 하나 식견이 혼미하여 생각만 많으니, 어두운 데서 길을 찾아 더듬거리는 것을 어여삐 여겨 주시기 바랍니다. 나머지는 이만 줄입니다.

민대수에게 답함 계축년(1673, 현종14) 7월
答閔大受 癸丑七月

서로의 소식이 오래 뜸하여 그리워하는 마음이 날로 간절하였는데 방금 멀리서 온 편지를 받으니 기쁘고 후련한 마음을 뭐라 형언하기 어렵습니다. 이달 초에 화양동을 나와 보은(報恩)에서 집안 중형(仲兄 송시묵(宋時默))의 소상(小祥)에 곡하고 이어 회덕(懷德)으로 돌아가 선조의 제사를 행하였습니다.

그동안 천릉(遷陵)의 지석(誌石)에 대한 명이 대여섯 차례 내려왔기에 부득이 어제 이미 예관(禮官)의 행차에 지문(誌文)을 지어 올렸습니다.[112] 지문의 글씨를 쓰는 시기는 언제가 될지 아직 확실히 알지 못합니다만, 방금 우상(右相 김수흥(金壽興))의 편지를 보니 돌을 다듬는 일이 20일 전에 끝날 것이라고 합니다. 그러면 20일 사이에는 부르는 거조가 있을 것이니, 일이 있어 부르면 가서 복무해야 하는 의리로 볼 때 죽을힘을 다해 일어나 길을 나서야 하는데, 먼저 여주(驪州)로 가서 천릉 장소인 홍제동(弘濟洞)을 봉심(奉審)하고자 합니다. 그 이유는 서울에 이른 뒤에 다시 장응일(張應一)의 상소[113]와 같은 일이

112 그동안……올렸습니다 : 천릉의 지석에 대한 명이란 1673년 6월 26일 송시열이 영릉(寧陵)의 천릉과 관련하여 지문 제술관(誌文製述官)과 지문 서사관(誌文書寫官)에 제수된 것을 말한다. 그리고 28일에는 천릉도감(遷陵都監)이, 예조의 낭관을 보내어 유지(諭旨)를 전하되 제술하면 바로 싸 가지고 오게 하도록 청하였다. 송시열이 계속 사양하다가 이때에 이르러 예조 낭관의 행차에 지문을 지어 올렸다. 《承政院日記 顯宗 14年 6月 26日, 28日》

벌어지면 서둘러 피해 돌아와야 하고 그러면 효종대왕(孝宗大王)의 유택(幽宅)을 볼 수 없어 평생의 한이 될까 두렵기 때문입니다.

대감의 의리 또한 꼼짝하지 않고 누워 있을 수 없을 듯하니, 모름지기 편지에서 말씀하신 대로 해야만 남은 슬픔을 다 표할 수 있는 기회를 잃지 않을 것입니다. 혹여라도 중도에서 만나게 되면 실로 기이한 일이겠지만 어찌 기필할 수 있겠습니까. 비록 요행히 그것이 이루어진다 해도 어찌 남의 이목을 번거롭게 하지 않겠습니까.

벽랑에 어필을 새기는 일은 제가 저기에 있을 때 이미 그 공사를 시작하였습니다. 어제 손자 아이의 편지를 보니 이미 그 울툭불툭한 면을 쪼아 제거하고 있어 다듬는 일은 오래지 않아 끝날 것입니다. 글자를 새기는 일은 응당 서쪽에서 동쪽으로 돌아온 뒤에 할 것 같은데, 그때 다시 여쭙고 하겠으며 남 영공(南令公)[114]도 과연 석공(石工)을 보내올 것입니다.

113 장응일(張應一)의 상소 : 1673년 6월에 장현광(張顯光)의 아들 장응일이 올린 상소를 말한다. 장응일은 이 상소에서, 처음에 영릉(寧陵)의 터를 정할 때 수원(水原)의 산이 좋다는 논의가 있었는데 송시열이 이를 무시하고 현재의 동구릉 자리에 능을 쓰는 바람에 이렇게 다시 천릉하는 일이 있게 되었다고 주장하였다. 《顯宗實錄 14年 6月 14日》

114 남 영공(南令公) : 당시 충청 감사로 있던 남이성(南二星)을 말한다.

민대수에게 보냄 계축년(1673, 현종14) 7월

與閔大受 癸丑七月

옛날 백호(白湖) 임제(林悌)[115]가 한강(漢江)에서 한 유생을 만나 함께 배를 타고 강을 건넜는데, 마침 여러 명사(名士)가 제천정(濟川亭)에 많이 모여 있었습니다. 그러자 백호가 유생에게 말하기를 "저 중에 아는 자가 많이 있으니 함께 들어가 보십니다." 하고는 들어갔는데, 더불어 안부를 묻는 자도 없고 온 좌중이 서로 눈짓을 하며 웃었습니다. 이에 백호가 말하기를 "공들은 나를 비웃는 것이오?" 하고는, 이어 함께 들어간 유생을 가리키며 말하기를 "이 공의 가소로움이 나보다 더 심합니다." 하니, 그 유생이 크게 노하여 옷을 털고 가 버렸습니다. 그러자 그곳에 모인 공들이 백호의 괴벽함을 기이하게 여겨 모두 그와 교제하기를 원하였습니다.

오늘날 이 사람의 가소로움이 실로 그때의 유생과 같고 온 조정이 집사와 교제하기를 원하는 것이 이제 백호보다 더하니, 시대를 위하여 매우 기쁩니다. 이 사람은 이미 사직 상소를 올렸고 벽사(甓寺)[116]에서 비답을 기다리고 있으니, 얼마 안 있어 이제 옷을 털고 떠날 것입니다. 아마도 자리를 같이하지 못한 채 남북으로 갈라질 듯하여 서운하고

115 임제(林悌) : 1549~1587. 본관은 나주(羅州), 자는 자순(子順), 호는 백호이다. 예조 정랑 등을 지냈으나 자유분방한 성격으로 인해 벼슬을 버리고 전국을 유람하다 일생을 마쳤다.

116 벽사(甓寺) : 경기도 여주의 신륵사(神勒寺)를 가리킨다. 신륵사 경내에 다층의 벽돌 탑이 있기 때문에 그렇게 일컬은 것이다. 《簡易集 卷7 驪江錄 贈興雲次卷韻》

섭섭한 마음 그지없습니다. 삼가 이렇게 편지로 문안을 대신하는 바입니다. 이만 줄입니다.

민대수에게 답함 계축년(1673, 현종14) 8월
答閔大受 癸丑八月

편지를 보내 주시니 기쁘고 감사합니다. 지문(誌文)을 서사(書寫)하는 일은 아직도 받들어 행하지 못하고 있는데, 지문의 내용에 성상께서 더 헤아려 볼 점이 있고 저도 망녕된 견해를 고집하고 있어 제때에 정하지 못했기 때문입니다. 대궐에 들어가자마자 즉시 입대(入對)의 은혜를 입어[117] 산릉(山陵)과 관련한 몇 가지 일을 의논하여 정하였고, 그중 개장(改葬) 시에 입을 복제(服制)에 대해서는 예법대로 하도록 이미 허락을 받았는데 아직도 지시가 없으니, 어찌 아직 의심스러운 바가 있어서 그런 것이 아니겠습니까.

산중 승사(僧舍)에 대한 말씀은 편할 것 같고 또한 "이제부턴 아차산 아래서 늙을 테니, 산인이란 두 글자 누가 능히 다투랴.〔從此峨嵯山下老, 山人二字孰能爭?〕"[118]라는 시구와도 부합합니다. 부주(敷奏) 운운하신 것이 곤란한 일은 아니지만 이를 가볍게 얘기하는 것은, 제가

117 대궐에……입어 : 1673년 8월 16일에 송시열이 두모포(豆毛浦)에서 상소하여 지문을 서사하는 소임을 면해 주기를 청하자, 현종이 태의(太醫)를 보내어 간호하게 하고 사관(史官)을 보내어 비답을 내리면서 대궐로 들어오도록 재촉하였으므로, 송시열이 도성에 들어와 18일에 사현합(思賢閤)에서 현종과 만났다. 《宋子大全 附錄 卷6 年譜》

118 이제부턴……다투랴 : 신잠(申潛)의 시구절이다. 신잠은 자가 원량(元亮), 호는 영천자(靈川子)・아차산인(峨嵯山人)이며, 신숙주(申叔舟)의 증손자이다. 안처겸(安處謙)의 난에 연루된 뒤로 20년간 아차산 아래에 은거하면서 서화에만 몰두하다가 명종 때에 나와 태인 현감(泰仁縣監), 상주 목사(尙州牧使) 등을 역임하였다. 《文峯集 卷5 閑中筆錄》

산릉과 관계된 일 외에는 한마디 말도 아끼고자 하는 상황이라 지금 감히 파계(破戒)하지 못하겠습니다. 나머지는 유생들이 모여 앉아 있어 자세히 갖추어 다 말하지 못합니다.

민대수에게 답함 계축년(1673, 현종14) 9월
答閔大受 癸丑九月

촌 노인과 자리나 다투는 순박한 사람[119]이 귀인(貴人)과 언쟁을 벌였으면 마을로 돌아가 자랑하면서도 매우 두려워하는 법입니다. 그런데 홀연히 안부 편지를 받아 보니 주머니를 뚫고 나온 송곳 같은 사람으로 자신을 비유하고 있어[120] 장차 제가 구정(九鼎)이나 대려(大呂)보다 중하게 대접받게 되었으니,[121] 다시 무엇이 두렵겠습니까. 다만 계단을

119 촌……사람 : 춘추 시대 양자거(陽子居)란 사람이 처음에는 예모가 엄격하여 모두 그를 두려워하고 조심하였는데, 그가 노자(老子)의 가르침을 받고 나서 소탈한 태도로 바뀌자 촌 노인들이 그와 앉는 자리를 다툴 정도로 순박하게 사람들과 어울렸다고 한다. 《莊子 寓言》

120 주머니를……있어 : 전국 시대 조(趙)나라의 평원군(平原君)이 초(楚)나라에 구원을 요청하러 갈 때 식객인 모수(毛遂)가 자신도 가겠다고 자청하자, 평원군이 말하기를 "송곳이 주머니 속에 들어 있으면 그 끝이 절로 삐져나오기 마련인데 그대가 내 문하에 있었던 3년 동안 나는 아직 한 번도 명성을 듣지 못하였다." 하니, 모수가 말하기를 "저를 주머니 속에 들어갈 수 있게 해 주셨다면 그 송곳 자루까지 전부 나왔을 것입니다." 하였다. 그래서 평원군이 모수를 데리고 초나라로 갔는데 그가 원만하게 일 처리를 하여 조나라를 위기에서 구할 수 있었다. 《史記 平原君列傳》 여기서는 송시열에게 닥친 큰일에 대해 민정중이 자신이 전면에 나서서 해결할 것임을 자처하였다는 말이다. 이때 청풍부원군 김우명(金佑明)이 송시열을 공박하는 일이 있었는데, 송시열이 새로 만든 영릉(寧陵)에 표석(表石)을 세우자고 청한 것은 예법에 없는 일이라는 것, 송시열이 민업(閔業)의 상에 정신병이 있는 아들 민세익(閔世益)을 대신하여 손자 민신(閔愼)이 참최복(斬衰服)을 입도록 권한 것은 인륜을 어지럽히는 일이라는 것, 송시열이 서울이나 교외에 있을 때 사부(士夫)의 여염집을 점거하여 원통함을 호소하게 만든 것은 잘못이라는 내용 등이었다. 《顯宗實錄 14年 9月 9日》

지나 당(堂) 위로 올라간 검이 상대를 찔러 십 보 거리에 피가 흐른 나머지 초(楚)나라 병력이 와서 덮치는 결과가 초래될까 두려우니,[122] 정말 우습습니다. 저는 바야흐로 자책하는 소장(疏章)을 다듬으면서 힘써 애절하고 괴로운 말로 호소하고 있으나 해가 중천일 때 합종(合縱)의 결과를 얻을 수 있을지 모르겠습니다.[123] 우습습니다.

어제 막내 민 대감(閔大監 민유중(閔維重))이 부탁한 두 장의 글은 삼가 산삭(刪削)하고 윤색하여 올렸는데, 일이 매우 바쁘고 급한 나머지 감히 원래의 종이에 직접 글자를 고쳐 쓰거나 지우는 짓을 저질렀습니다. 매우 불경스러운 일이라 황송하고 황송할 뿐입니다. 나머지는 이만 줄입니다.

121 장차……되었으니 : 구정은 하(夏)나라·은(殷)나라·주(周)나라 삼대(三代)에 천하를 소유한 천자의 권위를 상징하는 보물이고, 대려는 주나라 종묘에 있던 큰 종이다. 평원군이 초나라 왕에게 가서 함께 합종할 경우의 이해득실에 대해 말하였는데, 해가 중천에 이르도록 결말이 나지 않자, 모수가 칼을 들고 단상으로 뛰어올라 가서 초나라 왕을 위협하였고 그 결과 합종하겠다는 약속을 받아 냈다. 그러자 평원군이 말하기를 "조(趙)나라를 구정이나 대려보다도 중하게 만들었다." 하고 모수를 치하하였다.《史記 平原君列傳》 여기서는 민정중이 전면에 나서 준다면 무난히 일이 잘 해결될 것이므로 장차 송시열 자신이 구정이나 대려보다 귀한 대접을 받게 될 것이라는 말이다.

122 계단을……두려우니 : 만약 모수가 칼을 들고 당 위로 올라갔는데 원만하게 일처리를 하지 못하고 초나라 왕을 죽여 피를 뿌리는 일이 벌어지면 결국 초나라 군사들에게 해를 입는 결과만 초래할 것이므로 두렵다는 말인데, 여기서는 민정중이 나서서 원만하게 일을 처리하지 못했을 때 도리어 화를 입게 될까 두렵다는 의미로 사용되었다.

123 저는……모르겠습니다 : 평원군이 해가 중천에 이르도록 해결하지 못한 일을 모수가 초나라 왕을 위협하여 삽시간에 합종의 결과로 이끌었듯이, 송시열 자신이 이번에 올리는 상소로 모든 일이 원만하게 해결될 수 있을지 잘 모르겠다는 말이다.

별지

집사의 이번 상소[124]를 필시 봉입(捧入)했을 것 같은데, 이는 아마도 장자(莊子)의 이른바 "모질게 하지만 결국 즐겁게 되는 일"인 듯합니다.[125] 예전에 -원문 빠짐- 이무(李袤)[126]가 상경하여 해치는 일을 도모하려 한다고 들었을 때, 내가 신만(申曼)[127]에게 말하기를 "장차 고변(告變)에 이를 것이다." 하니, 신만이 말하기를 "선생님의 운명이 이렇게나 크게 좋으십니까?" 하기에, 내가 말하기를 "피고(被告)가 될 자가 무슨 운명이 좋단 말인가?" 하니, 신만이 말하기를 "이를 이유로 말을 만들어 산중에 편안히 누워 있게 된다면 어찌 좋은 운명이 아니겠습니까." 하기에 다 같이 크게 웃었습니다. 지금의 일 또한 바로 이와 유사하다 하겠습니다.

124 집사의 이번 상소 : 1673년 9월 14일에 현종이 우의정 김수흥(金壽興)을 인견(引見)한 자리에서, 민정중이 누차 불러도 계속 사직 상소만 올리고 나오지 않았으며 최근에 영릉(寧陵) 천릉(遷陵) 때에는 도성 밖 교외에 와 있으면서도 참석하지 않았으니 너무나 교만하고 방자하다며 삭직(削職)하라고 명하였는데, 이와 연관이 있는 듯하다. 《顯宗改修實錄 14年 9月 14日》

125 장자(莊子)의……듯합니다 : 현재의 모진 시련이 미래의 즐거움을 위한 것이라는 말이다. 송시열이 장자의 말이라고 하였으나 《장자》에서는 근거를 찾지 못하였고 《고문진보(古文眞寶)》 후집의 〈진소장을 보내는 서〔送秦少章序〕〉에 이 말이 있다.

126 이무(李袤) : 1600~1683. 본관은 한산(韓山), 자는 연지(延之), 호는 과암(果菴)이다. 우참찬, 예조 판서 등을 지냈다.

127 신만(申曼) : 1620~1669. 본관은 평산(平山), 자는 만천(曼倩), 호는 주촌(舟村)이다. 송시열의 문인이다.

민대수에게 답함 계축년(1673, 현종14) 9월

答閔大受 癸丑九月

어제 술에 취하여 농담을 섞어 답장을 보낸 것은 비록 소요부(邵堯夫 소옹(邵雍))가 쓰던 방식이지만 뒤미처 생각해 보니 송구하였습니다. 그런데 집사께서는 이를 허물하지 않고 다시 이렇게 안부를 물어 주시니 더욱 감사한 마음이 듭니다. 다만 비웃음을 당한 사람은 알기 어려운 일이 아니지만 스스로 웃은 저는 장차 어떻게 해야 할지 모르겠습니다. 한단(邯鄲)의 포위가 아직 풀리지 않았는데 옥 같은 용모가 갑자기 달무리 속에 있게 되었으니[128] 누가 이것을 주장하여 해결해야 할지 모르겠습니다. 단지 조물주에게 돌릴 뿐입니다. 두 장의 글은 다시 되돌려 보냅니다. 이만 줄입니다.

128 한단(邯鄲)의……되었으니 : 옥 같은 용모는 전국 시대 노중련(魯仲連)을 가리킨다. 노중련이 조(趙)나라에 가 있을 때 진(秦)나라 군대가 조나라 수도 한단을 포위했는데, 그때 그에게 사람을 보내어 진나라 임금을 천자로 섬긴다면 한단의 포위를 풀어주겠다고 하였다. 그러자 노중련이 말하기를 "진나라가 방자하게 천자를 참칭(僭稱)한다면 나는 동해에 빠져 죽겠다." 하니, 진나라 장군이 이 말을 듣고 군사를 후퇴시켰다고 한다.《史記 魯仲連列傳》 달무리 속에 있게 되었다는 것은《회남자(淮南子)》에 "전쟁이 일어나 포위되어 있으면 달무리가 진다."라고 한 말에서 온 것으로, 여기서는 위에서 언급한 큰일이 아직 해결되지도 않은 상황에서 다시 민정중이 삭직 처분을 받아 곤란하게 된 것을 말한다.《宋子大全隨箚 卷6》

민대수에게 보냄 계축년(1673, 현종14) 11월
與閔大受 癸丑十一月

양기(陽氣)가 이제 밝아지려 하니, 삼가 생각건대 조용히 지내는 생활이 여유롭고 편안할 듯하며 날마다 책을 보고 학업을 닦는 정취가 있으시리라 여깁니다. 집사의 조카[129]가 앓고 있는 병은 지금 어떻습니까? 일전에 길에서 전해 듣고 매우 경악했었는데 얼마 후에 들으니 그렇지 않다고 해서 말할 수 없이 기뻤습니다. 다만 듣기에 호판(戶判 민유중(閔維重))이 또 여아(女兒)를 잃었다고 하는데, 잘 모르겠습니다만 지난겨울에 태어난 그 아이입니까?

저는 산릉(山陵)에서 돌아온 뒤로 한질(寒疾) 때문에 병이 심해져 아직 다 풀리지도 않았는데, 다시 엄한 비답이 내려와 밤낮으로 두려워하고 있습니다.[130] 게다가 또 곽세건(郭世楗)의 상소가 어제 막 조령(鳥

129 집사의 조카 : 민정중의 형인 민시중(閔蓍重)의 맏아들 민진하(閔鎭夏)를 말한다. 타고난 체질이 매우 허약하였고 중간에 고질병이 든 뒤로는 계속 앓았다고 한다. 《老峯集 卷9 從子南別殿參奉鎭夏行錄》

130 엄한……있습니다 : 송시열이 1673년 10월 7일 영릉(寧陵)을 천릉(遷陵)하는 일을 마치고 화양동(華陽洞)으로 돌아가면서 상소를 올렸는데, 현종이 계속 답하지 않다가 11월이 되어서야 이에 대한 비답을 내렸다. 이때 올린 상소의 내용은, 원래의 영릉에 당초 물이 고이지 않았는데 담당한 신하들이 이를 말하지 않아 결국 천릉하게 되었다는 것, 새로 만든 영릉에 표석(表石)을 세우자고 청한 것은 예법에 없는 일이라고 김우명에게 비판을 받았는데 그에 대한 분명한 처분을 내려 달라는 것, 허적(許積)을 공격한 김만중(金萬重)을 유배 보냈는데 그 사람됨을 성상께서 잘못 판단했다는 것 등 다소 강경하였다. 이에 대해 현종은 사안별로 강력하게 자신의 견해를 설명하고, "경의 상소

嶺)을 넘었으니 응당 수일 사이로 성상께 올려질 것입니다.[131] 안으로 병이 공격하고 밖에서 재앙이 닥쳐서 일시에 모든 게 바닥났으니, 비록 원성(元城)같이 쇠처럼 굳건한 사람[132]도 대적할 수 없는 점이 있을 것입니다. 더구나 저처럼 연약하여 스스로를 견지하지 못하는 사람이야 말해 무엇 하겠습니까.

김 상사(金上舍) 선인(先人)에 대한 묘명(墓銘)의 초고를 보냅니다. 이런 때에 남을 위해 글을 짓는 일은 감히 해서는 안 된다는 것을 잘 알지만, 이는 미리 약속한 것이라 감히 식언할 수 없었습니다. 그러나 역시 시의(時義)를 잘 헤아려 그것을 전할지 말지를 정해야 할 것입니다. 김 상사의 마음속에 있는 바는 본래 잘 알지만 그의 다른 친족의 생각이 어떠한지는 알 수 없는 일입니다. 이만 줄입니다.

별지

구릉(舊陵)에 대한 상소[133]를 두고 박화숙(朴和叔 박세채(朴世采))은 제

는 불평하는 말이 아닌 것이 없는 데다 도리어 내 말을 의심하는 것이 이처럼 극도에 이르니, 다시 무슨 많은 말을 할 것이 있겠는가."라는 말로 마무리하였기 때문에 송시열이 이렇게 두려워한 것이다. 《宋子大全 卷15 自新陵辭歸時疏(癸丑十月七日), 附錄 卷6 年譜》

131 곽세건(郭世楗)의……것입니다 : 곽세건은 본관은 현풍(玄風), 자는 공가(公可), 호는 무위자(无爲子)이다. 허목(許穆)의 문인이다. 이때 곽세건이 올린 상소는 내용이 매우 음험하고 참혹하다는 이유로 기각되어 현종에게 올라가지 못할 정도로 송시열을 강하게 비방하는 내용이었다. 《顯宗實錄 15年 5月 12日》

132 원성(元城)같이……사람 : 원성은 송나라 때의 신하 유안세(劉安世)의 관향이다. 그는 일곱 번이나 귀양 가는 불행을 겪으면서도 심지가 굳건하여 전혀 개의치 않았다고 한다. 《宋史 劉安世列傳》 이에 소식(蘇軾)은 유안세를 평가하기를 쇠처럼 굳건하여 누구도 따라갈 수 없는 인물이라고 찬탄한 바 있다. 《宋名臣言行錄 後集 卷12》

가 일을 당하여 격동된 것이라고 하였으니, 이는 대처하는 방도가 좋지 않았다고 여긴 것입니다. 그러나 다시 소장(疏章)을 올려 상하의 의혹이 환히 풀렸다고 생각하십니까? 그렇지 않았다면 다시 상소하는 것이 마땅한 듯합니다. 병판(兵判 김만기(金萬基))의 생각은, 그 일에 대해 감히 진달할 수 없다는 뜻으로 이미 사관(史官)의 회계(回啓)에 대략 말했으니 아마도 다시 소장을 올릴 필요가 없다고 여긴 듯합니다. 하지만 저의 당초 생각은 한 번 자책하는 글을 올린 뒤에는 결단코 다시는 입을 열지 않을 작정이었습니다. 그런데 이미 엄한 비답을 받았으니 이후로는 견벌(譴罰)이 가해지기를 기다리고 다시는 변명하지 않음으로써 멀리 있는 신하로서의 사체(事體)를 지켜야 하겠습니다.

이미 이렇게 단정한 지 오래인데 한 가지 일이 생겼습니다. 어제 들으니, 성상께서 총호사(摠護使) 이하의 명단을 기록하여 아뢰도록 했다고 합니다.[134] 아마도 제 이름도 그 안에 있을 것으로 생각됩니다. 그런데 만약 상으로 내리는 은혜가 너무 과분할 경우 함부로 받을 수도 없고 또 감히 죄를 지닌 채 상소를 올릴 수도 없을 터이니, 저는 앞으로 어떻게 대처해야 하겠습니까? 부디 잘 헤아려서 가르침을 주시기 바랍니다.

133 구릉(舊陵)에 대한 상소 : 구릉은 천릉하기 이전의 원래 영릉을 말한다. 송시열이 당초 영릉에 물이 고이지 않았는데 담당한 신하들이 이를 말하지 않아 결국 천릉하게 되었다는 내용으로 올린 상소를 말한다. 88쪽 주130 참조.

134 성상께서……합니다 : 영릉을 천릉할 때 수고한 총호사 이하 여러 집사에게 차등 있게 논상(論賞)하기 위해 명단을 올리라고 명한 것이다. 《顯宗實錄 14年 11月 25日》

민대수에게 답함 계축년(1673, 현종14) 11월

答閔大受 癸丑十一月

《예기(禮記)》에 "주거를 같이하던 자가 죽었을 경우에는 비록 미천한 신첩(臣妾)이라도 반드시 장례를 지낸 후에 제사 지낸다."라고 하였습니다.[135]

주자(朱子)가 말하기를 "만약 100일 이내에 제사 지내고자 한다면 혹 종백숙형제(從伯叔兄弟) 부류가 제사를 대신 행할 수 있다." 하였습니다.[136] 어떤 이가 묻기를 "아직 장례를 치르지 않았으면 다른 제사를 지내서는 안 되지만, 혹 선조의 기일을 만나면 제사를 지내야 하는 것인지 또한 알지 못하겠습니다." 하니, 주자가 답하기를 "기일은 상사(喪事)의 나머지이니, 제사를 지내더라도 혐의가 없을 듯합니다. 그러나 정침(正寢)에 이미 궤연(几筵)을 설치했으면 제사 지낼 곳이 없으

135 예기(禮記)에……하였습니다 : 《예기》 〈잡기(雜記)〉에 "부모의 상중에 장차 소상(小祥)이나 대상(大祥) 같은 제사를 올리려고 할 때 형제가 죽었을 경우에는 형제의 빈장(殯葬)을 끝내고 나서 제사 지낸다. 만일 주거를 같이하는 자가 죽었을 경우에는 비록 미천한 신첩이라도 장례를 지낸 후에 제사 지낸다."라고 하였다.

136 주자(朱子)가……하였습니다 : 어떤 이가 주희에게 삼년상을 치르는 동안 다른 제사까지 폐해야 하느냐고 묻자, 주희가 답하기를 "그렇다. 하지만 100일 이후에나 가능하다. 그러나 전헌(奠獻)의 예를 행해서는 안 되고 주식(酒食)과 의물(儀物) 등을 진설한 뒤에 주제자(主祭者)가 가서 절해야 한다. 만약 100일 이내에 제사 지내고자 한다면 혹 종백숙형제 중에 제사를 대행할 만한 자를 시켜 지내게 하거나 손자를 시켜 대행하도록 하는 것이 좋다." 하였다. 《朱子語類 卷89 禮6 喪》

니, 이런 경우에는 잠시 정지해도 될 듯합니다." 하였습니다.[137]

이에 의거하면, 제사 지낼 곳이 있을 경우에는 기제(忌祭)를 행해도 되는 것입니다. 지금 집사 조카의 상차(喪次)[138]가 사당(祠堂)과 다른 곳에 있으면 제사를 지내도 혐의가 없는 것이 아니겠습니까. 부디 다시 화숙(和叔)과 헤아려 보는 것이 어떻겠습니까?

주자가 말하기를 "삼년상에는 제사 지내지 않는다. 그러나 또한 종인(宗人)으로 하여금 대신 제사 지내게 하는 것도 마땅한 듯한데, 다만 분명한 조문이 없어 상고할 수 없다." 하였습니다.[139]

양복(楊復)이 말하기를 "선생은 아들의 상중에 있다는 이유로 성대한 제사를 거행하지 않고, 단지 사당에 나아가 제물을 올리고서 심의(深衣)에 복건(幅巾)을 쓰고 간략하게 제사를 마친 뒤에 도로 상복을 입고 아들의 영전(靈前)에 곡하면서 전(奠)을 올렸는데, 지극히 애통해하셨다." 하였습니다.[140] 그러나 여기에서 반드시 장례를 지내기 전에 이렇게 했는지는 볼 수 없습니다.

137 어떤……하였습니다 : 《회암집(晦菴集)》 권59 〈두문경에게 답함[答竇文卿]〉에 보인다.

138 집사 조카의 상차(喪次) : 민정중의 조카이자 민시중의 맏아들인 민진하(閔鎭夏)의 상차를 말한다. 그는 7, 8년간 고질병을 앓다가 1673년 10월 25일에 사망하였다. 《老峯集 卷9 從子南別殿參奉鎭夏行錄》

139 주자가……하였습니다 : 《주자어류(朱子語類)》 권89 〈예(禮)6 상(喪)〉에 보인다.

140 양복(楊復)이……하였습니다 : 《주자어류》 권89 〈예6 상〉에 보인다.

주자의 편지에 "옛날에 종자(宗子)가 멀리 다른 나라에 있을 경우에는 서자(庶子) 중에 집에 있는 자가 대신 지냈는데, 이때 축문(祝文)에 쓰기를 '효자 아무개가 개자(介子) 아무개에게 제사를 행하게 하였습니다.' 하였습니다. 그러나 감히 사당에 들어가지 못하고 다만 무덤이 바라보이는 곳에 제단을 만들어 놓고 제사 지냈으니, 조상을 높이 받들고 종자를 공경하는 엄숙한 태도가 이와 같았습니다."[141]라고 하였고, 또 주자가 말하기를 "형제가 멀리 떨어져 사는 경우, 형 집에만 신주를 설치하고 아우는 신주를 세울 수 없으나, 다만 아우는 제사를 지낼 때에 바로 자리를 마련하여 지방(紙榜)을 써서 신위를 표기한 뒤 제사를 지내고 제사가 끝나면 태웁니다. 이렇게 하는 것이 역시 변례(變禮)에 맞을 듯합니다."[142] 하였습니다.

이 조목에서 위의 구절은 지자(支子)는 제사 지낼 수 없다는 뜻으로 그 엄격함이 이 정도이니, 고례(古禮)가 그렇기 때문입니다. 그러나 아래 구절에서는 주자가 권도(權道)를 제시하여 상황에 맞게 합리적으로 처리하도록 하였습니다. 그런데 화숙이 여기에서 위의 구절만 보았기 때문에 이렇게 말한 것인지, 아니면 아래 구절까지 아울러 다 보고도 오히려 옳지 않다고 말한 것인지는 잘 모르겠습니다.[143]

141 옛날에……같았습니다 : 《회암집》 권40 〈유평보에게 답함〔答劉平甫〕〉에 보인다. 개자는 차자(次子)를 말한다.

142 형제가……듯합니다 : 《회암집》 권62 〈이회숙에게 답함〔答李晦叔〕〉에 보인다. 그런데 《회암집》에는 "변례에 맞을 듯합니다."라는 말 뒤에 "다시 상고해 봐야 할 것입니다."라는 말이 더 있다. 결국 이 문제는 그렇게 하는 것이 변례에는 맞을 듯하지만 그래도 신중하게 판단해야 할 문제라는 여지를 남긴 것이다.

143 화숙이……모르겠습니다 : 박세채는, 형제가 멀리 떨어져 살 경우 아우가 지방을

다시 화숙에게 물어보는 것이 어떻겠습니까?

○ 이 편지에 수록한 모든 내용은 다 평소 사우(師友)에게 들은 것이기 때문에 아울러 모두 올려서 참고에 대비하게 하는 바입니다.

편지에서 "적자(適子)가 있으면 적손(適孫)은 없다."[144]라는 데 대해 말씀하신 설은 아마도 그렇지 않은 듯하니, 이미 적자가 있으면 적손을 위하여 가복(加服)[145]하지 않고 단지 중손(衆孫)과 같이 여기는 것입니다. 이미 참최복(斬衰服)을 입었으면 당연히 그 복의 경중이 어떠한지 살펴야 하는 것이니, 적자와 적손은 굳이 논할 필요가 없을 듯합니다.

써서 제사를 지내는 것도 변례에 맞는 듯하다고 주희가 인정하긴 했지만 마지막에 "다시 상고해 봐야 한다."라고 결론을 맺었고 또 실제로 그 뒤로도 그것이 행해진 경우가 없다는 점을 들어, 이는 끝내 행할 수 없는 예라고 결론을 내렸다. 다만 부모의 기제(忌祭)만은 그렇게 하더라도 크게 어긋나지 않을 것이며 사대부 집에서 많이 행하는 것을 보았다고 하였다.《常變通攷 卷24 祭禮 時祭 下 兄弟遠居各設祭, 卷25 祭禮 忌日 考妣忌日支子別祭》이에 의하면 박세채가 아래 구절까지 다 보고서 그 예가 옳지 않다고 결론을 내렸음을 알 수 있다.

144 적자(適子)가……없다 :《예기》〈상복(喪服) 부장기(不杖期)〉 적손조(適孫條)에 "적자가 있으면 적손은 없다. 손부(孫婦) 역시 그와 같다."라고 하였는데, 그 주에 "주(周)나라의 도는 적자가 죽으면 적손을 세웠다. 그런데 이 적손은 장차 위로 조(祖)의 후사가 될 자이지만 적장자가 있으면 모두 서손(庶孫)일 뿐이다. 손부 역시 이와 같아서 적부(適婦)가 있으면 역시 서손의 아내일 뿐이다."라고 하였다.

145 가복(加服) : 복상(服喪) 관계에 있는 사람이 특별한 이유로 본래의 상복에서 한 등급을 올려 더 무거운 상복을 입는 것을 말한다.

민대수에게 보냄 계축년(1673, 현종14) 12월
與閔大受 癸丑十二月

전날 돌아오는 인편에 답서를 받고서 지극한 슬픔으로 오열을 금치 못했습니다.[146] 강도(江都) 사람이 가져간 제 답장은 그때 즉시 받아 보셨습니까? 그 편지에서 논한 것은 그다지 어긋나지 않았는지요? 저의 병세는 한결같이 위태롭고 심하여 의약이 모두 효험이 없으니 앞으로 벌어질 일은 점치지 않아도 알 만합니다. 우상(右相)의 차자(箚子)에 대한 비답이 과연 너무나 준엄하여 더욱더 두렵기만 했습니다.[147] 그런데 변명하지 않는 것이 좋겠다고 하신 집사의 가르침을 듣고서 단지 문을 닫고 입을 다물고 있으니, 도리어 일이 줄었다는 생각이 듭니다. 일전에 태의(太醫)가 성상의 명으로 제 병을 살펴보고 돌아갔

146 지극한……못했습니다 : 민정중의 조카 민진하(閔鎭夏)가 죽어 상을 치르고 있었기 때문에 이렇게 말한 것이다.

147 우상(右相)의……했습니다 : 《송자대전수차》에는 우상을 문곡(文谷) 김수항(金壽恒)이라고 주석하고 있으나, 이때 그는 판중추부사였고 우의정은 그의 형 김수흥(金壽興)이었다. 1673년 10월 7일 송시열이 영릉(寧陵)의 천릉과 관련하여 올린 상소에 대한 현종의 비답이 매우 준엄하자, 우의정 김수흥은 그 비답 중의 온당치 못한 내용을 해명하려고 11월 25일에 차자를 올렸는데, 이에 대해 현종이 다시 준엄한 비답을 내렸으므로 송시열이 더욱 두렵다고 말한 것이다. 현종의 비답은, 천릉은 자식으로서 너무나 애통하고 망극한 일인데 애초에 물이 고이지 않았으면 미리 말하여 논의를 했어야지 이제 와서 천릉하지 않아도 될 천릉을 했다느니 풍수설에 미혹되어 경솔하게 재궁(梓宮)을 움직이게 했다느니 하는 것은 매우 온당치 못하다는 내용이었다. 《顯宗實錄 14年 11月 25日》 천릉과 관련하여 송시열이 올린 상소와 현종의 비답에 대해서는 88쪽 주130 참조.

는데, 수청 주인(水青主人)이 시의(時義)를 알지 못하고 당돌하게 진달한 것이 매우 한스럽습니다.[148] 해가 바뀌려고 하는 때이니 상중의 기거를 더욱 살펴 보중하시기를 바랍니다.

별지

죽은 자에게 아버지가 생존해 있으면 그의 자식이 있거나 없거나를 막론하고 모두 그 아버지가 상을 주관해야 합니다. 아버지가 자식의 상을 주관하는 상황에서 신주에 관직을 쓰는 것은 분명한 예문(禮文)이 있지는 않으나 세속에서 다 그렇게 하고 있는데, 그리해도 이치상 무방할 듯합니다. 신주에 이름을 쓰는 문제는 《상례비요(喪禮備要)》에 의거하면 의심할 것이 없으나 다만 춘형(春兄)은 병옹(炳翁)의 신주에 이름을 쓰지 않았습니다. 그가 이렇게 남의 말을 듣지 않았던 것은 어찌 소견이 있어서 그런 것이 아니겠습니까.[149] 그러나 아버지

148 태의(太醫)가……한스럽습니다 : 송시열의 병세가 위중하다고 승정원이 보고하자, 현종은 1673년 12월 4일에 태의를 보내어 약물을 가지고 가서 병을 간호하게 하였다. 《宋子大全 附錄 卷6 年譜》 여기에서 수청(水青)은 경기 양근(楊根)에 있는 수청탄(水青灘)을 말하고, 수청 주인은 여성제(呂聖齊)를 말하는데, 여성제의 정자(亭子)가 수청탄 가까이에 있었으므로 그렇게 호칭한 것이다. 송시열은 당시에 여성제가 승정원의 좌부승지로 있으면서 자신의 병세를 임금에게 계달(啓達)하여 태의가 오게 된 것이라고 여긴 것이다. 여기에서 시의를 알지 못했다는 것은 송시열의 상소로 인해 현종의 심기가 매우 불편한 상황임을 여성제가 제대로 파악하지 못하고 자신의 병세를 보고하여 번거로운 일이 벌어졌다는 말이다. 《顯宗實錄 14年 11月 13日》

149 신주에 이름을 쓰는……아니겠습니까 : 신주에 이름을 쓰는 것에 대해서는 《사계전서(沙溪全書)》 권33 〈상례비요 급묘(及墓)〉에 자세히 나온다. 그리고 춘형(春兄)은 동춘당(同春堂) 송준길(宋浚吉)의 이칭이고, 병옹(炳翁)은 송준길의 큰아들 송광식(宋光栻)을 말한다. 송광식의 아들들이 '병(炳)' 자 돌림인데, 그 아들들의 아버지라는

앞에서 자식이 이름을 칭하는 것은 고례이니,[150] 이는 당연히 손자는 할아버지 앞에서 아버지의 이름을 칭해야 한다는 의미이기도 합니다. 이렇게 자식으로서도 오히려 그 아버지의 이름을 칭하는데, 이제 아버지의 감실(龕室)에 자식을 합부(合祔)하면서 도리어 신주에 이름을 쓰지 않는단 말입니까. 아마도 이런 이치는 없을 듯합니다. 그러나 의리는 무궁하니 다시 예를 아는 사람들에게 널리 물어보시는 것이 어떻겠습니까?

○ 예전에 장헌(張憲)[151]이 연석(筵席)에서 세자에 대해 너무 융숭하게 올려 말하기에, 제가 아버지 앞에서 자식이 이름을 칭하는 의리를 거론하면서 논박한 일이 있습니다. 그때 성상께서도 옳게 여기셨고 장헌도 감사의 뜻을 표한 적이 있는데, 지금은 어떻게 하는지 모르겠습니다.

뜻에서 병옹이라 한 것이다. 아들 송광식이 40세에 죽자 송준길은 그 신주에 이름을 쓰지 않았다고 하면서 그 이유에 대해 "《상례비요》의 뜻으로 말하면 신주의 앞면에 사자(死者)의 이름을 쓰는 것이 마땅할 것 같습니다. 전에 죽은 자식을 장사 지낼 때 송시열도 이름을 써야 한다고 강력히 말하였습니다. 그러나 제 생각에는 이미 그 관직을 썼으니 이름을 쓰지 않아도 무방할 것 같아서 끝내 쓰지 않았습니다만, 과연 어떤지 모르겠습니다."라고 하였다. 《同春堂集 別集 卷5 答閔大受(辛亥)》

150 아버지……고례이니 : 《예기》 〈곡례 상(曲禮上)〉에 "아버지 앞에서 아들은 자신의 이름을 칭하고 임금 앞에서 신하는 자신의 이름을 칭한다."라고 하였다.

151 장헌(張憲) : 대사헌 장선징(張善瀓, 1614~1678)을 말한다. 본관은 덕수(德水), 자는 정지(淨之), 호는 두곡(杜谷)이다. 장유(張維)의 아들이며 대사헌, 예조 판서 등을 지냈다.

민대수에게 답함 계축년(1673, 현종14) 12월

答閔大受 癸丑十二月

조생(趙生)[152]이 돌아올 때와 순영 비장(巡營裨將)이 나올 때에도 그 편에 모두 작은 서찰을 주셨고 지금 김 상사(金上舍)가 오는 길에도 서찰을 보내 주시니 병든 사람의 마음에 매우 위로가 됩니다. 제 병은 지난번 거의 죽기 직전일 때에 비하면 차도가 있으나, 원기가 이미 소진되어 매번 자리에 누울 생각만 하고 있으니 끝내 소생하지 못할 징조입니다.

집사의 선대(先代) 묘명(墓銘)은 손대지 못하고 있다가 편지를 받고 나서 비로소 병을 무릅쓰고 초고를 엮어 보내드리는 바입니다. 원래 문장에 서투른데 더구나 정신이 쇠락한 뒤끝에 쓴 글이야 말해 무엇하겠습니까. 다듬고 윤색할 부분이 있으면 단호하게 바로잡고 삭제하시는 것이 어떻겠습니까?

대죄하는 소장(疏章)은, 감히 은전(恩典)을 받을 수 없다는 말로 이미 귀결하여 몇 줄로 대략 성상께 진달드렸고 그 뒤에 태의(太醫)가 왔으니, 어찌 감히 계속 성상을 번거롭게 해 드릴 수 있겠습니까. 그리하여 문득 일이 줄었다는 생각이 들기는 하지만 재차 은전을 사양하는 문제는 마음대로 결정할 수 없기에 여쭈어 본 것이니, 삼가 지시를

152 조생(趙生) : 조의운(趙義耘, 1641～1719)인 듯하다. 본관은 풍양(豐壤), 자는 칠이(七而), 호가 백의당(百宜堂)이다. 송시열과 송준길의 문인이고 공조 좌랑, 연산 현감(連山縣監)을 지냈다.

기다리겠습니다.

견책을 받은 것이 영광이라고 했던 것은, 생각건대 집사께서 "다른 사람의 마음도 다 내 마음과 같습니다."라고 하시기에 그렇게 말했던 듯합니다. 그러나 근래 친구들의 서찰이 다 저를 나무라면서 허물하고 있고 또 항상 스스로 두려워하며 움츠리고 있다 보니 실제로는 그것이 영광인지도 잘 모르겠습니다.

아무개의 글은 시세에 맞추어 영합한 것으로, 본디 그들의 본색이니 애처롭기만 합니다. 그런데 그들의 폐부를 들여다본 것을 다행으로 여기시니 인자(仁者)의 마음은 과연 이와 같은 것입니까. 참 우습습니다. 할 말은 많지만 남을 시켜 대신 쓰느라 이만 줄입니다.

민대수에게 답함 계축년(1673, 현종14) 12월

答閔大受 癸丑十二月

이제 봄이 돌아와 한 살을 더 먹으려 하는 때에 스스로 생각해 보니 죽을 날은 날로 가까워지고 학문의 힘은 날로 퇴보하고 있음을 느낍니다. 이에 옛날을 추억하면서 지금을 생각하니 단지 비감스러운 마음만 간절해집니다. 집사가 아니면 누구에게 이런 감회를 말하겠습니까. 어제 괴산(槐山)의 관아에서 파발 편으로 20일에 보내신 편지가 도착하였는데, 그 편지에서 사면(辭免)의 명이 내려졌다고 하신 말씀은 더욱 가슴이 탁 트이는 소식입니다. 선대의 묘명(墓銘)에서 '위곡(位谷)'이라는 두 글자는 말씀하신 대로 고쳤고 첫머리 부분에서도 한두 구를 고쳤습니다.

저의 병은 날이 갈수록 지루하게 계속되어 소생할 가망이 전혀 없습니다. 그러나 염라대왕에게 뇌물을 주거나 아첨하여 오래 살 생각도 없습니다. 신년에 신령의 가호가 더해지기를 축원하며 나머지는 이만 줄입니다.

별지

성상의 뜻이 불분명하여 실로 매우 개연(慨然)하였기에 한 편의 상소의 맥락을 모두 여기에 두었고 이어 그 서막(西幕)의 일[153]을 언급했던

153 서막(西幕)의 일 : 영릉(寧陵) 천릉(遷陵)과 관련된 일로 짐작되나 이와 관련한 전거는 찾지 못하였다. 《송자대전수차》에도 미상(未詳)이라고 되어 있다.

것입니다. 그런데 이번에 점괘(漸卦)를 만났다는 말씀[154]을 들으니 이는 지나치게 뒤로 물러난 것인데, 스스로를 담제(啖薺) 선생에게 비기신 것입니까? 그렇다면 이는 매우 황공하여 감히 감당할 수가 없으니[155] 참으로 우습고 우습습니다.

서막은 반드시 공격하려는 의도가 있다는 혐의에 대해서는[156] 저는 다만 도리상 한번 끊어야 한다는 것만 생각하고 이에 대해서는 생각이 미치지 못하였습니다. 그런데 지금 깨우쳐 주시는 말씀을 들으니 취몽

154 점괘(漸卦)를 만났다는 말씀 : 송시열이 1673년 10월 7일에 올렸던 상소에 대한 현종의 비답이 강경하였고 또 이를 변호하기 위해 김수흥(金壽興)이 올렸던 차자에 대한 비답도 준엄하게 내려온 데다 이를 빌미로 하여 사람들의 비난과 공격이 일어나자, 송시열은 다시 이를 방어하기 위한 상소를 올리고자 초고를 작성해서 민정중에게 보내 자문을 구하였다. 이에 민정중은 현재의 상황에서는 상소를 올리더라도 만회할 형편이 못 되고 다시 구설에 오를 수 있다고 판단하고 점을 쳐 보았는데, 점괘의 구오(九五)와 상구(上九)를 얻었으므로 상소를 올리지 않는 것이 좋겠다는 내용으로 편지를 보내온 것이다. 《老峯集 卷6 上尤齋別紙》

155 이는 지나치게……없으니 : 담제 선생은 남송(南宋) 때의 학자 채원정(蔡元定)을 가리킨다. 그가 복건성(福建省) 건양현(建陽縣) 서북쪽에 있는 서산(西山)에서 공부할 때 사삼(沙蔘)과 비슷한 게로기〔薺〕를 캐어 먹으면서 지냈으므로 이렇게 불렸다. 여기서 담제 선생에게 비겼다고 한 것은, 1195년에 주희가 영종(寧宗)에게 봉사(封事)를 올리려고 할 때 채원정이 스승을 위해 점을 쳐서 돈괘(遯卦)가 나온 일이 있었는데, 민정중이 송시열을 위해 점을 친 것과 유사한 상황이기 때문에 이렇게 말한 것이다. 그렇게 되면 송시열 자신이 주희와 동격이 되므로 감당할 수 없다는 말이다. 《宋史 儒林列傳 蔡元定》《宋子大全隨箚 卷6》

156 서막은……대해서는 : 민정중의 편지에 "서막에 대한 일을 상소에 집어넣을 경우 남들은 필시 제 마음을 살피지 않고 도리어 '새로운 말을 첨가하였으니 반드시 공격하려는 의도가 있다.'라고 생각할 것이니 어떨지 잘 모르겠습니다."라고 하였다. 《老峯集 卷6 上尤齋別紙》

(醉夢)이 확 깨는 것 이상으로 정신이 번쩍 들었습니다. 삼가 고사(古事)에 의거하여 이것은 태워 버리고 나머지는 성상의 뜻을 위하여 우선 남겨 둔 채 올리지 않고 있다가 다른 사람 중에 혹 이를 천명하여 계도하려는 자가 있으면 그 뒤에 다 불사르도록 하겠습니다. 그리고 오늘부터는 할 일이 없으니 단지 옛 서책으로 눈을 가리고 졸음을 쫓는 일이나 해야겠습니다. 하사해 주신 것이 매우 크니 실로 지극히 감격스러운 마음을 금할 길이 없습니다.

○ 대체로 이 점괘는 오늘날의 일과 매우 부합하니, 도움을 구할 때 응답해 주고 신묘한 조화의 공을 돕는 오묘한 《주역(周易)》의 이치[157]가 과연 증명이 된다 하겠습니다. 그리고 이를 통해 집사의 정결하고 정미한 도가 이미 시초점(蓍草占)과 더불어 덕에 부합함을 알 수 있으니, 매우 흠앙하는 바입니다.

157 도움을……이치 : 《주역》 〈계사전 상(繫辭傳上)〉에 "《주역》의 이치는 천하의 일을 모두 갖추고 있어 도를 드러내고 덕행을 신묘하게 만든다. 그렇기 때문에 만물이 도움을 구할 때 응답해 주고 신묘한 조화의 공을 도울 수 있다."라고 하였다.

민대수에게 답함 계축년(1673, 현종14) 12월

答閔大受 癸丑十二月

집사의 조카[158] 장례 날짜가 임박하고 보니 병중에 비탄스러운 마음을 금할 길이 없습니다. 어제 막 사람을 보내어 문후를 여쭙게 하였는데, 보내신 편지가 먼저 이르니 매우 위로가 되고 감사한 마음을 감당할 수가 없습니다. 저의 병은 나을 기약이 없으니 만약 죽음이라는 대운(大運)과 관계된 바가 아니라면 해가 바뀌어 화창한 봄이 올 때 혹 회생할 수 있을는지 기다려 볼 뿐입니다.

올리려는 자책의 상소에 대해 깨우쳐 주신 말씀이 여기에 이르니 감격스럽고 다행한 마음을 금할 길이 없습니다. 삼가 가르침에 따라 봉행해야 하겠습니다만, 병세가 이러하여 초고를 작성할 기력이 없을 듯하고 비록 억지로 한다 하더라도 또한 정신이 없을 듯합니다. 조만간에 초고가 완성되면 먼저 받들어 올리도록 하겠습니다. 혜중(惠仲)이 캄캄한 무덤 속에서 영면하게 되었는데,[159] 그의 처지에서는 좋겠지만 그 노친은 어떻겠습니까. 너무 서글프고 안타깝습니다.

상중에 제사를 지내는 일에 대한 우복(愚伏 정경세(鄭經世))의 설은 비록 고례(古禮)에 근거를 두고 있으나 고례에서 말한 이른바 제사라

158 집사의 조카 : 민진하(閔鎭夏)를 가리킨다.

159 혜중(惠仲)이……되었는데 : 혜중은 이민적(李敏迪)의 자이다. 본관은 전주(全州), 호는 죽서(竹西)이다. 윤황(尹榥)의 외손자이고 윤문거(尹文擧)의 문인이다. 1673년 11월 22일에 병으로 원주(原州)에서 사망하였다.《陶谷集 卷10 大司憲竹西李公敏迪神道碑銘》

는 것은 사시(四時)의 정제(正祭)를 가리킨 것입니다.[160] 만약 중복(重服)을 입고 있다면 비록 적통(嫡統)이 아니라 하더라도 어떻게 제사를 지낼 수 있겠습니까. 그런데 지금 집사의 집안에서 행하는 것은 기제(忌祭)이니 단지 주자(朱子)의 설[161]에 의거하여 행하더라도 의심할 여지 없는 도리일 듯합니다.

신주를 쓸 때에는 '아들 아무개 관직 무엇'으로 써야 합니다. 세속에서는 혹 '망(亡)' 자를 더하기도 하는데, 어디에 근거하는지 잘 모르겠습니다. 동춘당(同春堂)이 이름을 쓰지 않은 것[162]은 우복의 설에 바탕을 두었으나 그 신주를 할아버지의 감실(龕室)에 합부(合祔)해야 하는 상황이고 보면 아버지 앞에서 자식이 이름을 칭하는 의리에서 볼 때 어떻게 해야겠습니까. 이른바 아버지 앞에서 자식이 이름을 칭한다는 것은 손자가 할아버지 앞에서 자기 아버지의 이름을 칭한다는 의미이

160 상중에……것입니다 : 고례에서 상중에 제사를 지내지 않는다는 것은 사시의 정제, 즉 사계절의 가운데 달인 2월, 5월, 8월, 11월의 삼순(三旬) 정일(丁日) 또는 해일(亥日)에 고조(高祖) 이하의 조상에게 드리는 제사를 지내지 않는다는 뜻이고, 묘제(墓祭)와 기제까지 폐하는 것은 아니라는 말이다. 《朱子家禮 卷5 祭禮》 정경세도 이런 뜻으로 말하였던 것으로 보인다. 《同春堂集 別集 卷2 上沙溪先生》

161 주자(朱子)의 설 : 《회암집(晦菴集)》 권59 〈두문경에게 답함〔答竇文卿〕〉에 보인다. 어떤 이가 주희에게 묻기를 "아직 장례를 치르지 않았으면 다른 제사를 지내서는 안 되지만, 혹 선조의 기일을 만나면 제사를 지내야 하는 것인지 또한 알지 못하겠습니다." 하니, 주희가 답하기를 "기일은 상사(喪事)의 나머지이니, 제사를 지내더라도 혐의가 없을 듯합니다. 그러나 정침(正寢)에 이미 궤연(几筵)을 설치했으면 제사 지낼 곳이 없으니, 이런 경우에는 잠시 정지해도 될 듯합니다." 하였다.

162 동춘당(同春堂)이……것 : 동춘당 송준길(宋浚吉)이 큰아들 송광식(宋光栻)의 신주에 관직만 쓰고 이름을 쓰지 않은 것을 말한다. 자세한 내용은 96쪽 주149 참조.

기도 합니다. 할아버지 앞에서 아버지의 이름도 칭하는데 할아버지 앞에서 그 손자의 이름을 칭하는 것은 더욱이 혐의스러울 것이 없습니다. 저의 견해는 이러한데 어떤지 잘 모르겠습니다.

초공(草公 이유태(李惟泰))이 받은 비답은 과연 대단한 것이었습니다. 혹자는 말하기를 "윤증(尹拯)과 이 친구는 민신(閔愼)의 예(禮)에 대해 다른 견해를 세웠기 때문에 큰 은총이 여기에까지 이르렀다." 하는데,[163] 그런지 아닌지는 잘 모르겠습니다. 하고 싶은 말은 매우 많으나 병석에 누워서 남을 시켜 대신 쓰게 하다 보니 일일이 다 말씀드리지 못합니다.

163 혹자는……하는데 : 민신의 예란 김장생(金長生)의 문인이던 민업(閔業)이 죽었을 때 그의 아들 민세익(閔世益)이 정신병에 걸려 상주 노릇을 할 수 없자, 박세채(朴世采)가 민세익의 아들 민신으로 하여금 대신 참최복(斬衰服)을 입게 한 일을 말한다. 송시열과 민정중도 이에 동조하였으나 송준길, 이유태, 윤증 등은 이와 견해를 달리함으로써 논란이 일었고, 또 김우명(金佑明)이 이 일을 문제 삼아 송시열을 공격하였으므로 당시에 이 사건은 당쟁의 큰 불씨가 되었다. 《顯宗改修實錄 14年 9月 9日》

민대수에게 보냄 갑인년(1674, 현종15) 1월
與閔大受 甲寅正月

겨울 추위가 심하다 보니 봄기운이 전혀 없는데, 그쪽 역시 그런지 잘 모르겠습니다. 저는 어제 성상의 비답을 받고 즉시 또 은전(恩典)을 재차 사양하였는데,[164] 혹여 언행이 과격하고 공손하지 못하다는 꾸짖음이 있지 않겠습니까? 이번에는 윤허를 받을 것도 같은데 혹여라도 그렇게 되지 않으면 다시 어떻게 해야 합니까? 헤아려 가르침을 주시면 매우 고맙겠습니다.

소초(小草)이지 어부(漁夫)가 아니라고 하신 말씀은 사람으로 하여금 한번 웃게 만듭니다. 그러나 소초는 실로 혐의스러울 만하거니와

164 어제……사양하였는데 : 1673년에 효종의 능인 영릉(寧陵)에 틈이 벌어져 비가 새고 풍수상으로 좋지 않다는 지적에 따라 여주(驪州)의 홍제동(弘濟洞)으로 천릉(遷陵)하였는데, 송시열은 원래의 영릉으로 능지(陵地)를 정할 때 관여한 데다 비가 새는지 조사하는 과정에도 참여하였으므로, 천릉이 끝난 뒤인 1673년 10월 7일에 자신을 변명하는 상소를 현종에게 올렸다. 그 상소에, 옛 영릉 광중(壙中)은 석회가 단단하여 전혀 문제가 없었으므로 천릉하지 않았더라도 무방했을 것이라는 내용이 들어 있었다. 이 상소를 본 현종은 크게 노하여 비답을 내리지 않고 있다가 11월이 되어서야 비답을 내렸는데, 송시열이 상소에서 불평하는 태도로 일관한 점과 현종 자신이 풍수설에 혹하여 천릉했다는 식으로 말한 점 등을 들어 매우 유감스럽다는 뜻을 표하였다. 그러자 다시 송시열이 1674년 1월 7일에 상소하여 대죄하면서 자신의 상소는 불평에서 나온 것이 전혀 아니며, 풍수설 때문에 천릉했다 하더라도 그것은 오히려 전하의 효성을 드러내는 것이므로 성덕에 누가 되는 것은 아니라고 변명하였다. 《宋子大全 附錄 卷6 年譜》 그리고 "은전을 재차 사양했다"는 것은 영릉 천릉과 관련하여 지문(誌文)을 제술한 것에 대한 상전(賞典)으로 현종이 안마(鞍馬)를 하사한 것을 송시열이 계속 사양하고 있는 것을 말한다.

어부가 한적한 것이야 또한 어찌 나쁜 일이겠습니까.[165] 짓고 계신 제서(堤西)의 집이 과연 완성되면 눈 속에 노를 저어 한번 찾아가서[166] 그 참에 영동(嶺東)까지 유람하고 싶습니다.

방금 사간 윤형성(尹衡聖)[167]의 편지를 보니, 집사의 돌아가신 조부(祖父) 어른께서 일찍이 부여(扶餘)에 계시면서 의열사(義烈祠)의 재임(齋任)을 맡으셨다고 하던데, 어느 연간에 계셨는지 모르겠습니다. 지금 부여의 유생들이 장차 새로 사우(祠宇)를 세우려 한다고 알려 왔습니다. 나머지는 이만 줄입니다.

165 소초(小草)이지……일이겠습니까 : 소초는 약초의 일종인 원지(遠志)의 별칭이다. 동진(東晉) 때 사안(謝安)이 처음에는 동산(東山)에 평생 은거하려 하다가 환온(桓溫)이 부르자 그에게 나아가 사마(司馬)가 되었다. 하루는 어떤 사람이 환온에게 약초를 보내왔는데, 그중에 원지가 있으므로 환온이 사안에게 묻기를 "이 약초의 이름을 소초라고도 하는데, 어찌하여 한 약초를 두고 두 이름으로 일컫는가?" 하였다. 사안이 즉시 대답하지 못하자, 곁에 있던 학륭(郝隆)이 대답하기를 "그 답은 매우 간단합니다. 산속에 있으면 원지이고 산을 나오면 소초가 되는 것입니다." 하니, 사안이 그 말 속에 자신이 절개를 굽히고 세상에 나온 것을 조롱하는 뜻이 담겨 있음을 알고 매우 부끄러워하였다고 한다. 원지는 뜻을 원대하게 갖는다는 의미이고 소초는 하찮은 잡초라는 의미이기 때문이다. 《世說新語 排調》

166 짓고……찾아가서 : 진(晉)나라 왕휘지(王徽之)는 눈 내리는 밤에 갑자기 친구 대규(戴逵)가 보고 싶어져서 산음(山陰)에서 배를 타고 노를 저어 섬계(剡溪)에 있는 그 집 앞까지 갔다가 돌아온 적이 있는데, 여기서는 민정중이 짓고 있는 집이 완성되면 송시열이 한번 찾아가겠다는 말이다. 《世說新語 任誕》 여기서 언급한 제서가 제천(堤川)의 서쪽이라는 뜻인지, 아니면 충주(忠州)에서 제천 사이에 있는 지명인지는 정확하게 확인하지 못하였으나 이곳에 민정중이 집을 짓고 나서 거처를 옮긴 것으로 보인다. 《文貞公遺稿 卷2 上尤奄, 與黃周卿》

167 윤형성(尹衡聖) : 1608~1676. 본관은 남원, 자는 경임(景任), 호는 기기재(棄棄齋)이다. 사간과 진주 목사 등을 지냈다.

민대수에게 답함 갑인년(1674, 현종15) 3월

答閔大受 甲寅三月

천하에 일이 있다[168]고 듣고 나서 선왕(先王 효종(孝宗))의 뜻과 사업을 추억해 보았는데, 밤낮으로 통곡한들 어찌 미칠 수 있겠습니까. 듣건대 왕후의 상(喪)에 고부(告訃)하는 것은 일찍이 전례가 없는데 충주(忠州)의 정승이 건의하여 청하였으니 필시 보낼 수 있을 것이라고 합니다.[169] 이는 오랑캐에게 충성한다는 점에서는 지극하다고 할 만하지만 한 가닥 의사(義士)의 마음을 게으르게 한다는 점에서는 큰일이니, 탄식할 노릇입니다.

오삼계(吳三桂)가 과연 시역(弑逆)한 것이 《명사(明史)》에 기록된 바와 같다면 오늘날의 일은 적(賊)으로 적을 공격하는 것이라 하겠습

168 천하에 일이 있다 : 명나라 말에 오삼계가 청나라와 결탁하여 이자성(李自成)을 토벌한 공으로 운남(雲南)을 봉지(封地)로 받고 평서친왕(平西親王)에 봉해졌는데, 1673년에 강희제(康熙帝)가 삼번(三藩) 철폐의 명을 내리자 정남왕(靖南王) 경중명(耿仲明), 평남왕(平南王) 상가희(尙可喜)와 함께 삼번의 난을 일으킨 것을 말한다. 《淸史 吳三桂列傳》

169 왕후의……합니다 : 왕후는 효종 비 인선왕후(仁宣王后) 장씨(張氏)를 말하는데, 1674년 2월 28일에 승하하였다. 왕후의 상에 고부한다는 것은 인선왕후의 부고를 전하기 위해 청나라에 고부사(告訃使)를 보내는 것을 말하고 충주의 정승이란 당시 충주로 물러가 있던 허적(許積)을 가리킨다. 《현종실록》 15년 3월 5일 기사에 "유창(兪瑒)을 고부사로, 권해(權瑎)를 서장관으로 삼았다. 내상(內喪)에는 고부한 예가 일찍이 없었는데, 상이 대신과 의논하여 별도로 보냈다."라고 되어 있다. 아마도 충주에 물러나 있던 허적이 건의하자 현종이 대신과 상의하여 고부사를 파견하기로 결정한 것으로 보인다. 《宋子大全隨箚 卷6》

니다만, 이로 인해 진인(眞人)이 나온다면 참으로 순풍에 돛을 다는 형세일 것입니다. 진승(陳勝)이 맨 먼저 기병(起兵)하여 유방(劉邦)과 항우(項羽)가 성공한 것[170]이 병의 물을 거꾸로 쏟아붓는 것처럼 매우 수월하였으니, 고금의 형세는 대체로 서로 같은 것입니다. 천한 목숨이 개미와 같거늘 집사가 이 일을 미루어 대운(大運)과 관련지으시니, 이는 장차 오(吳) 땅의 처사(處士)로 하여금 소미성(少微星)이 희미해지는 것을 보고 죽음을 다투게 하는 격입니다.[171] 그러나 진실로 집사의 말처럼 된다면 죽더라도 무슨 여한이 있겠습니까.

어제 의정부에서 온 편지를 받았는데 "아무개 대감이 신속하게 나왔으니 이는 지난해의 일[172]로 겁을 먹은 것입니다."라는 말이 있기에,

170 진승(陳勝)이……것 : 진(秦)나라의 멸망이 이세황제(二世皇帝) 때 진승과 오광(吳廣)의 반란에 의해 시작되었고 항우와 유방에 의해 마무리되었다는 말이다. 《史記 陳涉世家》

171 천한……격입니다 : 소미성은 처사를 상징하는 별인데, 소미성이 희미해지면 인간 세상의 고명한 처사가 죽는다는 말이 있다. 진(晉)나라 때의 처사 사부(謝敷)는 벼슬에 나아가지 않고 태평산(太平山)에 10여 년 동안 은거하였다. 하루는 달이 소미성을 범하여 희미해지자 점치는 사람이 처사가 죽을 것이라고 하였는데, 당시 명망이 높았던 오 땅의 대규(戴逵)가 죽을 것이라는 예상과는 달리 사부가 죽었다고 한다. 이에 회계(會稽) 사람들이 조롱하기를 "오 땅의 고상한 선비, 자신이 죽으려고 하였으나 죽지 못했네." 하였다. 《晉書 隱逸列傳 謝敷》 민정중이 편지에서 송시열을 이러한 시대 상황의 대운과 관계된 인물로 거론하자, 송시열은 자신이 그럴 만한 인물이 못 되고 오히려 소미성에 부응할 것이라고 여기다가 사람들의 조롱거리가 되었던 대규처럼 될 수 있다며 사양한 것이다.

172 지난해의 일 : 민정중이 임금의 면전에서 아첨하는 허적을 싫어하여 충주에 있으면서 상소하여 지적하고 아울러 송준길을 변호하였다가 깊이 미움을 받은 적이 있었다. 그 뒤로 민정중은 제수될 때마다 사양하고 나오지 않다가 마침내 1673년에 삭직되었다.

제가 답하기를 "머뭇거리다 물러간 것은 유독 지난해의 일로 겁을 먹은 것이 아닙니까?" 하였습니다. 집사를 대면하여 한번 웃지 못하는 것이 한스럽습니다.

《承政院日記 顯宗 14年 9月 14日》《宋子大全隨箚 卷6》

민대수에게 보냄 갑인년(1674, 현종15) 4월

與閔大受 甲寅四月

국상(國喪)이 있을 때에는 사사로이 장례를 치르는 일을 행할 수 없는지에 대해서 여기에도 와서 질문하는 사람이 많이 있습니다. 이에 대해서는 금령이 없을 뿐만 아니라 의리로 헤아려 보더라도 역시 행하지 못할 리가 없습니다. 다만 장례 뒤의 우제(虞祭)와 부제(祔祭)는 성대한 제사이니, 이는 편치 못한 점이 있을 듯합니다. 역시 줄여서 행해도 되는지 모르겠습니다. 줄여서 행하면 우제와 부제가 제대로 행해지지 못하는 것이기에 이것이 난처한 점인데, 고례(古禮)에 근거할 만한 글이 있는지 모르겠습니다. 감히 단정하여 말할 수 없으니, 부디 헤아려 가르침을 주시기 바랍니다.

민대수에게 답함 갑인년(1674, 현종15) 4월

答閔大受 甲寅四月

강동(姜童)[173]이 편지를 가지고 돌아와서 삼가 고요히 기거하시는 생활이 편안하다는 것을 알게 되니 기쁘기 그지없습니다. 제 병은 짧은 시일에 나을 수 있는 게 아닙니다. 한 푼의 값어치도 안 나가는 저 같은 자가, 어찌 괴로이 염라대왕과 이후평(李后平)[174] 같은 무리가 다투어 취하려는 대상이 되었는지 잘 모르겠습니다. 가소롭습니다.

어필을 벼랑에 새기는 일[175]은 속히 거행하고 싶지만 그간 함께 계획하고 도모할 사람이 없었습니다. 한번 오시겠다는 말씀을 듣게 된다면

173 강동(姜童) : 강효원(姜孝元)의 손자 강승석(姜承碩)을 말한다. 병자호란 때 소현세자(昭顯世子)와 함께 심양(瀋陽)에 갔던 정뇌경(鄭雷卿)이 청나라의 통역관 정명수(鄭命壽)를 고발하여 죽이려다 무고죄에 걸려 사형당할 때, 서리(書吏) 강효원도 함께 따라 죽었다. 송시열이 이를 기려 효종 때 강효원의 아들과 손자를 양민(良民)으로 만들어 주고 그 둘째 손자 강승석을 제자로 삼아 옆에 두고 가르쳤다. 《宋子大全 卷73 與金永叔(乙卯十二月十七日)》

174 이후평(李后平) : 춘천(春川)에 사는 유학(幼學)으로 조경(趙絅)의 외손이다. 1674년 3월에 송시열을 헐뜯고 욕하는 상소를 올렸다고 하는데, 《현종실록》이나 《승정원일기》 등에는 관련 기록이 보이지 않고 《송자대전》의 여러 편지에만 간략하게 언급되어 있다. 《宋子大全 卷81 答趙復亨(甲寅三月八日), 卷107 答郭汝靜(甲寅七月初九日), 卷125 答子(甲寅三月)》

175 어필을……일 : 어필이란 민정중이 1669년에 동지사(冬至使)로 북경에 갔을 때 구해 온 숭정황제(崇禎皇帝)가 쓴 '비례부동(非禮不動)' 네 글자를 말한다. 이것을 민정중이 화양동(華陽洞)에 있는 송시열에게 기증하였는데, 이때 송시열이 화양동의 시냇가 벼랑에 이 네 글자를 새기는 작업을 진행 중이었다. 《宋子大全 卷147 崇禎皇帝御筆跋》

너무나 기쁘고 바라는 일이지만 어찌 이것이 쉽겠습니까. 지난달의 경우에는 분수에 넘치는 요행이었습니다. 편지를 가지고 온 인편도 바쁘다고 하니 나머지는 이만 줄입니다.

어필 아래에 다음과 같이 썼습니다.

배신(陪臣) 아무개 구입

배신 아무개 새김

숭정(崇禎) 갑인 3월 일

이렇게 쓰는 것이 좋겠습니까? 뒤의 인편에 가르침을 주시기 바랍니다.

민대수에게 답함 갑인년(1674, 현종15) 4월 11일
答閔大受 甲寅四月十一日

그리운 마음이 한창 간절하다가 갑자기 이렇게 편지를 받고 보니 저도 모르게 정신이 깨어나는 듯 개운해집니다. 방금 대농(大農)[176]의 편지를 받아 보고 삼가 사관(史官)의 서계(書啓)에 대해 또 처분이 없으셨다는 사실을 알았습니다.[177] 성상의 뜻은 필시 이 미천한 신하를 교만방자하고 명에 태만하다고 여겨 그리하신 것이니, 너무나 황공하여 몸 둘 바를 모르겠습니다.

방금 세 병(炳)[178]이 함께 와서 자기 조부의 유소(遺疏)[179]를 보여 주었는데, 읽다 보니 슬픔이 북받쳐서 흐르는 눈물을 다 닦을 수 없었습니다. 그들에게 유소를 속히 성상께 올리라고 하였더니 그들이 집사

176 대농(大農) : 당시 호조 판서로 있던 민유중(閔維重)을 가리킨다.

177 사관(史官)의……알았습니다 : 1674년 3월 29일 현종이 송시열에게 사관을 보내어 효종 비 인선왕후(仁宣王后) 장씨(張氏)의 지문(誌文)을 서울에 올라와서 제술하라는 명을 내렸으나 송시열은 사양하고 나아가지 않았다. 이에 사관이 송시열에게 현종의 뜻을 전유(傳諭)하고 나서 송시열의 상소와 함께 서계를 올렸는데, 이때까지 현종이 답을 내리지 않고 있었다. 《宋子大全 附錄 卷7 年譜》《顯宗實錄 15年 4月 23日》

178 세 병(炳) : '병(炳)' 자 돌림인, 송준길(宋浚吉)의 손자이자 송광식(宋光栻)의 아들들을 가리킨다. 원래는 송병문(宋炳文), 송병하(宋炳夏), 송병원(宋炳遠), 송병익(宋炳翼) 등 네 명인데, 이때에는 세 명이 왔던 것으로 보인다.

179 자기 조부의 유소(遺疏) : 송준길이 죽음을 앞두고 병중에 쓴 마지막 상소를 말한다. 그의 손자 송병문이 조부 사후에 유품을 정리하다가 이 상소를 발견하고는 송시열과 민정중 형제들과 상의한 뒤 1674년 4월에 현종에게 올렸다. 《顯宗實錄 15年 4月 22日》

형제분들의 명도 그러하였다고 말하였습니다.

각수(刻手)가 도착하였으니 어필을 새기는 일은 이루어질 수 있겠습니다. 다만 양식을 마련할 자금이 아예 없는데 고할 만한 데도 없어 이것이 염려스러울 뿐입니다.

○ 묘표(墓表)에는 연월과 찬술자의 성명을 글의 말미에 연서(連書)하되 관함(官銜)을 쓰지 않는 것이 관례입니다만, 《주자대전(朱子大全)》에 혹 그것을 쓴 곳이 있다면 헤아려 그렇게 처리하면 될 것입니다.

민대수에게 답함 갑인년(1674, 현종15) 4월

答閔大受 甲寅四月

그리워하는 마음이 간절하였지만 안부를 물을 생각도 못 하다가 갑자기 사람을 보내 특별히 주신 편지를 받고 보니, 속 시원한 마음을 뭐라 형언할 길이 없습니다. 제가 올린 상소는 비답을 받지 못하였을 뿐만 아니라 총호사(摠護使)인 우상(右相)이 재차 탑전(榻前)에서 진달했는데도 끝내 답이 없으셨습니다.[180] 성상의 뜻은 필시 이유가 있으실 것이므로 천신(賤臣)은 황공한 마음에 실로 몸 둘 바를 모르겠습니다.

벼랑에 어필을 새기는 일은 바위 재질이 단단하여 하루에 한 획을 겨우 새길 뿐입니다. 그러나 어제 이미 '불(不)' 자를 새겼고 태반이 모두 소자(小字)이니 5, 6일 사이에는 공사를 마칠 작정입니다. 양식은 괴산(槐山), 연풍(延豐), 연기(燕岐)에서 도와주었고 이제 또 보내 주신 것이 넉넉하여 부족함이 없습니다.

저는 마침 돌아가는 말이 있어 내일 그것을 타고 출발할 작정이고 병이 나으면 저쪽에서 이천(利川)과 여주(驪州) 사이로 달려가 국상 행렬[181]에 곡하려고 합니다. 그러나 무더위가 이와 같으니 이 점이 염려

180 제가……없으셨습니다 : 1674년 송시열이 상소하여 인선왕후 장씨의 지문을 제술하는 일을 사양하자, 우의정 김수흥(金壽興)이 현종에게 다시 한 번 송시열에게 유지(諭旨)를 보내 돈독히 권면하라고 권유하였는데, 현종은 송시열의 태도를 달갑게 여기지 않았으므로 비답을 내리지 않다가 4월 23일에 판중추부사 김수항(金壽恒)에게 지문을 대신 지어 올리도록 명하였다. 《宋子大全 附錄 卷7 年譜》《顯宗實錄 15年 4月 23日》

181 국상 행렬 : 효종 비인 인선왕후 장씨의 국상 행렬을 말한다.

스러울 뿐입니다.

국상 중에 개인 장례를 치르는 것은 본래 금령이 없으나 단지 우제(虞祭)와 부제(祔祭)는 성대한 제사라 구애되는 점이 있기 때문에 지난 편지에서 여쭈어 보았는데, 이번 편지에서 해 주신 말씀을 받드니 매우 다행스럽고 다행스럽습니다. 그런데 박화숙(朴和叔 박세채(朴世采))과의 문답을 통해 《예기(禮記)》 〈상복소기(喪服小記)〉의 설을 상고하게 되었습니다. 거기에 "장례를 치르고 나서 곧바로 우제를 지내지 못할 때에는〔旣葬而不報虞〕"이라는 대목이 있으니, 이것이 바로 오늘에 준용할 수 있는 분명한 증거입니다.[182] 따라서 국상의 졸곡(卒哭)이 끝나기를 기다린 뒤에 뒤미처 행하면 될 것입니다.

연경(燕京) 소식[183]은 어떻게 하면 들을 수 있겠습니까? 매우 답답할 뿐입니다.

○ 남은 자금으로 그 옆에 작은 집을 짓고 '호음(好音)'이라고 이름 붙이려 하니, 《시경》 〈비풍(匪風)〉에 이 말이 있습니다.[184] 잘 모르겠

182 장례를……증거입니다 : 《예기》 〈상복소기〉에 "시마와 소공의 상을 당했을 적에 우제와 졸곡 때에는 문(免)을 한다. 그리고 장례를 끝냈어도 즉시 우제를 지내지 못할 때에는 상주(喪主)라도 일단 관을 썼다가 우제를 지낼 때가 되면 모두 문을 한다."라는 말이 있는데, 여기서는 장례를 치른 뒤에 이유가 있어 즉시 우제를 지내지 못하는 경우도 있다는 하나의 사례로 원용한 것이다.

183 연경(燕京) 소식 : 청나라의 오삼계(吳三桂)가 삼번(三藩)의 난을 일으킨 것을 말한다. 자세한 내용은 108쪽 주168 참조. 《현종실록》 15년 3월 2일 기사에, 사은사(謝恩使)로 연경에 갔던 김수항(金壽恒) 등이 오삼계의 반란과 관련한 중국의 정황을 치계(馳啓)한 내용이 보인다.

184 남은……있습니다 : "남은 자금"이란 화양동(華陽洞)의 벼랑에 숭정황제(崇禎皇帝)의 어필을 새기고 남은 자금을 말한다. 여기에서는 이 자금으로 벼랑 옆에 '호음'이라

습니다만 어떻게 생각하십니까?

는 이름의 집을 지을 생각이라고 말했으나, 《송자대전수차》 권6에 의하면 실제로는 미처 그 뜻을 이루지 못했다고 한다. 호음은 《시경》 〈회풍(檜風) 비풍〉에 "그 누가 서주(西周)로 돌아가느뇨. 내 좋은 소리로 회유하리라.〔誰將西歸? 懷之好音.〕"라고 한 데서 온 말로, 점점 쇠망해 가는 세상을 맞아 옛날 융성했던 시대를 그리워하는 뜻을 읊은 시이다.

민대수에게 답함 갑인년(1674, 현종15) 6월

答閔大受 甲寅六月

일찍이 회덕(懷德)에서 양근(楊根)과 지평(砥平)을 경유하였는데, 집사께서 서쪽으로 오신다는 것을 일찍 알았더라면 마땅히 청풍(淸風)과 괴산(槐山)을 경유하여 다시 지난해의 배를 함께 탈 수 있었을 것입니다. 그런데 이번에 이렇게 문안 편지를 받으니 두터이 보살펴 주시는 후의에 우러르는 마음이 깊어집니다.

용문(龍門)[185]은 옛날에 독서하던 곳이라서 정이 없을 수 없습니다. 어제 서너 명의 사우(士友)들[186]과 함께 투숙하고서 다음 날을 기다려 조금 강로(江路)를 거슬러 올라갔습니다. 신륵사(神勒寺)는 돌이켜 보면 작년 가을에 분잡스럽던 생각이 나서 좋은 곳이 아니라고 여겼기에 단지 편하게 잠만 자고 다음 날 떠나려고 하는데, 어떻게 하면 만나서 정담을 나눌 수 있겠습니까?

여식(女息)[187]이 병이 들어 친정에 온 이후에 한 번 그 소식을 들었는데, 아직 위험한 지경을 벗어나지 못하고 있습니다. 늙은 아버지의 마음은 하룻저녁에도 혼이 아홉 번 이상 나갈 정도입니다. 벼랑에 어필

185 용문(龍門) : 경기 지평에 있는 산 이름이다.

186 서너 명의 사우(士友)들 : 송시열과 함께 용문산에 들어갔던 인물은 윤이성(尹以性), 이행(李涬), 김창협(金昌協), 이희조(李喜朝)이다. 《宋子大全 附錄 卷7 年譜》

187 여식(女息) : 권시(權諰)의 며느리이자 권유(權惟)의 부인이 된 송시열의 딸을 말한다. 《宋子大全 卷94 答李同甫(甲寅五月二十日)》

을 새기는 일은 아직도 수정할 곳이 남아 있으니, 날이 서늘해진 뒤에 다시 만손(晩孫)[188]의 손을 하루 이틀 정도 빌릴 수 있겠습니까? 나머지는 일일이 다 말씀드리지 못합니다.

188 만손(晩孫) : 벼랑에 어필을 새기는 일을 맡았던 각수(刻手)의 이름인 듯하다. 《宋子大全隨箚 卷6》

민대수에게 보냄 갑인년(1674, 현종15) 7월

與閔大受 甲寅七[189]月

산수(山水) 간에서의 이별이 어느덧 두 달이 되고 보니, 몹시 그리운 마음이 어찌 그 끝이 있겠습니까. 이제는 가을 기운이 언뜻 느껴지기도 하는데, 고요한 가운데에서의 기거는 어떠하십니까? 산속 집에는 사람이 없고 강동(姜童 강승석(姜承碩))도 혼자 보내기가 어렵다 보니 이렇게까지 격조하였습니다. 그저 탄식만 나올 뿐입니다.

제 여식이 그런대로 소생할 가망이 있기에 저는 이달 초에 도로 산중으로 들어왔는데, 산중에는 들리는 말이 전혀 없으니 이 점이 즐거워할 만합니다. 하지만 들어온 지 며칠 뒤에 영남(嶺南)의 도신징(都愼徵)의 일이 점차 들려오고, 이제는 또 듣자니 조정에서 의논하던 신하가 견책을 당하였고 지난봄 이 일을 맡았던 예관(禮官)들이 옥리(獄吏)에게 내려졌다고 합니다.[190] 이런 상황에서 이 미천한 신하의 황공한 마음

189 七 : 대본에는 '六'으로 되어 있는데, 이 편지에서 언급한 도신징의 일 등이 《현종실록》에 따르면 15년 7월 6일, 15일, 16일에 일어났으므로 이에 의거하여 수정하였다.

190 영남(嶺南)의……합니다 : 1674년 2월 효종 비 인선왕후(仁宣王后) 장씨(張氏)의 국상 때, 시어머니 자의대비(慈懿大妃) 조씨(趙氏)가 입을 상복을 놓고 이른바 2차 예송이 벌어졌다. 당시 정권을 잡고 있던 서인(西人)들은 9개월의 대공복(大功服)으로 결정했는데, 7월 6일에 대구 유생 도신징이 상소하여 이를 문제 삼고 나섰다. 그의 주장은 큰아들이나 큰며느리를 위해 기년복(朞年服)을 입는 것이 국조(國朝)의 전례(典禮)이고 효종의 국상 때에도 자의대비의 상복을 기년복으로 정했는데, 이제 와서 인선왕후에 대한 상복을 대공복으로 정한 것은 국조의 전례를 벗어나는 일이라는 논리였다. 이에 현종은 대공복으로 정한 이유를 추궁하며 대신들과 논란을 벌인 끝에, 기해

을 어떻게 말로 다 할 수 있겠습니까. 의리상 상소를 올려 스스로 대죄하는 것이 마땅하나 앞의 두 상소도 아직 비답을 받지 못하였기에 감히 할 수 없는 점이 있고, 대궐에 나아가서 머리를 바닥에 대고 대죄하는 것은 제 근력이 더 이상 미치지 못할 뿐만 아니라 박화숙(朴和叔)도 바야흐로 이렇게 머뭇거리고 있을까 두려우니[191] 부디 바라건대 헤아려 지도해 주는 것이 어떻겠습니까. 삼가 괴산 군수(槐山郡守)의 힘을 빌려서 우러러 여쭙는 것입니다. 도신징의 상소와 조정의 논의를 모두 얻어 볼 수가 없으니, 혹 탁지(度支 민유중(閔維重))가 기록하여 보낸 것이 있으면 아울러 보내 주시는 것이 어떻겠습니까?

○ 한 가지 가소로운 일이 있어 알려 드립니다. 문경 현감(聞慶縣監)의 형의 딸이 도씨(都氏) 성을 가진 사람 집에 시집갔는데, 도신징이

년 효종의 상에도 국제 기년설(國制朞年說)을 채택했음을 근거로 복제를 기년복으로 개정하라고 7월 15일에 명하였다. 그리고 당일에 곧바로 당시의 예관과 낭청을 잡아다 국문하여 죄를 정하라고 명하여 예조 판서 조형(趙珩), 참판 김익경(金益炅)・홍주국(洪柱國), 정랑 임이도(任以道)가 모두 하옥되었다. 이튿날인 16일에는 이에 대한 대신의 책임을 물어 영의정 김수홍(金壽興)을 중도부처(中途付處)하라고 명하였다. 《顯宗實錄 15年 7月 6日, 15日, 16日》

191 박화숙(朴和叔)도……두려우니 : 김장생(金長生)의 문인이었던 민업(閔業)이 죽었을 때 그의 아들 민세익(閔世益)이 정신병에 걸려 상주 노릇을 할 수 없자, 박세채(朴世采)가 민세익의 아들 민신(閔愼)으로 하여금 대신 참최복(斬衰服)을 입게 하였다. 송시열과 민정중도 이에 동조하였으나 송준길(宋浚吉), 이유태(李惟泰), 윤증(尹拯) 등은 이와 견해를 달리함으로써 큰 논란이 일었다. 또 김우명(金佑明)이 경연에서 이 일을 두고 인륜에 어긋나게 예를 행하였다면서 조사할 것을 청하였으므로 박세채가 형조에서 대죄하였다. 그런데 현종이 1674년 7월까지도 이 일을 처결해 주지 않아 박세채도 거취를 결정하지 못하고 있었고 송시열도 도성에 들어오지 못하는 하나의 원인이 되었다. 《顯宗實錄 14年 9月 9日・12日, 15年 1月 2日》《顯宗改修實錄 15年 7月 5日》

지난달에 그녀의 언문(諺文) 편지를 가지고 와서 문경 현감에게 전하더랍니다. 그 편지 안에 요구하는 것이 있어 마침내 쌀말을 대 주었는데, 도신징이 이것을 밑천 삼고 인하여 상소하기 위해 길을 떠나며 말하기를 "문경 현감은 아무개의 문인으로 역시 나의 행차에 자금을 대 주었다." 하였다 하니, 저들의 음험한 정상이 매번 이와 같습니다.[192] 그러나 문경 현감이 갑자기 오늘날의 방몽(逄蒙)이 되었으니[193] 세간의 일이 대부분 이와 같습니다. 한번 크게 웃음을 터뜨릴 만합니다.

○ 단양공(丹陽公)의 표기(表記)[194]와 강효원(姜孝元) 묘표의 후지(後識)[195]는 매우 좋습니다. 옛날 정자(程子)가 오히려 부주(涪州)에서 기력을 얻어 《역전(易傳)》을 완성하였는데[196]-이는 주자(朱子)의 설이

192 문경 현감(聞慶縣監)의……같습니다 : 문경 현감은 형의 딸, 즉 조카딸이 쌀말을 요구하므로 조카딸에게 쌀말을 준 것인데, 도신징은 그것을 도씨 집에서 받고는 이를 밑천으로 삼아 상소를 하면서, 문경 현감이 스승인 윤시열을 배신하고 반대편인 자신에게 자금을 대 주었다고 거짓말을 함으로써 사제간을 이간하는 짓을 서슴지 않았다는 말이다. 여기서의 문경 현감은 곽문용(郭文溶)을 가리키는 듯하다.

193 문경 현감이……되었으니 : 방몽은 하(夏)나라 사람으로 예(羿)에게 활 쏘는 법을 배웠는데, 천하에서 자기보다 나은 자는 오직 예밖에 없다고 생각하고는 스승을 배반하고 그를 활로 쏘아 죽였다. 《孟子 離婁下》 여기서는 문경 현감이 도신징의 농간으로 사실과는 다르게 결국 스승을 배반한 격이 되었다는 말이다.

194 단양공(丹陽公)의 표기(表記) : 단양공은 단양 군수를 지낸 민준원(閔浚源)을 말하는 것으로 보이는데, 민정중이 그의 묘표를 썼다. 《老峯集 卷9 通訓大夫行丹陽郡守閔公墓表》

195 강효원(姜孝元) 묘표의 후지(後識) : 74쪽 주106 참조.

196 정자(程子)가……완성하였는데 : 송나라 때의 학자 정이(程頤)가 부주로 귀양 갔다가 돌아왔을 때 용모와 안색이 귀양을 가기 전보다 더 나았다는 기록이 있고 그때 맑은 기력으로 주공(周公)의 《주역》 효사(爻辭)를 탐구하여 《역전》을 지었다고 한다.

다.- 이번에 이렇게 문자가 진보한 것은 어찌 폐해져서 시골에 거처하였던 효과가 아니겠습니까. 글 외에도 아울러 진보된 것이 필시 있을 것이니, 참으로 매우 부럽습니다. 강효원 묘표 중의 오자를 고쳐 써서 올립니다. 그 손자 강승석도 함께 오게 하여 가서 뵙게 한 것은 그가 길을 알고 있는 데다 계속 심부름을 하게 하려고 그런 것입니다. 공자(公子)의 소본(疏本)[197]을 보내 주시면 매우 고맙겠습니다.

《二程全書 卷50 伊川年譜》

197 공자(公子)의 소본(疏本) : 《송자대전수차》 권6에는 "이익수(李翼秀)의 상소를 가리키는 듯하다."라고 하였다. 1673년 3월 24일에 영림부령(靈林副令) 이익수가 영릉(寧陵)의 봉분이 기울어지고 석물(石物) 사이에 틈이 벌어져 빗물이 고이므로 능침의 보수가 필요하다고 상소를 올렸는데, 송시열 측에서는 애초 영릉의 능침을 정하는 데 관여한 송시열을 궁지에 몰아넣기 위해 윤휴(尹鑴)가 종실인 이익수를 사주하여 상소를 올리게 한 것이라고 보았다. 《顯宗實錄 14年 3月 24日》

민대수에게 보냄 갑인년(1674, 현종15) 7월

與閔大受 甲寅七月

듣자니 경기 감사의 6월 장계에 제가 충주(忠州)로 길을 잡았다고 했다는데,[198] 이는 집사에 대한 성상의 노여움이 아직 풀리지 않았다고 여겼기 때문에 성상께서 '이 사람이 또 아무개와 만나 함께 배를 타고 내려가기를 지난해처럼 하는구나.'라고 여기시게 하려는 의도였습니다. 잗다란 그 계획이 남곤(南袞)과 심정(沈貞)[199]의 졸개만도 못하고 단지 이산해(李山海)의 부엌 여종이 되기에 족하다 하겠습니다. 잘 모르겠습니다만 과연 그렇습니까? 그저 한 번의 웃음거리로 삼을 만합니다. 어제 낮에 병이 심하여 음성(陰城)과 죽산(竹山)의 경계에서 머물려고 하였습니다.[200] 그래서 그곳 수령에게 물었으나 감히 허락받지 못하였

198 경기……했다는데 : 경기 감사의 서목(書目)에 근거하면 6월 4일에는 망곡(望哭) 후 송시열의 행로가 신륵사(神勒寺)에서 양근(楊根)으로, 양근에서 백양포(白羊浦)로, 백양포에서 용문사(龍門寺)로 보고되었으나 6월 6일에는 망곡 후에 곧바로 충주를 향해 간 것으로 정정 보고하였다. 《承政院日記 顯宗 15年 6月 4日, 6日》

199 남곤(南袞)과 심정(沈貞) : 중종 때의 훈구 재상(勳舊宰相)들로 기묘사화(己卯士禍)를 주동하여 조광조(趙光祖) 등을 일망타진한 인물들이다.

200 어제……하였습니다 : 도신징(都愼徵)이 상소를 올린 일로 인하여 예관(禮官)들이 하옥되고 김수흥(金壽興)이 중도부처(中途付處)의 명을 받았다는 소식을 듣고 송시열은 서울에 올라가 대죄하기 위하여 7월 19일에 화양동을 떠났고 이 편지를 쓴 시점에는 음성과 죽산의 경계에 이르렀다. 이후 25일에 만의(萬義)에 이르러 대죄하다가 8월 18일에 현종이 승하하자 19일에 도성으로 들어갔다. 《顯宗實錄 15年 7月 6日, 15日, 16日》《顯宗改修實錄 15年 7月 25日》

으니, 이는 뜨거운 국을 경계하는 것입니다.[201] 일마다 가소롭습니다.

201 뜨거운……것입니다 : 뜨거운 국을 식은 줄로 잘못 알고 먹었다가 혼쭐난 사람은 차갑게 식은 냉잇국을 먹을 때에도 후후 불면서 먹는다는 말이다. 《楚辭 9章 惜誦》 고을 수령이 송시열을 머물게 했다가 나중에 비난을 받을까 지나치게 경계하고 두려워했다는 말이다.

민대수에게 보냄 갑인년(1674, 현종15) 7월

與閔大受 甲寅七月

여기저기 물어보면 누가 결정할지 모르는 법입니다. 오늘날의 일은 왕조(王朝)의 예(禮)이니 당연히 왕조의 논의를 기준으로 삼고 감히 어기지 말아야 할 것입니다. 더구나 벼락이 친 뒤의 초목은 우렛소리를 듣고도 죽는 법입니다. 지금 어떻게 감히 다시 입을 놀릴 수 있으며, 또 어찌 예조 판서가 홀로 도씨(都氏)의 아들[202]을 두려워하지 않은 채 예론으로 논란을 벌일 수 있겠습니까. 하지만 귀일되는 논의는 듣기를 원합니다. 한기(寒氣)가 바야흐로 심하게 들어 일일이 말씀드리지 못하겠습니다.

202 도씨(都氏)의 아들 : 도신징(都愼徵)을 가리킨다.

민대수에게 보냄

與閔大受

아계(鵝溪)에 대한 상소[203]가 이미 들어갔다고 들었는데 이처럼 단지 이이첨(李爾瞻)과 죄과(罪科)를 동일시하는 것에 대한 원통함을 말하는 것은 그래도 혹 괜찮지만 그가 만약 혹여라도 근원을 따라 논설을 펴서 아계가 잘못이 없다고 하려 한다면 아마도 한번 큰 풍랑이 일어날 수 있을 듯하니,[204] 이 점이 매우 염려스럽습니다. 세간에는 결코 간사

203 아계(鵝溪)에 대한 상소 : 1673년(현종14) 11월에 이산해(李山海)의 손자인 사간(司諫) 이무(李袤)가 올린 상소로, 아계는 이산해의 호이다. 이무는 이 상소에서 자신의 조부는 선조(宣祖) 때의 공신이고 명재상을 지낸 인물로 선조에게 군자로 칭송받았고 이이(李珥)에게 훌륭한 재상으로 인정받았는데, 1673년 6월에 응교 이선(李選)이 올린 상소에서 자신의 조부를 간신 이이첨과 동일하게 취급하면서 헐뜯었다고 주장하였다. 《顯宗實錄 14年 6月 20日, 11月 21日》

204 그가……듯하니 : 1673년 6월 20일에 응교 이선이 상소를 올려서, 6월 14일에 올린 전 참의 장응일(張應一)의 상소를 맹렬히 비난하였다. 장응일은 상소에서 영릉(寧陵)의 석물에 틈이 생겨 비가 새는 변고가 일어난 데 대해 애초 그곳을 장지로 고른 인물 때문에 이런 화가 생겼다고 송시열을 비난하였다. 그러면서 당시에 윤선도(尹善道)가 상소를 올려 영릉의 산세에 대해 논한 것이 매우 자세하였는데도 승정원에서 상소를 불태워 임금이 보지 못하게 하였다고 주장하였다. 이 주장에 대해 이선은 상소에서 서인(西人)의 처지를 변호하고 나섰는데, 당초 윤선도의 상소는 임금이 모두 보고 난 뒤에 불태우라고 명한 것이므로 문제 될 것이 없고, 오히려 문제는 영릉 사건이 터지자 늙어 정신이 흐린 장응일을 조종하여 상소를 올리게 함으로써 임금의 의도를 시험하려는, 이른바 옛날 이산해와 이이첨 같은 배후 세력이 있는 것이라고 주장하였다. 《顯宗實錄 14年 6月 14日, 20日》 여기서는 이산해의 손자 이무가 자신의 조부를 끝까지 변호하려고 하다 보면 이와 같은 당파 간 분쟁들이 다시 전면에 거론될 수밖에 없으므로

하고 아첨하는 군자는 없는 법입니다. 곽세건(郭世楗)의 상소[205] 역시 들어갔습니까? 위학(僞學)을 금할 때에 주 선생(朱先生)이 스스로 "이 머리가 목 위에 붙어 있는 것이 새삼스럽다."라고 말했는데,[206] 제가 오늘날 외람되이 이런 지경을 당했으니 영광 또한 크다 하겠습니다.

거센 풍랑이 일어날 것이라고 한 것이다.

205 곽세건(郭世楗)의 상소 : 진주(晉州) 유생 곽세건이, 송시열에게 현종의 지문(誌文)을 지어 올리도록 한 명을 거두고 허목(許穆)과 윤휴(尹鑴) 같은 유신(儒臣)에게 지문을 짓게 해 달라며 올린 상소를 말한다. 아울러 인선왕후(仁宣王后) 장씨(張氏)에 대한 자의대비(慈懿大妃) 조씨(趙氏)의 상복을 대공복(大功服)으로 잘못 정한 것은 송시열이 창도한 것인데, 이로 인해 김수흥(金壽興)도 중도부처(中途付處)된 마당에 사론(邪論)을 창도한 송시열을 그대로 두어서는 안 된다고 주장하였다. 《肅宗實錄 卽位年 9月 25日》

206 위학(僞學)을……말했는데 : 남송 영종(南宋寧宗) 연간에 한탁주(韓侂胄) 등의 위정자들이 당시의 학자들을 위학당(僞學黨)으로 몰아 탄압할 때 주희(朱熹)가 말하기를 "지금 머리가 목 위에 붙어 있는 것이 새삼스럽다." 하였다. 《朱子語類 卷107 朱子四內》

민대수에게 보냄 갑인년(1674, 숙종 즉위년) 9월
與閔大受 甲寅九月

기거가 편안하십니까? 저는 병이 날마다 찾아오니 조용히 죽을 날을 기다리고 있을 뿐입니다. 강효원(姜孝元)의 묘표(墓表)는 공사를 마치기가 아직도 요원한 것으로 보이는데, 제 생각은 속히 마치기를 바랄 뿐입니다. 사본(寫本)은 혹 내려 주시는 것을 받을 수 있겠습니까? 조령(槽令)[207]이 일전에 와서 말하기를 "아무개 대감은 옛날에는 명신(名臣)이었는데 지금은 명유(名儒)가 되었습니다. 명유의 사업은 장차 원릉(原陵) 한 가지 일에 그치지 않을 것인데, 앞으로 어떻게 타인의 기대를 채울 수 있겠습니까." 하였으니, 한번 웃음을 터뜨릴 만합니다. 이만 줄입니다.

207 조령(槽令) : 《송자대전수차》 권6에 "외재(畏齋) 이단하(李端夏)를 가리킨다. 조(槽)는 지명인데 어디를 가리키는지는 상세하지 않다."라고 되어 있다.

민대수에게 답함 갑인년(1674, 숙종 즉위년) 9월
答閔大受 甲寅九月

그리운 마음을 금할 길이 없다가 어제 한 통의 편지를 우편(郵便)에 부쳐 편지가 전해지기를 바랐는데, 지금 이렇게 손수 쓰신 편지가 우왕좌왕 어쩔 줄 모르는 사이에 갑자기 전해지니 위로되는 마음을 뭐라 형언할 수 없습니다. 저는 찬청(纂廳)의 문서를 수집하여 바야흐로 붓을 들어 지문(誌文)을 쓰려고 하다가 홀연히 이렇게 강을 건너 화양(華陽)으로 향하면서 시냇가의 국화와 단풍을 오히려 제때에 볼 수 있었는데,[208] 생각건대 이것이 산릉(山陵)의 역사(役事)로 바삐 일하는 처지[209]에서는 부러워하는 바가 될 듯합니다. 상소는 매우 좋으니 어찌 감히 한마디 말을 더 보탤 것이 있겠습니까. 몇 번 음미하다가 삼가 도로 보냅니다. 나머지는 일일이 다 말씀드리지 못하겠습니다.

208 찬청(纂廳)의……있었는데 : 1674년 8월 18일 현종이 승하하자 송시열은 도성으로 들어가 망곡(望哭)하고 만의(萬義)로 물러나 있었다. 9월에 숙종이 송시열에게 현종의 지문을 제술하라고 명하자 송시열이 계속 사양하다가 마침내 지문을 제술할 뜻을 가지고 서빙고(西氷庫)에 이르렀는데, 마침 곽세건(郭世楗)이 송시열에게 지문을 짓게 해서는 안 된다고 상소하자, 송시열은 곧바로 한강을 건너 만의로 돌아갔고, 10월 초에는 청주(淸州)를 거쳐 화양으로 돌아왔다. 《宋子大全 附錄 卷7 年譜》

209 산릉(山陵)의……처지 : 1674년 8월 19일에 민정중은 산릉도감 당상(山陵都監堂上)으로 임명되어 현재의 동구릉(東九陵) 안에 있는 현종의 능인 숭릉(崇陵)을 조성하는 일을 하고 있었다. 《肅宗實錄 卽位年 8月 19日, 9月 7日》

민대수에게 답함 갑인년(1674, 숙종 즉위년) 10월
答閔大受 甲寅十月

산과 계곡이 깊어 단지 맑은 시냇물 소리만 영롱하게 들렸는데, 어제 들으니 흉악한 상소가 또 올라가 집사의 백씨(伯氏)에게 모욕을 주고 선조의 덕에까지 누를 끼쳤다고 합니다.[210] 비록 선조가 누구를 가리키는지는 모르겠으나 연원(延原)과 입암(立巖)[211]일 것이니, 경악스러운 마음이 어찌 한량이 있겠습니까. 옛적에 회옹(晦翁 주희(朱熹))이 자신의 누가 붕우에게 미치는 것을 불안하게 여겨 서찰에 드러내기까지 하였는데, 더구나 지금은 붕우에 그치지 않았으니 지극히 황공하고 부끄러운 마음을 어찌 견딜 수 있겠습니까. 저로 인해 생긴 일이라 속히 사람을 보내어 호조 판서(민유중(閔維重)) 대감에게 전적으로 사과하였으나 집사에게는 아직 못 하고 있었습니다. 산릉 역사를 감독하는 곳에 사람이 많기 때문입니다. 그런데 방금 큰아드님이 전해 주는

210 흉악한……합니다 : 흉악한 상소란 곽세건이 올린 두 번째 상소를 말하고, 집사의 백씨란 대사헌 민시중(閔蓍重)을 말한다. 당시 민시중이 계속 곽세건을 국문하자고 청하면서 올린 계사(啓辭)에서 곽세건을 곽유도(郭有道)의 손자로 잘못 알고 말한 적이 있는데, 이에 곽세건이 다시 상소하여 민시중을 모욕하는 한편 민시중의 선조 형제까지 욕하는 일이 발생하였다. 이 상소는 승정원에서 받아들이지 않고 물리쳤으나 민시중은 그 일로 인피(引避)하여 체직되었다. 《肅宗實錄 卽位年 10月 3日》

211 연원(延原)과 입암(立巖) : 입암은 민제인(閔齊仁)의 호이다. 《숙종실록》에 따르면 "선조의 형제까지 모욕했다."라고 되어 있으니, 연원은 민제인의 동생 민제영(閔齊英)일 것으로 추측된다. 그러나 연원이 그와 어떤 연관성이 있는 호칭인지는 확인하지 못하였다. 《肅宗實錄 卽位年 10月 3日》

집사의 편지를 갑자기 받으니 사사로이 몹시 기쁜 마음을 뭐라 형언할 수가 없습니다.

이 사람은 머리가 잘리고 가슴에 칼이 들어와도 운명에 맡긴 지 이미 오래이니 다른 것은 말할 필요가 없습니다. 다만 오고 가는 이치로 미루어 보면, 호조 판서가 맨 먼저 수도(隧道)에 대한 논의를 제기하여 저로 하여금 어려움을 겪게 한 것이 17년 전인데[212] 이제 호조 판서의 집안이 저로 인해 침해를 받게 되었으니, 이것이 실로 저에게서 나온 것이 다시 저에게 되돌아오는 이치일 것입니다. 이 점이 한바탕 큰 웃음을 터뜨리게 할 만합니다. 할 말은 많지만 멀리 보낼 편지라서 감히 많은 말을 할 수 없으니 이만 줄입니다.

212 호조 판서가……전인데 : 수도에 대한 논의란 1659년(효종10) 4월에 당시 헌납 민유중이 소대(召對)에서, 김육(金堉)의 아들 김좌명(金佐明)이 부모의 장사(葬事)를 지낼 때 모두 수도를 만든 일을 지적하면서 그를 감죄(勘罪)하고 개장(改葬)하게 하기를 청한 일을 말한다.《孝宗實錄 10年 4月 8日》 여기서는 이때 송시열이 김좌명 형제의 편을 들지 않아 그들 형제로부터 노여움을 샀고 이후로 여러 어려움을 겪었기 때문에 이렇게 말한 것이다.

민대수에게 보냄 갑인년(1674, 숙종 즉위년) 11월

與閔大受 甲寅十一[213]月

추위가 심한데 기거는 어떠하십니까? 그리운 마음은 실로 빈말이 아닙니다. 방금 호조 판서의 답서(答書)를 통해 14일 이전의 일은 알게 되었으나 이후의 일은 아직 듣지 못했습니다. 듣지 않아도 무방합니다만 복토(復土)[214]할 시기가 점점 다가오고 있어 문제입니다. 그때 가야 할지 말아야 할지 사람마다 말이 다른데 식견이 혼미하고 꽉 막혀 있으니 부디 헤아려 가르침을 주시기 바랍니다. 형벌을 받거나 영해(嶺海)로 귀양 가는 것에 대해서는 체념한 지 이미 오래되었습니다. 이것은 실로 염려할 바가 아니고 염려스러운 것은 내가 처신해야 할 의리에 혹 어긋나는 점이 있는가이므로 감히 이렇게 사람을 보내어 여쭙습니다.

213 一 : 대본에는 '二'로 되어 있는데, 편지의 편집 순서와 내용에 근거하여 바로잡았다. 뒤에 이어지는 편지가 11월로 되어 있으므로 12월의 편지를 앞에 편집할 수 없다는 점과 편지 내용에서 산릉(山陵)의 역사(役事)가 아직 진행 중임을 알 수 있다는 점, 또 발인(發靷)이 다가오고 있다고 언급한 것을 보면 11월의 편지가 분명하다. 또한 편지 내용에 "14일 이후의 일은 듣지 못했습니다."라는 말이 있는데, 12월의 편지라면 그 날짜가 12월 14일이 된다. 이는 실제로 현종의 발인이 있는 12월 11일보다 뒷날이 되므로 발인이 다가오고 있다는 내용과 서로 모순된다.

214 복토(復土) : 장례에서 하관(下棺)한 뒤에 흙을 덮어 봉분을 만드는 일을 말한다. 여기서는 현종을 숭릉(崇陵)에 안장하는 일을 가리키는데, 현종의 안장은 12월 13일에 있었다.

별지

인산(因山) 행렬이 있을 때 비록 달려 나가더라도 여름에 홍제동(弘濟洞)에서의 일[215]같이 하는 정도에 지나지 않을 것입니다. 그러나 호조판서와 화숙(和叔)의 편지에는 이 역시 감히 해서는 안 되는 듯이 말하였습니다.

○ 한 가지 설은 이렇습니다. "선조(先朝)의 일에 대해 한마디 언급한 것이 없을 때에도 오히려 경기 지역에서 대죄했었다. 그런데 지금은 성상의 하교가 매우 지엄한 상황인데 감히 물러나 있어서야 되겠는가. 도성에 나아가 대죄해야 하고 경기 지역에 있어서는 안 될 듯하다. 그러나 그것도 반드시 인산 행렬이 있기 전에 올라가야지 만약 인산 행렬이 시작될 때에 하게 되면 특별히 와서 대죄하는 의미가 없어진다."

○ 또 하나의 설은 이렇습니다. "곽세건(郭世楗)의 상소에 이미 경기 지역에서 서성대고 있다는 것을 죄로 삼았으니[216] 함부로 나아가도 안 되고 또 집에 있어서도 안 된다. 그러니 단지 경기에 인접한 호서(湖西)의 고을에서 대죄해야 한다."

이상의 몇 가지 설 가운데 어느 것을 택해야 할지 잘 모르겠으나 저의 뜻은 가장 뒤의 설이 합당한 듯합니다. 잘 모르겠습니다만 어떻

215 여름에 홍제동(弘濟洞)에서의 일 : 효종 비 인선왕후(仁宣王后) 장씨(張氏)를 홍제동의 영릉(寧陵)에 안장할 때 송시열이 능 밖에서 망곡(望哭)한 뒤에 곧바로 떠나서 돌아온 일을 말한다.

216 곽세건(郭世楗)의……삼았으니 : 곽세건이 현종의 지문(誌文)을 송시열에게 제술하지 못하게 하라는 상소를 올리면서, 거기에 또 송시열이 가까운 경기 지방에서 서성대고 있다고 지적하며 문제 삼은 것을 말한다. 《宋子大全 卷24 史官傳諭後書啓(甲寅十月二日), 附錄 卷7 年譜》

게 생각하시는지요? 부디 분명한 가르침을 주시기 바랍니다.

산릉 역사(役事)를 마치기 전에 죄를 청하는 소장(疏章)을 올리는 것에 대해서는 여러 의론이 반드시 불가하다고 말할 것입니다. 그러나 의리가 달려 있는 상황에서 어찌 다른 것을 돌아볼 수 있겠습니까. 더구나 이 역사는 다른 것에 비할 바가 아니므로 마무리가 된 뒤에는 응당 상전(賞典)이 있을 것이니, 더욱이 모욕을 참으면서 공사를 마치기를 기다렸다는 혐의를 받게 될 것입니다. 방금 한 우인(友人)이 보낸 편지를 보니 오늘날의 일은 모두 -원문 빠짐-에서 나온 것이 아니라고 합니다. 그렇다면 우리 두 집안에 미칠 화는 응당 여기서만 그치고 말지 않을 것이니, 서둘러 물러나서 상황이 어떻게 될지 기다려야 하며, 또 면할 수 없는 상황이 오면 그건 천명(天命)인 것입니다.

민대수에게 답함 갑인년(1674, 숙종 즉위년) 11월
答閔大受 甲寅十一月

보내온 편지를 읽다 보니 기운이 시원해졌습니다. 다만 집사의 덕망과 지위가 삼군 팔준(三君八俊)[217]의 대열에 넉넉히 들어감에도 도리어 동생에게 양보하고 겨우 아버지를 폐한 죄적(罪籍)에 참여하게 된 것[218]은 어째서입니까? 이 처분이 내려질 때 집사께서 이미 충주(忠州) 남한강(南漢江)으로 거슬러 가 버렸으니, 아마도 정안(淨安)에 모여 행하는 전송은 받지 못할 듯합니다.[219] 이만 줄입니다.

217 삼군 팔준(三君八俊) : 삼군은 두무(竇武), 유숙(劉淑), 진번(陳蕃)을 말하고 팔준은 도상(度尙), 장막(張邈), 왕고(王考), 유유(劉儒), 호모반(胡母班), 진주(秦周), 번향(蕃嚮), 왕장(王章)을 말한다. 이들은 당시에 명망 높은 신하들로 권력을 농단하는 환관을 제거하려다가 도리어 모함을 받아 금고되었다.《後漢書 黨錮列傳序》

218 도리어……것 : "동생에게 양보했다"는 것은 현종의 국상이 마무리된 뒤에 남인 대간들이 인선왕후의 국상 때 자의대비의 상복을 대공복으로 정한 당시의 대신(大臣)들을 폐고(廢錮)하기를 청하였는데 민정중의 동생 민유중도 폐고 대상에 속했다는 말이다. "아버지를 폐한 죄적에 참여하게 되었다"는 것은 민업(閔業)이 죽었을 때 박세채가 정신병이 있는 민업의 아들 대신에 손자 민신(閔愼)에게 상을 주관하게 하였는데, 장령 남천한(南天漢)이 문제를 제기하여 박세채는 사판(仕版)에서 삭제되었고 그 논의에 동조했다는 이유로 민정중도 상소하여 함께 처벌받기를 청한 뒤에 충주로 내려간 것을 말한다.《肅宗實錄 卽位年 10月 15日, 11月 20日·23日》

219 정안(淨安)에……듯합니다 : 남송 경원(慶元) 연간에 채원정(蔡元定)이 위학당(僞學黨)으로 몰려 도주(道州)로 유배 갈 때 주희가 문인들과 함께 정안사에서 전송한 것을 말한다.《宋史 蔡元定列傳》 여기서는 송시열 자신이 유배를 가는 것이 분명해지는 상황인데 민정중이 충주로 내려가 버렸으므로 전송을 받을 수 없게 되었다는 말이다.

민대수에게 보냄 갑인년(1674, 숙종 즉위년) 11월

與閔大受 甲寅十一月

조공(槽公)이 두려워서 떨고 있는 상황[220]을 그림 잘 그리는 사람을 찾아 그려서 보지 못하는 것이 한스럽습니다. 다만 집사께서 저 사람을 인도하기를 어떻게 하고 계신지 모르겠습니다. 듣자니 영남(嶺南)의 무리가 박장대소하면서 말하기를 "평소에 해윤(海尹 윤선도(尹善道))을 흉악한 놈이라고 공격하던 자들이 이제는 다투어 해윤이 되었다." 한다고 하는데, 그 모욕과 수치가 지극하기는 합니다만 역시 스스로 풀 길이 없습니다.

조공이 취할 방도로 말하자면, 그 명을 따르지 않고 의리를 따르는 것이 실로 성인의 가르침이니, 조공은 단지 영해(嶺海)에 영어(囹圄)의 몸이 되기를 작정하기만 하면 될 것입니다. 그러나 조공이 너무도 가련하니 잘 떠나서 나오지 않기를 권면할 뿐입니다. 이것이 다소라도 이전의 일을 스스로 속죄할 수 있는 길이라 하겠습니다.

220 조공(槽公)이……상황 : 조공은 이단하(李端夏)를 가리킨다. 당시에 이단하가 현종의 행장(行狀)을 지었는데, 이 글에 대해 숙종이 여러 차례 강력하게 수정을 요구하였으므로 이단하는 임금의 명과 스승 송시열 사이에서 어떻게 처신해야 할지 몰라 두려워하는 상황이었다. 숙종은 기해예송(己亥禮訟) 때의 일을 말하는 대목 중에 "복제를 바르게 정했다.〔服制釐正〕"라는 구절의 뜻이 분명하지 않다는 점을 문제 삼아 주체를 분명히 적시하라고 명하였다. 이단하가 할 수 없이 "송시열이 이 예를 이끌었다.〔宋時烈所引禮〕"라고 고쳐 올리자 숙종은 '소(所)' 자를 잘못 이끌었다는 의미의 '오(誤)' 자로 고치도록 명하였다.《肅宗實錄 卽位年 11月 30日》

민대수에게 보냄 을묘년(1675, 숙종1) 2월
與閔大受 乙卯二月

역사(役事)[221]를 마친 뒤에 옛 영릉(寧陵) 아래에 그대로 머물러 계시겠다는 생각을 처음 듣고서 이렇게 하시는 데에는 뜻이 있을 것이라고 여겼습니다. 그런데 제가 광주(廣州)와 양주(楊州) 사이의 길을 지나가게 되어 속히 안부를 여쭈었는데 집사께서는 이미 동쪽으로 가신 뒤였습니다.[222] 이에 계속 망연자실한 상태로 지금까지 있었는데, 이제 특별히 사람을 시켜 편지를 보내어 생사의 안부를 물어 주셨습니다. 편지를 여러 차례 반복해서 읽다 보니 저에게는 더할 수 없이 큰 기쁨과 위로가 되었습니다.

저는 죄가 큰데 문책이 가벼워 목숨이 아직도 붙어 있으니, 이 또한

221 역사(役事) : 민정중이 현종(顯宗)의 국장에 산릉을 조성하는 일을 맡았던 것을 말한다.

222 제가……뒤였습니다 : 1674년 12월 18일에 장령 남천한(南天漢), 헌납 이우정(李宇鼎), 정언 목창명(睦昌明) 등이 합계(合啓)하여 기해년(1659, 현종 즉위년)의 효종에 대한 복제(服制) 문제와 갑인년(1674)의 인선왕후(仁宣王后)에 대한 복제 문제를 거론하며 그때마다 송시열이 예를 무너뜨리는 논의를 주도했다고 주장하면서 파직을 청하였는데, 윤허를 받았다. 그리고 12월 26일에 이들이 다시 합계하여 송시열의 삭탈관직과 문외출송을 청하자 그 또한 윤허되었으며, 1675년 1월 12일에는 주강(晝講)에서 숙종이 송시열을 멀리 귀양 보내라고 명하여 1월 13일에 함경도 덕원(德源)으로 배소(配所)가 결정되었다.《肅宗實錄 卽位年 12月 18日·26日, 1年 1月 12日·13日》 이에 송시열은 1월 16일에 배소로 출발하여 17일에 지평(砥平)과 이천(利川)을 지났고 19일에는 평구(平丘)를 거쳐 24일에 철령(鐵嶺)을 넘었고 25일에 덕원의 배소에 도착하였다.《宋子大全 附錄 卷7 年譜》

성은(聖恩)이 융숭한 결과임을 잘 알고 있습니다. 아울러 또 장보관(章甫冠)을 쓰고 시서(詩書)의 책을 든 유생들이 도로에서 저를 맞이하여 위로해 주면서 심지어는 얼굴 가득 눈물을 흘리는 사람도 있었는데, 이는 실로 집사가 끼친 교화의 결과라 할 것입니다.[223] 그래서 이어 옛 정사에 대해 물어보았는데, 다들 말하기를 "우리가 말과 소에 옷을 입혀 놓은 것 같은 무식과 무례를 면할 수 있게 된 것은 다름이 아니라 민 감사님 덕입니다." 하면서 눈물을 흘리며 그리워하는 자도 있었습니다. 이와 같은 무리가 마천령(摩天嶺) 이남에서 계속 와서 저를 위로하면서 또한 서울의 유생과 상종하기를 싫어하지 않았으니, 저는 이들과 더불어 족히 목숨을 이어 나갈 수 있으리라 여겼습니다. 비록 제가 천도(天道)를 즐기고 천명을 아는 자는 아니지만 그래도 분수에 따라 목숨을 지탱해 나갈 수 있을 것입니다.

다만 서쪽에서 온 한두 가지 소식을 들으니, 능주(綾州)의 옛 목사가 홍씨(洪氏) 성을 쓰는 한 사람을 대동하고 대궐에 나아가 상소를 올리면서 저를 극죄(極罪)로 논하였다고 합니다.[224] 그리고 파산(坡山)의 몇몇 사인(士人)이 소청(疏廳)에 편지를 보내 매우 낭자하게 비방하면서 "아버지를 무시했다.〔無父〕"라는 두 글자로 죄를 개괄하였다는데,[225]

223 이는……것입니다 : 민정중이 1664년 6월 9일에 함경 감사에 제수되어 1667년 8월까지 직임을 수행하였으므로 이렇게 말한 것이다.

224 능주(綾州)의……합니다 : 1675년 2월 1일에 조경(趙絅)의 아들인 전 능주 목사 조위봉(趙威鳳)이 읍내의 유생 홍천기(洪天紀)를 사주하여 상소하게 하였다. 이 상소에서 송시열이 경자년(1660, 현종1)에 올린 대왕대비 복제에 대한 헌의(獻議) 중의 한 대목을 거론하면서 모함하고, 송시열을 극죄로 논하기를 청하는 등 말이 매우 흉패(凶悖)하였다고 한다. 《宋子大全 附錄 卷7 年譜》

이러한 기세를 보면 이 머리가 참으로 목 위에 붙어 있는 것이 새삼스럽다 하겠습니다. 그러나 단념한 지 이미 오래되었으니 모두 일소(一笑)에 부칠 뿐입니다. 다만 아버지를 무시한 죄는 응당 집사나 화숙(和叔)과 나누어야 하니, 그러면 혹 죄가 줄어들 수 있지 않겠습니까.[226]

듣자니 집사께서 영광스럽게도 새로운 명을 받아 특별히 이조 판서가 되었다고 합니다.[227] 시류배가 처음에는 집사를 비방하면서 저와 하나로 여겼는데 이제부터는 거기에서 거의 면할 수 있게 된 듯합니다. 옛날 유공 운(柳公雲) 종룡(從龍)은 기생을 끼고 노는 데에 절제가 없다는 이유로 기묘(己卯) 신진들에게 탄핵을 받았다가 기묘사화 후에 심정(沈貞)과 남곤(南袞) 무리가 끌어다 청요직(淸要職)인 대사헌에 앉혔는데, 그때 유공이 도리어 기묘 사류의 처지를 변호하다가 곧바로 배척을 받았습니다.[228] 지금 집사는 근엄함으로 인해 계주(季周 이단하

225 파산(坡山)의……개괄하였다는데 : 파산의 사건과 관련된 일은 찾지 못하였으나 "아버지를 무시했다"는 말이 있는 것으로 보아 파주의 유생들이 민신(閔愼)의 일과 관련하여 송시열을 처벌하라는 내용의 상소를 올리려고 했던 것으로 판단된다. 민신의 일은 29쪽 주23 참조. 소청은 국가적 사안에 대해 유생들이 연명 상소를 올릴 때 이를 위한 각종 사무를 처리하기 위해 설치하는 임시 기구이다. 《太學成典 卷2 齋中規式》

226 아버지를 무시한……않겠습니까 : 박세채가 전저 민신에게 아버지를 대신해 할아버지 상을 주관하도록 인도하였고 송시열과 민정중은 그 논의에 찬성하며 거드는 처지였으므로 이렇게 농담조로 말한 것이다.

227 집사께서……합니다 : 1675년 1월 21일에 이조 판서 홍처량(洪處亮)이 사직하자 민정중이 관례에 따라 전망(前望)으로 낙점받아 이조 판서가 되었다. 《肅宗實錄 1年 1月 21日》

228 옛날……받았습니다 : 유운(柳雲)은 본관은 문화(文化), 자는 종룡, 호는 항재(恒齋)·성재(醒齋)이다. 1518년(중종13)에 충청 감사가 되었는데 기묘 신진들에 의해 기생들과 술만 마신다는 탄핵을 받아 동지중추부사로 전직되었다. 기묘사화가 일어

(李端夏))가 명유(名儒)라고 칭송하기까지 하였는데, 시류배가 도리어 유공을 본 것처럼 대하니 기이하고 우습습니다.

한천(寒泉)에 내려와서 형제분이 함께 지낸다는 것[229]을 알게 되었는데, 형제간에 매우 화락한 모습을 가히 상상할 수 있습니다. 저도 제 집의 동생 한 사람이 지난번 일이 벌어지던 초기에 장차 이런 유배길에 오를 줄을 알고 관직을 버리고 함께 와서 밤낮으로 지켜 주고 있으니, 영해(嶺海) 간에 구류되어 있다는 사실을 문득 잊게 됩니다. 또 막냇동생도 장차 벼슬을 버리고 와서 모이게 될 듯하니 더욱 근심을 잊을 만합니다. 다만 시류배가 이런 모습을 두고 원망한다고 지목하지 않을까 그것이 두려울 뿐입니다. 두 집안의 모습이 어쩌면 이렇게도 서로 부합된단 말입니까.

구동(狗洞)의 그릇된 행태[230]가 이 지경에 이르렀으니 우리는 함께 그를 먼저 병들게 한 책임을 지고 완남(完南), 함경(咸卿), 일정(一正)의 무덤 앞에 회초리를 지고 가서 사과하는 것이 가할 것입니다.[231]

나자 심정과 남곤 등이 그가 기묘 사류에게 원한이 있을 것으로 판단하여 대사헌에 두었는데, 그는 도리어 남곤 일파에게 협력하지 않고 조광조(趙光祖)를 구원하려다가 파직되었다. 《大東野乘 己卯錄補遺 卷上 柳雲傳》

229 한천(寒泉)에……것 : 당시에 제서(堤西)에 민정중이 집을 짓고 있었는데 한천은 그 집이 있는 마을 이름이 아닌가 판단된다. 민정중과의 연관성을 확인하지는 못하였으나 지금 제천시 신백동에 한천 마을이 있다. 이때 집이 완성되어 민정중 형제가 여기에서 함께 지내고 있었던 것으로 보인다. 《文貞公遺稿 卷2 上尤菴, 與黃周卿》

230 구동(狗洞)의 그릇된 행태 : 복제(服制) 등의 예설(禮說) 문제를 빌미로 송시열을 비롯한 노론 세력을 제거하려는 행위 일체를 말한다. 구동은 윤휴(尹鑴)가 살던 마을 이름으로, 윤휴 또는 윤휴 일파를 가리킨다.

231 우리는……것입니다 : 완남은 이후원(李厚源)의 봉호(封號)이고, 함경은 이일

참으로 우습습니다.

성대한 선물은 참으로 감사합니다. 무엇보다 좋은 것은 세 길이나 쌓인 눈 속에서 형제와 주객이 내하(來下)와 만안(滿眼)이라는 술을 함께 마시니 새삼 춘풍이 솔솔 불어오는 듯한 느낌이 든다는 것입니다. 이 편지 역시 술에 취해 붓을 휘둘러 쓴 것으로 말이 매우 난삽하고 거치니 마음으로 이해해 주시기를 바랄 뿐입니다.

별지

점괘(漸卦)가 속이지 않았다는 말씀[232]에서 효사(爻辭)를 지은 주공

상(李一相)의 자이며, 일정은 김좌명(金佐明)의 자로, 이 세 사람은 모두 윤휴를 배척했던 인물들이다. 이후원은 송시열이 윤휴를 진선(進善)에 의망(擬望)하자 탄식하기를 "윤휴가 뜻을 얻으면 장차 사류(士流)에게 해를 끼칠 것이다. 나는 늙었으므로 그것을 보지 못하겠지만 송시열은 필시 화를 면치 못할 것이다." 하였다. 그리고 송시열이 이조 판서로 있을 때 이일상이 이조 참판으로 있었는데, 그 뒤 송시열을 이어 이조 판서가 된 송준길(宋浚吉)이 여론에 밀려 윤휴를 지평에 의망하려 하자 이일상이 전 판서의 뜻과는 다르다고 하면서 반대한 적이 있었다. 김좌명은 경기 감사로 있을 때 윤휴가 남의 묘를 빼앗아 자신의 어머니 묘를 쓰려고 속임수를 부리는 것을 보고 윤휴를 간사한 사람이라고 여겼던 일이 있었다. 《宋子大全隨箚 卷4, 卷6》 여기서는 윤휴의 병통을 미리 알아보지 못한 책임을 지고 앞서 이를 알아본 사람들의 무덤에 가서 속죄해야 할 것이라는 말이다.

232 점괘(漸卦)가……말씀 : 송시열이 1673년(현종14) 10월 7일에 올린 상소에 대해 현종의 비답이 강경한 데다 사람들의 비난이 일자, 송시열이 다시 이를 방어하기 위한 상소를 올리려고 하였다. 이때 민정중이 상소를 올리더라도 만회할 수 없고 다시 구설에 오를 수 있다고 판단하여 점을 쳐 보았는데, 점괘의 구오(九五)와 상구(上九)가 나왔다. 이에 민정중은 상소를 올리지 않는 것이 좋겠다고 판단하여 송시열에게 편지를 보낸 적이 있었다. 《老峯集 卷6 上尤齋別紙》 여기에서는 민정중이 이번에 보내온 편지에서 당시 일을 거론하면서 "재작년에 점친 점괘의 구오와 상구가 필시 증험이 있으니,

(周公)을 독실하게 믿는 뜻을 볼 수 있습니다. 그러나 이 노인이 이미 태괘(泰卦)로 계주를 속였으니 역시 어찌 점괘(漸卦)로 저를 속이지 않았다고 할 수 있겠습니까.[233] 너무나도 배꼽을 잡고 웃을 일입니다.

○ 평안 병사(平安兵使)의 종제(從弟) 중에 저에게 와서 종유(從遊)하는 자가 "한 대간(臺諫)이 병사(兵使)를 보좌할 때 아내를 위하여 어머니를 쫓아내는 행동을 한 일이 있다."라고 말한 적이 있습니다. 그런데도 계주가 그를 행실로 통청(通淸)[234]하여 마침내 오늘날의 화를 초래하였으니, 태괘의 해(害)가 여기에 이른 것입니다. 이로 볼 때 주공은 참으로 사람을 속인 것입니다.

○ 최군(崔君)[235]이 말〔馬〕이 없어 저를 따라올 수가 없었으니 조만

주공이 어찌 저를 속였겠습니까."라고 한 것을 가리킨다. 《老峯集 卷6 上尤齋(乙卯)》

233 이……있겠습니까 : '이 노인'은 주공을 가리킨다. 《尤菴先生書節要集解 卷4》 《주역》 〈태괘 구이(九二)〉에 "거친 것을 포용해 주고 황하(黃河)를 맨몸으로 건너는 용맹을 발휘하며, 멀리 있는 사람을 버리지 않고 붕당을 없애면 중도에 합치하리라."라는 구절이 있는데, 이단하는 과거 시험에서 이 구절로 글을 써서 급제하면서부터 붕당을 초월하여 관대하게 포용하는 것을 평생 자신의 일로 자임하였다. 그러나 오히려 이를 위해 애쓰다가 당론을 부식(扶植)한다는 혐의를 받고 하옥되는 일이 벌어져 주변 사람들로부터 우활하다는 평가를 받기도 하였다. 《肅宗實錄 1年 閏5月 15日》 그리고 이단하가 현종의 행장(行狀)을 지으면서 숙종의 수정 압력을 이기지 못한 나머지 기해예송(己亥禮訟) 때의 일과 관련하여 "송시열이 이 예를 잘못 이끌었다."라고 쓰면서 많은 여론의 비난을 받았고 또 이로 인해 결국에는 송시열이 유배되는 결과가 초래되었으므로 이렇게 말한 것이다. 《肅宗實錄 卽位年 11月 30日, 1年 4月 9日》

234 통청(通淸) : 이조와 삼사(三司) 등의 청관(淸官)에 후보자로 천거하는 것을 말한다.

235 최군(崔君) : 최신(崔愼, 1642~1708)을 가리킨다. 본관은 회령(會寧), 자는 자경(子敬), 호는 학암(鶴菴)으로 송시열의 문인이다.

간 뒤쫓아 올 것입니다. 최군이 일찍이 편지로 계주를 공격하였으나[236] 계주가 포용하고 받아들여 지나치게 사례(謝禮)하는 말까지 하였으니 선인(善人)이요 군자라고 할 만합니다.

236 최군이……공격하였으나 : 이단하가 숙종의 수정 요구로 인해 현종의 행장을 고쳐 쓰자, 최신이 이단하에게 편지를 보내어 "죄가 동해(東海)의 물을 가지고도 다 씻기 어려울 것이다."라고 힐난한 것을 말한다. 그러나 이단하가 숙종의 명을 억지로 따른 것은 그의 스승에게 화가 미칠 것을 염려하였기 때문이지 일신의 화복을 두려워하여 그렇게 한 것은 아니었다고 한다. 《肅宗實錄 1年 4月 9日》

민대수에게 보냄 을묘년(1675, 숙종1) 3월 12일
與閔大受 乙卯三月十二日

전에 보낸 답장은 받아 보셨습니까? 봄이 이미 다 저물었습니다. 삼가 생각건대 날로 고요한 정취가 있으신지요? 만약 다시 그럭저럭 시일을 보낸다면 아마도 하늘이 집사에게 여가를 주어 더욱 정진시키려는 뜻이 아닐 듯합니다. 그리운 마음이 깊고 지극하여 저도 모르게 이런 말이 나왔으니 매우 황송하고 몸 둘 바를 모르겠습니다. 유배 중에 있는 저는 일전에 편지를 보낸 뒤에 앓던 병이 갑자기 더쳐서 두 차례 거의 죽을 뻔하다가 다행히 조금 연명하게 되었는데, 어떻게 이렇게 되었는지 잘 모르겠습니다.

현재 새로운 논의가 점점 분명하게 일어나고 있는데, 왕 형공(王荊公)은 자질이 청개(淸介)하고 뜻이 고원하니[237] 제가 어떻게 형공의 발뒤꿈치를 따라갈 수 있겠습니까. 하지만 저는 외람되이 두 집사를 얻어 법을 보호하는 선신(善神)으로 삼았으니 형공에 비해 도리어 다복하지 않겠습니까.[238] 주자(朱子)의 이른바 '노년의 영광'이라는 것이

237 왕……고원하니 : 형공은 송나라 때의 신하인 왕안석(王安石)의 봉호이다. 주희(朱熹)가 왕안석에 대해 "그 사람됨은 자질이 비록 청개하나 도량은 실제로 편협하고, 뜻은 비록 고원하나 학문은 실제로 평범하다."라고 논한 바 있다. 《晦菴集 卷70 讀兩陳諫議遺墨》

238 저는……않겠습니까 : 두 집사는 민정중(閔鼎重)과 민유중(閔維重)을 가리킨다. 왕안석이 신법(新法)을 시행할 때에 그를 보좌하던 인물로 한수(韓修)와 여혜경(呂惠卿)이 있었는데, 이들이 신법을 굳게 지켜 수호하였으므로 당시에 한수를 일러 법을

어쩌면 이렇게도 매우 성대하단 말입니까. 우습습니다. 가홍(嘉興)[239] 에서 보내온 뒤의 편지를 최군(崔君 최신(崔愼))을 통해 받았으나 답장할 길이 없다가 지금 북도(北道)의 유생으로서 집사에게 나아가 뵈려는 자를 만났기에 삼가 이렇게 대략 글을 전합니다. 나머지는 누워서 대신 쓰게 하는 상황이라 이만 줄입니다.

전하는 사문(沙門)이라 하였고 여혜경을 일러 법을 보호하는 선신(善神)이라 하였다. 사찰에서 불법을 보호하는 신장(神將)과 같다 하여 이렇게 말한 것이다.《歷代通鑑輯覽 卷77 宋神宗皇帝》 당시에 민정중과 민유중 형제를 일러 송시열을 지키는 '호법선신(護法善神)'이라고 하였기 때문에 송시열이 이렇게 말한 것이다.《宋子大全隨箚 卷6》

239 가홍(嘉興) : 충주(忠州)의 가홍창(嘉興倉)이 있던 곳으로, 당시에 민유중은 이곳 강촌에 머물고 있었다.

민대수에게 답함 을묘년(1675, 숙종1) 3월
答閔大受 乙卯三月

오래도록 안부를 듣지 못하여 그곳으로 달려가는 마음이 간절하던 차에 계씨(季氏 민유중(閔維重))가 특별히 심부름꾼을 보내와서 집사의 귀한 서한까지 전해 주었습니다. 이에 산을 마주 대하여 글을 읽고 음미하니 북극(北極)의 문으로 날아오르는 것[240] 이상의 상쾌한 기분이 들었습니다. 유배 중에 있는 저는 병이 때로 약간 누그러졌다가도 곧바로 다시 위태로워지고는 하는데, 아마도 이것은 귀신과 당시의 현인(賢人)들이 서로 어떤 계획을 도모하는 것처럼 느껴질 정도입니다.

위리안치하자는 논의가 있다는 말을 매번 들었기 때문에 갇혀 있는 괴로움을 미리 익히고자 바자를 둘러치고 방에 깊이 들어앉아 있습니다. 이번에 함흥(咸興)의 선비가 집사께서 비치하고 있던 《주자대전(朱子大全)》을 빌려서 보내오고 계주(季周)도 《주자어류(朱子語類)》를 보내왔습니다. 이를 수시로 읽다 보면 환히 마음에 부합하는 곳이 없지 않으니, 설령 청묘법(靑苗法)을 만들어 천하를 어지럽히고자 한들 그럴 수가 없습니다. 편지를 가지고 온 사람이 성립(成立)[241]이 아닐 뿐더러 '먼 곳에 보내는 서신에는 많은 말을 하기 어렵다.'라는 주자(朱

240 북극(北極)의……것 : 주희(朱熹)가 공풍(鞏豐)에게 답한 편지에 "새로 지은 시를 보내 주어 읽어 보니 마치 무더운 여름철에 시원스레 북극의 문으로 날아올라 맑은 바람을 쐬는 듯하다."라고 하였다. 《晦菴集 卷64 答鞏仲至》

241 성립(成立) : 민정중(閔鼎重)의 하인 이름이다.

子)의 경계도 있으므로 여기에서 이만 줄입니다.

별지

윤휴(尹鑴)의 상소에 보면, 제가 당초에 인용하였던 시왕(時王)의 제도를 범죄인의 친속(親屬)을 위한 것이라고 운운하였는데,[242] 이 말이 참으로 그러한지 모르겠습니다. 저는 집에 이 책이 없기 때문에 그 본문을 참고해 보지 못하였고 다만 《상례비요(喪禮備要)》에 실려 있는 것에 의거하였을 뿐인데, 지금 그의 말이 이와 같으니 괴이하기 그지없습니다.

그러나 가만히 생각건대 선사(先師 김장생(金長生))께서 평생 문자를 보는 것이 매우 정밀하고 상세하였으니, 결코 범죄인의 일을 《상례비요》에 싣지는 않았을 것입니다. 아마도 윤휴의 이 말 역시 조사기(趙嗣基)의 상소[243] 내용을 그대로 물려받은 것이 아닐까 합니다. 조사기는 일찍이 소장(疏章)에 제 말을 상세히 진술하면서 제가 인용한 지금의 제도에 대해 기술하되 그 본문을 그대로 적시하지 않고 아무런 상관이 없는 대목을 잘못 인용하여, 감히 성상의 총명을 속이면서 남을 공격하

242 윤휴(尹鑴)의……운운하였는데 : 시왕의 제도란 당시의 예식에서 준용하던 《국조오례의(國朝五禮儀)》, 《대명률(大明律)》, 《상례비요》 등에 있는 예제(禮制)를 말한다. 그중에서도 특히 윤휴가 문제 삼은 '범죄인의 친속' 운운한 말은 《대명률》과 관련이 있는 듯한데, 그 내용을 확인하지는 못하였다.

243 조사기(趙嗣基)의 상소 : 1672년(현종13) 3월 4일에 올린 상소를 일컫는 듯하다. 《현종실록》에는 이 상소 내용이 자세하게 언급되어 있지 않으나 당시 조사기의 상소는 거론이 금기시되던 기해예송 때의 예제 문제를 언급하고 있어 큰 논란을 불러일으켰다. 《顯宗實錄 13年 3月 4日, 12日, 25日》

는 자료로 삼았는데도 아무도 그의 속셈을 간파하는 자가 없으니 어찌 통탄스럽지 않겠습니까. 대체로 이들은 하는 짓마다 이와 같은 식이니 그 정상이 가증스럽고도 슬픕니다. 집사에게 만약 《대명률(大明律)》이 있으면 부디 본문을 상고해서 저의 의혹을 깨뜨려 주시는 것이 어떻겠습니까.

《상례비요》 자최부장기조(齊衰不杖期條)의 "지금의 제도〔今制〕"-아버지가 후사가 될 적자(嫡子)를 위하여 입습니다. 어머니 및 계모(繼母)와 자모(慈母)도 같습니다. 국제(國制)에서도 같습니다.-는 제가 인용한 것이고, 그 위의 "중자를 위하여 입는다.〔爲衆子〕"-어머니도 같습니다.-는 바로 조사기가 상소에서 인용한 것입니다.

민대수에게 보냄 을묘년(1675, 숙종1) 5월

與閔大受 乙卯五月

소식이 끊긴 지 오래되었는데 형세상 그럴 수밖에 없는 일이나 참으로 그리운 마음은 실로 빈말이 아닙니다. 요즘 같은 찌는 무더위에 기거는 어떻게 하고 계십니까? 저는 설사 증세가 아직도 그치지 않아 원기가 날로 소진되고 있습니다.

그런데 어제 또 사위 윤박(尹搏)[244]의 부음을 들었는데, 너무나 애통한 마음을 금할 수 없는 것은 장인과 사위의 의리에 관계될 뿐만이 아니기 때문입니다. 그의 지극한 성품과 순수한 행실은 고금에 견줄 이가 없으니 실로 집안의 스승으로 삼을 만한 사람이었습니다. 단지 타고난 운명이 기구하여 갑자기 저보다 먼저 떠났으니, 비록 저 스스로를 달래고 일깨우고자 해도 잘 되지 않습니다.

듣자니 가홍(嘉興)에서는 성상께 별유(別諭)를 받았다고 하는데, 거취를 어떻게 결정하셨습니까?[245] 매우 염려스럽습니다. 그들의 간사

244 윤박(尹搏) : 1628~1675. 본관은 파평(坡平), 자는 자상(子上), 호는 매촌(梅村)이다. 윤문거(尹文擧)의 아들이자 윤증(尹拯)의 사촌 형이며, 송시열의 문인이자 사위이다.

245 가홍(嘉興)에서는……결정하셨습니까 : 가홍은 민유중(閔維重)을 가리키는데, 이때 민유중이 충주(忠州) 가홍의 강촌에 머물러 있었다. 1675년 5월 15일에 민유중이 상소하여, 스승인 송시열이 죄를 받아 유배되었고 그 문도(門徒) 중에서도 연좌되어 처벌을 받은 사람이 많은 상황에서 자신만 형벌을 면하고 관직을 유지하는 것은 온당하지 못하다며 사직을 청하였는데, 이에 숙종은 인피(引避)하지만 말고 속히 올라오라고 답하였다. 그러나 바로 이튿날 5월 16일에 숙종은 임금의 부름에 응하지 않는 송시열의

한 정상이 끝없이 계속되어 사람들을 뒷걸음질하게 하고 또 조정을 더럽힌다는 죄목을 더하고 있으니 오늘날의 일은 어렵다고 말할 만합니다. 그러나 아직도 그 일단의 염치가 다 없어지지 않은 점도 보이기 때문에 오히려 우리 스스로를 돌아볼 실제적 측면도 있다 할 것입니다. 끝으로 더욱 자중하여 사림(士林)의 기대에 부응해 주시기를 바라는 바입니다.

별지

집사가 조만간 유배되어 오는 곳이 만약 서로 가까운 곳이라면 얼마나 다행이겠습니까만, 시류배(時流輩)는 결코 좋은 일을 베풀어 주려고 하지는 않을 것입니다. 인근에 사는 한 문재(文宰 종2품 이상 문관)는 술 마시며 즐기는 사람으로 세상일에 대해서는 모두 치지도외하는 인물입니다. 그런데 어제 그가 손수 귀인(貴人)의 차자(箚子)[246]를 들고 와서 통곡하며 말하기를 "나는 대대로 녹을 받는 신하인데 어찌 지금 이런 일을 보게 될 줄 생각이나 했겠습니까." 하였으니, 아마도 맹모삼천(孟母三遷)의 한 구절을 가리켜 말한 듯합니다.[247] 귀인의 생각이

제자들을 중죄로 추고하라는 명을 내렸다. 그리고 이어 한 달 뒤인 윤5월 15일에는 다시 민유중과 민정중의 관직을 삭탈하고 문외출송(門外黜送)하라는 명을 내렸다. 《肅宗實錄 1年 5月 15日·16日, 閏5月 15日》

246 귀인(貴人)의 차자(箚子) : 귀인은 현종의 장인이자 명성왕후(明聖王后)의 아버지인 청풍부원군(淸風府院君) 김우명(金佑明)을 가리키고, 차자는 그가 1675년 3월 12일에 복평군(福平君)과 복창군(福昌君) 형제의 난잡한 행실에 대해 거론한 차자를 가리킨다. 《宋子大全隨箚 卷6》《肅宗實錄 1年 3月 12日》

247 맹모삼천(孟母三遷)의……듯합니다 : "맹모삼천의 한 구절"이란 김우명의 차자

짧아서 경솔하게 글에다 쓰고 말았으니 어찌하겠습니까. 오늘날의 일을 보면 세상을 떠난 동춘당(同春堂)이 제일 좋고 그다음은 속히 죽는 것보다 더 좋을 것이 없습니다.

에 "신은 맹모삼천의 가르침이 이간(離間)하는 말을 불러온다는 것은 듣지 못하였는데, 지금 밖에 전파되어 말하지 않는 사람이 없습니다. 전하의 지극한 효성과 자전(慈殿)의 자상한 인애(仁愛)로도 남의 말이 이렇게까지 박절하니, 신은 마음이 에이는 듯이 아파서 살고 싶지도 않고 이러한 말을 듣고 싶지도 않습니다."라고 한 구절을 가리킨다. 《肅宗實錄 1年 3月 12日》 당시 명성왕후가 아들 숙종에게 한 말들이 오히려 신하들을 이간하고 있다는 등의 소문이 민간에 퍼졌던 듯한데, 그 소문을 듣고 김우명이 차자에서 언급한 것이다.

민대수에게 보냄 을묘년(1675, 숙종1) 6월

與閔大受 乙卯六月

이번 길은 왼쪽으로는 바다에 임해 있고 오른쪽으로는 풍악(楓嶽 금강산(金剛山))을 거느리고 있으니,[248] 산은 마치 맹자(孟子) 같고 바다는 마치 주자(朱子) 같아서 800리 길이 마음과 눈에 매우 상쾌하기만 합니다. 저들이 저를 대접한 것은 매우 후한 반면 도리어 저들이 스스로를 대접한 것은 그다지 좋지 않았는데,[249] 우리는 남의 좋은 점을 온전하게 인정해 주지 않는 태도가 심하니, 문외출송되고 위리안치되는 재앙[250]

248 이번……있으니 : 1675년 윤5월 15일에 숙종은 대사헌 윤휴(尹鑴)와 장령 조사기(趙嗣基) 등의 요청에 따라 함경도 덕원(德源)에 유배되어 있던 송시열을 영남 변방인 웅천(熊川)으로 옮겨 안치하라고 명하였는데, 송시열이 유배지에서 함경도의 유생들을 가르치는 등 북도(北道)의 순박한 풍속을 어지럽힌다는 이유에서였다.《肅宗實錄 1年 閏5月 15日》 그러나 이틀 뒤인 윤5월 17일에 영의정 허적(許積)이 차자를 올려, 웅천은 장기(瘴氣)가 심한 곳이라 70세 노인이 가면 얼마 안 있어 병들어 죽을 것이니 영남의 장기가 없는 다른 곳으로 옮겨 주도록 요청하였다. 이로 인해 유배지가 지금의 포항(浦項) 일대인 장기(長鬐)로 새로 정해졌고 이때에 이르러 덕원에서 장기까지 800리 길을 내려가게 된 것이다.《肅宗實錄 1年 閏5月 17日》

249 저들이 저를……않았는데 : "저들이 저를 후하게 대접했다"는 것은 송시열이 70세 노인인 점을 감안하여 장기가 심하지 않은 곳으로 유배지를 옮겨 준 것을 말한다. 그리고 이때 허적과 민암(閔黯)이 후세의 공의(公議)를 염려하여 말하기를 "어찌 우리가 굳이 거짓 군자〔僞君子〕를 죽여서 참소인〔眞小人〕이 되어야 하겠는가." 하였는데, '거짓 군자'는 송시열을 가리키고 '참소인'은 자신들을 지칭한 말이다. 여기에서 저들이 스스로를 좋지 않게 대접했다는 것은 이들이 스스로를 소인으로 지칭한 것을 두고 한 말이다.《肅宗實錄 1年 閏5月 17日》

을 만나는 것도 당연하다 하겠습니다.

가장 크게 우스운 일은 일생 동안 태괘(泰卦) 공부에 진력한 사람[251]도 집사와 아울러 죄안(罪案)을 받았다는 점입니다. 옛날 양자직(楊子直)이 주자에게 화를 피할 계책을 권하여 일러 주었는데 자직 역시 당화(黨禍)를 입자, 주자가 농담으로 말하기를 "공자(孔子)도 변복(變服)을 하고 송나라를 빠져나갔다는 말로 자직이 나에게 가르침을 주었는데, 지금 그가 누더기를 걸치고도 화를 면치 못하였으니 크게 한번 웃을 만하다." 하였다.[252] 이제 이 말씀을 가지고 태괘공(泰卦公 이단하(李端夏))을 희롱하면 포복절도하게 할 수 있는데 서로 만날 길이 없으니 이것이 한스럽습니다.

지금 강릉부(江陵府)의 안인역(安仁驛)에 도착했는데 부중(府中)의 유생들이 모두 와서 만났습니다. 그 자리에서 그들이 앞으로 사람을 보내 집사에게 문후를 여쭈려 한다고 말하기에 이 인편에 대략 이 편지를 부칩니다.

250 문외출송되고 위리안치되는 재앙 : 민정중·민유중 형제와 이단하에게 문외출송의 명이 내려지고 송시열에게 영남에 위리안치하라는 명이 내려진 것을 말한다. 《肅宗實錄 1年 閏5月 17日》

251 일생……사람 : 이단하를 말한다. 자세한 내용은 64쪽 주92, 144쪽 주233 참조.

252 옛날……하였다 : 양자직은 남송(南宋)의 성리학자 양방(楊方)을 말한다. 자직은 그의 자이다. 59쪽 주81 참조.

민대수에게 보냄 을묘년(1675, 숙종1) 7월

與閔大受 乙卯七月

주자(朱子)가 말하기를 "담암(澹菴)이 바닷가에 있을 때 날마다 지인들과 시를 주고받고 왕래하면서 못 하는 말이 없었으나 진회(秦檜) 역시 이들을 다 잡아다 죽이지 못하였으니 절로 천명(天命)이 있는 것이다." 하였는데,[253] 오늘날이라고 어찌 유독 그렇지 않겠습니까. 그리고 주자가 당화(黨禍)를 겪을 때 한탁주(韓侂胄)에 대해서는 언급하지 않았고, 탄식한 것은 단지 친구들의 위급한 상황이었습니다. 일찍이 한 친구를 부탁하면서 어떤 사람에게 타이르기를 "이 사람을 구제하는 것은 작은 일이 아니다." 하였습니다. 요즘 사근(沙斤)과 관련하여 떠도는 소문이 좋지 않으니[254] 구제해야 할 책임이 아마도 다른 사람에게 있지 않은 듯한데, 어떻게 생각하십니까? 동춘(同春) 형이 필시 구천에서 눈을 감지 못할 것입니다. 소문이 그저 거짓이 아닌지 모르겠습니다.

○ 주자가 일찍이 말하기를 "장자방(張子房)이 항상 가시나무 숲속

253 주자(朱子)가……하였는데 : 담암은 송나라 때의 신하 호전(胡銓)의 호이다. 호전은 고종(高宗)에게 상소하여 금나라와 화친을 주장한 간신 진회(秦檜)를 주벌할 것을 청하였다가 소주(昭州)에 유배되었다. "바닷가에 있을 때"라는 것은 소주에 유배된 때를 말한다.《宋史 胡銓列傳》주희(朱熹)의 이 말은《회암집(晦菴集)》속집 권2〈채계통에게 답함〔答蔡季通〕〉에 보인다.

254 사근(沙斤)과……않으니 : 사근은 과천(果川) 사근평(沙斤坪)에 살고 있던 김징(金澄)을 가리킨다. 김징은 자가 원회(元會)이고 송준길(宋浚吉)의 문인이다. 당시에 윤휴(尹鑴)와 친교를 맺고 윤휴의 당인들과 어울린다는 소문이 있었다.《宋子大全 卷58 與閔大受(乙卯十一月)》

에 있었기 때문에 한 고조(漢高祖)가 죽일 수 없었다." 하였습니다.[255] 그런데 지금 저에게 드리운 가시울타리가 깊고 치밀한데도 지금의 재상은 기어코 저를 죽이려고 합니다. 그래서 저는 적송자(赤松子)가 되기를 원하는 것입니다.[256] 참으로 우습습니다.

255 주자가……하였습니다 : 장량(張良)이 일생 동안 온갖 고난을 자처하는 태도로 보신책을 삼았기 때문에 한 고조가 그를 죽일 수 없었다는 말이다. 《朱子語類 卷135 歷代2》 자방(子房)은 장량의 자이다.

256 그래서……것입니다 : 적송자는 진(秦)나라 말기의 선인(仙人) 황석공(黃石公)을 일컫는다. 한나라가 건립되고 장량이 유후(留侯)에 봉해진 뒤에 말하기를 "지금 세 치 혀로 황제의 스승이 되었을 뿐만 아니라 만호(萬戶)에 봉해지고 열후(列侯)의 지위에 올랐으니, 이는 포의(布衣)가 누릴 수 있는 최대의 영광으로 나에게는 이미 족하다. 이제는 인간 세상의 일을 버리고 적송자를 따라 노닐고 싶다." 하고서 속세를 떠나갔다. 《史記 留侯世家》 여기서는 송시열이 자신을 죽이려고 하는 인간 세상의 일에 대해 더 이상 미련이 없다는 말이다.

민대수에게 답함 을묘년(1675, 숙종1) 7월
答閔大受 乙卯七月

"근일에 매미 소리가 매우 맑으니 더욱더 사람으로 하여금 높은 풍모를 그리워하게 한다."라고 하였는데, 이것은 주자(朱子)의 말씀입니다. 일전에 마침 뜻에 맞는 것이 있어 손수 녹음(綠陰) 속에서 편지 한 장을 써서 돌아가는 파발 편에 부쳤는데, 갑자기 백씨(伯氏) 어른의 동복(僮僕) 편에 지난달 25일에 보내신 서신을 전해 받았습니다. 마치 천 리 밖에 있는 얼굴을 직접 대하는 것 같았으니 기쁘고 후련한 마음을 어찌 헤아릴 수 있었겠습니까.

저는 목전의 일은 거론할 것도 없고 절도(絶島)에 유배하자는 논의[257]가 끝내 그냥 멈추지는 않을 것이니 장차 어디로 향하게 될지 모르겠습니다. 만일 바다 속에서 장 사자(張使者)[258]를 만나 그와 함께 은하수로 가는 뗏목을 타고 하늘 밖을 유람하게 된다면 실로 평생의 유쾌한 일이 되겠습니다만, 다만 두려운 것은 그 사람들이 또 저에게 달아났다는 죄를 씌워 그 여독이 친구들에까지 미치지 않을까 하는 것입니다.

257 절도(絶島)에 유배하자는 논의 : 1675년 6월 18일에 집의 남천택(南天澤)과 장령 이복(李馥)이 송시열을 절도에 위리안치하고 예제(禮制)를 잘못 정한 일을 고묘(告廟)한 뒤에 중외(中外)에 반교(頒敎)하기를 청하려 하였으나, 토역(討逆)에 행해야 할 고묘와 반교를 지레 시행하는 것은 합당하지 않다는 지평 권해(權瑎) 등의 반론이 있어 결국 논의가 중지되었다. 《肅宗實錄 1年 6月 18日, 19日》

258 장 사자(張使者) : 한나라 때 서역(西域)으로 사신을 갔던 장건(張騫)을 말한다. 그가 사신으로 가다가 뗏목을 타고 천상의 은하수에 올라갔다 왔다는 전설이 있다.

말이 여기에 이르니 저도 모르게 배꼽을 잡고 웃게 됩니다.

주서(朱書)를 읽고 겸하여 《서전(書傳)》을 본다고 하시니 그리움에 마음이 그대 곁에 가 있습니다. 저도 병이 조금 차도가 있을 때에 틈틈이 글을 보고 싶지만 책을 구할 곳이 없습니다. 이미 영외(嶺外)의 서너 집에 간청하여 보았지만 구하기가 쉽지 않습니다. 세월은 덧없이 흘러 가을이 어느새 이르렀는데, 다만 제 자신을 돌아보니 그저 한탄스러울 뿐입니다. 하고 싶은 말을 어찌 백에 하나인들 할 수 있겠습니까. 모두 마음속으로 이해해 주시기를 바랍니다.

○ 《서전》 〈순전(舜典)〉의 편제(篇題)에서 말한 "삼가 오륜을 가르쳐 아름답게 하라는 구절 이상은〔愼徽五典以上〕"의 '상(上)' 자는 제 생각에는 '하(下)' 자의 잘못인 듯합니다. 일찍이 좌랑(佐郎) 홍기(洪覿)[259] 씨와 이 문제를 가지고 서로 논의를 주고받다가 미처 합일점을 찾지 못한 채 홍기 씨가 갑자기 타계하였으니, 매우 통탄스럽습니다. 부디 고견으로 바로잡아 주시는 것이 어떻겠습니까.

259 홍기(洪覿) : 1646~? 본관은 남양(南陽), 자는 언명(彦明), 호는 해갑(蟹甲)이다.

민대수에게 보냄 을묘년(1675, 숙종1) 8월

與閔大受 乙卯八月

가을 기운이 열리지 않았는데 기거는 어떠하십니까? 전해 듣자니 제서(堤西)[260]의 골짜기로 옮겼다고 하던데, 산이 깊지 않은 것이 한스러우셨습니까? 저는 아직도 이렇게 전과 같이 지내고 있는데, 이것이 장차 저를 살리게 되겠습니까, 아니면 도리어 지체되면서 화가 더욱 커지게 되겠습니까?[261] 자전(慈殿)의 하교[262]를 들은 이후로 사는 게 낙이 없고 죽는 것이 도리어 영광이라는 것을 더욱더 알게 되었습니다. 구상(久相)은 일찍이 장중하고 엄숙한 태도가 숭상할 만하다고 말씀하셨는데, 지금 과연 증명되었다 하겠습니다.[263] 마침 해서(海西)의 유생을 통해

260 제서(堤西) : 민정중이 새로 지은 거처가 있는 곳으로 충주와 제천 사이에 있었던 것으로 보인다. 자세한 것은 107쪽 주166, 142쪽 주229 참조.

261 저는……되겠습니까 : 이때 송시열은 영남의 장기(長鬐)에 위리안치되어 있었는데, 윤휴(尹鑴) 등의 남인 집권 세력이 예제(禮制)를 잘못 행한 송시열을 죽이려는 의도로 그의 죄를 종묘에 고하기를 거듭 청하는 매우 위급한 상황이었다.《肅宗實錄 1年 閏5月 12日, 6月 14日·18日》

262 자전(慈殿)의 하교 : 1675년 3월에 청풍부원군 김우명(金佑明)이 차자를 올려, 복창군(福昌君) 형제들이 궁중에서 궁녀와 간통하여 자식을 낳은 사건을 숙종에게 고하였으나 윤휴와 허목(許穆) 등이 이들을 변호하고 두둔한 뒤에 도리어 김우명을 무고죄(誣告罪)로 얽어 하옥하여 심문해야 한다고 주장하였다.《肅宗實錄 1年 3月 12日, 14日》이에 김우명이 의금부에 하옥되자 그의 딸인 명성왕후(明聖王后)가 아버지를 구원하기 위해 한밤에 정청(政廳)에 나와 통곡하면서 거듭 복창군 형제의 간통 사실과 김우명의 무죄를 주장한 것을 말한다.《肅宗實錄 1年 3月 14日》

263 구상(久相)은……하겠습니다 : 구상은 문곡(文谷) 김수항(金壽恒)을 가리키는

대략 안부를 묻습니다. 이만 줄입니다.

데, 그의 자가 구지(久之)이기 때문에 그렇게 일컬은 듯하다. 당시 명성왕후 김씨가 정청에서 통곡하며 복창군 형제의 간통 사실을 주장하자 숙종은 할 수 없이 복창군 형제를 유배 보냈다. 이에 윤휴는 대비가 정치에 관여한다고 비판하면서 임금이 자전을 잘 관리 단속하지 못한 탓이라고 주장하였고, 유학 박헌(朴瀗)은 상소하여 송시열의 당인(黨人)들이 자전의 마음을 미혹시켜 이 지경에 이르렀다고 공격하였다.《肅宗實錄 1年 6月 14日, 7月 12日》 이렇게 되자 판중추부사 김수항이 차자를 올려 자식이 부모를 관리 단속하는 도리가 어디에 있느냐며 대비를 옹호하는 한편, 송시열이 사주했다는 억울함을 은연중에 풀어 주려 하다가 남인 대관(臺官)들의 탄핵을 받고 전라도 영암군(靈巖郡)에 유배되었다.《肅宗實錄 1年 7月 12日, 17日, 18日》 여기서는 김수항이 위급한 상황에서도 평소의 지론대로 장중하고 엄숙한 태도를 견지하며 처신하다가 의연하게 유배를 떠난 것을 칭찬하여 이렇게 말한 것이다.

민대수에게 보냄 을묘년(1675, 숙종1) 10월

與閔大受 乙卯十月

자운서원(紫雲書院)의 큰 비석이 채 완성을 보지 못하고 중지되어 있으니 애석함을 어찌 금할 수 있겠습니까.[264] 가만히 생각건대 이 일은 화복의 기틀과 상관이 있는 것은 아니니, 단지 전날 일을 맡았던 사람에게 돌에 새겨 감싼 다음 배에 실어 자운서원으로 보내게 하면 다 편리할 것입니다. 일찍이 저를 보러 온 서울의 젊은이들에게 이것을 말했더니 집사의 글씨를 얻지 못했다고 해명을 하던데 속히 부응해 주실 수 있겠습니까?

기억해 보면, 옛날 이이첨(李爾瞻)과 정인홍(鄭仁弘)이 한창 전횡할 때 일부 사류(士流)가 우계(牛溪 성혼(成渾))의 서원을 완성한 뒤에 그 문집을 간행한 것이 신유년(1621, 광해군13) 연간에 있었습니다. 그때 사림들에게 통문(通文)을 보내어 일깨우는 글에 "이 글은 재력을 모아서 우계 성 선생(成先生)의 문집을 간행 배포함으로써 우리 도의 한 맥을 부지하기 위해서 쓴 것이다."라고 한 것이 첫 머리말이었는데, 그 글은 바로 계곡(溪谷 장유(張維))이 썼습니다.

그때 호서(湖西)의 유사(有司)는 단지 신독재(愼獨齋 김집(金集))와

264 자운서원(紫雲書院)의……있겠습니까 : 파주(坡州) 두문리(斗文里)의 자운산 자락에 율곡(栗谷) 이이(李珥)의 묘비를 세우는 일을 말한다. 비석의 글을 송시열이 지었는데 이때까지 아직 돌에 새겨 세우지 못하고 있었다.《宋子大全 卷172 紫雲書院廟庭碑銘》

제 선친과 종형(從兄) 태복공(太僕公)[265]-강도(江都)에서 순절한 분입니다.-뿐이었습니다. 당시 물력이 쇠잔해진 뒤끝이라 이렇게 사류(士類)가 엉성했음에도 불구하고 오히려 이렇게 큰 역사(役事)를 행할 수 있었습니다. 따라서 이는 사람에게 달려 있는 것이지 어찌 많을 필요가 있겠습니까. 부디 함께 말할 수 있는 사람들과 잘 상의하여 처리하시는 것이 어떻겠습니까.

265 종형(從兄) 태복공(太僕公) : 송시열의 사촌 형 송시영(宋時榮, 1588~1637)을 말한다. 그의 자는 공선(公先)・무선(茂先), 호는 야은(野隱)이다. 병자호란 때 강화도에서 순절하였으며 충현(忠顯)이라는 시호를 받았다.

민대수에게 보냄 을묘년(1675, 숙종1) 10월

與閔大受 乙卯十月

가을 기운이 언뜻 서늘해졌으니 삼가 조용히 지내시는 기거가 더욱 좋으시리라 생각합니다. 듣건대 근래 구지(久之)로 인하여 일이 확대되었다고 하니,[266] 제가 죽어야지 달리 여지가 없을 듯합니다. 여러 집사의 고난이 앞으로 몇 단계나 더 올라가서 멈추게 될지 모르겠습니다.

어떤 사람이 문산(文山)의 "바람 부는 처마에서 책을 펼쳐 읽노라니, 고인들이 행한 도가 내 얼굴에 접해지네.〔風簷展書讀, 古道接顔色.〕"라는 구절[267]을 읊으면서 제가 바로 이 시의 상황과 딱 맞는다고 하던데, 이 시가 이곳의 일과 부합하는지는 잘 모르겠습니다. 가시울타리의 높이가 세 길이고 두께가 네 겹이나 되니 바람이 처마 안으로 들어오고자 해도 어찌 될 수 있겠습니까. 여기에서 구동(狗洞) 무리가 첩목불화

266 근래……하니 : 구지는 김수항(金壽恒)의 자이다. 윤휴가 당시 대비인 명성왕후의 정치 관여를 문제 삼고 나오자 김수항이 차자를 올려 대비를 두둔하는 한편, 유학 박헌(朴瀗)이 상소하여 송시열의 당인들이 자전의 마음을 미혹시켰다고 공격하자 김수항이 차자에서 송시열의 억울함을 은연중에 풀어 주려 하다가 남인 대관(臺官)들의 탄핵을 받고 전라도 영암군(靈巖郡)에 유배되는 등 사태가 계속 확대된 것을 말한다. 《肅宗實錄 1年 7月 12日, 16日, 17日, 18日》

267 문산(文山)의……구절 : 문산은 송나라 때의 충신 문천상(文天祥)의 호이다. 원나라가 쳐들어왔을 때 문천상이 용감하게 맞서 싸웠으나 결국 패하여 장홍범(張弘範)에게 사로잡혔다. 원나라의 감옥에서 3년을 구금되어 있는 동안 절개를 굽히지 않다가 시시(柴市)에서 피살되었다. 《宋史 文天祥列傳》 여기에 인용한 시구는 그가 옥중에서 지은 〈정기가(正氣歌)〉의 마지막 구절이다.

(帖睦不花) 등의 사람들보다 더 심하다는 것을 알 수 있습니다.[268]

멀리서 들으니 가홍(嘉興)의 발걸음이 연산(燕山)에 이르렀다고 하던데,[269] 무덤의 묵은 풀과 찬 연무(煙霧)를 보면서 배나 더 비통해하며 죽은 사람을 다시 살려 낼 수 없다는 탄식을 했으리라 생각됩니다. 하지만 이런 때에 역시 그런 감정을 불러일으킬 필요는 없을 것입니다. 풍수가를 대동하고 움직였을 것으로 생각되는데 그는 뭐라고 말했는지요? 그리고 동춘(同春) 본가(本家)는 또한 어떻게 계획을 정했는지 듣고 싶어도 들을 수가 없습니다.

268 여기에서……있습니다 : 구동은 윤휴를 가리키고, 첩목불화는 원나라 사람으로 문천상을 옥에 구금한 자이다. 《宋子大全隨箚 卷6》 여기서는 문천상을 잡아가둔 자들은 그래도 옥중에 바람이라도 들어오게 했는데, 윤휴 무리는 유배지의 처소에 바람 한 점 들어올 수 없을 정도로 가시울타리를 쳤으니 그들보다 더 심한 자들이라고 개탄한 것이다.

269 가홍(嘉興)의……하던데 : 가홍은 민유중(閔維重)을 가리킨다. 연산은 충청도 연기(燕岐)로 동춘당 송준길의 무덤이 있는 곳이다. 이때 민유중이 송준길의 무덤을 이장하는 문제를 상의하기 위해 풍수가를 대동하고 연기로 내려간 것이다. 《宋子大全隨箚 卷6》

민대수에게 보냄 을묘년(1675, 숙종1) 11월
與閔大受 乙卯十一月

구상(久相)이 가풍(家風)을 실추하지 않았으니,[270] 이는 비단 사류(士流)의 광영일 뿐만 아니라 그들에게 그 흉악한 모의를 제멋대로 행하지 못하게 함으로써 윤인(尹訒)과 정조(鄭造)의 주벌[271]을 면할 수 있게 한 것이니 그들에게 덕이 된다는 점도 크다 할 것입니다. 그런데 그들은 무엇 때문에 이를 갈며 분노하기를 도리어 이와 같이 한단 말입니까. 그리고 촌사람들의 침노와 모욕을 집사도 면할 수 없단 말입니까. 혹자는 말하기를 "한 사람에게 있는 것은 심히 미약하나 영욕이 사방에 드러나는 것은 매우 크다." 하는데, 더구나 오늘날의 이치와 형세에서는 더욱 그러하니 참으로 탄식할 만합니다.

사근(沙斤)의 일에 대해 들리는 말들이 있는데, 그는 구동(狗洞)과 친교를 맺고 또 자기 동생 한 사람을 이삼달(李三達)과 조석으로 자리를 함께하게 한다고 합니다.[272] 이에 대해 저는 적이 의아한 마음이

270 구상(久相)이……않았으니 : 구상은 김수항(金壽恒)을 가리킨다. 김수항이 재상으로서 차자를 올려 바른말을 하다가 의연하게 유배 간 일을 말한다. 자세한 내용은 160쪽 주263 참조.

271 윤인(尹訒)과 정조(鄭造)의 주벌 : 두 사람 모두 이이첨(李爾瞻)의 심복으로 광해군 때 인목대비(仁穆大妃) 김씨를 서궁(西宮)에 유폐하는 데에 적극 가담하였다가 인조반정 후에 주살당하였다. 《仁祖實錄 1年 3月 19日》

272 사근(沙斤)의……합니다 : 사근은 당시 과천(果川) 사근평(沙斤坪)에 살고 있던 김징(金澄)을 가리킨다. 김징은 송준길(宋浚吉)의 문인이다. 구동은 윤휴를 가리킨다.

들어 생각하기를 '동춘(同春) 형에 대한 임금의 은혜와 예우가 제대로 마무리되지 못한 것은 실로 그를 구원하려다가 일어났고, 사류에게 매우 급한 위기가 닥친 것은 동춘 형이 낭패를 당한 데에서 기인하니, 그가 행할 도리로 볼 때 어찌 차마 의리를 잊고 이익을 볼 수 있단 말인가.' 하였습니다. 동춘 형이 지각이 있어 알게 된다면 죽어서도 다시 눈을 감을 수 없으리라 생각합니다. 이제 해 주신 말씀을 받드니 예전의 의심이 단번에 풀려서 비록 다시 비방하는 논의가 매우 많더라도 다시는 그것이 귀에 거슬리지 않을 것입니다.

이사탕(二四湯)[273]을 빨리 지어 복용해야 하는데 약재에 대해 말씀해 주시니 너무나 감사합니다. 집사의 상소는 읽어 보니 매우 후련하기는 하나[274] 그 뜻이 총명하신 성상에게 전달되어 감흥을 일으켜 깨닫게 하기를 바랄 수 없다는 점도 천명이라 할 것입니다. 다만 그 글의 위 단락에 인용한 희문(希文)의 일[275]은 사람으로 하여금 황공한 마음이

이삼달은 윤휴의 당인(黨人)이자 친구로서 자주 악행을 저질렀던 이류(李瀏)의 아들이다. 이삼달은 윤휴와 부자간처럼 친밀하였고 윤휴의 모주(謀主)로서 윤휴가 행한 일이 대부분 그에게서 나왔다고 한다. 《肅宗實錄 1年 閏5月 13日, 6年 7月 24日》《宋子大全 卷68 與朴和叔》

273 이사탕(二四湯) : 음기가 약해 가짜 화가 일어나면서 기침이 날 때 이를 치료하는 약이다. 이진탕(二陳湯)에 사물탕(四物湯)을 합한 것이다. 《醫林撮要 卷4 咳嗽門》

274 집사의……하나 : 민정중의 상소는 판중추부사를 사직하면서 올린 상소를 말하는데, 민정중은 이 상소에서 젊은 시절에 윤휴를 잘못 천거한 자신의 허물을 깊이 자책하는 한편, 윤휴의 방자한 태도와 윤리에 어긋나고 의리에 어긋나는 언행 및 재화와 이익을 탐하는 성격에 대해 신랄하게 비판하였다. 《老峯集 卷4 辭判中樞疏》

275 그 글의……일 : 희문은 송나라 때의 신하 범중엄(范仲淹)의 자이다. 희문의 일이란 민정중이 상소에서 범중엄의 일을 언급한 것을 말한다. 민정중은 상소에서, 옛날

들게 하여 곧장 담장을 따라 빠른 걸음으로 달아나고 싶게 합니다.

○ 그 사람[276]이 거리낌 없이 이치를 거스른다는 것은 본래 안 지가 이미 오래되었습니다만, 그의 간사함과 탐오는 비록 집사의 고명한 지혜로도 이렇다는 것을 헤아리지 못하셨으니, 사람을 알기가 어렵다는 말은 역시 참말이 아니겠습니까.

송나라 인종(仁宗) 때 범중엄이 국사에 대해 간하다가 파직되자 구양수(歐陽脩) 등이 사우(師友)의 의리를 내세워 함께 파직을 청하여 나란히 파직되었고 선조(宣祖) 때 성혼(成渾)이 탄핵을 당했을 때에도 제자 황신(黃愼) 등이 함께 파직된 사례가 있음을 거론하면서, 자신과 송시열도 사우의 의리가 있는데 스승이 위리안치된 상황에서 자신만 벼슬을 맡고 있을 수 없다며 사직을 청하였다. 《老峯集 卷4 辭判中樞疏》

276 그 사람 : 윤휴를 가리킨다.

민대수에게 답함 을묘년(1675, 숙종1) 11월
答閔大受 乙卯十一月

경기의 인편을 통해 《상서(尙書)》를 읽는다는 말을 듣고서 그 전문(傳文)의 의심스러운 뜻을 풀어 주도록 말씀드렸는데, 이번에 주서(朱書)를 읽는다는 서신을 받으니 저의 뜻을 대략 말씀드릴 것이 있습니다. 옛날 인조조 갑자년(1624, 인조2)에 박지계(朴知誡) 공이 경연에서 주서를 강하도록 청하자, 선사(先師)이신 문원공(文元公 김장생(金長生))께서 말씀하시기를 "성상의 학문이 만약 경서(經書)에 아직 미진한 점이 있으면 단계를 뛰어넘어 주서를 보시기가 어렵습니다." 하였으므로, 인조께서 마침내 선사의 말을 따랐습니다. 당시 성상의 학문 단계에서 그 말을 따른 것이 우연이 아닌 듯하기에 부질없이 번거롭게 말씀드리는 바입니다.

○ 오늘날의 급선무는 스스로 우리의 학문에 나아가는 것을 제일로 삼아야 하고 그 나머지는 후생을 잘 수습하여 지향할 바를 알게 해서 이단에 빠져들지 않도록 하는 것이니, 이것이 또 하나의 일입니다. 이번 편지에서 "뜻 세우기를 더욱 견고히 한 자가 있는 데다 새로이 찾아오는 자도 없지 않다."라고 하였는데 이는 아마도 하늘이 그들의 충심(衷心)을 유도하여 사문(斯文)의 일맥을 부지하게 하려는 뜻이 아니겠습니까. 오직 집사께서 잘 가르치고 지도하는 데 달려 있을 뿐입니다.

○ 문곡(文谷 김수항(金壽恒))에게 근래 서신을 받았는데, 매우 편안하게 대처하고 계신다 하니 그 수양의 힘이 깊은 것에 대해서는 기뻐할

만합니다.

근래 기이한 일이 하나 있습니다. 진산(珍山)에 조박(趙鑮)이라는 자가 있는데, 중봉(重峰 조헌(趙憲)) 선생의 서자(庶子)가 여종에게서 얻은 자식으로서 글을 약간 압니다. 그가 문곡이 귀양살이한다는 말을 듣고는 직접 걸어서 찾아와 뵙자, 문곡이 선대의 가법이 있다고 극구 칭찬하였습니다. 만약 지금 이럴까 저럴까 망설이며 사태를 관망하는 자들이 이 말을 듣는다면 역시 조금은 부끄러울 것입니다.

○ 그 사람[277]의 일은 갈수록 차마 입에 담지 못하겠습니다. 이전에는 그래도 만에 하나 구제할 수 있으리라 기대했기 때문에 그 사람을 대할 때마다 일깨우는 말을 하곤 했었는데, 지금은 그것이 어리석었음을 스스로 조소할 뿐이며, 또한 그가 아직도 전일의 잘못을 뉘우치지 못하는 것을 슬퍼할 따름입니다. 특히 정씨(鄭氏)에게서 돈을 받고는 임금의 명을 어긴 채 그를 살리려고 도모하였는데,[278] 이는 동탁(董卓)이나 조조(曹操)가 쓰던 수법입니다. 그런 사람이 무슨 짓인들 차마 못 하겠습니까. 이미 제 마음대로 사람을 살리려 하였다면 제 마음대로 사람을 죽이는 것 또한 어찌 어렵겠습니까.

매주(梅州)의 전운 판관(轉運判官)이 갑자기 죽지 않고 더 살았더라면 원성(元城)은 그날 바로 죽었을 것입니다.[279] 그래서 제가 아이들에

277 그 사람 : 윤휴를 가리킨다.

278 정씨(鄭氏)에게서……도모하였는데 : 당시에 사형죄를 범한 정씨 성을 가진 사람에게 이미 효수(梟首)의 명이 내려졌음에도 불구하고 윤휴가 그에게 뇌물을 받고 전라 감사 권대재(權大載)에게 청탁하여 그를 죽이지 말고 방면하게 했던 일을 말한다. 《肅宗實錄 6年 7月 23日》《宋子大全隨箚 卷6》

279 매주(梅州)의……것입니다 : 원성은 지명으로, 그곳 출신인 송나라 때의 유안세

게 농담조로 말하기를 "노봉(老峯)이 보내온 것이 설령 삼신산(三神山)에서 왔다 한들 구동(狗洞)이 보내는 전운 판관에야 당할 도리가 있겠느냐."[280] 하였는데, 집사께서 이 말을 들으면 한바탕 파안대소할 것입니다.

○ 상촌(桑村)[281]이 모르는 어떤 사람이 상촌의 처신이 매우 존경할 만하여 그의 시에 차운(次韻)하고 싶었으나 평소 함양한 공부가 없기 때문에 발언을 하면 반드시 기휘(忌諱)에 저촉될까 저어하여 이 때문에 감히 하지 못하였습니다. 그러고 보면 저 정호(程顥)의 "날이 저무는 것 근심할 필요 없으니, 하늘가에 얇은 구름 끼었을 뿐이네.〔未須愁日暮, 天際是輕陰.〕"라는 시[282]는 이 얼마나 대단한 기상입니까.

(劉安世)를 가리킨다. 유안세는 보문각 대제(寶文閣待制)로 있으면서 장돈(章惇)과 채경(蔡京) 등 간신들을 탄핵하다가 그들의 미움을 사서 매주에 유배되었는데, 장돈이 그곳의 전운 판관을 시켜 유안세를 죽이도록 사주하였다. 그때 매주의 군수가 유안세에게 사람을 보내어 위급한 상황을 알렸음에도 유안세는 조금도 동요하지 않은 채 손님과 술을 마시며 이야기를 나누었다. 그런데 전운 판관이 유안세가 있는 곳을 20리쯤 남겨두고 갑자기 피를 토하고 죽는 바람에 화를 면했다고 한다.《宋史 劉安世列傳》

280 노봉(老峯)이……있겠느냐 : 노봉은 민정중의 호이다. 민정중이 아무리 송시열을 살리기 위해 좋은 약재를 보내 준다 한들 윤휴가 죽이려고 마음을 먹는다면 어쩔 수 없다는 말이다.

281 상촌(桑村) : 고려 말의 신하 김자수(金自粹, 1352~1413)를 가리키는 듯하다. 그는 본관은 경주, 자는 순중(純仲), 호는 상촌이다. 충청도 관찰사, 형조 판서 등을 역임하였고 문장에 뛰어났다.

282 정호(程顥)의……시 : 송나라 원풍(元豐) 2년(1079)에 정호를 비롯한 제현(諸賢)이 낙원(洛園)에서 계(契)를 맺을 때 정호가 지은 시인데, 양시(楊時)가 이 시를 보고 정호의 온유함과 충후함에 경탄하였다 한다.《宋名臣言行錄 外集 卷2》

송자대전

제59권

書서

민대수에게 보냄 병진년(1676, 숙종2) 1월

與閔大受 丙辰正月

해가 이미 바뀌었으니 삼가 큰 복을 많이 받으셨으리라 생각합니다. 제 병은 계속 낫지 않고 더 심해져서 지금은 기침 때문에 너무 괴로운데, 죽음은 참을 수 있어도 이것은 참을 수 없을 정도입니다.

어제 운거(雲擧)[1]의 서신을 받아 보니 "근래의 일을 자세히 기록하여 후손에게 남겨 주지 않아서는 안 된다."라고 하였는데, 이 말이 참으로 일리가 있습니다. 그러나 저 같은 사람은 진정 귀머거리요 장님이니 무엇을 근거로 기록하겠습니까. 그리고 설령 근거할 만한 것이 있어 망녕되이 기록한다 해도 누가 그걸 믿어 주려고 하겠습니까. 가만히 생각건대 이 일은 집사가 아니고는 누구도 맡을 사람이 없으니, 부디 바라건대 조속히 그 일을 해 주시는 것이 어떻겠습니까. 간절히 바라 마지않습니다.

지난번 서신에서 언급한 수재(秀才)의 묘문(墓文)[2]에 '우(又)' 자를 추가하는 것에 대해서는 생각해 보았습니까? 물어보고 싶은 것은 매우 많지만 매우 바빠 그렇게 하지 못하니, 모든 묵묵히 마음속으로 이해해 주기 바랍니다.

1 운거(雲擧) : 이상(李翔, 1620~1690)의 자이다. 본관은 우봉(牛峯), 호는 타우(打愚)이며, 김집(金集)과 송시열의 문인이다.

2 수재(秀才)의 묘문(墓文) : 《송자대전》 권199의 〈민 수재의 묘표〔閔秀才墓表〕〉를 가리킨다. 민정중의 형 민시중(閔蓍重)의 셋째 아들 민진명(閔鎭明)이 18세에 요절하였는데, 그의 묘표를 송시열이 지었다.

별지

전에는 곧았으나 나중에는 더러워지고 말았다는 말씀은 삼가 공감하는 바입니다.[3] 옛날 주의(周顗)가 왕도(王導) 등과 함께 기첨(紀瞻)을 방문했을 때, 기첨에게 애첩이 있었는데 새로운 곡조의 음악을 잘하였습니다. 그러자 주의가 반하여 대중 앞에서 그녀를 간통하려고 그 추잡한 물건을 드러냈으니, 이는 바로 진(晉)나라의 풍속이 주공(周公)과 공자(孔子)를 경멸하고 오로지 풍류만 숭상한 소치입니다.[4] 비록 주의 같은 현인으로서도 오히려 이런 행실을 면치 못하였는데, 이 사람[5]은 높은 명성이 있을 때에도 주자(朱子)와 정자(程子)를 발로 차서 거꾸러뜨렸으니, 그것이 점점 심해져 여자를 간통하는 음란한 짓[6]을 하고도

3 전에는……바입니다 : 공치규(孔稚珪)가 〈북산이문(北山移文)〉에서, 남조(南朝) 송나라 때의 주옹(周顒)이 종산(鍾山)에 은거하다가 세상에 나가 벼슬한 것을 풍자하며 "그가 전에는 곧았으나 나중에는 더러워지고 말았으니, 어쩌면 그렇게도 잘못되었단 말인가." 하였는데, 여기서는 민정중이 이 말을 인용하여 윤휴(尹鑴)의 추악한 행실을 평가하자 송시열 또한 인정하고 받아들인 것이다.

4 주의(周顗)가……소치입니다 : 주의와 왕도는 동진 원제(東晉元帝) 때 재상을 지낸 명신이고, 기첨은 원제가 원로로 대우하자 강남 지방의 민심이 수습될 정도로 오중(吳中) 지방의 명사(名士)였다. 당시에 현자로 알려진 주의조차 이런 추악한 짓을 하면서 조금도 부끄러운 기색이 없었을 정도로 진나라의 풍습이 문란했다는 말이다. 《古今事文類聚 後集 卷16 露醜通妾》

5 이 사람 : 윤휴를 가리킨다.

6 여자를……짓 : 윤휴 무리가 몰래 만나 논의할 일이 있으면 밤에 반드시 오정창(吳挺昌)의 첩의 집에 모였는데, 그곳은 복창군(福昌君) 이정(李楨) 형제의 집에서 가까워서 그들이 모이면 성대하게 음식을 차려 보내왔고 여러 오씨(吳氏)는 사람들을 모두 물리치고 오정창의 첩 혼자만 술시중을 들게 하였다. 밤마다 늘 이렇게 하다가 윤휴가 그 첩과 몰래 간통을 하였는데, 오정창 첩의 아들이 허적(許積)에게 이 일을 읍소(泣訴)

부끄러워하지 않은 것은 괴이할 것도 없습니다. 주자가 매번 "처음에는 털끝만큼 어긋난 차이가 나중에는 천 리만큼 어긋난다."라는 것을 지극한 경계로 삼았는데, 더구나 그 어긋난 차이가 털끝만 한 데에서 그치지 않은 데야 말해 무엇 하겠습니까.

윤길보(尹吉甫 윤선거(尹宣擧))가 저와 도의(道義)로 서로 사귈 때, 일찍이 말하기를 "아무개(윤휴)에게는 자기 몸단속을 못 하는 병통이 있습니다. 일찍이 허리띠를 풀고 손님을 대하기에 내가 그 무례함을 책망한 적이 있습니다." 하였는데, 이 역시 똑똑 떨어지는 물방울이 끝내 넘쳐흘러 하늘에 닿는 지경에까지 이른 격입니다. 그러나 길보의 말도 끝내 경중의 차례를 잃었으므로 당시에 내가 웃으면서 말하기를 "공은 그가 주자를 비난하고 배척한 것은 허물하지 않고 유독 그가 허리띠 풀어놓은 것만을 그르게 여기니, 이것이 주자가 말한 이른바 '살인한 강도를 잡아 놓고서 조그만 갈고리 하나를 훔친 죄로 논한다.'라는 격입니다." 하였습니다. 그러니 이 일로 말해 보면 그가 추악한 짓을 오늘에만 한 것은 아닙니다. 이것이 바로 《주역(周易)》에서 시비를 조속히 분변하지 않는 것을 경계하고 군자는 반드시 서리를 밟는 것을 삼가는 이유입니다.[7]

하는 지경에까지 이르렀다고 한다. 《宋子大全隨箚 卷1》

7 이것이 바로……이유입니다 : 《주역》 〈곤괘(坤卦) 초육(初六)〉에 "서리를 밟으면 단단한 얼음이 이른다."라고 하였는데, 서리가 내리는 것은 이제 얼음이 어는 추운 겨울이 오는 조짐이니 하나의 조짐을 통해 앞으로 벌어질 일을 예측할 수 있어야 한다는 뜻이다. 이에 대해 〈문언(文言)〉에서 부연하기를 "신하가 임금을 시해하고 자식이 아버지를 시해하는 것은 하루아침과 하룻저녁 사이에 생기는 변고가 아니라 그 유래가 점진적이니, 이는 빨리 분변하지 않았기 때문이다." 하였다. 여기서는 윤휴가 처음 작은

집사의 훌륭한 상소가 만일 상달된다면 성상의 총명을 깨우칠 희망도 있을 듯하지만 끝내 그렇게 되지 않는다 해도 이 역시 어찌 시운에 관계된 일이 아니겠습니까. 그는 격식을 무시한 채 승정원에서 이미 물리친 유필명(柳弼明)의 상소를 다시 받아들여 유필명과 최신(崔愼)의 옥사(獄事)를 만들어 냈습니다.[8] 이는 처음부터 유필명과 최신에게 저를 무고(誣告)하여 끌어들이게 함으로써 자기 뜻대로 화를 전가하려고 마음먹었던 것입니다. 그래서 유필명과 최신에게 가혹한 형신(刑訊)을 가하였던 것인데, 끝내 제 뜻대로 되지 않자 대론(臺論)에 반하여 약간 등급을 완화하는 설을 내고는 자신의 행적을 가리려고 하였습니다. 그러나 모든 사람이 보고 다 알고 있는데 어찌 제 속셈을 가릴 수 있겠습니까. 그가 처신하는 것을 살펴보면 이미 명예와 절조를 돌아보지 않고 인간 세상에 수치스러운 일이 있는 줄을 모르니, 매우 슬픈 일입니다.

잘못을 저질렀을 때 제대로 분변하지 못해 결국에는 이런 추악한 행실을 저지르는 결과가 초래되었다는 말이다.

8 그는……냈습니다 : 여기에서 '그'는 윤휴를 가리킨다. 송시열의 문하를 왕래하던 청주(淸州)의 유학(幼學) 유필명이 다른 사람에게 글을 써 주기를 청하여, 1675년 5월 19일에 송시열의 예론(禮論)을 비호하고 허목과 윤휴를 배척하는 상소를 두 차례 올렸다. 승정원에서는 그것이 예론에 관계된다 하여 물리치고 받지 않았는데, 윤휴는 그것이 도리어 송시열을 공격할 수 있는 빌미가 될 수 있다고 판단하여 숙종에게 아뢰어 상소를 받아들이게 하고는, 상소의 내용을 문제 삼아 국청(鞫廳)을 설치하고 유필명을 잡아다 국문하였다. 고문에 못 이겨 유필명이 최신까지 끌어들였으므로 결국 유필명은 정의(旌義)에, 최신은 사천(泗川)에 유배되었다. 이 사건 이후에 대간들이 송시열을 더 중하게 처벌하기를 청하여 송시열은 덕원(德原)에서 장기(長鬐)로 옮겨 위리안치되었다.《肅宗實錄 1年 閏5月 1日, 12日, 15日, 21日, 23日》

그는 광성(光城)[9]과 함께 경연에 들어갔을 때 당돌하게 말하기를 "주자의 주석을 꼭 읽을 필요는 없습니다." 하였는데, 이것이 그가 평소부터 가지고 있던 본래의 생각이니, 그 화는 홍수보다 심한 것입니다. 그는 또 말하기를 "책을 굳이 많이 읽을 필요가 없습니다. 밤에는 책을 보지 마소서." 하였는데, 이는 그가 성상의 의사를 미리 알아채고는 이런 말을 통해 성상의 뜻에 영합하여 그 총애를 굳히려는 것이었습니다. 그때 마침 광성이 같이 경연에 들어갔기 때문에 나와서 이런 말을 전해 주었습니다.

그 밖에 다른 때에 했던 사리에 어긋난 말을 어찌 이루 다 헤아릴 수 있겠습니까만, 그의 무리가 서로 가려 주고 숨기니 외부 사람이 무슨 수로 들을 수 있겠습니까. 주자가 일찍이 탄식하기를 "하늘에 있는 조종(祖宗)의 신령이 이 무리에게 무슨 잘못이 있기에 이렇게 하는지 모르겠다." 하였는데, 오늘날 저의 통탄스러운 심정을 선생께서 실로 먼저 느꼈던 것입니다.[10]

곽재(郭宰)[11] 운운한 말씀은 매우 괴이하다 할 만합니다. 그는 지난겨

9 광성(光城) : 광성부원군(光城府院君) 김만기(金萬基, 1633~1687)를 말한다. 본관은 광산(光山), 자는 영숙(永叔), 호는 서석(瑞石)이다. 김장생(金長生)의 증손이고 송시열의 문인이며 숙종 비 인경왕후(仁敬王后)의 아버지이다.

10 주자가……것입니다 : 주희의 이 말은 당시에 간신 무리가 세상을 어지럽게 만드는 것을 미워하여 강개한 심정으로 한 말인데, 혼탁한 정치 현실에서 느끼는 송시열 자신의 심정도 그와 같음을 강조하여 말한 것이다. 《晦菴集 卷28 與張元善書》

11 곽재(郭宰) : 송시열과 내외종 형제 사이가 되는 곽문완(郭文浣)을 가리키는 듯하다. 《宋子大全隨箚 卷6》 그는 자가 여윤(汝潤)이며 문경 현감(聞慶縣監)을 지냈다.

울에 두 차례 나를 방문하여 허목(許穆)이 경문(經文)을 잘못 인용한 것을 극력 배척하였고, 또 내가 허목을 공격한 것도 요점을 얻지 못했다고 하면서 이어 일반적인 얘기를 꺼냈는데, 그 말이 매우 새로웠습니다. 그가 또 말하기를 "내 머리는 자를 수 있어도 이 설만은 바꿀 수 없습니다." 하기에, 내가 웃으면서 말하기를 "그대가 이렇게까지 자신하면 다른 사람을 어떻게 굴복시켜 동의하게 할 수 있겠습니까. 그러나 대의(大意)는 나름대로 좋으니 우선 제각기 자기의 소견을 지키며 훗날을 기다리는 것이 좋겠습니다." 하였습니다. 그런데 혹여 그가 그때에 나와 주고받은 얘기들을 권(權)에게 늘어놓아 권이 그 말을 잘못 들은 것이 아니겠습니까. 잘 모르겠습니다.

민대수에게 보냄 병진년(1676, 숙종2) 6월

與閔大受 丙辰六月

지난해에 구동(狗洞 윤휴(尹鑴))의 문객이 한나라 광무제(光武帝)와 송나라 인종(仁宗)이 그르지 않다는 설을 주창했다는 말을 대략 들었는데,-황후를 폐위한 일을 말합니다.- 너무나 한심하다고 여겼습니다.[12] 그런데 지금 또 듣자니, 폐조(廢朝 광해군(光海君))가 모후(母后 인목대비(仁穆大妃))를 폐출한 것이 그르지 않다는 설이 또 청주(淸州)의 서원(書院) 회의에서 나왔다고 하는데,-좌상 권대운(權大運)의 사촌인 권대하(權大夏)라는 자가 이 논의를 주창했다고 합니다.- 사람의 온몸이 다 새파래질 정도로 충격적이었습니다.

기억해 보면 옛날 정인홍(鄭仁弘)과 이이첨(李爾瞻) 때에도 오히려 여러 명공(名公)이 정론(正論)을 확고히 지켜 세상이 전적으로 도탄에 빠지는 데에 이르지 않게 애를 썼는데, 오늘날에는 누가 이런 책임을 제대로 맡을 수 있겠습니까. 천 리 밖에서 이 일을 집사에게 바라는 것이 마치 굶주리고 목마른 사람 이상으로 간절하다 할 것입니다. 청주

12 구동(狗洞)의……여겼습니다 : 후한 광무제는 자신의 총애가 식은 것을 원망하는 곽 황후(郭皇后)를 폐위하여 중산왕태후(中山王太后)로 삼았고, 송나라 인종은 자신이 총애하던 상미인(尙美人)의 빰을 치려다가 잘못하여 자신의 목에 상처를 낸 곽 황후를 폐위하여 정비(淨妃)로 삼았는데, 나중에 두 황제는 황후를 폐위한 일을 후회했다고 한다. 《後漢書 上皇后紀 光武郭皇后》《宋史 仁宗郭皇后列傳》 여기서는 윤휴의 문객이 이 두 황제가 황후를 폐위한 일을 두고 그르지 않았다고 주창한 것을 송시열이 강하게 비판한 것이다.

서원 회의의 일은 대략만 들었을 뿐 그 상세한 내용은 아직 모르는데, 나인(羅紉)과 나만기(羅萬紀)의 일로 인해 나온 것이라고 합니다.[13] 모름지기 조유경(趙裕慶)에게 그 진실을 알아보게 하여 알려 주시는 것이 어떻겠습니까? 이곳은 인사(人事)가 다 끊겨서 그 허실을 물을 길이 없습니다.

그 사람이 재물과 여색을 탐한 것[14]이 환히 탄로 난 뒤로 집사와 저는 더욱더 완남(完南)과 기천(沂川)의 자손들에게 면목이 없게 되었으니,[15] 이 정도로 지극하게 사람이 낭패를 당할 줄은 생각지도 못하였

13 나인(羅紉)과……합니다 : 나인과 나만기는 모두 청주 사람이다. 나인은 광해군 때에 호조 정랑으로 폐모론(廢母論)을 주장하였고, 나만기는 나인의 조카로 인목대비의 죄를 열거하여 팔도의 유생들에게 통문을 보냈던 인물이다. 이로 인해 인조반정 뒤에 나인은 유배되었고 나만기는 유적(儒籍)에서 삭제되는 처벌을 받았는데, 숙종 초기에 나인의 손자 나성도(羅星度)가 권대하와 협력하여 나만기를 유적에 다시 올렸다고 한다. 《宋子大全隨箚 卷6》《肅宗實錄 3年 11月 25日, 7年 1月 12日》

14 그 사람이……것 : 그 사람은 윤휴를 가리킨다. 윤휴가 성균관 좨주(成均館祭酒)로 있을 때 겸례(傔隷)를 15명까지 더 늘린 뒤에 자기를 수행하는 것을 면해 주는 대신 그들에게 1인당 은(銀)을 매달 1냥씩 바치도록 하였는데, 겸례들이 넌지시 욕하기를 "포의(布衣)를 입은 현자가 은을 이 정도로 사랑하는구나." 하였다고 한다. 그리고 그가 이조 판서와 대사헌으로 있을 때에도 관직에 제수하거나 죄를 면해 주는 대신 자신에게 은을 바치게 하였기 때문에 윤휴가 거리에 나가면 길거리의 백성과 아이들이 '은항아리'나 '은궤'가 온다고 했다고 한다. 《尤菴先生書節要集解 卷4》 여색을 탐했다는 것은 윤휴가 오정창(吳挺昌)의 첩과 간통한 것을 말한다. 176쪽 주6 참조. 《宋子大全隨箚 卷1》

15 집사와……되었으니 : 완남은 완남부원군(完南府院君) 이후원(李厚源)을 가리키고, 기천은 홍명하(洪命夏)의 호이다. 송시열은 윤선거(尹宣擧)로부터 윤휴를 수용하지 않는다고 책망하는 말을 듣고 할 수 없이 그를 진선(進善)으로 천거한 적이 있는데, 그때 이후원이 송시열에게 말하기를 "그대는 늘 윤휴가 이단이라고 비판하다가 지금 도리어 윤휴에게 벼슬을 주어 진선으로 삼았으니, 장차 왕세자로 하여금 이단을 배우게

습니다. 만약 주경(周卿)을 대면하면 한번 웃으면서 "너의 아무개가 지금 어떠한가?"라고 말하고 싶지만[16] 그런 날은 없을 듯합니다.

계주(季周 이단하(李端夏))는 끝내 선한 사람이고 효자입니다만 필히 자기 선친을 대성인(大聖人)으로 만들고 자기 큰형을 대현(大賢)으로 만들려고 하는데, 진실로 그것이 효도하는 방도인지는 잘 모르겠습니다. 제가 그들에 관한 글을 지으면서 자못 참작하여 평가를 가하려고 하면 강한 지원군을 내세워 반드시 자기 의견대로 하려고 하니,[17] 저는 진실로 그의 뜻을 슬프게 여기고 그의 효도를 가상하게 여기면서도

하려는 것인가." 하며 꾸짖었다고 한다. 《宋子大全 卷84 答金景能(丁卯七月二十二日)》《江漢集 卷32 明陪臣傳6》 그리고 송시열이 이희조(李喜朝)에게 답한 편지에 보면, 홍명하가 송시열에게 윤휴의 불선(不善)을 심하게 말한 적이 있었는데, 그 당시에는 너무 심하게 말한다고 생각했으나 나중에 그의 음행이 드러나자 사람을 알아보지 못한 것이 스스로 부끄러웠다고 송시열이 고백하는 내용이 있다. 《宋子大全 卷94 答李同甫(甲寅七月二十一日)》 여기서는 윤휴의 사람됨을 일찍 간파했던 이후원과 홍명하와는 달리 자신들은 그렇게 하지 못하였으므로 그 후손들을 볼 면목이 없게 되었다는 말이다.

16 주경(周卿)을……싶지만 : 주경은 황세정(黃世楨)의 자이다. 본관은 회덕(懷德), 호는 제곡(霽谷)이다. 송준길(宋浚吉), 김집(金集), 송시열에게 수학하다가 윤휴와 가까워지면서 윤휴의 문하로 들어갔다. 그러나 뒤에 기해년 복제 문제로 송시열이 유배되고 송준길의 관직이 추삭되자, 다시 돌아와서 그 억울함을 알리고 반대파들을 비난하는 상소를 올렸다가 진도(珍島)에 유배되었다. 《宋子大全隨箚 卷13》 여기서는 윤휴의 악행이 드러난 지금, 한때 그를 따르던 황세정은 어떤 심정인지 물어보고 싶다는 말이다.

17 자기 선친을……하니 : 이단하의 아버지는 택당(澤堂) 이식(李植)이고 큰형은 이면하(李冕夏)이다. 송시열은 이식의 신도비명(神道碑銘)과 이면하의 묘표(墓表) 및 전기(傳記)를 지었는데, 그 과정에서 이들에 대해 조금이라도 평가를 하려고 하면 지원군을 통해 그렇게 하지 못하게 저지하면서 자기 뜻을 고집한다는 말이다. 《宋子大全 卷164 刑曹判書李公神道碑銘, 卷198 司書李君墓表, 卷215 李修撰冕夏傳》

그가 자기를 고집하는 것이 너무 강한 게 아닌가 염려스럽습니다. 이른바 강한 지원군에 대해서는 집사도 반드시 아실 것입니다.

그러나 저는 일찍이 그와 말을 주고받는 과정에서 그런 흔적을 드러낸 적이 없었습니다. 그는 그의 뜻에 부족한 점이 있다는 말을 듣게 되면 반드시 마음의 병이 생겨 열흘쯤 크게 아프고 거의 죽다가 겨우 다시 살아나기 때문입니다. 이 말도 모름지기 그가 듣지 않게 해야 할 것입니다.

민대수에게 답함 병진년(1676, 숙종2) 8월
答閔大受 丙辰八月

지난달 14일에 보내신 편지가 어제 회덕(懷德)에서 오는 인편에 도착하였습니다. 비록 받은 것이 더디기는 하였으나 위로되는 마음은 이루 다 형언할 수 없습니다. 저 역시 지난달에 서신 한 통을 보내면서 간청한 것이 있었는데, 아마도 받아 보셨을 것이라 생각합니다. 고향에서 형제간이 모였으니 한 이불을 덮고 돈독하게 우애를 나누는 즐거움이 상상이 됩니다. 이는 가끔 있는 일이고 늘 있을 수는 없으니, 이것이 천명인 데야 어찌하겠습니까.

백씨(伯氏 민시중(閔蓍重))의 상황은 생각할 때마다 돈이 멥니다. 백씨의 코피 흘리는 증세는 그 후로 재발하지는 않았습니까? 듣건대 이분이 대구(大邱) 감영(監營)에 있을 때[18] 상하가 풍토병으로 결핵에 걸린 자가 많았고 노복(奴僕)도 이로 인해 꽤 죽었다고 하던데, 사실인지 잘 모르겠습니다. 제 몸의 결핵도 나날이 점차 많아지는 것을 느끼는데, 잘 모르겠지만 그때에 쓴 약이 무슨 약이었습니까? 듣고 싶습니다.

'윤월(閏月)'의 구두(句讀)[19]는 항상 독자가 작자의 뜻을 터득하지 못한 것으로 의심하여 왔습니다. 그런데 이번에 보내온 편지를 받고서

18 이분이……때 : 민시중은 1669년(현종10)에 경상 감사로 임명되어 대구 감영에 내려가 있었다. 《承政院日記 顯宗 10年 5月 19日》

19 윤월(閏月)의 구두(句讀) : 《서경》 〈요전(堯典)〉에 "기는 366일이니 윤달을 사용해야 사시를 정하여 한 해를 이룰 수 있다.〔期三百有六旬有六日, 以閏月, 定四時成歲.〕"라고 한 글에서 "윤달을 사용해야〔以閏月〕"에서 구두를 떼는 것을 말한다.

비로소 명나라 선비 중에 이미 먼저 알았던 사람이 있었음을 비로소 알게 되었으니, 매우 다행입니다. '기소인작(曁小人作)'의 구두에 대해서는 저의 견해가 집사의 고명한 뜻과 어긋나지 않으니,[20] 역시 장님도 문을 바로 찾아들어 갈 때가 있다는 것을 알겠습니다. 다만 '궐거(厥居)'의 뜻에 대해서 끝내 혼미함을 깨우쳐 주신다면 이보다 크게 감사할 데가 어디 있겠습니까.[21] 일찍이 병문(炳文) 형제들[22]을 시켜서 여쭈어 보게 한 적이 있는데, 회답을 받지 못하였으니 매우 답답합니다.

계주(季周 이단하(李端夏))에게 보낸 편지는 학자들의 병폐에 절실히 들어맞을 뿐만 아니라 계주에게는 더욱이 정수리에 침을 한 방 맞는 격이 될 것이니, 망각과 조장(助長)은 모두 큰 병폐이지만 조장의 피해가 더욱 심합니다. 그래서 맹자(孟子)가 벼 싹을 뽑아 올리는 일을 비유로 들어 밝히기까지 하였으니, 그 뜻을 알 수 있습니다.[23] 그러나

20 기소인작(曁小人作)의……않으니 : 《서경》 〈무일(無逸)〉에 "고종 때에는 오랫동안 밖에서 노고를 다하면서 이에 소인들과 함께 행동하였습니다. 그러다가 즉위하시어……〔其在高宗時, 舊勞于外, 爰曁小人作. 其卽位,……〕"라는 구절이 있다. 채침(蔡沈)의 주에서는 '원기소인(爰曁小人)'에서 구두를 떼고 '작(作)'은 뒤의 구와 연결시켜 모호하게 해석하였는데, 송시열과 민정중은 '원기소인작(爰曁小人作)'을 붙여서 풀이해야 의미가 분명해진다고 본 것이다.

21 궐거(厥居)의……있겠습니까 : '궐거'는 《서경》 〈홍범(洪範)〉 첫머리의 "하늘이 암암리에 백성을 안정시켜 그들의 생활을 돕고 화합하게 하였다.〔惟天陰騭下民, 相協厥居.〕"라는 구절에 나오는데, 송시열은 민정중에게 이 말의 정확한 의미가 무엇인지 물은 것이다.

22 병문(炳文) 형제들 : 송준길의 손자인 '병(炳)' 자 돌림 형제들, 즉 송병문(宋炳文), 송병하(宋炳夏), 송병원(宋炳遠), 송병익(宋炳翼)을 가리킨다.

23 망각과……있습니다 : 맹자가 "호연지기(浩然之氣)를 기르는 사람은 반드시 의(義)를 쌓는 일을 행하되 미리 그 결과를 기대하지 말 것이며, 마음속에 항상 그것을

주자(朱子)가 일찍이 말하기를 "한번 통렬하게 이해하기를 마치 혈전(血戰)을 벌이듯이 해야 한다." 하였고[24] 또 매번 말하기를 "한가로이 세월을 보내면 일을 이루지 못한다." 하였으니,[25] 이른바 '망각'이라는 것 역시 어찌 작은 병폐이겠습니까. 운거(雲擧 이상(李翔))가 말한 것도 역시 작은 일이 아니니, 부디 소홀히 여기지 마시기 바랍니다.

사람을 보는 눈이 어두웠다고 탄식하신 말씀이 깊고 간절하여 포복절도하게 합니다. 그 사람[26]의 악한 짓이 심해질수록 우리의 이 탄식도 더욱 깊어질 것입니다. 그러나 그가 뇌물을 받고 음란한 짓을 한 것[27]이 매우 심해지게 된 것은 아무리 이루(離婁)처럼 눈이 밝은 사람이라도 그 일을 예견하기는 어려우니 "오직 요제(堯帝)도 어렵게 여겼다."라는 교훈이 오늘날에 더욱 증험되었다 하겠습니다.[28] 다만 듣건대 그에 대

잊어버리지도 말고 억지로 조장하지도 말아야 한다."라고 하면서 '조장'의 사례로 벼 싹이 빨리 자라게 하기 위해 벼 싹을 뽑아 올린 송나라 사람의 사례를 들었다. 《孟子 公孫丑上》 여기서는 송시열이 당시의 학자들뿐만 아니라 이단하 역시 학문을 속히 이루고자 하는 폐단이 있음을 지적한 것이다.

24 주자(朱子)가……하였고 : 혈전을 치르듯이 우선 철저하게 치지(致知)를 해야만 덕성을 함양할 수 있다는 말이다. 즉 도리를 알고 있지 않으면 무엇을 함양해야 할지 모르므로 먼저 치지를 이루기 위해 최선을 다해야 한다는 것이다. 《朱子語類 卷9 學3 論知行》 《心經附註 卷4 尊德性齋銘》

25 한가로이……하였으니 : 《근사록집해(近思錄集解)》 권2 〈위학(爲學)〉에서 주희가 "학문을 함에는 모름지기 강하고 굳세며 과감하게 결단해야 하니, 한가로이 세월을 보내기만 하면 일을 이루지 못한다."라고 하였다.

26 그 사람 : 윤휴(尹鑴)를 가리킨다.

27 그가……것 : 뇌물을 받은 일은 윤휴가 성균관 좨주, 이조 판서, 대사헌 자리에 있을 때 뇌물을 받은 것을 말하고, 음란한 짓을 한 것은 오정창(吳挺昌)의 첩과 간통한 일을 말한다. 자세한 것은 182쪽 주14 참조.

한 성상의 총애가 전과는 조금 달라졌다고 하니, 이는 성상의 현명함이 요 임금보다 월등하다는 것으로 더없이 찬양하고 축하할 일이라 하겠습니다.

요절한 두 사람의 묘표(墓表)[29]는 끝내 말이 중첩되는 혐의가 있음을 면치 못하였으니, 만일 아직 돌에 글자를 새기지 않았다면 부디 그 초본(草本)을 되돌려주십시오. 다시 고쳐 짓도록 하겠습니다. 황진(黃進)의 가장(家狀)은 이미 손자 아이를 시켜 산에 들어가 글을 가져오게 하였으니[30] 손자 아이가 오면 즉시 말씀대로 하겠습니다.

말씀하신 계주의 인(仁)이 과연 성인(聖人 공자(孔子))의 문하에서 말한 것과 같은지는 모르겠으나 그의 간절한 효성은 남보다 매우 뛰어나다고 말할 수 있고 이어 택로(澤老 택당(澤堂) 이식(李植))의 사람됨도 알 수 있습니다. 계주의 뜻을 보면 반드시 자기 아버지를 대현(大賢)

28 오직……하겠습니다 : 요제도 어렵게 여겼다는 말은 《서경》 〈고요모(皐陶謨)〉에 보인다. 고요(皐陶)가 말하기를 "아, 정사는 사람을 잘 알아보고 백성을 편안하게 하는 데 달렸습니다." 하니, 우(禹)가 말하기를 "아, 너의 말이 옳으나 모두 이처럼 하기는 오직 요제도 어렵게 여기셨다." 하였다. 요 임금도 인재를 제대로 알아보고 백성을 편안하게 하는 일을 어렵게 여겼다는 것인데, 여기서는 누구라도 윤휴가 그런 짓을 하리라고 미리 예측하기는 쉽지 않다는 말이다.

29 요절한……묘표(墓表) : 민정중의 형 민시중(閔蓍重)의 맏아들 민진하(閔鎭夏)는 31세에 요절하였고 셋째 아들 민진명(閔鎭明)도 18세에 요절하였는데, 두 사람의 묘표를 모두 송시열이 지었다. 《宋子大全 卷199 永禧殿參奉閔君墓表, 閔秀才墓表》

30 황진(黃進)의……하였으니 : 황진은 임진왜란이 일어나자 용인(龍仁), 진안(鎭安) 등지에서 왜군과 싸웠고, 안덕원(安德院)과 이현(梨峴) 전투에 참가해 왜적을 격퇴하였다. 이후 진주성(晉州城)으로 들어가 9일 동안 왜군과 용감하게 싸우다가 전사하였다. 황진의 집안에서 가장을 작성하여 송시열에게 시장(諡狀)을 지어 달라고 부탁하였는데, 그 가장을 화양(華陽)에 두고 왔으므로 손자 아이를 보내어 가져오게 한 것이다.

이상의 지위에 올려놓은 다음에야 그만두려는 것이니, 무릇 아버지로서 자식의 마음을 이처럼 열복(悅服)시킨 사람이 몇이나 있겠습니까. 저 같은 사람은 몸가짐과 발언이 매번 자손들이 보기에 부끄러운 점이 있습니다. 다만 계주는 마음의 병이 자주 재발되어 그치지 않으니 매우 염려됩니다.

문곡(文谷 김수항(金壽恒))은 나를 가련히 여기고 염려하는 마음이 너무 간절하여 문안 편지도 매우 자주 하는데, 살펴보면 그가 매우 진보한 것을 알 수 있습니다. 그가 학문을 논하는 것이 정주(程朱)의 설에 매우 부합하니, 이는 아마도 그 자질이 워낙 정결하기 때문에 세상사에 분주한 날에도 그것이 그다지 없어지지 않았으며, 고요하고 편안한 경지에 한번 들어가 이렇게 넓게 트이고 환히 밝은 근원을 홀로 보았기 때문이 아니겠습니까. 참으로 존경할 만합니다.

지난 편지에서 간청한 일[31]에 대해서는 허락해 주신다는 소식을 날마다 기다리겠습니다. 그 밖에 할 말은 많으나 일일이 다 말씀드리지 못합니다. 한창 설사로 고생을 하느라 자리에 누워 남에게 대신 쓰게 하였으니, 너무나 황송한 마음을 금할 길이 없습니다.

별지

어제 영해(寧海)에 있는 사람[32]의 서신을 받았습니다. 그가 하는 말이

31 지난……일 : 송시열이 1676년 1월에 민정중에게 보낸 편지에서, 근래에 겪은 일을 자세히 기록하여 후손에게 남겨 주지 않아서는 안 되니 기록하는 일을 맡아 달라고 부탁한 것을 말한다. 《宋子大全 卷59 與閔大受(丙辰正月)》

32 영해(寧海)에 있는 사람 : 당시 영해에 유배되어 있던 이상(李翔)을 가리키는 듯하다. 《宋子大全隨箚 卷6》 1675년 윤5월에 송시열의 당으로서 예를 어지럽혔다는 죄목

"그 사람[33]이 집사에게 편지를 보냈는데 회답을 받지 못하였습니다."라고 하던데, 잘 모르겠습니다만 사실입니까? 스승의 마음이 천진교(天津橋) 위의 원숭이에게 있지 않는데도 함부로 억측한다면 역시 대이삼장(大耳三藏)의 죄인인 것입니다.[34] 그가 무턱대고 함부로 행동하는 것이 처하는 상황에 따라 더해만 가니, 괴로운 마음이 어떠합니까? 도리어 가소로울 뿐입니다.

또 삼가 간청할 것이 있습니다. 주자께서 면재(勉齋 황간(黃榦))에게 보낸 편지에 "임위(任尉)는 그리 쉽게 얻을 수 있는 인물이 아니다. 그러나 내가 그와 사귀려 하지 않았던 것은 그에게 위학당(僞學黨)에 들어갔다는 누를 끼칠까 두려워서였다.[35] 하지만 계통(季通 채원정(蔡元

으로 영해에 유배되었다.《宋子大全 附錄 卷7 年譜》

33 그 사람 : 윤휴(尹鑴)를 가리킨다.

34 스승의……것입니다 : 대이삼장은 당 숙종(唐肅宗) 때 인도에서 건너온 승려인데 상대의 마음을 알아내는 타심통(他心通)을 익힌 인물이다. 대이삼장이 타심통의 신통력을 발휘하자, 숙종이 그의 스승인 국사(國師) 혜충(慧忠)에게 시험해 보게 하였다. 혜충이 대이삼장에게 묻기를 "내 마음이 어디에 있는가?" 하자, 대이삼장이 말하기를 "스승의 마음은 천진교 위의 원숭이에게 있습니다." 하였다. 그러나 혜충이 마음을 비우자 그 마음을 끝내 알아맞히지 못하였다.《五燈會元 卷2 六祖大鑑禪師旁出法嗣第一世》 여기서는 상대의 마음을 제대로 알아내는 대이삼장과 달리 무턱대고 상대의 마음을 억측하여 함부로 판단한다면 대이삼장에게 죄를 짓는다는 뜻인데, 윤휴가 민정중의 속마음을 잘못 판단하고는 편지를 보내어 회유하려 했다는 말이다.

35 임위(任尉)는……두려워서였다 : 송 영종(宋寧宗) 때 간신(奸臣) 한탁주(韓侂胄) 등이 주희를 위시한 당시의 도학자들을 위학당으로 지목하여 핍박하였는데, 임위가 훌륭한 인물임을 알면서도 주희가 그와 사귀지 않았던 것은 자신의 당인으로 몰려 곤욕을 당할까 봐 두려워서였다는 말이다.

定))의 집안이 고을 사람들에게 갖은 방법으로 능욕을 당하여-계통이 귀양 간 뒤의 일입니다.- 거의 존립하지 못할 정도였을 때 그에게 편지를 보내어 은밀히 보호해 주기를 부탁한 것은 잘한 일이다."라고 하였습니다.

지금 옥천(沃川)의 유생으로서 정자(程子)를 위하고 사계(沙溪) 노선생을 위하고 동춘당(同春堂)을 위하고 집사를 위하여 꿋꿋하게 정도를 지키다가 끝내 귀양 간 자가 6인인데,[36] 비록 그들이 시세를 헤아리지 않고 남들과 논쟁을 벌인 것은 한스러우나 그 뜻만은 가상하다 할 것입니다.

그들을 무함한 자들은 정용(鄭墉)과 이석형(李碩馨)입니다. 정용은 한찬남(韓纘男)의 생질(甥姪)로 어려서부터 폐모론(廢母論)으로 극성을 부렸고 또 완남(完南 이후원(李厚源))이 충청 감사로 있을 적에는 장모를 구타하여 형을 받았으며, 이석형은 그 어머니가 전염병으로 죽었을 때 끝내 분상(奔喪)하지 않아서 그 어머니의 시체를 개나 돼지

36 옥천(沃川)의……6인인데 : 중종 때의 인물인 전팽령(全彭齡)과 곽시(郭詩)의 사당이 오래전에 헐려 향사(享祀)가 중단되었는데, 1676년에 그의 후손들이 충청 감사 조위명(趙威明)과 손잡고 사당 복설 문제를 적극 추진하였다. 이에 옥천의 유생들이 감사에게 정문(呈文)하여 사당 복설의 부당성을 주장하자 남인들이 선현을 모함한다는 죄명으로 이들을 유배 보내기를 계청(啓請)하여 박수흠(朴守欽), 곽증(郭橧), 곽로(郭櫓), 여유형(呂有衡), 박명흠(朴明欽), 남명거(南冥擧) 등 6명을 귀양 보냈다.《宋子大全 卷44 與張淨之》 전팽령은 재물을 탐낸 인물이었고, 곽시는 정이(程頤)를 배척하는 글을 지어 물의를 일으킨 인물이었다. 이로 인해 김장생은 그들을 제향하는 사우(祠宇)를 헐어 버리기를 주청하였고 송준길도 어전에서 그들의 사당을 제거하도록 주청하였으며, 민정중도 옥당에 있을 때 차자를 올려 그들의 잘못을 쟁론한 적이 있다.《宋子大全 卷72 與李擇之(丙辰十月七日)》《孝宗實錄 3年 9月 25日》

가 먹게 한 자입니다. 이 두 사람은 모두 사람들에게 버림받았으므로 일전에 상소를 올릴 때에도 모두 감히 참여하지 못하였습니다. 그런데 급기야 비답을 받은 뒤에는[37] 문득 의기양양해져서는 자기들이 매우 미워하는 6인을 가려내어 조위명(趙威明)을 사주하여 계문(啓聞)하게 하였으니,[38] 어찌 통탄스러움을 금할 수 있겠습니까.

이 일의 전말을 말하려면 길고도 추잡하므로 동춘당이 탑전(榻前)에서 다만 "그 이야기는 추잡하고 더러워서 감히 경연 석상에서 진달할 수 없습니다."라고 하였으니,[39] 이는 전팽령(全彭齡)을 지적하여 말한 것입니다. 그리고 곽시(郭詩)의 경우는 스스로 논설을 지어 감히 정자

37 두……뒤에는 : 정용과 이석형은 인륜을 범한 죄를 지은 혐의로 인해 직접 상소를 올리지 못하고 전팽령의 외손 여이진(呂以振)을 사주하여 전팽령과 곽시의 사당을 다시 세워 제향하게 해 달라고 상소하게 하였다. 숙종이 이 상소를 예조에 내려 논의하게 하였는데, 예조 판서 홍우원(洪宇遠) 등이 이 요청을 따르기를 청하였으므로 숙종이 허락하였다. 《肅宗實錄 1年 10月 10日》

38 자기들이……하였으니 : 숙종이 전팽령과 곽시를 서원에 도로 제사하게 하라고 명하자, 유생 박수흠 등이 다시 정론(正論)을 내세우며 그 부당함을 주장하였다. 이에 남인 측에서는 이들의 주장에 대해 강력 반발하며 충청 감사 조위명에게 수창(首唱)한 유생들에 대한 처벌을 계청하게 하였다. 그러자 형조 판서 목내선(睦來善)이 이들을 정배(定配)하기를 청하였고 숙종은 결국 이 유생들을 모두 유배 보냈다. 《肅宗實錄 2年 4月 28日》

39 동춘당이……하였으니 : 효종이 경연 석상에서 전팽령이 어떤 사람인지 묻자, 송준길이 아뢰기를 "전팽령의 행동은 말하기가 더러워 감히 경연 석상에서 진달할 수 없습니다." 하였다. 이에 상이 이르기를 "그렇다면 당초에 왜 서원을 세워 제사를 지냈단 말인가?" 하자, 송준길이 아뢰기를 "일찍이 혼조(昏朝) 때에 그의 외손자와 이이첨(李爾瞻), 한찬남 등의 무리가 상의해서 세웠다고 합니다." 하니, 효종이 대신들에게 의논하여 모두 헐어 버리라고 명하였다. 《孝宗實錄 8年 9月 25日》

를 배척하였으므로 노선생께서는 절의를 배척한 정개청(鄭介淸)과 그의 죄상을 동일하게 논척하여 향사(享祀)하는 일을 그만두자고 요청했던 것입니다.[40] 그런데 지금 조위명은 그들을 선현으로 지목하면서 옥천 유생들에게 죄를 주자고 계청하였으니, 그 형편없는 정상이 이 지경에 이르고 말았습니다.

그 6인은 모두 연로한 어버이가 있는 사람들입니다. 그중에 박수흠(朴守欽)은 그 부친의 목숨이 경각에 달려 있는 형편이니, 애처롭기가 어찌 비할 데가 있겠습니까. 삼가 바라건대 집사께서는 특별히 이들을 불쌍하게 여겨서 이들이 유배된 곳에 아는 수령이 있으면 특별히 임위(任尉)의 전례에 의하여 그들을 은밀히 보호해 달라는 요청을 별도로 해 주시는 것이 어떻겠습니까? 만일 집사께서 각각 몇 자씩만 써 보내어 권장한다면 그들은 갑자기 유배 생활의 괴로움을 잊고서 왕공이나 귀족보다도 영화롭게 여길 것입니다. 그렇게 해 주시기를 간절히 바라 마지않습니다.

40 곽시(郭詩)의……것입니다 : 인조 때에 김장생이 상소하여 정개청이 절의를 배척하는 설을 지었다는 이유로 그의 사당을 철거하도록 청하고, 전팽령과 곽시의 이름을 거론하며 그들의 잘못된 점을 지적하는 상소를 올려 사우(祠宇)에서 제사를 지내지 못하도록 청한 것을 말한다.《孝宗實錄 8年 7月 3日》《肅宗實錄 44年 4月 1日》

민대수에게 보냄 병진년(1676, 숙종2) 9월
與閔大受 丙辰九月

일찍이 조카아이를 시켜 저의 편지를 보내어 염치를 무릅쓰고 간청한 것이 있었기에 좋다는 답장을 받을 것으로 생각했는데, 그가 상사(喪事)와 제사로 인해 전해 줄 겨를이 없었습니다. 이제 늦가을이라 고요한 가운데 지내시는 기거가 매우 좋을 듯하니, 그리운 마음이 더욱 간절합니다. 세월이 빨리 흘러 어느덧 성고(聖考 현종(顯宗))의 대상(大祥)이 지나갔습니다. 북쪽을 바라보며 오래 통곡을 하자니 오장이 미어지는 듯한데, 아마도 이런 마음은 똑같을 것이라 생각합니다.

어제 강승석(姜承碩)[41]을 통해 집사의 백씨(伯氏) 편지를 받고서 그분의 코피 흘리는 증세가 이미 나은 것을 알게 되니 기쁘고 다행스럽기 그지없습니다. 저는 학질과 곽란을 앓은 끝에 설사 증세가 계속 이어져 이렇게 몸이 크게 상하고 말았으니, 남은 목숨이 얼마나 되겠습니까. 매번 중씨(仲氏)와 계씨(季氏)[42]께서는 산야에서 고요히 곧은 절조를

41 강승석(姜承碩) : 강효원(姜孝元)의 손자이다. 강효원은 소현세자(昭顯世子)가 청나라 심양(瀋陽)에 볼모로 잡혀갔을 때 배종한 세자시강원의 서리(書吏)이다. 당시 청나라의 통역관으로 횡포를 자행하던 정명수(鄭命壽)가 청에 보내는 우리나라의 세폐(歲幣)를 도둑질하기까지 하자, 필선(弼善) 정뇌경(鄭雷卿) 등이 분개하여 그를 청에 고발하여 제거하려고 도모하였다. 그때 강효원도 논의에 적극 가담하였는데, 뒤에 일이 누설되어 무고죄로 정뇌경 등이 처형당하자, 강효원이 말하기를 "나도 이 모임에 참여했으니 의리상 나만 살아남을 수 없다." 하고는 자원하여 죽음을 당하였다. 《宋子大全 附錄 卷16 朴光一錄》 송시열은 강효원의 손자 강승석을 양민(良民)으로 만들어 주고 제자로 삼아 옆에 두고 가르쳤다. 《宋子大全 卷73 與金永叔(乙卯十二月十七日)》

지키면서 넓게 트이고 환히 밝은 근원의 정취를 누리고 있다고 생각했는데, 어제 들으니 이산해(李山海)의 손자가 상소에서 난적(亂賊)으로 뒤집어씌웠다고 합니다.[43]

모름지기 이제부터는 얼굴을 깨끗이 씻어 눈썹에 잡색(雜色)이 없게 하고 숲의 나무를 모두 쳐 내어 녹색 잎이 없게 한 연후에야 이러한 악명(惡名)을 면할 수 있을 듯합니다. 《시경(詩經)》 〈소아(小雅) 사월(四月)〉의 솔개도 아니라는 탄식을 어찌 저 자신이 직접 겪으리라고 생각이나 했겠습니까.[44] 이전 편지에서 말씀하신 선악(善惡)에는 모두 종자가 있다는 것이 바꿀 수 없는 진리임이 더욱 증명되었다 하겠습니다.

집사가 쓰신 서리(書吏) 강효원(姜孝元)의 묘표(墓表) 후기(後記)[45]가 고향에 보관되어 있는데 미처 가져오지 못하였으니, 부디 문하에게 명하여 한 통을 적어 보내 주시는 것이 어떻겠습니까. 황 병사(黃兵使

42 중씨(仲氏)와 계씨(季氏) : 민정중과 민유중(閔維重) 형제를 가리킨다.

43 이산해(李山海)의……합니다 : 이산해의 손자란 이무(李袤)를 가리킨다. 이무는 여러 차례 올린 상소에서 송시열과 그 측근 인사들을 옛날 중국에서 난리를 일으켰던 적미(赤眉)나 녹림(綠林) 무리라고 지칭하면서 이들이 들고일어나면 언제든 나라를 혼란에 빠뜨릴 수 있다고 주장하였다. 《肅宗實錄 2年 2月 28日》 《宋子大全 卷77 答金遠明(丙辰十月十一日)》

44 시경(詩經)……했겠습니까 : 《시경》 〈소아 사월〉에 "보라매도 아니고 솔개도 아니니, 어떻게 나래로 날아 하늘에 이를까. 전어도 아니고 상어도 아니니, 어떻게 못에 잠겨 도망을 치랴.〔匪鶉匪鳶, 翰飛戾天? 匪鱣匪鮪, 潛逃于淵?〕"라는 탄식이 있는데, 그 주석에 "나는 이 네 가지 동물이 아니니 또한 도망칠 곳이 없는 것이다."라고 하였다. 여기서는 상대의 공격이 이렇게 극단적이고 집요하니 도저히 피할 방도가 없다는 말이다.

45 집사가……후기(後記) : 강효원에 대한 묘표는 송시열이 썼고 그 후기는 민정중이 썼다. 《宋子大全 卷190 姜孝元墓表》 《老峯集 卷9 姜孝元墓表後記》 강효원에 대해서는 194쪽 주41 참조.

황진(黃進))의 가장(家狀)은 이미 산중에서 찾아내어 지금 중간에 체류해 있는데, 오는 즉시 말씀대로 해서 올리겠습니다. 어떤 사람이 윤휴의 아버지 사적(事蹟)을 상고하여 보내 주었는데, 더욱이 이전의 글과 참고하여 증험할 수 있을 듯하기에 부질없이 보내 드립니다. 마침 장단(長湍)의 사인(士人)이 길을 떠나기에 그 편에 대략 이렇게 편지를 올립니다.

민대수에게 보냄 병진년(1676, 숙종2) 9월

與閔大受 丙辰九月

7월에 보내신 편지를 아직까지 받지 못한 것은 조카들이 장례를 치르느라 전해 줄 겨를이 없었기 때문입니다. 이제는 양(陽)의 기운이 사라져 가면서 기거하기에 적당한 때인지라 그리운 마음이 더욱 간절합니다. 저는 아직 이렇게 죽지도 못하고 있지만 매번 장차 무슨 일이 있을 것이라 생각하고 있습니다. 서울에서 온 한 후생[46]이 《근사록(近思錄)》을 들고 태연히 문을 들어서는데, 그가 지나온 바를 따져 보면 양(羊)의 장(腸) 같은 염예(灩澦)[47]보다 더하니, 이는 실로 한없이 기특한 일입니다. 듣자니 앞으로 집사에게 찾아가려 한다고 하기에, 대략 이렇게 그 편에 문후를 여쭙니다. 겨울철이 다가오고 있기에 문을 닫아걸고 책을 보면서 나날이 새로워지는 공효가 있을 것이라 생각합니다. 매우 기쁘고 경사스러운 일입니다.

46 서울에서……후생 : 박장원(朴長遠)의 아들 박심(朴鐔)을 가리킨다. 《宋子大全隨箚 卷6》 박심은 본관은 고령(高靈), 자는 대숙(大叔), 호는 지포(芝浦)이다. 처음에 박세채(朴世采)에게 배우다가 송시열이 장기(長鬐)로 유배 갔을 때 찾아와 제자가 되었다.

47 양(羊)의……염예(灩澦) : 염예는 송나라 때의 학자 정이(程頤)가 부릉(涪陵)으로 유배 가면서 거센 파도와 격랑을 만나 고생했던 곳이다. 이때 배 안에 있던 다른 사람들은 모두 놀라서 어찌할 줄을 몰라 했는데 유독 정이는 태연하여 조금도 동요하지 않았다고 한다. 《心經附註 卷2》

의리를 바르게 하고 이치를 밝혀서 세도(世道)를 수립할 수 있는 책으로 《춘추(春秋)》와 《자치통감강목(資治通鑑綱目)》보다 더한 것이 없는데, 《춘추》는 주자(朱子)가 이미 '알 수 없다'고 단안(斷案)을 내렸으니, 오직 《자치통감강목》만 사인(士人)에게 알게 해야 할 것입니다. 다만 그중에 지극히 헤아려 봐야 할 대목이 있습니다. 예를 들면 장간지(張柬之) 등이 당나라 중종(中宗)을 다시 세운 대목의 경우, 호인(胡寅)은 측천무후(則天武后)의 세력을 주벌했어야 한다는 의론으로 단안을 내렸으나[48] 주자가 남헌(南軒 장식(張栻))에게 답하는 편지를 통해 보면 호인의 설을 도리어 옳지 않게 여겼고, 남헌의 의론은 또 주자나 호인의 설과 같지 않으니, 《자치통감강목》 안에는 이런 경우가 매우 많습니다.

근래 이러한 따위의 큰 의론을 드러내어 별도로 하나의 책자를 만든 다음 여러 벗과 헤아려 보려고 하는데, 잘 모르겠습니다만 집사도 이 시비를 따지는 논의 속에 들어오시겠습니까? 이 책의 중국본은 잘못된 곳이 매우 많고 우리나라에서 간행한 본은 그 정도가 더욱 심하여 거의

48 장간지(張柬之)……내렸으나 : 장간지 등이 705년에 측천무후를 퇴위시키고 중종을 복위시킬 때 장간지는 무씨(武氏)들을 모조리 죽여야 한다고 주장하였으나 환언범(桓彦範) 등의 만류로 측천무후와 무삼사(武三思) 등을 살려 주었다. 그러나 나중에 무삼사의 모함으로 장간지 등은 유배되거나 죽음을 당하였고, 710년에는 황후 위씨(韋氏)와 딸 안락공주(安樂公主)가 중종을 독살하여 나라가 어지러워지고 말았다. 《新唐書 桓彦範列傳》 이 일에 대해 호인은 《독사관견(讀史管見)》에서, 당시에 장간지는 중종에게 말하지 말고 태묘(太廟)에만 고한 뒤에 무씨들을 모조리 죽였어야 한다고 논하고, 그리했다면 참으로 《춘추》의 의리에 부합하였을 것이라고 주장하였다.

볼 수가 없습니다. 그런데 일찍이 들으니, 미대(美台)의 선친이신 상서공(尙書公)이 가지고 있던 중국본에 손수 교정한 것[49]이 청주(淸州)의 후영정(後潁亭)에 있고 그 주인에게 해마다 포쇄(曝曬)하게 한다고 합니다. 만약 집사의 사위[50]를 통해 잠시 빌려서 그 교정한 것을 다른 본에 옮긴 다음 바로잡아 간행하게 된다면 후학들에게 적지 않은 보탬이 될 것이니, 집사께서 부디 주선해 주시는 것이 어떻겠습니까. 남의 집안에 선조의 유적으로 남아 있는 물건을 감히 오래 보관해서는 안 되니 곧 돌려드릴 것입니다.

그리고 이제 이중(彝仲)[51]에게 《주자대전(朱子大全)》을 빌려서 한창 교정을 보고 있는데[52] 이중은 성성이의 피를 쓰라고 청합니다[53]만

49 미대(美台)의……것 : 미대는 군미(君美) 대감이라는 뜻으로 이경휘(李慶徽)의 호가 군미이다. 이경휘의 선친은 이시발(李時發)로 형조 판서를 지냈으므로 상서공이라고 한 것이다. 이시발은 자는 양구(養久), 호는 벽오(碧梧)・후영어은(後潁漁隱)이다. 이시발이 중국본 《자치통감강목》의 오류를 교정한 본이 당시에 남아 있었던 것으로 보인다.

50 집사의 사위 : 민정중과 평산 신씨(平山申氏) 사이에서 난 딸의 남편인 이인식(李寅烒, 1647~1689)을 말한다. 이인식은 본관은 경주(慶州), 자는 계문(季文)・회경(晦卿)이고 이경휘의 아들이다.

51 이중(彝仲) : 이민서(李敏敍, 1633~1688)의 자이다. 본관은 전주, 호는 서하(西河)이다. 이경여(李敬輿)의 아들이며 송시열의 문인이다.

52 주자대전(朱子大全)을……있는데 : 송시열은 1676년부터 《주자대전》을 교정하면서 난해한 어휘와 구절에 소자(小字)로 주석을 달아 1678년에 《주자대전차의(朱子大全箚疑)》를 완성하였다.

53 이중은……청합니다 : 동물 중에서 성성이의 피가 유독 붉기 때문에 일반적으로 선홍색을 일컫거나 붉게 물든 단풍나무 숲을 비유하는 말로 쓰이는데, 여기서는 이민서가 송시열에게 주사(朱砂)를 써서 책에다 직접 교정하도록 청한 것으로 보인다.

이 물건은 여기서는 매우 구하기 어렵습니다. 부디 바라건대 이를 구해서 보내 주시는 것이 어떻겠습니까? 다만 이런 것들은 번번이 시일이 많이 걸리니 한탄스럽습니다.-미대의 선친 상서공의 교정에 대해 우복(愚伏) 정경세(鄭經世)가 매우 칭찬하였다고 운운한 말은 일찍이 동춘당(同春堂)에게 들은 적이 있습니다.-

민대수에게 답함 병진년(1676, 숙종2) 10월
答閔大受 丙辰十月

8월 7일에 보내 준 답신을 이달 1일에야 비로소 전해 받았는데, 이는 삼산(三山)의 여러 집이 장례를 치르는 일에 쫓겨서 그런 된 것입니다. 지난 그믐께 박중구(朴仲久 박장원(朴長遠))의 아들이 저를 방문하고 가면서 앞으로 집사의 집으로 갈 것이라고 하기에, 그 편에 대략 한 장의 서신을 부쳤으니 조만간 도착할 것입니다.

정숙자(程叔子 정이(程頤))가 정백자(程伯子 정호(程顥))의 묘지(墓誌)를 써 달라고 손 시랑(孫侍郞)[54]에게 부탁하면서 말하기를 "대현(大賢)의 글씨를 얻어서 함께 오래도록 전하기를 생각합니다. 선생께서는 이름이 충분히 장래에 존중받을 것이고 도(道)는 충분히 후세에 길이 빛날 것입니다. 그리고 선생께서는 정성을 다해서 상대를 대하고 남과 사귀는 데에 유종의 미가 있습니다. 그의 생을 알면 반드시 그의 죽음을 염려하고 그 사람을 사랑하면 반드시 그의 이름을 이루어 주는 법이니, 선생의 참된 필적을 구하여 무덤을 빛내고자 합니다." 하였습니다.

대체로 묘지란 땅속에 매장하여 남들이 보지 못하는 것인데도 정숙자는 오히려 이처럼 간절하게 요청하였습니다. 더구나 이 묘갈(墓碣)은 금세와 후세에 밝게 드러날 것이니, 그 일의 체모가 묘지와는 절로

54 손 시랑(孫侍郞) : 북송(北宋) 때 벼슬이 이부 상서(吏部尙書)에 이른 손영(孫永)을 가리킨다. 《이락연원록(伊洛淵源錄)》에 의하면, 정호의 묘지를 한유(韓維)가 짓고 손영이 글씨를 썼다고 한다. 《宋子大全隨箚 卷6》

같지 않은 것입니다. 그리고 또 명도(明道)의 빛나는 도덕은 의당 필가(筆家)의 도움을 기다릴 필요가 없음에도 정숙자가 오히려 이처럼 간절하게 요청하였는데, 더구나 보통 사람의 경우야 말해 무엇 하겠습니까. 이 때문에 지난번 편지에서 무턱대고 간청하여 애처롭게 여겨 주시기를 빌었던 것입니다. 그런데 이제 조금도 싫어하는 뜻이 없이 흔쾌히 승낙해 주시니, 온 집안이 무슨 말로 그 덕에 감사를 다 표할 수 있겠습니까. 삼가 묘갈문을 쓸 검은 괘선 종이를 보내 드리니, 바라건대 여기에다 써서 큰 은혜를 끝까지 베풀어 주십시오. 그리해 주신다면 매우 다행이겠습니다.

귀양살이하는 옥천(沃川) 유생들에 대해 아울러 유념하겠다고 허락해 주시니[55] 더욱 기쁘고 축하할 일입니다. 그들이 비록 소홀히 했다고 할 수는 있지만 그 일의 본원은 그들이 정자(程子)의 성명론(性命論)을 드러내 밝힌 것이니, 역시 사문(斯文)에 관계되는 한 가지 일이라 할 것입니다.

문하에는 기대할 만한 사람이 있습니까? 근래 김창협(金昌協)과 서한을 주고받았는데 그의 학문이 더욱 진보되는 기미가 있음을 알겠으니, 이런 사람은 그리 쉽게 얻지 못할 것입니다. 그의 말에 "사화(士禍)가 있은 이후로 한 무리의 집안 자제들이 술이나 마시고 노름이나 하면

55 귀양살이하는……주시니 : 전팽령(全彭齡)과 곽시(郭詩)의 사당을 복설(復設)하는 일의 부당함을 주장하다가 남인들에 의해 선현을 모함한다는 죄명으로 유배된 6명의 옥천 유생이 있었는데, 송시열은 민정중에게 그들이 유배된 곳의 수령 중에 아는 사람이 있으면 이들을 은밀하게 보호해 주도록 부탁해 달라고 요청한 적이 있다. 이에 대해 민정중이 유념하여 신경을 쓰겠다고 허락했다는 말이다.《宋子大全 卷59 答閔大受(丙辰八月)》

서 신세(身世)를 포기하고 있는데, 이는 도리어 과거 보는 일에 종사하여 거기에라도 마음을 쓰느니만 못합니다.'라고 한 것이 있고, 중구의 아들도 이런 말을 하였으니, 참으로 세태가 한심스럽다 하겠습니다. 오늘날 세도를 바로잡아 이끌 책임이 다른 사람에게 있지 않고 집사에게 있기에 감히 들은 바를 말씀드리는 것입니다.

큰아드님[56]은 자질이 매우 좋으니, 제 생각으로는 모름지기 잡다른 기예를 익히게 하지 말고 반드시 《소학(小學)》이나 《가례(家禮)》 등의 책에 전념하게 하여 내적인 것에 충실을 기하고 외적인 것은 가벼이 여기게 하는 것이 좋겠는데, 어떻습니까? 주제넘고 경솔한 말을 이렇게 늘어놓고 보니 너무나도 황송합니다. 병으로 괴로워서 남을 시켜 대신 쓰게 하니, 그지없이 황송할 뿐입니다.

56 큰아드님 : 민정중의 맏아들 민진장(閔鎭長)을 말한다.

민대수에게 보냄 병진년(1676, 숙종2) 10월

與閔大受 丙辰十月

이지회(李之准)[57]의 책자를 대략 보고 돌려드립니다. 그의 아버지가 순절한 일은 늠름하여 존경할 만하지만 오직 그 이름을 모르는 것이 한스러울 뿐입니다. 제 생각에는 하나의 족자에 이 일을 한 통 써서 몇 건으로 만들어 뜻을 같이하는 집안에 나누어 주고 싶은데, 그렇게 하면 명교(名教)에 조금이나마 보탬이 될 수 있을 것입니다. 하지만 저는 힘이 미약하여 할 수 없으니 집사가 혹 이 일을 한번 추진해 보시겠습니까?[58]

○ 아무개 아버지[59]의 악행은 우리와 중표(中表)의 친족 관계[60]이기

57 이지회(李之准) : 명나라 말기 강서(江西)의 사족(士族)으로 청나라가 이 지역을 공략할 때 요동(遼東)으로 잡혀온 사람이다. 그가 그 성의 상인이 소장하던 숭정황제(崇禎皇帝)의 어필 두 족자를 소매에 감추었다가 1673년(현종14)에 사신으로 갔던 김수항에게 보여 주었고, 김수항이 이것을 사 가지고 돌아왔다. 《文谷集 卷26 崇禎皇帝御筆二障購得始末記》

58 그의……보시겠습니까 : 송시열의 요청과 관련하여 민정중은 그에게 답장을 보내어, 북경(北京)에 가는 사신 편에 이지회 아버지의 이름을 탐문해 오도록 부탁하였으며, 족자는 널리 전하기가 어려우므로 상주 목사(尙州牧使)가 된 최신(崔愼)에게 책자로 만들어 인쇄하여 배포하도록 추진할 것을 제안하였다. 《老峯集 卷6 上尤齋別紙》

59 아무개 아버지 : 윤휴(尹鑴)의 아버지 윤효전(尹孝全)을 가리킨다. 광해군에게 임해군(臨海君)을 모함하여 죽이게 하는 등 여러 악행을 저질렀다.

60 우리와……관계 : 송시열의 외조모 정씨(鄭氏)가 윤휴의 조부 윤희손(尹喜孫)과 이종사촌 남매 사이이다.

때문에 어려서부터 익히 들었는데, 오히려 이 기록만큼 상세한 것은 없습니다. 저동(苧洞)의 옛 정승[61]은 어려서부터 명민하고 부지런하여 크고 작은 훈유(薰蕕)를 남김없이 다 망라하여 기록하였으니, 저는 일찍이 이를 금거울처럼 밝게 비춰 못생긴 여자들이 원망하는 격이라고 생각했습니다.[62]

○ 이 승지(李承旨)에 대한 집사의 글은 분야가 바뀌어 참으로 작가의 규모를 갖추었습니다. 오늘날 바라는 바는 집사가 끝내 계주(季周)의 칭호-'명유(名儒)' 두 글자를 말한다.-에 부응해 주리라는 것인데, 이제는 문장가가 되려고 작정한 것입니까.[63] 우습습니다. 소소하게 헤아려 볼 곳에는 외람되이 찌를 붙여 놓았으니 부디 취사하시는 것이 어떻겠습니까. 대략 듣건대 오늘날 이 봉사(李奉事)의 경우에는 논하는 자가 점점 많아진다고 합니다. 이렇게 되면 저 사람들이 앞으로 태거(汰去)

61 저동(苧洞)의 옛 정승 : 저동에 살았던 완남부원군(完南府院君) 이후원(李厚源)을 가리킨다. 《宋子大全隨箚 卷3》

62 크고……생각했습니다 : 훈유는 향취가 나는 풀과 악취가 나는 풀을 말하는데, 선인과 악인을 비유한다. 아마도 이후원이 선인과 악인을 구분하여 그 행적들을 상세히 기록한 책을 쓴 것으로 보이는데, 그 책이 무엇인지는 찾지 못하였다. 못생긴 여자들이 밝은 금거울에 자신의 추한 모습이 훤히 드러나는 것을 싫어하듯이, 이 책에는 여러 악행이 상세하게 기록되어 있어 악인들이 원망할 것이라는 말이다.

63 이……것입니까 : 이 승지는 이정규(李廷圭)를 말한다. 민정중의 문집인《노봉집(老峯集)》권9에 이정규에 대한 묘갈명(墓碣銘)이 실려 있는데, 송시열이 볼 때 민정중이 쓴 이 글은 학자의 글이기보다는 문장가로서의 화려한 솜씨가 더 느껴진다는 말이다. 당시 계주 이단하는 민정중을 '명유'라고 칭송하곤 하였다. 송시열로서는 민정중이 그런 칭호에 걸맞은 학자적 태도를 보여 주기를 기대했는데, 오히려 글이 너무 뛰어나 문장가가 되려고 작정한 것처럼 느껴질 정도라는 것이다.

를 감당할 수 없을 것인데, 어떻게 생각하십니까?

○ 정랑(正郎) 박여룡(朴汝龍)에 대해서는 일찍이 그가 전한 어록(語錄)을 본 적이 있는데,[64] 이 선생(李先生)의 문하에서 가장 친밀하였고 또한 허술하지 않았습니다. 사람들이 그 후손이 있는지를 잘 알지 못하는데, 일찍이 물어보고 싶었으나 미처 겨를이 없었습니다. 집사가 혹 들어 아는 것이 있으면 대략 알려 주시는 것이 어떻겠습니까?

64 정랑(正郎)……있는데 : 박여룡은 율곡(栗谷) 이이(李珥)가 황해도 해주(海州)의 석담(石潭)에 있을 때 문하에서 수학한 제자이다. 임진왜란 때 공을 세워 공조 정랑(工曹正郎)에 이르렀다. 그가 전한 어록이란 《석담어록(石潭語錄)》을 말하는데, 이이가 석담에서 제자들과 문답한 내용을 기록한 책이다.

민대수에게 답함 병진년(1676, 숙종2) 10월
答閔大受 丙辰十月

이제 막 도사(都事)를 통해 편지를 올리고 아울러 황 찬성(黃贊成 황진(黃進))의 시장(諡狀)도 보냈습니다. 그런데 방금 안국동(安國洞) 사람이 와서 지난달 18일에 보내신 편지를 전해 주었는데, 이 편지에서 말씀하신 내용이 너무나 사람에게 위안을 주고 마음을 후련하게 하였습니다. 여기 일은 단지 죽을 '사(死)' 자 한 글자가 날마다 들어올 뿐 그 밖에 크게 다른 일은 없습니다.

홍숙평(洪叔平)은 구천(九泉)에서 일어나기 어려우니[65] 오늘날에 어찌하겠습니까. 내가 백함(伯涵)에게 답한 편지[66]가 있는데, 이것을 보면 제 뜻이 어디에 있는지 알 수 있고 또한 헤아려 조처할 수 있을 것입니다. 계주(季周)에 대해서는 치료하기 어려운 그 마음의 병이 염려스럽습니다. 처음에는 그가 고향으로 돌아가 즐거움을 누리기를 바랐기 때문에 대략 그 기문(記文)을 일러 주었던 것인데, 이로 인해 마음에 병이 생길 줄은 생각지도 못하였습니다.[67] 참으로 용렬한 의원

65 홍숙평(洪叔平)은……어려우니 : 숙평은 홍만형(洪萬衡)의 자이다. 홍문관 대교, 이조 좌랑 등을 역임하였고, 1670년(현종11) 1월 38세에 죽었다. 《老峯集 卷9 弘文館校理洪公行狀》

66 백함(伯涵)에게 답한 편지 : 《송자대전》 권76의 〈홍백함에게 답함(병진년 10월)〔答洪伯涵(丙辰十月)〕〉을 가리킨다. 백함은 홍만용(洪萬容)의 자이다. 홍만용은 호가 금화(金華)이고, 홍만형의 형이다.

67 그가……못하였습니다 : 남송 때의 신하 주언실(朱彦實)이 벼슬을 그만두고 돌아

이 사람을 죽이고 귀한 금가루가 도리어 눈을 흐리게 한다는 말[68]이 좋은 비유라 하겠습니다. 나머지는 병으로 대신 쓰게 하다 보니 황공하여 이만 줄입니다.

별지

이 승지(李承旨)에 대한 글[69]에 한결같이 찌를 써서 수정하였는데 자못 부끄러운 마음이 듭니다. 첫머리에 첨가한 내용은 매우 온당하니, 이렇게 한 연후에야 그것이 아래 문장을 이끌고 나가면서 앞뒤 모두 짜임새가 있게 되기 때문입니다.

박 정랑(朴正郎 박여룡(朴汝龍))에 대한 글은 이 승지에 대한 글에 비해 더욱 순수하고 완숙해졌으니, 어쩌면 이렇게 글에서 날로 새로워지는 공효가 있단 말입니까. 그러나 우매한 저는 우려하는 바가 있으니 혹 집사가 여기로 힘이 분산되어 실지(實地)의 공부에 전념하지 못할까

와서 귀락당(歸樂堂)을 지어 전원생활을 즐기므로 주희가 〈귀락당기(歸樂堂記)〉를 지어 주었다. 그 내용은, 어떤 사람은 권세와 이익에 연연하여 늙어도 돌아오지 못하고 어떤 사람은 돌아왔어도 옛날의 벼슬살이를 그리워한 나머지 시골 생활을 제대로 즐기지 못한다는 것이다. 송시열은 이단하가 벼슬하던 시절을 다 잊고 시골 생활을 제대로 즐기기를 바라는 뜻에서 이 기문의 내용을 말해 주었는데, 그를 위해 해 준 말이 도리어 그를 상심하게 만들었으니 몹시 괴롭다는 말이다. 《宋子大全 卷49 與李季周(丙辰八月二十一日)》

68 귀한……말 : 《오등회원(五燈會元)》 등에 나오는 불가(佛家)의 말로, 아무리 훌륭한 말이라도 잘못 받아들이면 도리어 해가 된다는 뜻이다.

69 이……글 : 민정중이 쓰고 있던 승지 이정규(李廷圭)의 묘갈명을 말한다. 《老峯集 卷9 承旨李公墓碣銘》

두렵다는 것입니다. 이렇게까지 주제넘은 말을 하였으니 너무나 황공합니다.

제 손자가 과분하게 총애를 입고 있으니 그에게도 큰 영광일 뿐만 아니라 할아버지로서의 기쁨도 말로 다 할 수 없는 점이 있습니다. 다만 이 아이가 성격이 급한 나머지 일찍이 철옹(鐵甕 이유태(李惟泰))에 대해 함부로 논하여 매우 심하게 죄를 지었으니, 이는 제대로 가르치지 못한 저의 죄입니다. 철옹의 일[70]은 이전 편지에서 가르침을 받았으니 번거롭게 감히 한두 마디 더 보태지는 않겠습니다만, 탄식하는 마음은 지극합니다.

을묘년(1675) 가을 사이에 금산(錦山)[71]의 젊은이들이 스스로 원고(原告)가 되어서는 저를 거론하여 관문(官門)에 정장(呈狀)한 적이 있습니다. 그때 제 손자가 끝내 한마디도 하지 않았으니 여기에서 손자의 개과천선한 실상을 볼 수 있습니다. 만약 그렇다면 거의 총애를 저버리지 않았다 할 수 있으니, 묵묵히 축하하고 축하할 일이라 하겠습니다.

70 철옹의 일 : 철옹은 평안도 영변(寧邊)에 있는 성(城)의 이름인데, 1676년에 영변으로 귀양 갔던 이유태를 일컫는 말로도 쓰인다. 1674년(현종15) 자의대비(慈懿大妃) 조씨(趙氏)의 복제 문제로 일어난 갑인예송에서 남인의 기년설이 채택되면서 송시열과 이유태 모두 유배를 갔는데, 이후 이유태의 자제들은 송시열과 이유태의 주장에 차이가 있음을 부각하여 화를 모면하려고 시도하였고, 남인의 일부 인사는 이유태가 종전의 예론을 수정하였다고 칭찬하면서 그의 방환(放還)을 추진하려고 하였다. 이로 인해 송시열은 이유태에 대한 강한 의심을 가짐으로써 둘 사이에 갈등을 빚었다. 《宋子大全 附錄 卷7 年譜》《尤菴先生書節要集解 卷3》

71 금산(錦山) : 이유태가 살고 있는 고향이다.

민대수에게 보냄 병진년(1676, 숙종2) 12월

與閔大受 丙辰十二月

회덕(懷德)의 흥룡(興龍)에 새로 조성한 무덤[72]에 도착하셨다는 소식을 멀리서 들었는데, 오랜 한과 새로운 슬픔이 더욱 감당하기 어려웠을 것이라 생각됩니다. 다만 밤을 틈타 도성을 나가던 때에 비하면 현격한 차이가 나니, 사문(斯文)의 광영이라고 하기에 충분하다 할 것입니다. 잘 모르겠습니다만 흥룡에서 돌아오신 뒤로 더욱더 형통하고 태평하십니까?

전에 물었던 《서경(書經)》 구절의 의심스러운 뜻에 대해 만약 생각하고 헤아려 보신 게 있으면 부디 의견을 말씀해 주시기 바랍니다. 그중에 "백성의 생활을 돕고 화합하게 하였다.〔相協厥居〕"[73]라는 대목은 채침(蔡沈)의 전(傳)이나 부주(附註)에 모두 언급되어 있지 않습니다. 그러니 설혹 억지로 해석하여 뜻이 통한다 하더라도 단지 신을 신은 채 가려운 곳을 긁는 것과 같을 뿐이었습니다.

그러다가 근래에 주자(朱子)가 《주례(周禮)》를 논한 대목을 보게 되었는데, 거기에서 말하기를 "백성이 거주할 곳이 없고 먹을 음식이 없다면 어떻게 가르칠 수 있겠는가. 오방(五方)의 올바른 이치를 분변

72 회덕(懷德)의……무덤 : 송준길(宋浚吉)의 무덤으로, 흥룡은 회덕의 남쪽 소제(蘇堤) 부근의 지명이다. 송준길은 1672년(현종13) 12월 2일에 회덕의 동춘당(同春堂)에서 졸하여 이듬해 3월 연기(燕岐) 죽안리(竹岸里)에 장사 지냈다가 1676년에 회덕의 흥룡으로 이장하였다. 《宋子大全隨箚 卷6》

73 백성의……하였다 : 《서경》 〈홍범(洪範)〉에 보인다.

하여 백성들의 생활〔民居〕을 안정시켜 그들로 하여금 각각 제자리를 잡게 한 이후에야 가르침을 행할 수 있다.” 하였습니다. 이런 의미로 ‘거(居)’ 자를 해설한 연후에야 아랫글의 ‘본성과 인륜이 펴지게 된다.〔彝倫攸敍〕’라는 말이 딱 맞아떨어질 수 있을 듯합니다. 저의 견해는 이러한데 뜻이 그런지는 잘 모르겠습니다.

또 《맹자(孟子)》의 “송나라는 작은 나라이다.〔宋小國〕”라고 시작하는 장(章)[74]에서 “신하로 복종하지 않는 자가 있거늘〔有攸不爲臣〕”로 시작하는 구절과 “태서에 이르기를〔泰誓曰〕”로 시작하는 두 구절은 순서가 서로 바뀐 듯한데, 전후로 이에 대한 언급이 없습니다. 제 견해가 혹 망녕된 것이 아닌지 역시 바로잡아 가르침을 주시기 바랍니다.

오늘의 이런 일들이 실로 자기 분수상의 할 일이고 이 밖의 분분한 일들은 어찌 마음속에 담아 둘 것이 있겠습니까. 일찍이 회덕의 젊은이들이 적어 물어왔기에 망녕되이 제 견해를 적시하여 보내는 것이니, 크게 어긋나지 않았는지 모르겠습니다. 역시 막히고 구애되어 행하기 어려운 점은 없겠습니까? 나머지는 병이 심하여 남을 시켜 대신 쓰는 상황이라 이만 줄입니다.

74 맹자(孟子)의……장(章) : 《맹자》 〈등문공 하(滕文公下)〉의 제5장을 말한다.

민대수에게 답함 병진년(1676, 숙종2) 12월

答閔大受 丙辰十二月

회덕(懷德)에서 이장(移葬)의 예식을 본 사람들이 차례로 와서 집사의 덕스러운 위의(威儀)를 말하고 이번에 영곤(營閫)에서 비장(裨將)이 와서 동짓달 6일에 보내신 편지를 전해 주어 받으니, 이 사람은 너무나 위로가 되고 마음도 후련해집니다. 집사께서는 회덕에서 그의 영구(靈柩) 앞에 나아갔을 때, 어디에서 재물 때문에 사람을 죽여 큰 악인이라는 이름을 얻게 되었는지 물어보셨습니까?[75] 한번 웃고 나니 도리어 통한의 마음이 더해집니다.

종묘에 고하자는 논의를 저 역시 들었는데, 문하의 문약(文若)이 주도했다고 합니다.[76] 반고(班固)나 사마천(司馬遷)의 문장과 정자(程

75 회덕(懷德)에서……물어보셨습니까 : 당시 남인들이 올린 상소나 계사에는, 송시열과 송준길의 죄를 거론하면서 "종사의 죄인이자 나라의 큰 악인〔大憝〕"이라는 말이 자주 보인다. 《承政院日記 肅宗 2年 1月 3日》《肅宗實錄 2年 2月 28日》 일반적으로 '큰 악인'이란 재물을 빼앗기 위해 사람을 죽이는 강도를 지칭하는 말이므로, 어디에서 사람을 죽여 그런 호칭을 얻게 되었는지 송준길에게 한번 물어보지 그랬느냐고 농담한 것이다.

76 종묘에……합니다 : 문약은 이옥(李沃)의 자이다. 이옥은 처음에는 송시열을 스승으로 섬기다가 송시열이 예송(禮訟)의 여파로 위기에 몰리자 기존의 입장을 바꿔 허목(許穆)과 윤휴(尹鑴)를 중심으로 한 청남(淸南)에 들어갔으며, 이후로는 송시열의 극형을 주장하며 배척하였다. 1675년 윤5월부터 남인 대관(臺官)들에 의해 송시열의 죄를 종묘에 고하고 중외에 반포해야 한다는 논의가 계속 일어났는데 조사기(趙嗣基), 남천택(南天澤), 이옥 등이 주도하였다. 《肅宗實錄 1年 閏5月 12日, 6月 18日》《承政院日記 肅宗 5年 6月 15日》

子)나 주자(朱子)의 학문이 어쩌면 이렇게도 잠깐 사이에 갑자기 이런 용서할 수 없는 간흉(姦凶)으로 바뀐단 말입니까. 죽은 이는 물어도 대답할 수 없는데 살아 있는 자는 반드시 할 말이 있으니 한바탕 크게 웃음을 터뜨릴 만합니다.

이번에 집사께서 은혜로이 서용(敍用)되셨으니[77] 깊이 세도(世道)를 위해 축하할 일입니다. 우연히 외운 주자의 시에 "원숭이 울고 학 원망해도 부질없는 일이거니, 다만 선생이 수수방관하며 돌아갈까 두렵네.〔猿啼鶴怨渾漫事, 只恐先生褎手歸.〕"라고 하였는데,[78] 잘 모르겠습니다만 앞으로 진퇴를 어떻게 결정하려 하십니까? 한 해가 가고 새해가 오려는 때이니 더욱 몸을 보중하여 사림의 기대에 부응해 주시기 바랍니다.

별지

권대하(權大夏)가 서원에서 한 말을 조군(趙君)이 아직도 적어 보내 주지 않고 있으나[79] 그 근본 바탕은 이미 '잘 관리 단속하라는 설'[80]과

77 이번에……서용(敍用)되셨으니 : 민정중은 1676년 11월 16일에 지중추부사(知中樞府事)로 제수되었다. 《承政院日記 肅宗 2年 11月 16日, 12月 15日》

78 주자의……하였는데 : 호안국(胡安國)의 조카이자 주희의 스승인 호헌(胡憲)이 1159년에 비서성 정자(秘書省正字)로 나아가려고 할 때 주희가 지어 준 시인데, 벼슬에 나아가 큰 뜻을 펼치기를 바라는 의미가 담겨 있다. 《宋名臣言行錄 外集 卷11 胡憲籍溪先生》

79 권대하(權大夏)가……있으나 : 조군은 조유경(趙裕慶)을 말한다. 당시 권대하가 청주(淸州)의 서원 회의에서 광해군이 인목대비(仁穆大妃) 김씨(金氏)를 폐출한 것이 그르지 않다는 설을 주장하였는데, 송시열은 민정중에게 이와 관련한 상세한 내용을 조유경을 통해 알아봐 달라고 부탁한 적이 있었다. 《宋子大全 卷59 與閔大受(丙辰六月)》

‘잘못을 두 번 되풀이하지 말게 하라는 설’[81]과 ‘암탉을 감시해야 한다는 설’[82]에 있습니다. 그리고 이수경(李壽慶)과 임후(任翊)의 소본(疏本)에서는 자전(慈殿)이 어쩔 수 없는 상황이 되자 차마 들을 수 없는 하교를 하였다고까지 하였습니다.[83] 이는 권대하가 윗사람들의 의향에 영합하여 큰 이익을 취하려는 것일 뿐이니, 이 어찌 괴이한 일이라 하겠습니까.

이공(李公)의 사적(事蹟)에 대해서는 말씀하신 대로 하면 매우 좋겠습니다.[84] 오늘날 공사(公私)의 물력(物力)이 다 중국 사신(使臣)에게 보내지는 바람에 국가의 경비로 쓰이지 않고 있으니, 만약 상주 목사(尙州牧使)가 간행할 만한 책자를 제대로 간행한다면 사인(士人)들에

80 잘……설 : 숙종의 모후 명성왕후(明聖王后) 김씨가 정청(政廳)에서 통곡하며 복창군(福昌君) 형제의 간통 사실을 주장하여 복창군 형제가 유배된 일에 대해, 윤휴는 대비(大妃)가 정치에 관여한다고 비판하면서 이는 임금이 자전을 잘 관리 단속하지 못한 탓이라고 주장하였다.《肅宗實錄 1年 3月 14日・7月 12日, 6年 4月 25日》

81 잘못을……설 : 명성왕후가 정청에 나와 통곡하는 일이 벌어지자, 홍우원(洪宇遠)이 상소를 올려 부인이 지켜야 할 삼종지도(三從之道)를 말한 뒤에 임금이 사의에 맞게 일을 제대로 처리하면 자전이 잘못을 두 번 되풀이하지 않을 것이라고 주장하였다.《肅宗實錄 1年 4月 1日》

82 암탉을……설 : 윤휴가 탑전(榻前)에서 주장한 말로, 여기에서 암탉은 명성왕후를 가리킨다.《宋子大全 卷110 與尹拯(丙辰正月)》

83 이수경(李壽慶)과……하였습니다 : 이수경과 임후가 올린 상소의 구체적인 내용은 확인하기 어려우나 이들이 명성왕후와 관련하여 흉소(凶疏)를 올린 사실은《숙종실록》1년 11월 4일 기사에 보인다.

84 이공(李公)의……좋겠습니다 : 이공은 이지회(李之淮)의 아버지를 가리킨다. 자세한 내용은 204쪽 주57, 주58 참조.

게 보탬이 될 것입니다. 속수(涑水 사마광(司馬光))의 문집 같은 것은 보는 자가 거의 없으나 이 책은 권수(卷數)가 많지 않으니 집사께서 혹여라도 여기에 힘을 써 주시는 것이 어떻겠습니까?

고을의 젊은이들이 만약 선악(善惡)을 제대로 안다면 이런 일에 오로지 힘을 쓰지 않을 것이라고 말할 수 없습니다. 그리고 정자(程子)도 일찍이 말하기를 "동한(東漢)의 명분과 절의가 한 번 바뀌면 도(道)에 이를 수 있다." 하였으니,[85] 이 이후의 성취시킬 책임은 다른 사람에게 있지 않고 집사에게 있는 듯합니다.

윤휴(尹鑴)가 상소에서 이미 "삼가 고하고 중외(中外)에 이를 반포하여 그 예를 중하게 해야 한다."라고 말해 놓고,[86] 성상께서 윤허하지 않겠다고 비답을 내리시자, 또 서계(書啓)에서 "신의 뜻은 오늘날 종묘에 고하는 일에 있는 것이 아닙니다."라고 하였으니, 잠깐 사이에 이런 식으로 말을 바꾸는데도 성상께서는 깨닫지 못하고 계십니다. 이른바

85 정자(程子)도……하였으니 : 정자가 말하기를 "동한의 선비들이 명분과 절의를 숭상하였으나 다만 이치에 밝지 못하였다. 만약 이치에 밝았다면 모두 대현(大賢)이 되었을 것이다." 하였고, 또 말하기를 "후한(後漢)의 명분과 절의는 그런 풍속에서 이루어진 것이니, 꼭 자기의 생각으로 그렇게 한 것은 아니다. 그러나 한 번 변화하면 도에 이를 수 있었을 것이다." 하였다.《二程遺書 卷18 劉元承手編》《宋子大全 卷91 答李汝九(己未二月二十九日)》

86 윤휴(尹鑴)가……놓고 : 1674년(현종15) 갑인예송의 패배로 예(禮)를 그르쳤다는 죄를 안고 송시열이 귀양 가자, 1675년(숙종1)부터 윤휴와 조사기 등이 송시열을 종묘에 반역 죄인으로 고하고 극형에 처해야 한다고 지속적으로 주장하였다.《肅宗實錄 1年 閏5月 12日, 3年 6月 20日, 4年 10月 24日》

'삼가 고한다'는 것은 장차 어디에 고하려 한다는 말입니까. 이것이 바로 주자의 이른바 "간교하게 술수를 부리고 거짓을 퍼뜨린다."라는 것이니, 통탄스러움을 금할 수 있겠습니까. 이러한 속내를 누가 제대로 간파할 수 있겠습니까.

그리고 경자년(1660, 현종1)에 그가 백흥(伯興) 제군(諸君)에게 보내온 편지[87]에서 곧장 "윤선도는 흉악하고 패려궂다."라고 해 놓고서-지금 이 편지는 송규창(宋奎昌) 부분에 있다.-[88] 지금은 이에 윤선도도 하지 않던 짓을 스스로 하고 있으니, 이랬다저랬다 하는 형편없는 작태가 어쩌면 이 지경에까지 이르렀단 말입니까. 집사가 끝내 입을 열어 말씀하신다면 그 서론(緖論)을 볼 수 있겠습니까? 그러나 문하의 제현이 점을 쳐서 천산 돈괘(天山遯卦)를 얻을까 두렵습니다.[89] 참으로 우습습니다.

87 그가……편지 : 윤휴가 송규정(宋奎禎)과 송규창 등에게 보낸 편지를 말한다. 백흥은 송규정의 자이다.

88 지금……있다 : 송규창은 송규정의 동생으로, 자가 계흥(季興)이다. 송규창 부분에 있다는 것은 《송자대전》 권109 〈송계흥에게 답함〔答宋季興〕〉이라는 편지를 말한다. 여기에 보면 윤휴가 송규정 등에게 보내온 편지에 대한 정황 설명과 윤휴가 윤선도에 대해 언급했던 말이 실려 있다.

89 문하의……두렵습니다 : 주희가 권신(權臣) 한탁주의 전횡을 보다 못해 상소를 올리려고 하자 문인 중에 반대하는 이들이 많았다. 이때 문인 채원정(蔡元定)이 점을 쳐서 결정하자고 청하여 괘를 뽑았는데 천산 돈괘가 나왔으므로 결국 올리려던 상소를 태워 버렸다고 한다. 《晦菴集 附錄 卷4 年譜》 여기서는 주희의 사례처럼 민정중이 상소를 올리려고 하는데 문인들이 반대하는 일이 생길까 염려스럽다는 말이다.

민대수에게 보냄 정사년(1677, 숙종3) 1월
與閔大受 丁巳正月

양(養)과 회(懷)[90] 두 인편에 각각 답서를 보냈으니 조만간에 응당 집사에게 전달될 것입니다. 다만 거리가 참으로 멀기 때문에 매번 소회를 남김없이 토로할 수가 없어 그것이 절로 답답할 뿐이었습니다. 그런데 지금 여기 영일(迎日)의 촌사람에게 10일에 보내신 편지가 체편(褫便)에 도착하였습니다. 한 달에 세 통의 편지를 보내는 일은 비록 가까이 있더라도 오히려 쉽지 않은데, 제가 무엇 때문에 이 유배지에 엎드려 있으면서 집사에게 이런 대우를 받는단 말입니까. 감사한 마음이 지극하다 보니 도리어 송구스러운 마음이 더해집니다. 이어 봄추위에도 내내 형통하고 태평하시다는 것을 알게 되었는데, 매우 경하드리는 바입니다.

막내 대감이 가는 것[91]은 어찌 좋은 일이 아니겠습니까. 다만 유남루(庾南樓)의 며느리가 과부로 있다가 다른 데로 개가하려 할 때[92] 유남

90 양(養)과 회(懷) : 양은 송시열의 동서인 이천배(李天培)의 자 양오(養吾)를, 회는 족손 송삼석(宋三錫)의 자 회지(懷之)를 가리키는 듯하다.

91 막내……것 : 막내 대감은 민유중(閔維重)을 말한다. 간다는 것은 새로 장가간다는 말이다. 송준길(宋浚吉)의 딸 은진 송씨(恩津宋氏)가 그의 두 번째 부인인데 1672년(현종13) 11월에 사망하였다. 그는 그 후 5년 뒤인 1677년에 다시 조귀중(趙貴中)의 딸 풍양 조씨(豐壤趙氏)를 세 번째 부인으로 맞아들였다. 《宋子大全隨箚 卷6》《寒水齋集 卷24 驪陽府院君文貞閔公神道碑銘》

92 유남루(庾南樓)의……때 : 유남루는 동진(東晉) 때의 재상 유량(庾亮)을 말한다.

루가 그 며느리의 아버지에게 말하기를 "현명한 따님이 아직 젊으니 그렇게 하는 것은 참으로 당연합니다만, 죽은 아들을 생각하니 마치 방금 죽은 것 같습니다."[93] 하였습니다. 저승에서의 생각은 비록 여기와는 차이가 있을 테지만 대개는 다르지 않을 것이니 그 때문에 서글퍼집니다.[94] 그리고 온화하고 어진 분이기를 축원하는 것은 집사의 처지에서는 진실로 당연합니다만, 제가 축원하는 바는 공명(孔明)의 부인보다 더 못생겼으면 하는 것이니, 한번 웃을 만합니다.[95] 제 병의 상황은 이전과 같아서 다시 붓끝을 번거롭게 할 것이 없습니다.

그가 정서 장군(征西將軍)으로 무창(武昌)에 있을 때 장강(長江) 가에 남루(南樓)라는 누각을 세우고 막료들과 함께 시를 읊고 풍류를 즐겼으므로 그를 유남루라고 일컫기도 한다.《晉書 庾亮列傳》 유량의 아들 유회(庾會)가 소준(蘇峻)의 난리에서 살해되었는데, 그 후 유회의 장인인 제갈회(諸葛恢)가 과부로 지내는 딸을 안타깝게 여겨서 배필을 정한 뒤에 유량에게 편지를 보내어 그 사실을 알렸다.《世說新語 傷逝 第17》

93 현명한……같습니다 : 이 말은《세설신어》〈상서(傷逝) 제17〉에 보인다.

94 저승에서의……서글퍼집니다 : 죽은 송준길의 처지에서 생각해 보면 서글퍼진다는 말이다. 민유중의 장인인 송준길로서는 사위가 새로 장가를 드는 것이 당연하기는 하지만 한편으로 죽은 딸을 생각하면 안타깝고 서글픈 마음도 클 것이라는 말이다.

95 제가……만합니다 : 제갈공명(諸葛孔明)이 못생긴 여인을 아내로 맞아들였다고 하는데, 이에 대해 주희가 말하기를 "공명이 부인을 택하면서 추녀를 맞았지만 그가 몸을 바쳐 도모한 것은 남들이 감당하지 못할 일이었다. 비록 그의 정대한 기운은 하늘에서 타고났지만 이와 함께 욕망을 줄이고 마음을 수양하는 자조(自助)의 노력이 많았다." 하였다.《晦菴集 別集 卷2 劉共甫》 여기에서 민유중의 새 부인이 못생긴 사람이기를 바란다는 송시열의 말은 부인이 못생겨야 민유중이 욕망을 자제하고 큰일에 힘을 쓸 수 있을 것이라는 말인데, 주희의 해석을 토대로 농담한 것이다.

별지

고을에 사는 과부의 계후(繼後)에 관한 말씀[96]은, 사리로 미루어 보면 그 아들이 계하(啓下)된 공문(公文)을 받아 보는 날이 바로 임금의 명으로 아버지를 바꾸는 날이므로 즉시 자기 생부를 위한 복(服)을 기년복(朞年服)으로 강복(降服)해야 합니다. 이는 임금의 명을 거역할 수 없고,-거역은 거스르는 것이니, 생부를 위해 삼년복을 입음으로써 임금의 명을 거역해서는 안 된다는 말이다.- 아버지는 둘이 될 수 없기 때문입니다.

《통전(通典)》에 "오복(五服)은 모두 처음 복제(服制)를 입은 날에 정해진다."라는 글이 있기는 하나, 《예기(禮記)》〈상복소기(喪服小記)〉에 "출가한 딸이 친정 부모 상의 연제(練祭) 이전에 시집에서 쫓겨났으면 친정 부모를 위해 삼년복을 입고,-이는 기년복에서 삼년복이 되는 것이다.- 연제 이후에 쫓겨났으면 기년복으로 그친다.-이는 《통전》의 이른바 모두 처음 복제를 입은 날에 정해진다는 말이다.- 쫓겨난 뒤에 친정 부모의 상을 당하여 연제 이전에 시집으로 되돌아가면 기년복을 입고,-장차 삼년복인데 기년복으로 되돌아온다는 말이다. 이 역시 처음에 정해진 대로 따른다는 뜻이다.- 연제 이후에 시집으로 되돌아가면 삼년복을 끝까지 입는다.-이 또한 기년복에서 삼년복이 되는 것이다.-"라는 글로 보면,

96 고을에……말씀 : 이와 관련된 내용이 《노봉집(老峯集)》 권6의 〈우재 선생께 올리는 편지의 별지〔上尤齋別紙〕〉에 보인다. 그 편지에 따르면, 민정중이 사는 고을에 자식이 없는 과부가 있는데 호남(湖南)에 사는 집안사람이 자기 아들을 그녀의 후사(後嗣)로 허락하였다는 것이다. 그런데 이때 갑자기 그 집안사람이 죽었고 그 아들은 생부를 위해 참최복(斬衰服)을 입게 되었다. 이런 상황에서 출계(出繼)의 공문이 계하될 경우 이 아들은 생부를 위해 그대로 삼년복을 입어야 하는지 아니면 낮추어 강복해야 하는지를 민정중이 송시열에게 물은 것이다.

그 상하 두 조항은 처음 정해진 뜻을 따르지 않음이 매우 분명합니다.

여자는 출가한 사람인데도 오히려 이러한데 더구나 이렇게 출계(出繼)한 아들을 심하게 억제하여, 본래 소원한 사람이 서로 보복(報服)[97] 하는 뜻과 같게 해서야 되겠습니까.-《의례》〈상복(喪服)〉 부장기조(不杖朞條)에 "남의 후사(後嗣)가 된 사람은 자기를 낳아 준 부모를 위해 보복한다."라고 하였고, 그 소(疏)에 이르기를 "보복이라고 말한 것은 심하게 억제하여, 본래 소원한 사람이 서로 보복하는 것과 같게 하기 위해서이다. 굳이 보복이라고 말한 이유는, 낳아 준 부모가 출계한 아들을 위해 대공복(大功服)을 입고 그 아들은 낳아 준 부모를 위해 기년복을 입는 것이 마치 서로가 본래 소원한 관계라서 저쪽이 대공복을 입어 주기에 부득이 기년복으로 보답하는 것처럼 하는 것과 같은 것이니, 이와 같이 하지 않으면 낳아 주신 부모를 부모로 여기는 혐의가 있기 때문이다." 하였다.- 그러나 이는 대사(大事)인데 집사와 내가 그 사이에 관여할 경우 다시 하나의 민신(閔愼)이 생겨날까 두렵습니다.[98]

97 보복(報服) : 존속(尊屬)을 위해 비속(卑屬)이 상복을 입어 주기 때문에 비속이 죽으면 존속도 같은 상복으로 보답하는 것을 말한다.

98 집사와……두렵습니다 : 민신은 김장생(金長生)의 문인 민업(閔業)의 손자이자 민세익(閔世益)의 아들이다. 민업이 죽었을 때 민세익이 정신병으로 인해 상주 노릇을 할 수 없자, 박세채(朴世采)가 손자인 민신이 대신 상주 노릇을 하게 하였고 송시열과 민정중도 이에 뜻을 같이하였다. 그러나 같은 서인(西人) 사이에서도 이에 대한 견해가 갈려 당시에 큰 논란이 일었고 남인(南人) 측에서도 이를 문제 삼아 결국 박세채가 사판(仕版)에서 삭제되는 등 당쟁의 불씨가 되었다. 《顯宗實錄 14年 9月 9日·12日, 15年 1月 2日》《顯宗改修實錄 15年 7月 5日》《肅宗實錄 卽位年 10月 15日, 11月 20日·23日》

윤씨(尹氏) 집안의 태복(稅服)에 관한 말씀은 일반적인 태복과는 차이가 있는 듯하니, 이른바 태복이라는 것은 부모가 멀리 있다가 죽었는데 그 자식이 한참 뒤에 부음을 들었다면 3년이 지났더라도 반드시 뒤늦게 복을 입어야 하기 때문에 태복이라고 한 것입니다. 그런데 지금 이 윤씨 아들의 경우는 후사로 들어간 집의 양부(養父)가 죽은 지 수십 년이 지난 뒤에 비로소 그의 양자가 된 것이니, 이는 "살아서 조부모를 보지 못했으면 태복을 입지 않는다"[99]는 뜻과 같습니다. 이는 서로 시대를 달리하여 생존했으면 후대의 손자는 다시 선대 지친(至親)에 대해 뒤늦게 복을 입지 않는다는 뜻일 뿐입니다. -이는 북제(北齊) 장량(張亮)의 설이다.-[100] 당연히 윤씨 집안의 경우에는 개장(改葬)의 예(禮)로 처리하는 것이 합당할 듯합니다. 그러나 감히 단정적으로 말씀드리지는 못하겠습니다.

99 살아서……않는다 : 《예기》 〈상복소기(喪服小記)〉의 "살아서 조부모와 백숙부모와 종형제를 보지 못했으면, 그 죽음에 대해 아버지는 태상(稅喪)을 하지만 나는 복을 입지 않는다."라는 구절을 가리킨다.

100 이는……설이다 : 위에 인용한 《예기》 〈상복소기〉의 구절에 대해, 정현(鄭玄)은 주석에서 "내가 외국에서 출생하여 본국에 있는 조부모, 백숙부모, 종형제를 모두 만나 보지 못하였고 지금 그 죽음을 들었으나 시일이 이미 지났으므로 나는 복을 입지 않는다는 말이다."라고 풀이하였다. 이에 반해 북제의 장량은 "생전에 만나 보지 못했다는 것은 내가 태어나기 전에 이미 사망한 경우를 말한 것이다. 즉 서로 시대를 달리하여 생존했으면 후대의 손자는 다시 선대를 위해 뒤늦게 복을 입지 않는다는 뜻이다. 어찌 동시대에 생존하면서 멀리 떨어져 있다 하여 복을 입지 않을 수 있겠는가."라고 하였다.

민대수에게 답함 정사년(1677, 숙종3) 1월
答閔大受 丁巳正月

말씀하신 한 가지 일은 제가 감히 관여하여 알아야 할 위치는 아닙니다만, 저번에 서울의 한 후생(後生)이 와서 말하기를 "아무 어른이 성은(聖恩)을 입은 것을 기뻐해야 할 듯하지만 도리어 걱정되는 것은, 우리들이 우러르고 기대하는 바가 단지 이 어른에게 있는데 만약 혹 이 일로 인해 털끝만큼이라도 사류의 기대를 충족하지 못하는 일이 생긴다면 산이 무너지는 것과 다를 바가 없기 때문입니다. 따라서 만약 이 어른이 죄를 얻어 물러난다는 말을 듣는다면 사류의 마음이 매우 편안해질 것입니다.……" 하였는데, 잘 모르겠습니다만 이 의견이 어떻다고 생각하십니까?

제 생각에는 매우 다급하게 상황이 곤궁해져서 대책이 전혀 없는 지경에 이른다면 시세(時勢)를 기다릴 필요도 없이 간절한 충정을 다 아뢰어야 할 것입니다. 그렇게 되면 비록 죄를 얻어 떠나더라도 사사로운 분의(分義)에서 그런대로 편안할 수 있고 사류의 마음도 흡족하게 할 수 있을 듯합니다. 그러나 이 어찌 이 사람의 입에서 나올 말이겠습니까. 당부컨대 부디 비밀로 해 주십시오.

율곡(栗谷) 선생의 묘비를 새기는 일에 대한 문곡(文谷)과 화숙(和叔 박세채(朴世采))의 의견은 "주자(朱子)도 묘소가 있는 비단 띠 모양의 언덕에는 비석이 없고 그 묘정(廟庭)에 비석이 있다.[101] 우리 노선생(老先生 이이(李珥))은 참으로 주자의 적전(嫡傳)이니, 그 묘소에 비석이 없고 묘정에 비석이 있는 뜻에 따라야 한다.'라는 것인데, 그 뜻이 나름대로 좋습니다. 그래서 못난 저 역시 일찍이 이를 주장했던 것입니다. 그런데 어찌 이 문제로 서로 버티면서 지금까지 차질을 빚을 줄 생각이나 했겠습니까. 지금 또 이로 인해 다시 기회를 놓친다면 작은 일이 아니니, 부디 집사께서 재량하여 처리해 주시기 바랍니다. 만약에 비석을 묘정에 세우자는 논의로 귀결된다면 그 문자는 100여 자를 삭제해야 할 듯합니다. 그때에 임하여 초본(草本)을 보여 주시는 것이 어떻겠습니까?

101 주자(朱子)도……있다 : 주희의 묘소는 건양(建陽)의 당석산(唐石山) 대림곡(大林谷)의 비단 띠 모양으로 된 언덕에 있는데, 거기에는 묘비가 없고 사당에 비석이 있다고 한다. 《宋子大全隨箚 卷6》

민대수에게 답함 정사년(1677, 숙종3) 3월
答閔大受 丁巳三月

형이 죽었을 때 아우가 계승하는 것[102]은 절로 바꿀 수 없는 정상적 예법입니다. 다만 백씨(伯氏)의 집안으로 말하면 총부(冢婦)가 아직 살아 있으므로 다시 후사(後嗣)를 세워 제사를 주관하게 해야 할 것입니다.[103] 한 집안의 의론이 과연 이러한지는 잘 모르겠습니다만, 만약 그렇다면 차자(次子)가 갑자기 상주가 되는 것은 방해되는 점이 없을 수 없습니다.

지난해에 안음 현감(安陰縣監)을 지낸 김진수(金震粹)[104]의 초상(初喪)에서도 그 집안일의 체모가 백씨의 집안과 똑같았습니다. 그 차자

102 형이……것 : 형이 죽었는데 그 아들이 없는 경우 형을 대신해서 아우가 종통(宗統)을 잇는 것을 말한다. 《增補文獻備考 卷86 禮考 立後》

103 백씨(伯氏)의……것입니다 : 백씨는 민정중의 형 민시중(閔蓍重)을 말하는데, 민시중은 1677년 2월 3일에 53세를 일기로 사망하였다. 《寒水齋集 卷31 大司憲閔公墓表》 민시중은 민진하(閔鎭夏), 민진주(閔鎭周), 민진명(閔鎭明), 민진로(閔鎭魯) 등 네 명의 아들이 있었다. 그중 장남 민진하는 조귀석(趙龜錫)의 딸을 아내로 맞아 1남 1녀를 두었는데 둘 다 세 살 때 죽어 후사가 없었고 민진하도 1673년(현종14)에 먼저 세상을 떠났다. 이에 민시중은 둘째 아들 민진주 소생의 첫째 손자를 데려다가 민진하의 후사로 삼았는데 그마저 다시 요절하고 말았다. 《老峯集 卷6 上尤齋別紙(丁巳), 卷9 從子南別殿參奉鎭夏行錄》 여기에서 송시열은 아직 종부가 생존해 있는 상황이므로 향후 다시 후사를 세워서 그에게 제사를 주관하게 하는 것이 옳다고 본 것이다.

104 김진수(金震粹) : 본관은 경주(慶州), 자는 회숙(晦叔)이며 송준길의 문인이다. 안음 현감을 지냈고 이조 참의에 추증되었다.

인 김창석(金昌錫)은 자신이 적통(嫡統)을 빼앗는 것을 혐의스럽게 여겨 상을 대신 주관하는 것을 고사했기 대문에 그 집안에서는 부득이 그가 원하는 대로 따라 주었습니다. 그런데 그 총부가 또 '시어머니가 생존해 있으니 감히 상을 주관할 수 없다'는 이유로 사양하였습니다. 《가례(家禮)》의 초상에는 "망자의 아내가 주부(主婦)가 된다."[105]라고 하였기 때문에 이것이 도리나 예의(禮意)에서는 어떨지 모르지만 그 적통을 엄격히 한다는 뜻으로 보면 합당한 것입니다. 그러나 부인이 봉사(奉祀)하는 도리는 없으니 이 점이 다소 걸리기는 합니다. 다만 주원양(周元陽)의 《제록(祭錄)》-《의례문해(疑禮問解)》 제주조(題主條)에 보인다.-을 하나의 증거로 삼는다면 이 역시 근거가 없다고 할 수는 없을 것입니다.[106] 일반적인 일은 차자가 모두 섭행(攝行)할 수 있으나 오직 신주를 쓰는 데에서 난처할 뿐입니다.

김씨 집안의 예에 대해 제가 당시에 사우(士友)들에게 질정하려고 하였으나 예설(禮說)로 인한 재앙을 만난 시점에서 이 일이 크게 혐의스러운 바가 있었기 때문에 끝내 입 밖으로 꺼내지는 못하였습니다. 지금 집사가 만약 예법을 참고하고 고금의 예를 증거로 삼아 중도(中

105 망자의……된다 : 《주자가례(朱子家禮)》 〈상례(喪禮) 초종(初終)〉에 있는 말이다. 여기서 주부란 상례를 주관하는 부인이라는 뜻이다.

106 주원양(周元陽)의……것입니다 : 주원양은 당나라 사람으로, 《신당서(新唐書)》 〈예문지(藝文志)〉에 《제록》 1권을 저술한 것으로 되어 있다. 여기에 보면 "남자 제주(祭主)가 없어 며느리가 시부모에게 제사 지낼 경우에는 그 축문에 '신부(新婦) 모씨(某氏)는 현구 모관(顯舅某官)과 현고 모씨(顯姑某氏)에게 제사드린다.'라고 쓴다."라고 되어 있다. 이에 근거하여 송시열은 민시중의 종부가 그 상사(喪事)를 주관할 수도 있다고 본 것이다. 《의례문해》는 김장생(金長生)이 예론(禮論)을 모은 책으로 모두 4권 4책이다.

道)에 맞는 예를 정한다면 응당 사우들 집안의 모범이 될 것입니다. 죄를 지은 저로서는 다음 기회에 참여하여 듣고서 그 의심스러운 점을 정정(訂定)하기를 원합니다.

민대수에게 답함

答閔大受

"삼년상을 마치고 나서 조천(祧遷)하는 예(禮)는 임시로 상(喪)을 대행한 사람이 감히 맡을 수 있는 바가 아닌 듯하다."라고 말씀하신 것[107]은 그 의리가 지극히 정밀합니다. 저 당시에 김씨(金氏) 집안에서 와서 물었을 때에도 이 의리가 가장 대처하기 어려웠습니다. 그래서 차자(次子)가 사양하여 면하는 것이 좋겠다고 생각하였습니다.

거상(居喪) 중에 지내는 제사에 대해서는 《가례(家禮)》와 《격몽요결(擊蒙要訣)》에 자세히 언급되어 있으니[108] 문원공(文元公 김장생(金長生)) 노선생만 이렇게 말씀하신 것이 아닙니다. 예의(禮意)가 비록 그렇더라도 자손들의 마음에는 끝내 편안하지 못한 점이 있기 때문에 작년에 가형(家兄)이 사망했을 때 동춘(同春)에게 묘제(墓祭)에 대해 물으니 "지자(支子)가 간략하게 설행하더라도 큰 해가 되지는 않지 않

107 삼년상을……것 : 민정중이 송시열에게 묻기를 "종자(宗子)와 종손(宗孫) 등의 후사가 없는 상태에서 아버지가 죽어 차자가 임시로 상을 대행하여 삼년상을 마쳤을 때, 그 신주를 사당에 들이면서 조천하는 예를 행해야 하는데, 이 일은 이미 종자도 없고 그렇다고 임시로 대행한 차자가 감히 맡을 바도 아닌 듯하니 장차 어떻게 처리했으면 좋겠습니까?" 한 것을 말한다. 《老峯集 卷6 上尤齋別紙(丁巳)》

108 거상(居喪)……있으니 : 《격몽요결》 〈거상 중에 행하는 제의〔喪服中行祭儀〕〉에 "장사를 지내기 전에는 예법에 준하여 제사를 폐했다가 졸곡(卒哭)이 지나면 사시(四時)에 지내는 절사(節祀), 기제(忌祭), 묘제를 복(服)이 가벼운 자를 시켜서 지내게 하고 음식은 보통 때보다 줄이며 술은 한 번만 올리고 축문은 읽지 않으며 조육(胙肉)은 받지 않는 것이 좋다."라는 등의 거상 중에 행하는 제의에 대해 자세히 언급하였다.

겠는가.”라고 답해 주었습니다. 그래서 그때 끝내 그 말을 따랐는데, 그것이 비록 정식의 예(禮)는 설혹 아니더라도 마음은 흡족하였습니다. 그러나 그것이 과연 어떤지는 잘 모르겠습니다. 집사께서 어떻게 행하실지 듣기를 원합니다.

다만 “5대조의 선영이 한 언덕에 같이 있다.”라고 하신 말씀[109]은 어찌 1년에 한 번 지내는 제사를 가지고 말한 것이겠습니까. 그렇다면 이는 날을 택하여 지내는 제사이니 뒤로 물려 행해도 타당할 것입니다. 가까운 선조와 한 언덕에 있다는 이유로 아울러 제사를 설행하는 문제는 마땅히 가까운 조상과의 관계에 따라 폐할지 말지를 결정해야 하니, 이는 의심할 것이 없습니다.

죽은 사람의 자손 중에 먼저 죽은 자가 있는 경우[110]에는 그 효심을 본받아 제사를 잠시 폐해야 할 것 같습니다. 그게 당연할 듯하지만 이 역시 감히 단정적으로 말씀드리지는 못하겠습니다.

109 5대조의……말씀 : 민정중이 자신의 형 민시중의 상중에 송시열에게 묻기를 “우복(愚伏) 정경세(鄭經世)가 죽은 사람과 제사 올릴 조상이 복(服)이 없는 관계이면 제사를 지낸다는 예문(禮文)을 인용하였습니다. 마침 저의 선영과 5대조의 무덤이 한 언덕에 같이 있는데, 고조 이하는 참으로 복이 있는 관계이고 5대조는 복이 없는 관계이니 고조 이하에게는 제사를 설행하지 않고 단지 5대조에게만 설행해야 하는 것입니까?” 한 것을 말한다. 《老峯集 卷6 上尤齋別紙(丁巳)》

110 죽은 사람의……경우 : 민정중이 송시열에게 묻기를 “종자(宗子)의 상에 아직 장례를 지내기 전에는 ‘조고(祖考)의 기제와 묘제를 모두 행해서는 안 된다.’라고 우복이 말하였습니다. 만일 종자의 상이 아니라면 장례를 지내기 전이라도 선조의 기제와 묘제를 설행해야 하지만, 죽은 사람의 자손 중에 먼저 죽은 자가 있을 경우에도 기제와 묘제를 또한 설행할 수 있습니까? 죽은 분을 살았을 때와 같이 대한다는 의리로 미루어 볼 때 편치 않은 바가 있습니다.” 한 것을 말한다. 《老峯集 卷6 上尤齋別紙(丁巳)》

민대수에게 답함 정사년(1677, 숙종3) 5월
答閔大受 丁巳五月

백씨(伯氏)의 장지(葬地)에 대해서는 삼가 잘 알았습니다.[111] 정씨 집안 선산과 거리가 멀지 않으니 더욱 정천(鄭洊)을 위해 매우 기쁘게 생각합니다.[112] 상(喪)을 주관하는 집에서 예(禮)를 변경하는 것은 타당하다고 할 수 있는데, 이번에 차자(次子)가 감히 방제(旁題)[113]하지 않고 단지 섭행(攝行)이라 칭한 것은 실로 종통(宗統)을 엄격히 하는 하나의 큰 법도이니, 사대부의 집안에서 알지 않아서는 안 될 것입니다.

다만 퇴계(退溪)가 정도가(鄭道可)의 순에 답한 것[114]과 주자(朱子)

111 백씨(伯氏)의……알았습니다 : 민정중의 형 민시중(閔蓍重)은 1677년 2월 3일에 졸하였고 장지는 제천현(堤川縣) 공전촌(公田村)이었다. 그 뒤에 묏자리가 좋지 않다는 이유로 1708년에 다시 여주(驪州)의 수계리(首溪里)로 이장하였다. 《陶菴集 卷27 大司憲閔公神道碑》

112 정씨……생각합니다 : 정천(鄭洊)은 자가 장원(長源), 호는 첨의당(瞻依堂)이다. 정양(鄭瀁)의 손자이고 정철(鄭澈)의 증손이며, 외숙인 민정중에게 수학하였다. 《延日鄭氏文淸公派世譜》 정씨 집안의 선산이란 정천의 할아버지 정양의 무덤이 있는 곳을 가리키는데, 그 무덤은 제천의 월림리(月林里)에 있고 민시중의 무덤은 제천의 공전촌에 있으므로 거리가 멀지 않다고 한 것이다. 《抱翁集 卷8 墓誌銘》

113 방제(旁題) : 신주의 아래 왼쪽에 제사를 받드는 사람의 이름을 쓰는 것을 말한다.

114 퇴계(退溪)가……것 : 도가(道可)는 정구(鄭逑)의 자이다. 정구가 이황에게 묻기를 "백형(伯兄)이 아들이 없이 죽고 중형(仲兄)은 대종가(大宗家)에 양자로 간 상태에서 가묘(家廟)에 제사를 올리게 되면 누가 제주가 되어야 하고 축문에는 누구의 이름을 써야 할지 모르겠습니다." 하자, 이황이 답하기를 "양자를 세우기 전에는 어쩔 수 없이 임시로 막내인 그대가 섭주가 되고, 축문에는 '효(孝)' 자를 쓰지 말고 단지 이름만

가 이계선(李繼善)의 물음에 답한 것[115]은 서로 관련이 전혀 없습니다. 이계선의 경우에는 이미 제사를 주관할 제주(祭主)는 있는데 단지 그 나이가 너무 어리기 때문에 이계선이 우선 대행한 것이니, 주자가 "섭주(攝主)는 단지 그 일만 주관할 뿐 명목상은 종자(宗子)가 제사를 주관하는 것이다."라고 한 것이 매우 명백하다고 할 수 있습니다.

하지만 정한강(鄭寒岡)이 물은 것은 이와 달리 제사를 주관할 제주가 아예 없는 경우이니 '섭(攝)'이라는 글자가 해당될 데가 없는 것입니다. 성왕(成王)이 어려서 주공(周公)이 섭정(攝政)했다는 데에서 살펴보면 '섭' 자의 의미를 알 수 있습니다. 지금 백씨 집안이 한강의 경우와 아주 똑같은데, 인용한 퇴계의 설이 과연 주자의 뜻에 부합하는지는 잘 모르겠습니다. 제 생각에는 부득이 차자가 제사를 주관한다면 임시라는 뜻의 '권(權)' 자를 쓰는 것이 그런대로 온당하지 않을까 여겨집니다. 부디 다시 헤아려 보고 말씀해 주시기 바랍니다.

을 써서 섭주임을 밝혀야 한다. 그리고 중형은 이미 남의 집에 양자로 나갔으므로 섭주의 역할을 맡는 것은 타당하지 않다." 하였다. 정구가 또 묻기를 "이미 섭주가 되었으면 축문 어디에다 섭행한다는 뜻을 써야 합니까?" 하자, 이황이 답하기를 "양자를 세우지 못해 자기가 섭주가 되었다는 뜻을 섭행하는 첫 제사에만 고하고 그 후로는 연월일 아래에다 단지 '제사를 섭행하는 아무개가 감히 고합니다.'라고 하면 된다." 하였다. 《退溪集 卷39 答鄭道可問目》

115 주자(朱子)가……것 : 이계선은 이효술(李孝述)로, 계선은 그의 자이다. 남강(南康) 건창(建昌) 사람으로 주희의 제자이다. 이효술이 주희에게 묻기를 "형의 아들이 아직 강보(襁褓)에 싸여 있는데, 강보에 싸인 아이가 즉시 제사를 주관해야 합니까, 아니면 그가 성인이 되거나 조금 장성하기를 기다려 제사를 주관해야 합니까?" 하자, 주희가 답하기를 "섭주는 단지 그 일만 주관할 뿐 명목상은 종자가 제사를 주관하는 것이니, 이는 바꿀 수 없는 원칙이다." 하였다. 《晦菴集 續集 卷10 答李孝述繼善問目》

별지

《서경(書經)》〈홍범(洪範)〉의 '궐거(厥居)'의 의미에 대해 전에 제가 망녕되이 논한 것[116]이 고명한 집사의 뜻과 어긋나지 않으니 매우 다행스럽고 다행스럽습니다. 뒤에 별도로 새로운 견해가 있으면 기탄없이 가르침을 주시기를 간절히 바라겠습니다.

○ 아는 것이 참되지 않아서 행하는 데 힘을 쏟지 못하게 된다는 말씀은 참으로 절실하고 지극한 말씀입니다. 마땅히 좌우명으로 써서 종신토록 명심하겠습니다.

○ 철옹(鐵甕)의 일[117]에 대해서는 그다지 말로 드러내고 싶지 않았기 때문에 단지 벙어리나 귀머거리처럼 묵묵히 있었는데, 어제 그의 편지를 받아 보니 갑자기 '부끄러워하며 뉘우친다'는 말이 있어 매우 놀랍고 기뻤습니다. 그런데 지금 집사의 편지에서 언급하신 말씀을 보고서 비로소 그것이 집사가 알선한 노력에서 나왔음을 알았으니, 인인(仁人)의 공력이 사람에게 깊이 미친다 할 수 있습니다. 이어 웃으면서 '이런 역량을 가지고도 구동(狗洞 윤휴(尹鑴))을 변화시키지 못했구나.'라고 생각하였는데, 이는 참으로 굴원(屈原)의 이른바 "한 치에도 긴 곳이 있고 한 자에도 짧은 곳이 있다."[118]라는 것이니, 매우 우습

116 서경(書經)……것 : 자세한 내용은 186쪽 주21과 《송자대전》 권59 〈민대수에게 보냄(병진년 12월)〔與閔大受(丙辰十二月)〕〉 참조.

117 철옹(鐵甕)의 일 : 철옹은 이유태(李惟泰)를 일컫는 말이다. 갑인예송으로 송시열과 이유태가 모두 유배를 간 이후 두 사람 사이에 오해가 생겨 갈등을 빚은 일을 말한다. 자세한 내용은 209쪽 주70 참조.

118 한 치에도……있다 : 굴원의 《초사(楚辭)》〈복거(卜居)〉에 "한 자에도 짧은 곳이 있고 한 치에도 긴 곳이 있으며, 어떤 물건이라도 부족한 곳이 있고 어떤 지자(智者)라

습니다.

○ 말씀하신 제병(諸炳)[119]의 일에 대해서는 저의 견해 역시 바로 이와 같습니다만, 매번 저 일에 대해서는 말하지 말라고 경계할 뿐입니다. 여기서 한 걸음 더 나아가는 일은 감히 말하지 못하겠으니 말해 보았자 무익하기 때문입니다. 자기 자신이 보잘것없으면서 그의 손자를 가르칠 수는 없기에 역시 자기 밭을 놓아두고 남의 밭을 김매려고 하지 않는 것입니다. 지금 집사의 말씀을 들어 보건대 진선(盡善)하고 진미(盡美)한 것을 남에게 바라는 것이 말 밖으로 성대하게 드러나니, 존경하고 감복하는 마음을 금할 수 없습니다. 다만 누차 그런 말씀을 받들지만 그가 그렇게 여기지를 않으니, 저의 경우는 참으로 머리카락 한 올로 천균(千勻)의 무게를 당기는 격이라 하겠습니다.

○ 구동에 대해 차마 다시 말하여 치아를 더럽히지 않겠다는 말씀은 참으로 옳으니, 그가 이렇게까지 낭패스러운 지경에 이를 줄은 생각지도 못하였습니다.

○ 말씀하신 청주(淸州)의 서원(書院)에서 흉악한 말을 한 자가 대신(大臣)의 사촌동생이기 때문에[120] 사람들은 실제로 받아들일 것이 있다고 여깁니다. 과연 그렇다면 그는 임후(任翋)나 이수경(李壽慶)[121]

도 밝지 못한 곳이 있다."라고 하였는데, 누구에게나 단점과 장점이 있다는 말이다.

119 제병(諸炳) : '병(炳)' 자 돌림인 송준길(宋浚吉)의 손자들, 즉 송병문(宋炳文), 송병하(宋炳夏), 송병원(宋炳遠), 송병익(宋炳翼)을 가리킨다.

120 청주(淸州)의……때문에 : 청주의 서원 회의에서 좌의정 권대운(權大運)의 사촌동생 권대하(權大夏)가 광해군 때 인목대비(仁穆大妃)를 폐출한 것이 그르지 않다는 설을 주장한 것을 말한다. 《宋子大全 卷59 與閔大受(丙辰六月)》

121 임후(任翋)나 이수경(李壽慶) : 1675년 3월에 청풍부원군 김우명(金佑明)이 복

과 동일한 죄안(罪案)이라 할 수 있습니다.

○ 소위(所謂)[122] 이씨(李氏) 성을 가진 사람[123]에 대해서는 근래 한 우인(友人)의 편지를 보니 "거상(居喪) 중에 그는 고묘론(告廟論)[124]을 큰 이익이 있는 일이라고 여겼는데, 다른 사람이 먼저 발론할까 두려웠기 때문에 우선 논의를 늦추고 있었다. 그래서 우리들 중에 모르는 사람들은 그가 선(善)하여 함께 할 수 있다고 여겼다. 그러나 그가 상을 마치고 조정에 나아간 뒤에는 결국 속셈이 다 드러나고 말았다."라고 하였는데, 이것이 진실로 그 정상(情狀)을 제대로 파악한 것입니다.

그 문파(門派) 사람[125]은 맨 먼저 새로운 논의를 내는 것을 자기 임무로 삼아 온 세상이 바람에 휩쓸리듯 자신을 따르게 하였는데, 그 기염을 토하는 것을 보면 천하에 능히 당할 자가 없었습니다. 그러다가 하찮은 일개 시골 유생에게 좌절을 당하였으니, 기개가 왕성하고 쇠하는 것은 명분이 바른지에 달려 있지 힘의 강약에 달려 있지는 않다는 것을 볼 수 있습니다. 굴원은 오래 살아 세상을 넘나들고 싶은 바람이 있었는데, 주자께서 "이는 당시 사람들의 결말이 어떨지 보고자 한 것

창군(福昌君) 형제들의 비리를 고하는 상소를 올렸다가 도리어 윤휴와 허목(許穆) 등에 의해 무고죄(誣告罪)로 하옥되었다. 그러자 그의 딸인 명성왕후(明聖王后)가 아버지를 구원하기 위해 한밤에 정청(政廳)에 나와 통곡하면서 거듭 복창군 형제의 비리 사실과 자기 아버지의 무죄를 주장하였다. 《肅宗實錄 1年 3月 12日, 14日》 이에 대해 남인(南人)인 임후와 이수경은 차마 들을 수 없는 하교를 했다면서 명성왕후를 강력하게 비난하는 상소를 올렸다. 《肅宗實錄 1年 11月 4日》

122 소위(所謂) : 두주에는 "'謂'는 다른 본에는 '謟'로 되어 있다."라고 하였다.

123 이씨(李氏)……사람 : 이옥(李沃)을 가리킨다. 212쪽 주76 참조.

124 고묘론(告廟論) : 212쪽 주76 참조.

125 그 문파(門派) 사람 : 윤휴를 가리킨다. 《宋子大全隨箚 卷6》

이었다."라고 하였습니다.[126] 우리는 이 시대 사람들의 결말을 보기를 실로 감히 바라지는 못하나 단지 이런 하나의 기이한 일은 보게 되었으니, 역시 오래 산 결과라고 하겠습니다. 실로 한번 크게 웃을 만합니다.

○ 강효원(姜孝元)의 묘표(墓表)는 그 자식이 쇠잔하고 피폐하여 일을 이루기가 어려울 듯하고[127] 이유일(李惟一) 역시 기이한 일이니,[128] 정길보(鄭吉甫)가 얼굴이 후끈거리고 부끄럽지 않을 수 있겠습니까.[129]

126 굴원은……하였습니다 : 《초사》〈원유(遠游)〉에 "천지가 무궁함이여, 인생이 오래도록 수고로운 것을 슬퍼하네. 지난 일은 내가 미칠 수 없고 미래는 내가 듣지 못하리라."라고 하였는데, 주희가 이 구절을 인용하며 말하기를 "굴원이 지난 일은 미칠 수 없고 미래는 알 수 없었기 때문에 세상을 넘나들며 오래 살기를 바라는 뜻이 있었는데, 이 또한 당시 사람들이 망녕된 짓을 하는 것을 견디지 못하여 그들이 마침내 어떤 결말이 나는지 보고 싶어 한 것이다."라고 하였다. 《晦菴集 續集 卷6 答劉德修》

127 강효원(姜孝元)의……듯하고 : 강효원은 병자호란 때 심양(瀋陽)에서 정뇌경(鄭雷卿)과 함께 죽은 서리(書吏)이다. 194쪽 주41 참조. 송시열이 현종에게 아뢰어 강효원의 아들과 손자를 속량(贖良)해 준 것으로 보아 자손들이 피폐하고 미천한 처지에 놓여 있었던 듯하다. 후에 송시열은 또 그 손자인 강승석(姜承碩)을 제자로 삼아 옆에 두고 가르쳤으며 강효원에 대한 묘표도 써 주었다. 《宋子大全 卷19 論大義仍陳尹拯事疏(丁卯正月二十八日), 卷190 姜孝元墓表》 여기에서 일을 이루기가 어렵다는 것은 자손의 형편이 어려워서 강효원의 무덤에 묘표를 세울 처지가 못 된다는 말이다.

128 이유일(李惟一)……일이니 : 여기에서 말하는 이유일이 누구이며 기이한 일이 무엇인지는 확인하지 못하였다. 다만 당시 활동했던 각공(刻工) 중에 이유일이 있었던 것으로 보아 그가 대신 돌값을 대어 묘표를 세워 준 것이 아닌가 짐작된다. 《宋子大全 卷143 都監事實記》

129 정길보(鄭吉甫)가……있겠습니까 : 정길보는 정유악(鄭維岳)으로, 길보는 그의 자이다. 정유악의 아버지 정뇌경은 병자호란 때 소현세자(昭顯世子)와 함께 심양에 갔던 인물인데, 그곳에서 뇌물을 받은 청나라의 통역관 정명수(鄭命壽)를 고발하여

○ 막내 대감의 새 규방(閨房)은 과연 저의 축원에 딱 맞았으니[130] 친구로서 다행입니다. 더구나 부인의 유순한 덕이 집사의 찬상(讚賞)을 받을 정도이니 더욱이 진서노(陳瑞奴)를 위해서 매우 기쁘다 하겠습니다.[131]-진서노는 진요옹(陳了翁)의 전실(前室) 자식이다. 진요옹이 이 아이를 위해 후처를 구할 때 가난하지만 선을 좋아하는 집안에서 골랐기 때문에 주자가 자주 칭찬하였다.-[132]

○ 구동(狗洞) 무리가 말하기를 "저쪽 사람들은 원망할 때 상서(祥瑞)를 일러 재앙이라 한다." 하기에, 제 입으로는 '가뭄〔旱〕'이라는 한 글자도 말하지 않고 서찰 내용에도 쓴 적이 절대 없었는데, 지금은

죽이려다가 무고죄에 걸려 사형당하였다. 이에 반해 그 아들 정유악은 청나라 사신이 왔을 때 비싼 말을 바치고 재물을 구했으므로 당시에 사람들로부터 아버지의 원한을 잊고 아부한다는 비난을 받았다. 《顯宗實錄 11年 12月 27日》《肅宗實錄 16年 8月 17日》

130 막내……맞았으니 : 막내 대감은 민유중(閔維重)을 말하고, 새 규방이란 민유중이 1677년 1월에 조귀중(趙貴中)의 딸 풍양 조씨(豐壤趙氏)를 세 번째 부인으로 맞아들인 것을 말한다. 축원에 딱 맞았다는 것은 송시열이 1월에 민정중에게 보낸 편지에서 민유중의 새 부인이 제갈공명(諸葛孔明)의 부인보다 더 못생겼기를 축원한다고 말한 것을 가리킨다. 《宋子大全隨箚 卷6》《寒水齋集 卷24 驪陽府院君文貞閔公神道碑銘》《宋子大全 卷59 與閔大受(丁巳正月)》 자세한 내용은 218쪽 주95 참조.

131 부인의……하겠습니다 : 새 부인이 유순하여 전실 자식을 위해서는 매우 다행이라는 말이다.

132 진서노는……칭찬하였다 : 진요옹은 북송(北宋) 때의 문신 진관(陳瓘)으로, 요옹은 그의 호이다. 그가 재취(再娶)를 의논하면서 형에게 보낸 편지에 "주씨(周氏)는 온 집안이 선을 좋아하므로 그 여인을 취했습니다."라고 하였는데, 주희가 이에 대해 말하기를 "진공(陳公)의 글은 자기의 뜻을 서술하고 남의 선함을 칭송하며 의(義)를 취하고 이(利)를 버리는 것을 결단하지 않은 적이 없다. 여기에서 공의 흉중이 늘 호연했음을 알 수 있다." 하였다. 《晦菴集 卷81 跋陳了翁與兄書》

도저히 숨길 수가 없습니다. 공적으로나 사적으로나 사세의 심각한 정도가 이와 같은 지경에 이르렀으니,[133] 집사 형제께서는 모두가 골짜기에 뒹굴게 되리라는 걱정을 하지 않아서야 되겠습니까.

여기도 실로 어렵지만 늙은이는 이미 오래 살았으니 더 이상 애석할 것도 없습니다. 그러나 가련한 것은 젊은이들입니다. 다만 이는 오히려 작은 일이고 만약에 이무(李袤)가 이 일로 인해 끝내 적미(赤眉)나 녹림(綠林)의 무리로 사람을 몰아간다면 비록 골짜기에 뒹굴고 싶어도 할 수 없을 것입니다.[134] 어쩌면 좋단 말입니까.

133 공적으로나……이르렀으니 : 1677년 4월 11일에 장악원 정 조가석(趙嘉錫)이 응지 상소(應旨上疏)를 올려 송시열과 김수항(金壽恒)을 옹호하는 한편, 남인인 남천한(南天漢), 윤휴, 허목(許穆)의 잘못과 비리를 거론하였다. 이에 남인 측의 대사헌 이무(李袤)와 사간 이후(李煦)가 발계(發啓)하여 그의 관작을 삭탈하여 문외출송(門外黜送)하기를 청하고 가율(加律)하여 멀리 유배 보내기를 청하였는데, 숙종은 관직만 삭탈하도록 명하였다. 그 뒤에 허목과 윤휴가 사직을 청하였고 또 사학 유생(四學儒生) 채제윤(蔡悌胤)과 진사 홍경하(洪景河)가 조가석을 비난하면서 윤휴와 허목을 옹호하는 상소를 올리는 등 남인들이 거세게 반발하여 노론이 상당히 위기에 몰리는 상황이 되었다.《肅宗實錄 3年 4月 11日, 13日, 17日, 18日, 20日》

134 이무(李袤)가……것입니다 : 이무는 이전에도 여러 차례 상소를 올려 송시열과 그 측근 인사들을 옛날 중국에서 난리를 일으켰던 적미나 녹림의 무리라고 지칭하면서 이들이 들고일어나면 언제든 나라를 혼란에 빠뜨릴 수 있다고 주장하였다.《肅宗實錄 2年 2月 28日》《宋子大全 卷77 答金遠明(丙辰十月十一日)》 여기서는 만약 이무가 이 일을 빌미로 자신들을 역적으로 몰아 일망타진하려 한다면 많은 사람이 죽음을 당할 수도 있다고 걱정한 것이다.

민대수에게 보냄 정사년(1677, 숙종3) 5월
與閔大受 丁巳五月

지난번에 차자(次子)가 제주(祭主)가 되는 설에 대해 물으셨을 때 단지 저의 의견으로는 그것은 불가하다고 말씀드렸습니다. 그러나 그에 대한 분명한 근거의 글이 없는 이상 경솔하다는 꾸짖음을 면하기 어려웠습니다. 그래서 늘 불안하였는데 그 뒤에 우연히 퇴계(退溪)의 편지를 상고해 보니 그분의 논리도 이와 같았으므로 제가 말한 것이 도리에 어긋나지 않은 것을 스스로 다행스럽게 여겼습니다. 이에 퇴계의 설을 적어 보내 드리니 부디 도착하거든 살펴봐 주시는 것이 어떻겠습니까.

> 퇴계가 기고봉(奇高峯)에게 답한 편지[135]에 "부모가 살아 있는데 장자(長子)가 후사 없이 죽었다면 장자를 위하여 후사를 정하고 맏며느리에게 제사를 받드는 일을 맡기는 것이 정당한 도리입니다. 그러나 만일 후사를 세우지 않고 함부로 맏며느리에게 맡긴다면 이것이 바로 총부(冢婦)로 하여금 제사를 주관하게 하는 것입니다. 세상에는 더러 이런 일이 있기 때문에 지금 이렇게 변론하는 것인데, 공의 생각은 어떻습니까? 또 이런 일을 당한 집을 살펴보면, 부모의 마음이 대부분 차자에게로 쏠려 차자에게 맡기려 하고, 차자 또한 대부분의 경우 형을 위하여 후사를 세우는 것이 도리에 맞는 일이라는 것을 모른 채 자신이 그 자리를 차지하려고 하여 그로 인해 끝내 잘못

135 퇴계가……편지 : 《퇴계집(退溪集)》 권17 〈기명언에게 답함(을축년)〔答奇明彥(乙丑)〕〉에 보인다. 기고봉은 기대승(奇大升)으로, 고봉은 그의 호이다.

처리하는 경우가 비일비재하니, 더욱 한탄스러울 뿐입니다."라고 하였습니다.

옛 법이나 정자(程子)의 설로 말해 보면, 치구(稚久)[136]에게 독자(獨子)만 있더라도 감히 종사(宗祀)를 계승하지 않아서는 안 되는데 더구나 두 아들이 있는 데이겠습니까. 종통을 높여 친애하는 기풍으로 볼 때 어찌 피차간에 의견이 다를 수 있겠습니까. 이렇게 하면 일이 순조롭고 사리에도 합당할 듯한데, 어떻게 생각하실지 모르겠습니다.

136 치구(稚久) : 민정중의 맏아들 민진장(閔鎭長, 1649~1700)의 자이다.

민대수에게 답함 정사년(1677, 숙종3) 8월
答閔大受 丁巳八月

지난달 5일의 편지가 회덕(懷德)으로부터 여러 폭의 별지와 함께 도착하였습니다. 여러 날 펴서 음미해 보니 마치 덕스러운 풍모를 직접 대하는 것만 같아 기쁘고 다행스러운 마음을 말로 다 할 수 없었습니다. 다만 복통이 빌미가 되어 한 달이 지나도록 체후가 좋지 않다는 것을 알고 나니 꽤나 염려가 됩니다. 생각건대 지금은 체후가 좋아지고 건강해지셨겠지요?

저는 이미 너무 늙어 죽을 날만 기다리고 있는데 이제 병과 나이와 시론(時論)이 아울러 심각하니, 산을 옮기고 바다를 마르게 할 힘이 있다 하더라도 이 몸이 사지(死地)에서 벗어나기는 어려울 것입니다. 만나 뵙고 쌓인 회포를 풀 기약이 영원히 없을 듯하니, 바람결에 멀리 바라보면서 슬피 탄식만 할 뿐입니다. 붓을 잡을 수 없어 입으로 불러 적게 하고 있기에 일일이 말씀드리지 못합니다.

별지
보내온 편지에 대해 인편이 없던 관계로 지금까지 답장을 지체하였으니 부끄럽고 한스럽기 그지없습니다. 죽은 아내[137]의 장례는 처음에는

137 죽은 아내 : 송시열은 1677년 3월 22일에 부인 한산 이씨(韓山李氏)의 부음을 들었다. 송시열이 멀리 유배된 뒤에 회덕의 본가에 있던 부인은 이에 대한 근심으로 인해 병이 더 심해져서 죽었다. 《宋子大全 附錄 卷7 年譜》

우거(牛車)에 싣고 수원(水原)으로 가서 장사 지내게 하였는데, 잠시 뒤에 들으니 서울의 여러 의론이 모두 감히 서울 가까이에서 지내서는 안 된다고 하였습니다. 그래서 우리 아이가 이를 물어보고 의논하는 즈음에 고묘(告廟)에 대한 논의[138]가 불쑥 일었다는 말을 갑자기 듣고 경황없이 공주(公州) 신오(新塢)에 있는 형의 무덤에서 동쪽으로 몇 리 떨어진 곳에 갈장(渴葬)하였습니다.[139] 옛 시에 매장하게 된 것을 노래한 것이 있는데[140] 지금은 매장하기도 쉽지 않으니, 산 자는 어떨지 알 만합니다. 어찌하면 좋단 말입니까.

여기서는 서울 소식을 듣기가 매우 어려운데 지금의 상황이 어떤지 모르겠습니다. 단수실(段秀實)이 곽희(郭晞)에게 말하기를 "한 사람의 늙은 군졸을 죽이는데 무슨 갑옷을 다 입었느냐. 내가 내 머리를 이고 왔다." 하였습니다.[141] 시류배(時流輩)가 서생 한 사람[142]을 죽이려고

138 고묘(告廟)에 대한 논의 : 당시 남인 대관(臺官)들에 의해 송시열의 죄를 종묘에 고하고 중외(中外)에 반포해야 한다는 논의가 계속 일어나서 당인(黨人) 간에 논란이 심하였다. 여기서는 특히 숙종이 대신들과 고묘론이 합당한지를 논의한 것을 가리키는 듯하다. 《肅宗實錄 3年 5月 25日》

139 공주(公州)……갈장(渴葬)하였습니다 : 당시 신오에 송시열의 중형(仲兄) 송시묵(宋時默)의 무덤이 있어 한산 이씨를 그 근처에 장사 지냈는데, 그 곁에 김익희(金益熙)의 묘가 있었다고 한다. 《尤菴先生書節要集解 卷4》

140 옛……있는데 : 옛 시란 당나라 시인 두순학(杜荀鶴)의 〈구도를 곡함〔哭具韜〕〉을 말하는데, 그 시에 "벗들 와서 울지만 나는 와서 노래하니, 청산 곁 푸른 덩굴에 장사 지내 기뻐서네. 천하에 십 년 동안 사람이 다 죽었는데, 그대처럼 묻힌 이는 적고 묻히지 못한 이 많다네.〔友朋來哭我來歌, 喜傍青山葬碧蘿. 四海十年人盡殺, 如君埋少不埋多.〕"라고 하였다. 《唐百家詩選 卷18》 이 시는 천하에 난리가 계속되어 사람이 너무 많이 죽은 결과, 제대로 장사 지내지도 못하는 상황인데 친구는 그래도 장사를 지낼 수 있어 기쁘다는 내용이다.

16년을 도모한 뒤에 3, 4년을 갈고닦아 성공을 거두었으니, 곽희 군사의 갑옷보다 더 수고로운 일이라 할 만합니다. 우습습니다.

오늘날 세도(世道)와 인물에 대한 책임은 다른 사람에게 있지 않고 집사에게 있으니, 삼가 격물치지(格物致知)와 존심양성(存心養性)의 공부를 더하시어 후생들을 인도하여 국가의 원기(元氣)가 되게 함으로써 우리 효종께서 천리를 밝히고 인심을 바로잡은 대경(大經)과 대법(大法)을 선양해 주시기를 바랍니다. 우리가 은혜를 갚는 길은 이 외에 다른 것이 없으니, 모르겠습니다만 어떻게 생각하십니까?

최군(崔君)[143] 역시 일어나지 못한다고 들었다가 잠시 뒤에 그것이 잘못된 소식임을 알고 나서 웃으며 제 마음속으로 말하기를 '최군이 스스로를 고윤(高允)에게 비기고 사람들 역시 고윤으로 칭송하고 있으므로[144] 얻은 것이 이미 많은데 지금 또 소동파(蘇東坡)라는 대단한 평판

141 단수실(段秀實)이……하였습니다 : 당나라 때 분양왕(汾陽王)의 아들 곽희가 행영절도사(行營節度使)로 빈주(邠州)에 주둔하고 있었는데, 사병들이 불법으로 시중에서 재물을 강탈하고 자주 행패를 부렸다. 이에 도우후(都虞候) 단수실이 행패를 부린 곽희의 부하 17명의 목을 베어 저잣거리에 효수하자, 곽희의 군영에 소란이 일어나 모두 투구와 갑옷으로 무장하였다. 단수실이 곽희에게 이 일을 해명하려고 그의 진영으로 가니 무장한 사병들이 뛰어나왔다. 이를 본 단수실이 웃으면서 들어가 말하기를 "늙은 군졸 하나 죽이는 데 무슨 갑옷을 다 입었느냐. 내가 내 머리를 이고 왔다." 하고는 곽희를 만나 사병들의 횡포를 제지하지 않으면 집안에 큰 누를 끼치게 될 것임을 역설하여 마침내 소란을 피우지 못하게 하였다. 《唐宋八大家文鈔 柳宗元 卷12 段太尉逸事狀》

142 서생 한 사람 : 송시열 자신을 말한다.

143 최군(崔君) : 최신(崔愼, 1642～1708)을 가리킨다. 본관은 회령(會寧), 자는 자경(子敬), 호는 학암(鶴菴)으로, 송시열의 문인이다.

을 얻었으니[145] 마땅히 오늘날의 제일인자라고 할 수 있을 것이다.' 하였으니, 이에 대해서는 한번 웃을 만합니다.

한유(韓愈)와 두보(杜甫)의 좋은 문장을 손자들에게 양식에 따라 제작하게 하여 읊조리며 스스로 마음을 달래고 계십니까? 오늘날 매주(梅州)와 신주(新州)의 아귀(餓鬼)를 면한 적이 이미 많으시니,[146] 어찌 이 말로 스스로를 너그러이 달래지 않으십니까.

144 최군이……있으므로 : 위 태무제(魏太武帝) 때 태자(太子)의 스승인 고윤이 일찍이 최호(崔浩)와 함께 국사를 수찬하면서 직필을 하였는데, 이 때문에 최호는 이미 처형되고 장차 고윤도 처형을 받을 상황이었다. 그러자 태자가 고윤을 살리기 위해 국사를 최호 혼자 만들었고 자신은 참여하지 않았다고 말하라고 권유했는데, 고윤은 오히려 사실대로 고하여 태무제로부터 곧은 신하라는 칭찬을 받고 처형도 면하였다. 《小學 卷6 善行》 최신은 유필명(柳弼明)의 옥사가 일어났을 때 유필명이 끌어들이는 바람에 국청(鞫廳)에 잡혀 들어가 고문을 당하였는데, 끝까지 자신을 고윤에게 비기며 소신을 굽히지 않다가 사천(泗川)에 유배되었다. 《肅宗實錄 1年 閏5月 1日, 12日, 15日, 21日, 23日》《宋子大全隨箚 卷6》 유필명의 옥사에 대한 자세한 내용은 178쪽 주8 참조.

145 소동파(蘇東坡)라는……얻었으니 : 소식(蘇軾)이 황주(黃州)로 좌천되었을 때 그가 청천백일에 신선이 되어 떠났다는 소문이 파다하여 신종(神宗)이 그 말을 듣고 탄식했다고 하며, 또 그가 몇 년 동안 병을 앓았는데 그것이 와전되어 그가 이미 죽었다는 소문이 퍼졌다고 한다. 《宋子大全隨箚 卷6》 여기서는 최신이 죽지도 않았는데 죽었다는 소문이 퍼진 것이 소식의 일과 같으므로 이렇게 말한 것이다.

146 오늘날……많으시니 : 매주와 신주의 아귀란 송나라 때 신하들이 매주와 신주에 유배를 많이 가서 죽었으므로 이렇게 말한 것이다. 여기서는 민정중이 유배를 가야 할 상황에서도 운이 좋게 그것을 면한 적이 많았다는 말이다.

민대수에게 답함 정사년(1677, 숙종3) 9월 9일

答閔大受 丁巳九月九日

일찍이 제병(諸炳)[147]과 손자 아이 편에 보내신 두 통의 편지를 받았기에 즉시 답장을 써서 돌아가는 사람 편에 부쳤습니다. 그런데 이번에 이군(李君)과 정군(鄭君)이 나란히 찾아올 때 다시 집사의 편지를 받았고 아울러 별지에 적은 말씀도 받고 보니, 기쁘고 위로되는 마음을 말로 다 할 수 없습니다. 대체로 여기로 오는 친구들의 편지가 갑자기 끊기지는 않았지만 유독 집사가 손수 쓰신 서한의 경우에는 읽다 보면 문득 시야가 활짝 트이고 정신이 번쩍 들고는 하니, 이공(李工)의 일[148]은 사람으로 하여금 자연스럽게 감동이 우러나오도록 합니다. 이는 그가 존경할 만해서일 뿐만 아니라 집사가 세도(世道)를 위해 작은 선행도 반드시 기록하시기 때문입니다. 이는 실로 양기(陽氣)가 회복되는 조짐이니 마음속으로 간절하게 경하하는 바입니다. 이공은 실로 원우(元祐) 때의 상안민(常安民)[149]이니 더욱더 행적이 사라지게 해서

147 제병(諸炳) : 송준길(宋浚吉)의 손자들을 가리킨다.

148 이공(李工)의 일 : 이공은 석공(石工) 이춘복(李春福)을 말한다. 임진왜란 이후에 조헌(趙憲)의 문인 김약(金籥)이 조헌의 공적을 기리는 비석을 세우려 할 때, 석공 이춘복이 포목 70필에 해당하는 돌값을 일절 받지 않은 것은 물론, 처음부터 끝까지 있는 힘을 다해 돌을 다듬으면서 그 품삯마저도 받지 않았던 일을 말한다.《燃藜室記述 卷16 宣祖朝故事本末》

149 원우(元祐) 때의 상안민(常安民) : 원우는 송 철종(宋哲宗)의 연호이다. 상안민은 석공으로 간당(奸黨)의 비를 새기면서 비석에 자기의 이름을 쓰지 않은 인물이다.

는 안 될 것입니다.

여기 일은 어찌 매번 붓끝을 번거롭게 할 필요가 있겠습니까. 오직 조석으로 임금의 명을 받아 죽기를 기다리고 있는 것이 우연히 기묘년(1519, 중종14)의 사화(士禍) 때와 같으니, 영광이 지극하다 하겠습니다. 부디 집사께서는 깊이 슬퍼하지 마시고 정군의 무리에게도 경계로 삼지 말도록 해 주십시오. 그리해 주신다면 더욱 좋겠습니다.

《宋子大全隨箚 卷6》

민대수에게 보냄 정사년(1677, 숙종3) 11월
與閔大受 丁巳十一月

방금 운뢰(雲雷)의 체편(褫便)으로 온 편지를 통해 홍 부인(洪夫人)[150]이 세상을 버렸다는 소식을 알게 되었는데, 아직까지 그 경악을 절로 금할 수가 없습니다. 하늘이 덕 있는 가문에 재앙을 내림에 조금도 긍휼히 여겨 도와주지 않으니, 이 이치라는 것은 참으로 알기 어려운 점이 있다 하겠습니다. 극심한 추위에 덕을 기르고 공을 쌓는 가운데 기거가 평안하신지 모르겠습니다. 구구하게 그리운 마음은 실로 빈말이 아닙니다.

저는 가물가물 숨이 끊어지는 가운데, 장차 탐라(耽羅 제주(濟州))로 가게 될 것이라는 얘기를 들었습니다. 바다 건너 멋지게 유람하는 것은 오랫동안 먹어 왔던 마음에 부합하는 일이기는 하지만, 발걸음을 떼어 문을 나서자마자 죽을 것이 분명하니 그것이 운명이라면 어쩌겠습니까. 이것은 어쩔 수 없지만 혀로 핥으며 아첨하는 자가 용력(勇力)을 과시하며 다시 들어갔으니[151] 사림에게 미칠 재앙이 어찌 끝이 있겠습니까. 삼가 생각건대 강호의 근심은 피차간에 차이가 없을 것입니다.

근래에 문곡(文谷)과 여러 책의 의문 나는 글 뜻에 대해 편지로 의견

150 홍 부인(洪夫人) : 민정중(閔鼎重)의 두 번째 부인으로, 남양 홍씨(南陽洪氏) 처윤(處尹)의 딸이다.

151 혀로……들어갔으니 : "혀로 핥으며 아첨하는 자"란 윤휴(尹鑴)를 가리킨다. 윤휴가 당시에 시골로 물러나 있으면서 나오지 않다가 숙종이 사관(史官)을 보내어 올라오라고 독촉하자 왕명을 받들어 다시 조정에 들어갔다. 《肅宗實錄 3年 10月 8日》

을 주고받고 있는데, 치밀하고 정심(精深)하기가 남들보다 훨씬 뛰어나다는 것을 알았습니다. 듣자니 그는 게으름 피우지 않고 노력을 기울여 실로 날마다 달마다 매진한다고 하는데, 이는 아마도 하늘이 도와서[152] 그렇게 하는 것이지 인력으로 될 수 있는 일이 아닙니다. 경하하고 경하할 일입니다.

152 하늘이 도와서 : 대본에는 '相'으로 되어 있는데, 두주와 문맥에 근거하여 앞에 '天'을 보충하여 번역하였다.

민대수에게 보냄 무오년(1678, 숙종4) 2월

與閔大受 戊午二月

12월 7일에 보내 준 편지를 수일 전에야 비로소 받아 펼쳐 읽었습니다. 그렇게 된 것은 자못 그럴 만한 곡절이 있어서인데, 다른 사람의 눈에 띄지 않은 것만은 분명합니다. 이번 봄철 마를 당하여 조용한 가운데 기거는 평안하십니까? 구구하게 우러러 그리워하는 마음은 실로 빈말이 아닙니다.

여기 일은 '단지 하나의 죽음이 부족할 뿐이다.〔但少一死〕'라는 네 글자가 매우 실상에 맞는 표현일 것입니다. 무오년(1678)이 되면서 사화(史禍)가 이미 한단(邯鄲)의 상소 안에서 싹트고 있었는데,[153] 비록 나무에 의지해 집을 짓고 산다 해도 벗어날 수 없을 듯하니[154] 어찌한

153 무오년이……있었는데 : 한단은 전국 시대 조(趙)나라의 수도 이름인데 여기서는 조씨(趙氏)라는 뜻으로 쓰였고, 한단의 상소란 바로 용인(龍仁)의 유생 조수선(趙守善)이 올린 상소를 가리킨다. 《승정원일기》에는 이 상소가 정사년(1677) 연간에 올려졌다고 기록되어 있고, 송시열이 민유중(閔維重)에게 무오년(1678) 1월 17일에 보낸 편지에도 언급되어 있는 것으로 보아 아마도 정사년 12월에 올려진 것으로 판단된다. 조수선이 윤휴의 사주를 받고 상소하여 송시열을 국문(鞫問)하자고 청하였고, 또 윤휴의 아들인 검열(檢閱) 윤의제(尹義濟)가 당시 사관(史官)의 자격으로 적상산 사고의 실록을 살펴보고 돌아와서는 《인조실록(仁祖實錄)》에 송시열이 효종(孝宗)을 배척한 말이 있었다고 하면서 사화를 일으키려 하였는데, 허적(許積)이 이를 저지하였다. 《承政院日記 肅宗 16年 4月 22日》《宋子大全 卷63 答閔持叔(戊午正月十七日)》《宋子大全隨箚 卷6》

154 나무에……듯하니 : 후한(後漢) 때 신도반(申屠蟠)이 당화(黨禍)가 일어나자 앞으로 더 큰 화가 닥칠 것을 예감하고 산속으로 들어가 나무에 의지해 집을 짓고 살면서

단 말입니까.

이른바 상소의 일에 대해서는, 제 생각으로는 몸으로 그 예봉(銳鋒)에 맞서서 여론의 중망(衆望)에 부응하고 싶지는 않습니다. 가만히 들으니 사론(士論)은 나더러 매우 더디다고 한다고 합니다. 하지만 나아갈지 물러설지를 고려하는 것은 단지 내 범위 안에 있는 것이니, 외부 사람이 어떻게 알 수 있겠습니까. 제 생각은 오직 자취를 감추고 책을 보면서 몸을 닦으며 죽음을 기다리는 것이 우리가 할 수 있는 최고의 방법[155]이라고 여깁니다. 그러나 다만 하는 일 없이 범범하게 세월을 저버린다면 또한 영해(嶺海)를 떠도는 유배객들에게 부끄러운 점이 있으니, 이것이 어찌 두려워하고 힘쓸 대목이 아니겠습니까. 이 사람은 아무 한 것도 없이 공연히 영해의 유배객이 되었으니 더욱이 최군(崔君) 무리에게 매우 부끄럽습니다.[156]

벼슬에 나오지 않았다. 그로 인해 나중에 당고(黨錮)의 화가 일어났을 때에도 신도반은 확실하게 처형 대상에서 제외되었다. 《後漢書 申屠蟠列傳》 여기서는 송시열 자신이 신도반같이 처신한다 해도 화를 면할 수가 없을 것이라는 말이다. 《송자대전수차》 권6에 이 고사를 신도반의 일이 아니라 하복(夏馥)의 일로 본 것은 오류인 듯하다.

155 자취를……방법 : 주희가 말하기를 "인간 만사는 어느새 변하여 사라지니 가슴속에 담아 둘 것이 없다. 오직 앎을 지극히 하고 힘써 행하면서 마음을 닦으며 죽음을 기다리는 것이 최고의 방법이다." 하였는데, 송시열이 이를 원용하여 자신의 뜻을 말한 것이다. 《晦菴集 續集 卷4 答馬奇之, 別集 卷3 馮儀之》

156 이……부끄럽습니다 : 유필명(柳弼明)이 송시열의 예론(禮論)을 비호하고 허목(許穆)과 윤휴를 배척하는 상소를 올렸는데, 남인(南人)이 이를 빌미로 일으킨 옥사에 최신(崔愼)까지 연루되어 국문을 당한 일이 있었다. 그 뒤에 유필명은 정의(旌義)로 유배 가고 최신은 사천(泗川)으로 유배 갔는데, 송시열은 자신을 비호하다가 유배를 간 것인데 해 준 것이 없으므로 부끄럽다고 한 것이다. 《肅宗實錄 1年 閏5月 1日, 12日, 15日, 21日, 23日》

둔촌(屯村)은 이제 집을 다 지어 청량(淸涼)한 경계로 들어갔습니까?[157] 치루(痔漏)가 너무 고통스러워 아드님에게 별도의 서신을 보내지 못합니다. 이만 줄입니다.

별지

검은 기운이 해를 찌르는 자[158]는 그 평생을 살펴보면, 처음에는 강학(講學)으로 명분을 삼다가 거절당하였으며 서인(西人)에 붙었다가 버림을 받았고 남인(南人)에 붙었다가 배척을 받았습니다. 지금은 또 소북(小北)으로 들어가서 시종 공자(公子)[159]를 제 몸 의탁하는 소굴로 삼았습니다. 그런데 이 뒤로 또 얼마나 변환(變幻)할지 알 수 없으니 그야말로 천백억 화신(千百億化身)[160] 같은 사람이라고 할 수 있습니다.

일찍이 어떤 책을 보니 그의 아버지[161]에 대한 일을 상세히 기록하고

157 둔촌(屯村)은……들어갔습니까 : 둔촌은 민유중의 호이다. 민유중이 이제 집을 다 지어 더 이상 심력을 소비하는 일 없이 마음이 편안하게 되었느냐는 말이다. 《尤菴先生書節要集解 卷4》

158 검은……자 : 윤휴(尹鑴)를 가리킨다. 윤휴의 초명(初名)은 '경(鍹)'이었는데 《주례(周禮)》에 그 글자의 뜻이 "태양 부근의 검은 구름 기운이 태양을 찌르는 것"이라고 되어 있어 이름이 좋지 않다고 판단하였으므로 지금 이름인 '휴(鑴)'로 고치게 되었다고 한다. 《宋子大全 卷71 答李擇之(丙辰四月一日)》

159 공자(公子) : 인조(仁祖)의 아들 인평대군(麟坪大君)의 두 아들인 복창군(福昌君) 이정(李楨)과 복선군(福善君) 이남(李柟)을 말한다.

160 천백억 화신(千百億化身) : 불교 경전인 《화엄경(華嚴經)》에서 말하는 가르침을 설하는 부처이다. 부처가 대승(大乘)의 가르침을 설할 때 천백억의 수많은 세계에 여러 색신(色身)으로 현신하여 교화하는 데서 온 말이다. 여기서는 반복무상하여 수없이 이랬다저랬다 하는 행위에 비유한 것이다.

161 그의 아버지 : 윤휴의 아버지 윤효전(尹孝全)을 가리킨다.

있었습니다. 거기에 이르기를 "처음에는 기자헌(奇自獻)과 유영경(柳永慶)에게 붙었다가 유영경이 낭패를 당하자 또 유희분(柳希奮)에게 붙어서 큰 옥사(獄事)[162]를 일으켜 폐주(廢主 광해군(光海君))의 뜻에 영합하였고, 박승종(朴承宗)이 국혼(國婚)으로 재기하자[163] 또 오래된 교분을 활용해 단단히 결탁하였으며, 또 이이첨(李爾瞻)의 세력이 강성해지는 것을 보고는 마침내 그에게 몸을 기울여 영합하였다. 계축년(1613, 광해군5) 이후로는 유희분, 박승종과 등지면서 폐모론(廢母論)을 극력 주장하여 정조(鄭造)나 윤인(尹訒)과 차이가 없었다. 뒤에 또 속으로 두려워지자 이이첨의 뜻을 약간 거슬렀는데, 이에 이이첨이 배척하여 경주 부윤(慶州府尹)으로 전출되어 그곳에서 죽었다." 하였으니, 그들 부자의 이랬다저랬다 하는 태도는 마치 동일한 수법에서 나온 것 같습니다.

그런데 오직 그의 아버지는 왕자(王子 임해군(臨海君))를 죽여서 자신을 이롭게 하였고, 아들은 왕손(王孫 이정(李楨)과 이남(李柟))과 결탁하여 발신(發身)하였으니, 이 한 가지 일이 약간 상반될 뿐입니다. 그러나 그 마음은 본디 조금도 다르지 않았으니 역시 그 시세가 그렇게 만든 것입니다. 지금 다시 조정에 들어갈 계책을 꾸미면서 못 하는 짓이 없었으니, 그 결과는 헤아릴 수도 없을 정도일 것입니다. 사람의 형편없는 정도가 어찌 이 지경에까지 이르렀단 말입니까.

162 큰 옥사 : 임해군의 옥사를 말한다.

163 박승종(朴承宗)이 국혼(國婚)으로 재기하자 : 박승종의 아들 박자흥(朴自興)의 딸이 광해군의 세자빈이 된 것을 말한다.

민대수에게 보냄 무오년(1678, 숙종4) 4월
與閔大受 戊午四月

오늘날 세도(世道)의 책임은 다른 사람에게 있지 않습니다. 오직 동류들을 독려하여 정자(程子)와 주자(朱子)를 높임으로써 저쪽에 빠져들어가지 않게 하는 것이 근본적인 일이니, 주자의 경원(慶元)[164] 이후의 일을 보면 성현(聖賢)이 어떻게 마음을 쓰는지를 볼 수 있습니다.

164 경원(慶元) : 남송 영종(南宋寧宗)의 연호로, 1195년부터 1200년까지이다.

민대수에게 답함 별지
答閔大受 別紙

국상(國喪)의 졸곡(卒哭) 전에는 크고 작은 제사를 모두 폐해야 합니다. 그러나 삭참(朔參)과 망참(望參)은 예(禮) 중에 작은 것이라 제사라고 할 정도도 되지 않기 때문에 옛날 사람들은 상중에 모두 이를 폐하지 않았습니다. 기제(忌祭)와 묘제(墓祭)[165]는 응당 퇴계(退溪)의 설에 의거하여 간략하게 설행하되, 다만 소찬(素饌)을 올린다는 설은 따라서는 안 될 듯합니다. 죽은 자에게 제사 지내는 것은 우제(虞祭)를 지낸 이후로는 신(神)으로 섬기기 때문에 아버지 상중에 죽은 자에 대해서는 우제부터 상찬(常饌)을 쓰는 것이 선현의 설입니다.

165 묘제(墓祭) : 대본에는 '墓草'로 되어 있는데, 두주와 문맥에 근거하여 '草'를 '祭'로 바로잡아 번역하였다.

민대수에게 보냄 무오년(1678, 숙종4) 9월

與閔大受 戊午九月

시열은 아룁니다. 잘못이 쌓인 결과로 장녀가 갑자기 사망하여[166] 앞으로 6, 7일 이후에 매장한다 하니, 비통하고 괴로운 심정을 절로 견딜 수가 없습니다. 흘촌(屹村)의 이군(李君)이 멀리서 나를 찾아왔는데, 비록 편지를 받지는 못하였으나 집사의 기거가 편안하시다는 소식을 대략 들으니, 구구하게 위로되고 다행스러운 마음을 말로 다 하기 어렵습니다. 전에 회덕(懷德)에서 온 인편을 통해 간략하게 편지 한 통을 보냈는데 받아 보셨는지 모르겠습니다.

세속이 시끄러운 것은 예나 지금이나 똑같으니 이는 조금이라도 마음에 둘 것이 없고, 오히려 자기 일로 삼아야 할 것은 단지 학문을 강론하고 자기를 극복하면서 후생들을 수습하여 성현이 남기신 가르침이 땅에 떨어지지 않고 사람에게 있게 하는 것이니, 그래야만 하늘이 부여한 중한 본성을 모조리 잃는 데 이르지 않게 될 것입니다. 그런데 저 같은 사람은 안으로 정기가 고갈되고 밖으로 침식을 당하여 온전히 할 수가 없으니, 오직 이것을 고명한 집사에게 목마른 사람이 물을 찾는 것 이상으로 기대할 뿐입니다. 병으로 매우 고통스러워 남의 손을 빌려 적으니 황공한 마음을 금할 길이 없습니다.

166 장녀(長女)가 갑자기 사망하여 : 《송자대전》 부록 권7 〈연보(年譜)〉에 1678년 8월 29일에 권유(權惟)에게 시집간 장녀의 부음을 들었다고 기록되어 있다.

민대수에게 답함 무오년(1678, 숙종4) 10월
答閔大受 戊午十月

전에 이절(李桊) 군이 가는 편에 편지 한 통을 보내면서 딸을 잃어 슬프고 괴로운 심정을 말씀드린 바 있습니다. 그런데 방금 조군(趙君)이 멀리 와서 9월 27일에 보내신 편지를 소매 속에서 내주고 아울러 별지로 쓰신 글까지 전해 주니, 기쁘고 감사한 마음을 뭐라 형언할 수가 없습니다. 그리고 집사의 묵은 병이 영원히 없어져서 날로 새로워지는 공효가 있는 것이 기쁘니, 참으로 세도(世道)를 위해 매우 축하할 일입니다.

여기 일은 매번 붓끝을 번거롭게 할 것이 없습니다만, 일찍이 듣자니 권상(權相 권대운(權大運))이 저에 대해 "고묘(告廟)가 이루어지지 않으면 반드시 바다를 건너게 해야 한다."라고 했다고 하는데, 지금 영남(嶺南)의 논의가 또 흉흉하여 기필코 이전의 고묘 요청을 관철하려고 하고 있습니다. 이는 필시 권상이 지시하여 그렇게 하는 것이니, 바다를 건너고 싶어도 그리할 수 없을 것입니다.[167]

별지에서 하신 말씀은 실로 사문(斯文)의 다행입니다. 기억하건대 옛날 정인홍(鄭仁弘)과 이이첨(李爾瞻)이 독기를 부릴 때에 우계(牛溪

167 바다를……것입니다 : 바다를 건넌다는 것은 1677년부터 송시열을 장기(長鬐)보다 더 험지인 바다 건너 제주(濟州)로 유배를 보내야 한다는 논의가 있었던 것을 말한다. 《宋子大全 卷59 與閔大受(丁巳十一月)》 여기서는 현재 송시열이 처한 상황으로 볼 때 이제 만약 고묘가 이루어지면 죽음을 면치 못하게 될 것이므로 설령 바다를 건너 제주로 유배 가고 싶어도 되지 않을 것이라는 말이다.

성혼(成渾))와 율곡(栗谷 이이(李珥)) 두 선생의 문집이 차례로 간행되었고[168] 파주(坡州)의 서원도 그때 건립되었습니다. 그런데 오늘날은 선비 된 자들이 도리어 칩거하고 움츠러들어 해야 할 일을 과감하게 하지 않으니, 어찌 세도가 점점 낮아져서 그런 것이 아니겠습니까.

비석 건립 문제는 문곡(文谷)의 의견이 어떤지 기록되어 있지 않은데, 제 생각은 다음과 같습니다. 노선생(老先生 이이)이 일생 동안 존모한 분은 단지 주자(朱子)인데, 당석산(塘石山)의 주자 묘 앞에는 신도비(神道碑)가 없고 단지 사당에만 있습니다. 당시 주자의 장례에 모인 자들이 2000명이고 그 문인 중에 황간(黃榦), 채원정(蔡元定), 이방자(李方子)[169] 같은 제현(諸賢)도 있었는데 그들이 어찌 이런 것을 따져보지 않고 이렇게 엉성하게 일 처리를 했겠습니까.

오늘날은 주자 당시의 전례를 준용하여 단지 사원의 사당 앞에만 비석을 세우는 것이 좋겠다고 생각하는데, 또 한쪽의 의견은 반드시 무덤 아래에 세우고 그런 뒤에 백사(白沙 이항복(李恒福))가 지은 이전의 신도비를 없애기를 바라고 있습니다. 백사가 선생의 덕을 기술한 것이 설혹 사람들의 뜻에 차지 않는 점이 있다고는 하지만 그래도 이미 선배 선유(先儒)가 하신 일인데 오늘날의 후배가 어찌 감히 임의로 없앨 수 있겠습니까.

생각해 보면 명도(明道) 선생의 묘지(墓誌)는 실로 한지국(韓持

168 우계(牛溪)와……간행되었고 : 《율곡집(栗谷集)》은 1611년(광해군3)에 박여룡(朴汝龍) 등에 의해 해주(海州)에서 간행되었고 《우계집(牛溪集)》은 1621년에 아들 성문준(成文濬) 등에 의해 임실(任實)에서 간행되었다.

169 이방자(李方子) : 자는 공회(公晦), 호는 과재(果齋)이다. 주희의 제자로 《주자연보(朱子年譜)》를 지었다.

國)[170]이 지은 것인데, 명도 선생의 도덕에 대해 6, 7할도 근사하게 드러냈다고 말할 수 없습니다. 그런데도 이천(伊川)과 그 문인들은 그 글을 내치자는 논의가 없었습니다. 이것이 어찌 오늘날 근거로 삼을 만한 일이 아니겠습니까.

삼가 바라건대 집사 형제분이 편지로 문곡과 상의하여 비석을 세울 장소에 대해 의견을 귀일시키는 것이 어떻겠습니까? 일찍이 이런 논의들로 서로 버티며 결정을 짓지 못했고 또 글씨를 누구에게 부탁할지의 논의도 여러 갈래로 갈라졌기 때문에 계속 이리저리 미뤄져 지금에 이른 것입니다. 지금 듣건대 사론(士論)이 집사에게 비중을 두고 있다 하니 매우 다행스럽고 다행스러운 일입니다. 삼가 바라건대 겸양하지 말고 속히 여론에 부응하여 그 일을 마치신다면 매우 다행이겠습니다.

원래의 초본(草本)은 여기에 있지 않으니 집에 있는 손자에게 지시하여 산중에 가서 찾아오게 한 뒤에 수정하고 윤색하여 보내 드리겠습니다. 다만 길이 멀고 땅이 좋지 않아 입수하기가 쉽지 않을 것으로 생각됩니다. 마지막으로 드릴 말씀은 더욱더 몸을 보중하여 멀리 있는 사람의 마음을 위로해 주시기를 바랄 뿐입니다. 병석에 누워 있어 편지를 대신 쓰게 하였으니 너무나 송구하고 송구합니다.

170 한지국(韓持國) : 송나라 때의 학자 한유(韓維)로, 지국은 그의 자이다. 호는 남양(南陽)이다. 한림학사(翰林學士), 문하시랑(門下侍郎) 등을 지냈다. 《宋史 韓維列傳》

민대수에게 보냄 무오년(1678, 숙종4) 10월
與閔大受 戊午十月

어제 조군(趙君)이 돌아가는 편에 간략하게 편지 한 통을 부쳤으니 오래지 않아 전해질 것입니다. 요사이 추위가 더욱 심해지고 있는데 고요한 가운데 기거가 신명의 도움으로 더욱 좋으신지 모르겠습니다. 구구하게 집사를 향한 그리움이 언제나 간절하지 않은 날이 없습니다.

이전 편지에서 말씀하신 소무(紹武)는 어찌 오랑캐들이 계획이 있어 이 설을 크게 과장하면서 저들이 오래갈 형세가 아니라고 주창하는 것이 아니겠습니까. 이 일이 만약 허황된 것이 아니라면 저들이 본래 역적이기는 하나 조만간 성공할 것이니, 따를지 말지를 선택해야 하는 우리의 의리로는 미리 헤아리는 바가 있어야 하며 그때 가서 정신없이 결정해서는 안 될 것입니다.[171]

말씀하신 자운서원(紫雲書院)에 얻었다는 적임자가 누구인지 모르겠습니다. 부디 말씀해 주시기 바랍니다. 제 생각에는 물력이 혹여라도 부족하면 또한 석담(石潭) 쪽에서 돕도록 해도 될 것입니다.[172] 마침

171 소무(紹武)는……것입니다 : 소무는 명나라가 망한 뒤 명 태조 주원장(朱元璋)의 8대손 주율오(朱聿鐭)가 1646년 광주(廣州)에 세운 나라의 연호이다. 그의 형 주율건(朱聿鍵)도 복건(福建)으로 도망가서 황제에 올라 연호를 융무(隆武)라 하였다. 《明史 聿鍵列傳》 여기서는 청나라가 지금 주율오에 대해 오래갈 세력이 아니라고 과장되게 말하고 있지만 우리의 처지에서는 만에 하나 저들이 성공할 것에 대한 대비책을 미리 생각해 두어야 한다는 의미로 말한 것이다.

172 물력이……것입니다 : 현재 자운서원에 세우려는 묘정비(廟庭碑)의 재원이 부족

병비(兵裨)의 인편이 있다고 들어서 이렇게 간략하게 아뢰는 것이니, 모름지기 둔촌(屯村 민유중(閔維重))과 함께 살펴보셨으면 합니다. 이만 줄입니다.

할 경우 율곡 이이의 근거지였던 황해도 해주(海州)의 석담에도 도움을 요청할 수 있다는 말이다.

민대수에게 보냄 무오년(1678, 숙종4) 11월

與閔大受 戊午十一月

한 해가 빨리 흘러 하나의 양기(陽氣)가 이제 돌아오고 있는데 이런 때에 기거와 섭생에서 아울러 상서로운 복을 받고 계십니까? 저는 감기가 오래 낫지 않아 두려운 심정으로 위기감을 느끼고 있습니다. 자운서원에 비석을 세우는 데 대한 논의는 때때로 의견 차이가 없으십니까? 윤이건(尹以健) 군 형제가 상(喪)을 당했다고 하는데,[173] 이런 때에 이런 사람들을 놓치게 되었으니 자못 탄식할 만합니다. 또 그들에 대한 일을 한두 가지 들었는데 비록 그들의 지극한 효심은 존경할 만하나 사람으로 하여금 차마 말을 할 수 없게 합니다.[174] 마침 돌아가는 인편을 만났기에 간략하게 이렇게 아뢰는 바입니다.

173 윤이건(尹以健)……하는데 : 윤이건의 자는 체원(體元), 호는 일소재(一笑齋)이며 송시열의 문인이다. 진산 군수(珍山郡守) 등을 지냈다. 그의 동생은 윤이성(尹以性)으로, 자가 복원(復元)이고 도사(都事)를 지냈다. 1678년에 두 형제는 어머니 상을 당하였다.《陶谷集 卷16 珍山郡守尹公墓誌銘》

174 비록……합니다 : 윤이건 형제는 어머니 생존 시에도 효성이 지극하였는데 어머니의 병환이 위독하자 손가락을 잘라 피를 마시게 하였으며, 상을 당한 뒤에는 너무나 슬퍼한 나머지 몸이 상하여 뼈만 앙상하였다고 한다. 그리고 제사에 공경을 다하여 음식을 장만하는 일체의 일을 노비들에게 맡기지 않았고 제사 지낼 때에는 슬피 흐느끼다가 기절하는 일이 잦았다고 한다.《陶谷集 卷16 珍山郡守尹公墓誌銘》 여기서 차마 말을 할 수 없게 한다는 것은 너무 지나치다는 말이다.

민대수에게 답함 무오년(1678, 숙종4) 12월

答閔大受 戊午十二月

제 동생이 심부름꾼에게 문후하는 편지를 주어 보내려 한다고 하기에, 그 편에 자운서원에 세울 비석의 글 초본까지 부쳐 보냈는데, 방금 김 상사(金上舍)가 오는 길에 보내신 편지를 받았습니다. 진실로 영해(嶺海)의 동쪽이 일본(日本)에 가까운 줄도 모르겠으니 이 기쁨이 어찌 한량이 있겠습니까.

다만 오늘날 괴이한 일이 있으니, 지숙(持叔)이 관작을 팔고 운로(雲路)가 관부(官府)의 쌀을 훔쳤다는 것입니다.[175] 그렇다면 거위 고기를 토한 진중자(陳仲子)도 이제 흙을 먹지 않고 샘물을 마시지 않았다는 이유로 최고의 장물(贓物) 액수를 받은 형률을 적용해야 할 것이니,[176] 장차 어떻게 되겠습니까.

평소에 제가 〈동명(東銘)〉을 즐겨 읽는데 지금 이렇게 우스갯소리를 하였으니 이제 장횡거(張橫渠)의 죄인이 될 것입니다.[177] 하지만

175 지숙(持叔)이……것입니다 : 지숙은 민유중(閔維重)의 자이고 운로는 남구만(南九萬)의 자이다. 여기에 언급되어 있는 일과 관련한 전거는 찾지 못하였다.

176 거위……것이니 : 진중자는 제나라에서 가장 청렴하기로 꼽히는 자로, 자기 형이 의롭지 못한 녹을 받고 의롭지 못한 집에 산다 하여 상종하지 않을 만큼 결벽하였다. 하루는 어머니를 보기 위해 형의 집에 갔다가 어머니가 삶아 주는 거위 고기를 먹었는데, 남에게 뇌물로 받은 고기라는 것을 알고는 밖으로 나가 토하였다고 한다. 《孟子 滕文公下》 흙을 먹고 지하수를 마시는 지렁이보다 더 결벽하게 살지 않았다 하여 진중자에게 최고 액수의 뇌물을 받은 죄를 적용해서는 안 되듯이, 민유중과 남구만에게도 터무니없는 청렴과 결벽을 요구해서는 안 된다는 말이다.

주자(朱子)께서도 경원(慶元) 연간에 누더기에 대한 농담[178]을 하셨기에 저도 전수받은 바가 있는 것이니, 너무 꾸짖지는 말아 주십시오. 마침 술에 취한 상황이기에 일일이 다 갖추어 적지 못합니다.

177 평소에……것입니다 : 〈동명〉은 횡거(橫渠) 선생으로 불리는 장재(張載)의 글로, 평소에 희롱하는 말과 잘못된 말을 삼가라는 내용이다. 그런데 송시열이 이제 여기에서 진중자와 연관 지어 농담하였으니 장재에게 죄를 지은 셈이 되었다는 말이다.

178 누더기에 대한 농담 : 주희가 한탁주(韓侂胄)로 인해 화를 당할 위기에 처하자, 양자직(楊子直)이 "공자(孔子)도 변복(變服)을 하고 송나라를 빠져나갔다."라고 하며 주희에게 빨리 위급한 상황을 벗어나라고 말하였다. 그 뒤에 양자직 역시 당화(黨禍)를 입게 되자, 주희가 "지금 그가 누더기를 입고도 역시 화를 면치 못하였으니, 크게 한번 웃을 만하다."라며 농담한 것을 말한다. 《晦菴集 別集 卷2 劉智夫》

민대수에게 보냄 무오년(1678, 숙종4) 12월

與閔大受 戊午十二月

올해도 다 갔습니다. 조용한 가운데 기거하시는 모습을 멀리서 상상하니 실로 그리운 마음을 금할 수 없습니다. 일전에 인편을 통해 여러 번 편지를 보냈는데, 생각건대 제 동생이 가져간 것은 의심할 여지 없이 전해질 것입니다.

자운서원(紫雲書院)의 비석에 새길 글을 개정하는 일은 어떤지 모르겠습니다. 제 생각은 이렇습니다. 이 비석을 만약 서원의 묘정(廟庭)에 세운다면 마땅히 의론(議論)을 위주로 해야 하는데, 이 글은 결국 너무 많이 서술했다는 생각이 드니 체례(體例)가 아닌 듯합니다. 모름지기 문곡(文谷), 광성(光城 김만기(金萬基)) 등과 함께 상의하여 산절(刪節)하는 것이 어떻겠습니까? 다만 광성은 두려워하고 위축되어 이 시비의 소용돌이 속으로 들어오려고 하지 않을 것입니다. 늙은이는 정신이 더욱 심하게 쇠락하였으니 한번 개수(改修)를 거치더라도 이미 멍청해져 알아보기 어려울 것입니다.

듣건대 진잠 현감(鎭岑縣監) 한구(韓構) 씨가 이 서원의 일에 매우 성의가 있고 능력이 의지할 만하다고 하니, 매사를 그와 상의한다면 일이 이루어질 수 있을 것입니다. 윤체원(尹體元 윤이건(尹以健)) 형제가 상(喪)으로 이 일에 힘을 쏟지 못하게 된 점은 참으로 애석합니다. 이 형제의 효성이 독실하고 지극하다고는 하나 그 일[179]이 꼭 이치에

179 그 일 : 상중에 너무 슬퍼하는 일을 말한다. 259쪽 주174 참조.

맞다고는 할 수 없는데, 집사들은 어떻게 생각하시는지 모르겠습니다.

별지

방금 변성거(卞聖擧) 군을 통해서 임 장군(林將軍 임경업(林慶業))의 동생 구성공(龜城公 임준업(林俊業))이 아직 살아 있다는 얘기를 들었습니다. 저는 항상 장군의 일을 전하고자 하였으나 그 사적(事跡)을 상고하기 어렵다는 이유로 지금까지 이리저리 미루어 왔습니다. 부디 구성공을 통해 그 시말을 상세하게 물어서 일일이 기록하여 보여 주시는 것이 어떻겠습니까. 그가 이미 늙었다고 들었으니 속히 그 일을 하지 않으면 뒤에 후회해도 소용없을 것입니다. 만약 이로 인해 인조대왕(仁祖大王)과 당대 제공(諸公)의 명나라 천자를 향한 충정(衷情)이 밝혀진다면 아직 죽지 않고 살아 있는 외로운 신하 또한 관고(貫高)가 조왕(趙王)에게 아뢴 뜻을 조금이나마 펼 수 있을 것입니다.[180] 이 일을 늦추지 마시기를 다시 바랍니다.

180 관고(貫高)가……것입니다 : 관고는 한 고조(漢高祖) 때 조왕 장오(張敖)의 정승이다. 고조가 조(趙)나라에 들렀을 때 조왕을 심히 모욕하자, 관고가 분개하여 조왕에게 고조를 죽이자고 청하여 찬역(簒逆)을 시도하였으나 뜻을 이루지 못하고 결국 자결하였다.《漢書 張耳陳餘傳》이 일에 대해 송시열은 "조왕이 치욕을 당했다는 이유로 관고가 고조를 죽이려고 한 것은 대역(大逆)이지만 삼전도(三田渡)의 치욕을 겪은 뒤로 항상 효종께서 통분해하던 뜻을 생각하면, 오늘날 신하로서 관고의 뜻도 없이 원수들의 부림꾼 되기를 달게 여기는 것이 한탄스러우니, 오늘날에 그런 사람이 있다면 참으로 의사(義士)일 것이다."라고 하였다.《宋子大全 卷131 看書雜錄》따라서 여기에서 말한 "관고가 조왕에게 아뢴 뜻"이란 삼전도에서 청나라에게 당한 치욕을 갚고자 하는 뜻을 가리킨다.

민대수에게 보냄 무오년(1678, 숙종4) 12월

與閔大受 戊午十二月

입을 열어야 할 때가 있다[181]는 말씀은 사람으로 하여금 흥기하게 합니다. 만약 이로 인해 아래를 통제하고 위를 가렸던 저들 무리의 실상이 성상에게 전달될 수 있다면 총명한 성상께서 어찌 차마 깨닫지 못하시겠습니까. 종사를 위해 매우 다행이라 할 것입니다. 저는 매번 윤휴(尹鑴) 무리의 손에 죽는다면 매우 큰 영광이고 다행일 것이라고 스스로 생각하였습니다. 그런데 지금 갑자기 들으니 홍익(弘翼)이 도리어 변론하여 구해 주었다고 하는데, 이보다 더 추한 일은 없을 것입니다. 주자(朱子)께서 일찍이 말씀하기를 "채경(蔡京)[182]이 조정으로 다시 들어올 때 한사박(韓師朴)[183]은 자기 아들을 보내어 10리 밖에서 그를 맞이하였고 증포(曾布)[184]는 자기 아들을 보내어 20리 밖에서 맞이하였다." 하였는데, 지금 홍익은 자기 아버지를 시켜 30리 밖에서 허목(許

181 입을……있다 : 민정중이 1678년 6월에 상소하여 윤휴의 흉악한 정상을 논죄하고 자신이 윤휴를 잘못 천거한 죄를 자책한 일을 말한다. 이 일로 민정중은 장흥(長興)으로 유배되었다. 《肅宗實錄 4年 6月 12日》

182 채경(蔡京) : 북송 때의 간신으로 왕안석(王安石)의 신법당(新法黨)을 주도하여 이끌었고, 휘종(徽宗) 때 재상이 되어 사마광(司馬光), 문언박(文彦博), 소식(蘇軾), 정이(程頤) 등을 간당(奸黨)으로 몰아 내쫓은 인물이다. 《宋史 姦臣列傳 蔡京》

183 한사박(韓師朴) : 한충언(韓忠彦)으로, 사박은 그의 자이다. 채경과 더불어 재상으로 있으면서 전횡을 일삼았던 인물이다.

184 증포(曾布) : 북송 때 채경, 한충언 등과 함께 전횡을 일삼았던 인물이다.

穆)을 맞이하게 하였으니, 채경 무리보다 더 심하다 할 수 있습니다. 그런데 이제 그에게 구제되었으니 더욱 집사를 대할 면목이 없다 하겠습니다.

민대수에게 답함
答閔大受

취부(醉夫)[185]가 한창 신장(訊杖)을 맞을 때, 추국(推鞫)하는 관원들은 진복창(陳復昌)[186]이 두려워서 모두 성난 목소리로 심문하는데, 입암(立巖) 민 이상(閔貳相)[187]은 홀로 이마를 찡그리고 얼굴을 돌리며 말

185 취부(醉夫) : 윤결(尹潔, 1517～1548)의 호이다. 본관은 남원(南原), 자는 장원(長源)이다. 1548년(명종3) 홍문관 수찬이 되었으나 시정기(時政記) 필화 사건으로 참형된 안명세(安明世)의 정당함을 술자리에서 발설한 것이 빌미가 되어 진복창과 구사안(具思顏) 등의 밀고로 잡혀 들어간 뒤에 문정왕후(文定王后)의 수렴청정과 윤원형(尹元衡)의 세력을 비판하였다 하여 국문을 받던 중에 옥사하였다. 《大東野乘 寄齋雜記3 乙巳傳聞錄》

186 진복창(陳復昌) : ?～1563. 명종 즉위년 을사사화(乙巳士禍) 때 소윤 윤원형의 심복이 되어 사림의 숙청에 앞장선 인물이다. 그는 명종이 친히 첩력(帖裏)과 글씨를 하사하자 축하연을 열었는데, 그때 윤결이 술에 취한 척하고 진복창의 옷에 먹은 것을 토하였다. 나중에 진복창은 윤결이 "간악한 자의 술을 어찌 내 배 속에 남겨 놓겠는가. 더구나 임금께서 내리신 옷이 간악한 자의 몸에 합당치 아니하므로 토하였다."라고 했다는 말을 전해 듣고는 이를 갈며 죽일 때가 오기를 기다렸다고 한다. 《大東野乘 卷51 長貧居士胡撰》

187 입암(立巖) 민 이상(閔貳相) : 민제인(閔齊仁, 1493～1549)으로, 입암은 그의 호이다. 이상(貳相)이라 호칭한 것은 그가 찬성(贊成)을 지냈기 때문이다. 을사사화 때 윤임(尹任) 일파의 처단에 관여하여 그 공로로 추성위사홍제보익 공신(推誠衛社弘齊保翼功臣) 2등에 책록되었으나 윤임 일파를 논죄할 때 늘 슬픈 안색을 하며 가벼운 쪽으로 형률을 정하려고 노력하였다. 이후 윤원형 일파가 을사사화를 은폐하기 위해 안명세를 죽이고 시정기를 고치려 할 때 그 불가함을 역설하였으므로 마침내 녹훈이 삭제된 채 공주로 유배 가서 그곳에서 생을 마감하였다. 《大東野乘 卷51 長貧居士胡撰》

하기를 "옥이 이미 부서졌구나." 하였다. 진복창이 이 말을 듣고 그를 논핵하여 관직을 삭탈하고[188] 이어 공훈록(功勳錄)에서도 삭제하였다. 취부가 일찍이 꿈에 시 한 수를 지었는데 그중 시 한 구절이 기억났으니 "바다 천 리 외로운 배에 날은 저물고, 물과 구름에 긴 젓대 소리 가을 알리네.〔海日孤舟千里暮, 水雲長笛數聲秋.〕"라는 대목이었다. 그 후 열흘이 못 되어 화(禍)가 일어났는데 사람들은 멀리 귀양 갈 징조라 하였으나 마침내 신장을 맞다가 죽었으니, 애통한 일이다.

○ 이상은 〈장빈거사호찬(長貧居士胡撰)〉[189]에 나오는데, 이 설을 본 적이 있으십니까? 시험 삼아 이렇게 기록하여 올리는 바입니다.

188 관직을 삭탈하고 : 대본에는 '舊職'으로 되어 있는데, 《대동야승(大東野乘)》 권51 〈장빈거사호찬(長貧居士胡撰)〉에 근거하여 '舊'를 '奪'로 바로잡아 번역하였다.

189 장빈거사호찬(長貧居士胡撰) : 윤기헌(尹耆獻)이 지은 저술로 시화, 일화, 필기 등 다양한 이야기가 수록되어 있다. 장빈거사는 그의 호이고, 호찬은 잡찬(雜撰)이란 뜻이다. 윤기헌은 윤자신(尹自新)의 아들이자 윤결의 재종손으로 자가 원옹(元翁)이다. 이이(李珥)의 문인이자 성혼(成渾)의 문인으로 성리학에 밝았고 문명(文名)이 있었다.

민대수에게 답함

答閔大受

《의례(儀禮)》에 이미 "첩(妾)이 남편의 친족을 위해서 입는 복(服)은 여군(女君 정실부인)과 같은 복을 입을 수 있다."라고 하였으니, 굳이 남편의 장자(長子)와 중자(衆子)를 위해 입는 복과 구별하여 드러낼 필요가 없습니다. 그런데 《상례비요(喪禮備要)》에서 운운한 것은 그 아들을 위한 복이 이미 있기 때문에 혼동하여 구별이 없게 될까 두려워 그런 것이 아니겠습니까. 방계(旁系) 친족에 대한 기년복(朞年服) 이하는 비록 서로 보답하기 위해 입는 의리는 없으나 그 여군이 이미 남편을 따라 복을 입는다면 첩이 또 어찌 감히 여군보다 강복(降服)할 것이 있겠습니까. 아마도 《의례》를 위주로 해야 할 것입니다. 《의례문해(疑禮問解)》와 동춘(同春)이 인용한 우복(愚伏)의 설[190]도 좋을 듯

190 동춘(同春)이……설 : 우복은 정경세(鄭經世)의 호이다. 송준길(宋浚吉)이 김장생(金長生)에게 묻기를 "첩이 남편의 부모를 위해 입는 복에 대해 우복에게 물었더니, 우복이 말하기를 '《의례》에 「며느리가 시부모를 위해 기년복을 입고, 첩도 남편의 친속(親屬)을 위해 여군과 동일하게 입는다.」라고 하였으니, 첩도 기년복입니다. 후당(後唐) 때 유악(劉岳)의 《서의(書儀)》에 비로소 「며느리가 시부모를 위해 삼년복을 입는다.」라고 하였는데, 송나라 건덕(建德) 연간에 좌복야(左僕射) 위인포(魏仁浦) 등이 「《서의》의 글이 예에 맞습니다.」라고 아뢰자, 황제가 조서를 내려 따르도록 하였습니다. 오늘날 시부모의 상에 참최(斬衰)와 자최(齊衰)를 입는 것이 실로 여기에서 비롯되었으니, 이로 미루어 보면 첩도 여군과 동일하게 입는 것이 마땅합니다. 그러나 《가례의절(家禮儀節)》의 〈첩이 남편의 친족을 위해 입는 상복도〔妾爲夫黨服圖〕〉에는 「시부모를 위해 기년복을 입는다.」라고 하면서 《의례》의 구문(舊文)을 전거로 삼았으니, 지금

하니, 상고해 보시는 것이 어떻겠습니까? 이는 2권 35장에 실려 있습니다.

억견(臆見)으로 3년을 입어야 한다고 말하기 어렵습니다. 그러니 오직 예를 좋아하는 군자가 정례(情禮)를 참작하여 처리하기에 달려 있을 뿐입니다. 비록 3년을 입는다 하더라도 오히려 《의례》의 여군과 동일하게 입는다는 글을 따르는 것이고, 의리를 헤아려 새로운 설을 일으키는 것은 아닙니다.'라고 하겼는데, 이 설이 어떻습니까?" 하니, 김장생이 말하기를 "우복의 설이 옳다." 하였다. 《同春堂集 別集 卷2 上沙溪先生》

송자대전

제60권

書서

민대수에게 답함 기미년(1679, 숙종5) 1월 27일
答閔大受 己未正月二十七日

자운서원(紫雲書院)에 세울 비석 글[1]은 당초에 유생들의 간청에 쫓겨서 마지못해 어리석음을 무릅쓰고 응하였던 것이니 절로 부끄러운 마음을 금할 길이 없습니다. 그런데 어제 조복형(趙復亨)[2]의 편지를 받아보니 한쪽의 논의는 "이는 스승을 배반하는 것이다."라고 한다고 합니다. 이전의 비석이 선사(先師 김장생(金長生))께서 주장하신 것이기 때문입니다.[3]

1 자운서원(紫雲書院)에……글 : 현재 자운서원에 있는 묘정비(廟庭碑)를 말하는데, 이 글은 송시열이 1672년(현종13)에 지었다. 《宋子大全 卷171 紫雲書院廟庭碑銘》

2 조복형(趙復亨) : 조근(趙根, 1631~1680)으로, 복형은 그의 자이다. 본관은 함안(咸安), 호는 손암(損庵)이다. 송시열의 문인이며 교리와 충청 도사(忠淸都事) 등을 지냈다.

3 한쪽의……때문입니다 : 파주(坡州) 자운산(紫雲山)에 율곡(栗谷) 이이(李珥)의 무덤이 있는데, 그 묘도(墓道)에 백사(白沙) 이항복(李恒福)이 지은 이이에 대한 신도비(神道碑)가 있다. 그런데 서인들 사이에서 이 글에 대한 논란이 끊임없이 일어나 이 비를 없애고 새로 신도비문을 지어야 한다는 논의가 있었고, 다른 한쪽에서는 이항복이 지은 글이 김장생의 주장으로 이루어졌으므로 비석을 없애는 것은 스승을 배반하는 것이라며 반대하는 의견이 있었다. 과거에 신도비를 세울 당시에도 이항복이 지은 글에 대한 논란이 있었는데, 김장생이 "지금 세상에 이 정도로 지을 수 있는 사람도 없으며 논란은 시간이 지나면 종식될 것이다."라고 하며 일축하였으므로 신도비가 세워질 수 있었다. 반면 송시열의 주장은 이항복의 신도비를 없애지 말고 그대로 두되 대신 자운서원의 묘정에 묘정비를 세우자는 절충안이었다. 《月沙集 卷35 答金沙溪, 年譜 卷1》《宋子大全 附錄 卷6 年譜》

이 말을 듣고 뜻하지 않게 마음이 혼미해지고 논리가 막혀서 망녕되이 큰 죄를 짓고도 스스로 깨닫지 못하는 것처럼 멍하였으며 두렵고 위축되어 몸 둘 바를 몰랐습니다.[4] 다행히 벗인 조복형의 충고가 있었기에 망정이지 그렇지 않았다면 끝내 혼미한 상태로 깨닫지 못한 채 지금이나 이후로도 스스로 해명할 길이 없었을 것입니다.

삼가 바라건대 집사께서는 속히 제현과 함께 이전의 계획을 논파(論罷)함으로써 형벌을 기다리는 이 사람으로 하여금 하나의 엄중한 추궁이 더해지는 것을 면할 수 있게 해 주십시오. 천만번 간절히 바라는 바입니다. 남을 자기처럼 보는 충심과 신의를 지닌 집사가 아니라면 또한 어찌 감히 이런 말씀을 올릴 수 있겠습니까.

○ 또 생각건대 이 일이 계속해서 분란을 일으킬지도 모르는 상황입니다. 삼가 바라건대 여유 있게 포용하고 긴밀하게 수습하여 흔적이 없도록 해 주십시오. 간절히 바라 마지않습니다.

4 이……몰랐습니다 : 송시열은 신도비를 없애자는 주장에는 동의하지 않고 묘정비를 세우자는 절충안으로 묘정비를 지었지만, 일부에서 이런 일련의 일을 이항복에게 신도비를 짓도록 추진한 스승 김장생의 행적을 거부하고 배반하는 것으로 받아들이는 것에 대해 충격을 받은 것으로 보인다.

민대수에게 답함 기미년(1679, 숙종5) 1월

答閔大受 己未正月

하옥(廈屋)의 제도는 다섯 칸인데, -동서(東西)로 말한 것입니다.- 가운데 세 칸의 북쪽을 일가(一架)로 중간을 나누어 그 서쪽 한 칸 반을 실(室)로 만들고 그 동쪽 한 칸 반을 방(房)으로 만듭니다. 그리고 실의 서쪽에 서협실(西夾室)을 만들고 방의 동쪽에 동협실(東夾室)을 만들면 이것이 주자(朱子)의 이른바 전면 다섯 칸에 후면 네 칸인 것입니다. -세 칸을 두 칸으로 나누어 만들고 거기에 동쪽과 서쪽 협실 각각 한 칸까지 합하면 네 칸이 됩니다.- 여기서 이른바 실이란 우리나라 풍속에 온돌을 깔아 잠자고 거처하는 공간과 같은 것이고, 이른바 방이란 우리나라 풍속의 빈 대청〔虛廳〕과 같은 것입니다. 그리고 방과 실의 남쪽 세 칸과 삼가(三架)가 이른바 당(堂)입니다.

"함께 밥을 먹을 때에는 손때가 묻지 않게 해야 한다."라는 말의 뜻이 매우 애매모호하기는 하나 결코 주 선생(朱先生)[5]이 말한 것보다 나은 해석이 없습니다.[6] 세간의 일에도 이런 경우가 많으니 매우 놀랍고

5 주 선생(朱先生) : 대본에는 '朱生'으로 되어 있는데, 《송자대전》의 다수 용례에 근거하여 '朱' 뒤에 '先'을 보충하여 번역하였다. 주희(朱熹)를 가리킨다.

6 함께……없습니다 : 《소학(小學)》 〈경신(敬身)〉에 "함께 음식을 먹을 때에는 배부르고자 하지 말며, 함께 밥을 먹을 때에는 손때가 묻지 않게 해야 한다."라는 구절이 있는데, 이 중에 뒤 구절의 뜻이 애매모호하여 논란이 많으며 다양한 주석이 존재한다. 주희는 장재(張載)의 설을 인용하여 "반드시 숟가락 같은 도구로 밥을 떠먹고 그 손이

또한 가소롭습니다.

철옹(鐵瓮)의 일[7]은 친구의 정이 두터우니 감히 의심할 수 없고[8] 무릇 학문하면서 자기를 위해 하지 않으면 신독(愼獨) 공부가 전혀 힘을 얻을 수 없으니,[9] 정자(程子)와 주자(朱子) 두 선생께서 어찌 저를 속이셨겠습니까. 오늘의 일[10]은 슬퍼할 만하나 족히 미워할 것이 없으며 단지 경계로 삼을 만하다 하겠습니다.

닿지 않게 해야 한다."라는 뜻으로 주석을 달았다.

7 철옹(鐵瓮)의 일 : 철옹은 1676년에 평안도 영변(寧邊)으로 귀양 갔던 이유태(李惟泰)를 가리킨다. 1674년(현종15) 갑인예송(甲寅禮訟)으로 인해 송시열과 이유태 모두 유배 간 뒤에 이유태의 자제들이 송시열과 이유태의 주장에 차이가 있음을 부각하여 방면(放免)을 시도하였고 남인도 이에 동조하면서 송시열과 이유태 사이에 갈등을 빚은 일을 말한다. 《宋子大全 附錄 卷7 年譜》《尤菴先生書節要集解 卷3》

8 친구의……없고 : 송 철종(宋哲宗) 4년에 정이(程頤)가 부주(涪州)로 귀양 갈 때, 문인 사양좌(謝良佐)가 말하기를 "이 귀양길은 제가 그 연유를 아는데 바로 족질 정공손(程公孫)과 형서(邢恕)의 소행 때문입니다." 하자, 정이가 말하기를 "족질은 지극히 어리석으니 꾸짖을 것도 없고 친구는 정이 두터우니 감히 의심할 수 없다." 하였다. 《二程全書 卷50 伊川年譜》 여기서는 송시열이 정이의 말을 인용하여 친구로서의 정의가 두터운 이유태를 포용하면서 의심하지 않겠다는 뜻을 밝힌 것이다.

9 무릇……없으니 : 주희는 《대학장구(大學章句)》 전 6장 성의장(誠意章)과 《중용장구(中庸章句)》 제1장 등에서 자신의 내면을 닦는 공부로서 신독의 중요성을 언급하였다.

10 오늘의 일 : 민정중(閔鼎重)이 1678년 6월에 상소하여 윤휴(尹鑴)의 흉악한 정상을 논죄하고 자신이 윤휴를 잘못 천거한 죄를 자책한 일을 말한다. 이 일로 민정중은 장흥(長興)으로 유배되었다. 《宋子大全隨箚 卷6》《肅宗實錄 4年 6月 12日》

민대수에게 보냄 기미년(1679, 숙종5) 3월
與閔大受 己未三月

삼가 생각건대 오늘의 일에 대해서는 학생들이 다투어 서로 외우고 말하기를 냇물이 한창 흘러오는 것처럼 하고 있으니 어찌 성대한 일이 아니겠습니까. 다만 일찍이 보건대 정자명(鄭自明)이 진언(進言)한 뒤에 주자(朱子)가 자명에게 오직 뜻을 독실하게 갖고 학문을 강구하기를 바랐고, 또 학문을 강구하는 것이 정밀하지 못하여 성문(聖門)의 크나큰 규모를 보지 못할까 두려워하였습니다.[11] 그리고 또 주자가 왕매계(王梅溪)에 대해서 그 강건하고 중정(中正)하며 독실하고 빛나는 덕을 인정하면서도 오히려 반드시 덕성을 존숭하고 학문을 연구하기를 기대하였습니다.[12] 오늘날 보잘것없는 저가 집사에게 말씀드릴 것도

11 정자명(鄭自明)이……두려워하였습니다 : 자명(自明)은 남송 효종(南宋孝宗) 때 저작랑(著作郞)을 지낸 정감(鄭鑑)의 자이다. 정감이 진언했다는 것은 당시에 권력을 휘두르던 권신 증적(曾覿)과 왕변(王抃)의 전횡을 효종에게 아뢴 것을 말한다. 이로 인해 정감은 태주 지사(台州知事)로 좌천되었다. 이때 주희가 편지를 보내어 어려움에 처할수록 더욱 뜻을 독실하게 갖고 학문을 강구하라고 당부하였다.《晦菴集 卷25 答鄭自明書》

12 주자가……기대하였습니다 : 왕매계는 남송 효종 때의 문신 왕십붕(王十朋)으로, 매계는 그의 호이며 자가 귀령(龜齡), 시호는 충문(忠文)이다. 주희가 왕십붕에게 답하는 편지에서 "공의 성대한 덕과 위대한 사업은 미리 정해진 바가 있어 끝이 없으며 그 강건하고 중정하며 독실하고 빛나는 덕은 억지로 힘써서 이룬 것이 아닙니다."라고 하였고, 또 "제가 듣기에 옛날의 군자는 덕성을 높이면서도 반드시 학문을 연구하는 것을 겸하여 말했으니, 저는 이런 점을 공에게 깊이 바라 마지않습니다."라고 하였다.《晦菴集 卷37 與王龜齡》

여기에서 벗어나지 않습니다. 우러러 사모하는 마음이 깊어 주제넘은 짓인 줄도 깨닫지 못하였으니, 더욱더 황공할 따름입니다.

민대수에게 보냄 기미년(1679, 숙종5) 3월

與閔大受 己未三月

봄도 이미 끝나 가는 요즘 삼가 생각건대 조용히 지내시는 기거가 매우 좋아서 날로 새로워지는 공효가 절로 있을 것이라 여겨지니, 흠앙하는 마음 그지없습니다. 여기는 따라왔던 어린 손자가 며칠 전에 죽어서 산자락에 묻었으므로 슬프고 가련하기가 끝이 없고, 다른 아이도 한창 두창을 앓고 있어 걱정이 바야흐로 깊습니다.

그런데 뜻밖에 송상민(宋尙敏) 군이 서울에 가서 상소를 하여 멋대로 큰 화를 야기하였다[13]는 말을 듣고는 바야흐로 이렇게 손을 모은 채 성상의 하명을 기다리고 있습니다. 스스로 생각해 보면 하늘로부터 본성을 받아 태어난 뒤로 일생 동안 책을 읽었으되 무슨 일을 하였는지 스스로 부끄러울 뿐만 아니라 또 허당하여 한바탕 웃게 됩니다.

삼가 생각건대 우리 효종대왕(孝宗大王)께서는 한결같이 천리(天理)를 밝히고 인심(人心)을 바로잡는 것을 일로 삼고 마음을 다했습니다. 그러나 그 후 20여 년 안에 천리는 어두워지고 인심은 무너져서

13 송상민(宋尙敏)……야기하였다 : 송상민은 본관은 은진(恩津), 자는 자신(子愼), 호는 석곡(石谷)이다. 송시열과 송준길의 문인이다. 그는 1679년 3월 12일에 상소를 올리는 한편 기해년(1659, 현종 즉위년) 예송(禮訟) 이후 예설(禮說)을 논하게 된 시말과 함께 윤휴(尹鑴)와 허목(許穆) 등의 잘못을 상세히 기록한 책자를 올렸는데, 이때 김석주(金錫冑)가 이것을 이유정(李有湞)의 투서 사건과 연계시키는 바람에 역적으로 몰려 국문을 받던 중 3월 17일에 장사(杖死)하였다. 《肅宗實錄 5年 3月 12日, 17日》《宋子大全 附錄 卷7 年譜》

이제 금수의 지역에 들어가도 태연히 누구도 이상히 여기지 않게 될 줄 어찌 예상이나 했겠습니까. 한밤중에 생각하면 그저 눈물만 하염없이 흐를 뿐입니다.

집사께서는 이미 사류의 종주(宗主)가 되었으니, 오직 한결같이 우리의 도를 스스로 책임지고서 뜻이 같은 선비들을 모아 정자(程子)와 주자(朱子)의 유지를 강론하고 연구하여 자신의 마음을 밝히고 자신의 몸을 바로잡도록 하십시오. 그러고 나서 역량이 미치는 바에 따라 편벽된 행동을 막고 부정한 학설을 종식하면서 한결같이 우리 효종대왕의 도를 행해야 할 도로 삼아 후인들을 계도한다면 저 같은 자도 지하에서 눈을 감을 수 있을 것입니다.

이 일은 저희 집의 손자 송주석(宋疇錫)도 만분의 일이나마 받들어 도울 수 있을 것입니다. 부디 버리지 마시고 이끌어 가르쳐 주신다면 부형과 종족이 아울러 적지 않은 은혜를 받게 되는 것이니, 천만번 간절히 바라는 마음 금할 길이 없습니다. 죽기 전에 조처할 일이 없지 않기에 일일이 다 말씀드리지 못합니다.

별지

최신(崔愼)은 그때 형틀 아래에서 한결같이 고윤(高允)을 거론하며 큰소리로 곧은 말을 하였으므로 거센 불 같은 윤휴(尹鑴)의 기세로도 자복을 받아 내지 못하였는데,[14] 하경(廈卿)은 아마도 오랫동안 굶주린

14 최신(崔愼)은……못하였는데 : 최신은 본관은 회령(會寧), 자는 자경(子敬), 호는 학암(鶴菴)으로 송시열의 문인이다. 유필명(柳弼明)이 송시열의 예론(禮論)을 비호하고 허목과 윤휴를 배척하는 상소를 올렸다가 남인이 이를 빌미로 옥사를 일으켰는

나머지 기운이 다 빠져서 말이 입에서 나오는 줄도 모르고 그랬던 듯합니다.[15] 만일 그랬다면 더욱 가련한 일입니다.

최신은 곤궁함을 고수하는 자세가 갈수록 확고하니 더욱 가상합니다. 제가 가끔 그의 위급한 형편이 안타까워 쌀말을 나누어 주면 그는 저를 자신과 마찬가지로 곤궁한 처지에 있는 사람이라 여겨 굳이 사양하고 받으려고 하지 않습니다. 제가 하루라도 더 산 어른이라는 점에서 보면 그가 어른의 말에 공손하게 따르는 도리는 부족하다 하겠으나 자신의 시신이 도랑이나 골짜기에 버려질 것을 각오하는 지사(志士)다운 의리[16]는 늠름하여 범할 수가 없습니다.

데, 최신까지 이에 연루되어 국문을 당하였으나 끝까지 자신을 고윤에 비기면서 소신을 굽히지 않다가 사천(泗川)에 유배되었다.《肅宗實錄 1年 閏5月 1日, 12日, 15日, 21日, 23日》 고윤은 위 태무제(魏太武帝) 때 태자(太子)의 스승인데, 일찍이 최호(崔浩)와 함께 국사를 수찬하면서 직필을 한 일로 처형을 당할 상황에서도 사실대로 고하며 올곧은 자세를 취하였으므로 태무제로부터 곧은 신하라는 칭찬을 받고 처형을 면하였다.《小學 卷6 善行》

15 하경(廈卿)은……듯합니다 : 하경은 이담(李橝)의 자이다. 본관은 전의(全義), 호는 사은옹(四隱翁)이다. 송시열의 문인으로 세마(洗馬)와 감찰(監察)을 지냈다. 1679년 3월 송상민의 옥사가 벌어졌을 때 송상민이 형신(刑訊)에 못 이겨 공초(供招)하기를 "소책(疏冊)은 다 내가 스스로 만들었고 글의 가부(可否)를 봐 준 자는 신계징(申啓澄)과 이담이며, 소책을 베낀 자는 박세징(朴世徵)입니다." 하는 바람에 거론된 사람들이 모두 잡혀와서 신문을 받았다. 이에 이담은 송상민과 조근(趙根) 등이 상의하였지 자신은 힘써 제지하였다고 공술(供述)하였고, 신계징은 그들을 힘껏 말렸으나 듣지 않아 즉시 절교하였다고 공술하였다. 그러나 결국 이담은 삼수(三水)에, 신계징은 위원(渭原)에 각각 유배되었다.《肅宗實錄 5年 3月 15日, 24日》 여기에서 송시열은 이담이 관련 사실을 부정하며 다른 사람 탓을 한 것을 두고 기운이 전혀 없는 혼미한 상황에서 자기도 모르게 그런 말을 한 것이라고 두둔한 것이다.

16 자신의……의리 : 《맹자》 〈등문공 하(滕文公下)〉에 "지사는 자신의 시체가 도랑

또 들으니 그 고을의 수령이 읍내에 나와서 자기 아들을 가르쳐 달라고 요청하자 그는 또 "가서 가르쳐 주는 예는 없다"는 말로 거절하였다 하는데, 송나라 때의 관객(館客)[17]에 비하면 또 한 등급이 더 높다 하겠습니다. 다만 그의 천성과 기질이 이러하기 때문에 도처에서 문제를 야기하니 매우 염려됩니다. 요사이 보면 그의 문리(文理)가 매우 진보되었는데 그의 다른 일도 따라서 진보되기를 나날이 바라고 있습니다.

함관(咸關)[18] 운운한 것은 경악을 금할 수가 없습니다. 날로 나라가 백 리씩 줄어든다는 것은 〈대아(大雅)〉에서 탄식한 바인데,[19] 더구나 지금 그곳은 천 리 먼 곳이고 또 본조(本朝)의 본향(本鄕)[20]인 데야 말해 무엇 하겠습니까. 시류배(時流輩)가 어떤 계산을 하고 있는지 잘 모르겠습니다. 무엇보다도 복형(復亨) 등 제공(諸公)이 장차 우문숙통(宇文叔通)과 신유안(辛幼安)처럼 되지는 않을는지요?[21] 만일 그

이나 골짜기에 버려질 것을 각오하고 용사는 자기 목이 달아나는 것을 각오한다."라는 공자(孔子)의 말이 나온다.

17 송나라 때의 관객(館客) : 송나라 때 집 안에 관사(館舍)를 마련한 다음 학문을 닦은 인사를 초빙하여 자손을 가르쳤는데, 그때 초빙된 인사를 관객이라고 하였다. 《宋子大全隨箚 卷6》

18 함관(咸關) : 함경도 또는 함흥(咸興) 일대를 지칭하는 말이다.

19 날로……바인데 : 《시경》 〈대아 소민(召旻)〉에 "옛날 선왕이 천명을 받았을 때에는, 소공 같은 분이 있어, 날마다 나라를 백 리씩 개척했는데, 지금은 날마다 나라가 백 리씩 쭈그러들고 있으니, 아, 슬픈 일이다.〔昔先王受命, 有如召公, 日辟國百里, 今也日蹙國百里, 於乎哀哉!〕"라는 말이 나온다.

20 본조(本朝)의 본향(本鄕) : 이성계(李成桂)의 고향인 함경도 함흥과 영흥(永興) 일대를 가리킨다.

렇다면 지극히 특이한 일일 것입니다.

21 복형(復亨)……않을는지요 : 복형은 조근(趙根)의 자이다. 1679년에 조근은 송상민의 옥사(獄事)에 연루되어 잡혀 들어갔는데, 이때 자신은 송상민이 상소하는 것을 힘껏 제지하였으나 그가 듣지 않았다고 공술하였다. 이후 장형(杖刑)을 받고 경흥(慶興)에 유배되었다. 그리고 여기에서 언급한 제공은 이담과 신계징을 가리키는데, 이들도 이 일에 연루되어 각각 삼수(三水)와 위원(渭原)에 정배되었다. 《肅宗實錄 5年 3月 15日, 24日》 우문숙통은 송나라 때의 신하 우문허중(宇文虛中)으로 숙통은 그의 자이고, 신유안은 신기질(辛棄疾)로 유안은 그의 자인데, 두 사람 모두 금나라에 포로로 잡혀가 고초를 겪었으나 송나라에 대한 충심을 잃지 않았던 인물이다. 여기서는 조근 등이 멀리 함경도로 유배될 처지에 놓였기 때문에 이 두 사람에 비겨 말한 것이다. 《宋子大全隨箚 卷6》

민대수에게 답함 기미년(1679, 숙종5) 8월 11일
答閔大受 己未八月十一日

“재앙은 나로 인해 만들어졌는데 공연히 선량한 사람에게 해를 끼쳤다.”라는 말[22]이 있는데, 매번 이 말을 외울 때마다 부끄럽고 한스러운 마음이 끝이 없었습니다.[23] 그런데 위로하고 안부를 물어 주시는 편지가 이곳에까지 이를 줄을 어찌 생각이나 했겠습니까. 위로되고 기쁜 마음과 놀랍고 감사한 마음을 실로 가눌 길이 없습니다.

대체로 오늘의 일[24]은 치지도외하고 다시는 말하지 않는 것이 좋겠습니다. 주자(朱子)께서 “이천(伊川)의 《역전(易傳)》은 부주(涪州)의 기력에서 나왔다.”라고 하셨던 말씀[25]을 항상 기억하고 있으니, 오늘날 조정이 집사를 대하는 것이 어찌 하늘의 뜻이 아니라고 장담할 수 있겠

22 재앙은……말 : 후한 영제(後漢靈帝) 때 당고(黨錮)의 화가 일어나 체포령이 내려지자 사류 집단의 괴수로 지목된 하복(夏馥)이 장검(張儉), 범방(范滂) 등과 망명하였다. 이때 그들이 지나간 곳의 사람들이 모두 조사를 받으며 고초를 겪었다는 말을 나중에 하복이 듣고는 발을 구르면서 탄식한 말이다. 《後漢書 黨錮列傳 夏馥》

23 매번……없었습니다 : 민정중이 당시에 장흥(長興)으로 유배 간 것이 송시열 자신으로 인하여 빚어진 일이라고 여겨 이렇게 말한 것이다.

24 오늘의 일 : 민정중이 1678년 6월에 상소하여 윤휴(尹鑴)의 흉악한 정상을 논죄하고 자신이 윤휴를 잘못 천거한 죄를 자책한 일을 말한다. 이 일로 민정중은 장흥으로 유배되었다. 《宋子大全隨箚 卷6》《肅宗實錄 4年 6月 12日》

25 주자(朱子)께서……말씀 : 송나라 때의 학자 정이(程頤)가 부주로 귀양 갔을 때 《주역》 효사(爻辭)를 탐구하여 《역전》을 지었는데, 주희는 이것이 정이가 귀양 가서도 맑은 기력을 유지했기 때문에 가능한 일이었다고 말하였다. 《晦菴集 別集 卷6 林擇之》

습니까. 과거에 계주(季周)가 저에게 "아무개들은 옛날에는 명신(名臣)이었는데 지금은 실로 명유(名儒)가 되었다."라고 한 말[26]이 기억나는데, 지금에서야 더욱 그 말이 빈말이 아니었다는 것이 보증되었다 하겠습니다. 사적으로 절로 축하드리고 또한 세도(世道)를 위해서도 축하할 일입니다. 이 일은 치구(稚久 민진장(閔鎭長)) 또한 알지 않아서는 안 됩니다. 더욱더 자애(自愛)하여 사모하는 마음에 부응해 주시기 바랍니다.

26 과거에……말 : 이단하(李端夏)가 민정중의 근엄한 학자적 태도를 칭송하여 한 말로, 계주는 이단하의 자이다. 《宋子大全 卷58 與閔大受(乙卯二月)》 '아무개들'은 민정중 외에 누구를 더 가리키는지는 분명하지 않다.

민대수에게 보냄 기미년(1679, 숙종5) 8월 21일

與閔大受 己未八月二十一日

허중옥(許仲玉)[27]이 일찍이 말하기를 "아무개[28]가 당초에 구윤(狗尹 윤휴(尹鑴))의 간악함을 알지 못했으니 그 죄는 위리안치되는 것이 마땅하다." 하였는데, 제가 그 말을 듣고 웃으면서 말하기를 "만약 그렇다면 저만 홀로 위리안치당하는 것은 원통한 것 같습니다." 하였습니다. 그런데 지금 조정의 논의가 공평하여 한군데로 치우쳐 고르지 못하다는 탄식이 없으니[29] 태평 만세를 참으로 손꼽아 기다릴 만합니다. 우리는 오늘날 다만 이치를 탐구하고 심성을 함양하며 몸을 닦으면서 죽음을 기다린다면[30] 거의 만분의 일이라도 자신을 속죄하고 지난 잘못을 보완하는 일이 될 것입니다.

27 허중옥(許仲玉) : 허후(許厚, 1588~1661)로, 중옥은 그의 자이다. 본관은 양천(陽川), 호는 관설(觀雪)·돈계(遯溪)이며, 남인(南人)의 영수 허목(許穆)의 사촌 형이다. 허후는 허목과 예론(禮論)이 서로 맞지 않았는데, 한번은 허목이 그를 찾아갔다가 뜰 앞의 토련(土蓮)을 가리키며 "형은 어찌 여기에 연(蓮)을 심었습니까?"라고 하자, 허후가 성난 목소리로 "자네는 연과 토련도 구분하지 못하면서 송 아무개의 예설을 분변하려 하는가."라고 하였다고 한다. 《宋子大全隨箚 卷6》

28 아무개 : 허목(許穆)을 가리키는 듯하다.

29 지금……없으니 : 민정중 역시 윤휴를 잘못 천거하였다고 상소하여 결국 장흥(長興)으로 유배되었으므로 조정의 논의가 공평하다고 송시열이 농담한 것이다.

30 다만……기다린다면 : 주희가 말하기를 "인간 만사는 어느새 변하여 사라지니 가슴속에 담아 둘 것이 없다. 오직 앎을 지극히 하고 힘써 행하면서 마음을 닦으며 죽음을 기다리는 것이 최선의 방법이다." 하였다. 《晦菴集 續集 卷4 答馬奇之》

잘 모르겠습니다만 요사이 무슨 책을 보며 아침저녁으로는 무슨 공부를 하고 있습니까? 하늘이 고요하고 편안한 환경과 한가한 세월을 마련해 주었는데도 우리가 게으름을 피우고 제멋대로 행동하여 우리를 훌륭하게 완성시켜 주려는 하늘의 뜻을 저버린다면 참으로 죄를 진 가운데 다시 죄를 짓는 격이 될 것입니다. 이 밖에 수토(水土)가 몸에 잘 맞는지와 침식(寢食)이 편한지는 물을 겨를도 없거니와 물을 필요도 없다 하겠습니다.

손자 아이가 받은 서신을 어제 비로소 전해 받았는데, 말의 기세와 필력이 털끝만큼도 꺾이거나 저상된 기색이 없었고 또 한탄하거나 괴로워하는 말씀이 없었습니다. 이에 진실로 이치를 밝히고 마음을 수양하는 바탕이 있음에 흠앙하고 또 외람되디 서로 기약한 것이 속되지 않음을 인정받은 점에 대해 절로 경하합니다.

죄인인 저는 오랜 장마 끝에 설사병을 심하게 겪는 바람에 실낱같은 목숨을 연명하고 있습니다. 그러나 감히 스스로 우매하다 치부하지 않고 수시로 밤에 읽고 낮에 열람하면서 지금 《주자어류(朱子語類)》를 분류하여 정리하는 일을 3분의 1 정도 마쳤습니다.[31] 여기에서 주자(朱子)는 이치를 탐구하고 마음을 밝히는 일을 먼저 하지 않으면 안 된다고 역설하였는데, 이를 통해 더욱더 허중옥의 말이 의미가 있음을 알았습니다. 다만 당시에는 그 언변이 좋은 것만을 기뻐하고 그런 언변이

31 주자어류(朱子語類)를……마쳤습니다 : 송시열은 이때 《주자어류》의 뒤섞이고 중복된 기사를 정리하고 산삭하면서 유별(類別)로 분류하는 작업을 진행하여 1679년 12월에 《주자어류소분(朱子語類小分)》이라는 책을 완성하였다. 《宋子大全 附錄 卷7 年譜》

나라를 망친다는 성인의 교훈은 생각하지 못했으니,[32] 이제 후회한들 무슨 소용이 있겠습니까. 지금 나라가 위태로워 제 한 몸의 화복(禍福)은 생각할 수도 없는 상황이니 어찌하면 좋단 말입니까.

별지
현재 온 섬이 모두 굶주리고 있고 집종의 출입도 매우 지장을 받고 있어 앞으로 아귀(餓鬼) 신세를 면할 수 없는 실정입니다.[33] 그러나 만약 정력(定力)이 있어 임소암(任疎菴)의 말[34]처럼 '근심하다 죽은 귀신〔愁鬼〕'까지 겸하는 일을 면할 수 있다면 다행일 것입니다.

저는 크게 앓고 난 뒤에 식음을 전폐하고 오직 약으로 연명하고 있는데 약재를 구하기가 매우 어렵습니다. 혹시 행장(行裝)에 가지고 있는

32 당시에는……못했으니 : 《논어》 〈양화(陽貨)〉에 "나는 간색(間色)인 자주색이 정색(正色)인 붉은색의 빛을 빼앗는 것을 미워하며, 정(鄭)나라의 음란한 음악이 아악(雅樂)을 어지럽히는 것을 미워하며, 말재주로 나라를 전복하는 것을 미워한다."라는 공자의 말이 나온다. 여기서는 애당초 윤휴의 뛰어난 언변 속에 감추어진 간악함을 보지 못한 것이 안타깝다는 말이다.

33 현재……실정입니다 : 송시열은 1679년 4월에 장기(長鬐)에서 거제도(巨濟島)로 옮겨 정배되었는데, 전국적으로 가뭄이 심하여 농사가 흉년인 상황이었다. 《肅宗實錄 5年 9月 26日》

34 임소암(任疎菴)의 말 : 임소암은 임숙영(任叔英)으로, 소암은 그의 호이다. 본관은 풍천(豐川), 자는 무숙(茂叔)이다. 임숙영이 1616년(광해군8) 2월에 시사(時事)를 비판하다가 사헌부의 탄핵으로 파직되어 광주(廣州) 용진(龍津)에 우거하고 있을 때, 어떤 이가 묻기를 "금년에 사람들 모두가 아사(餓死)를 걱정하고 있는데, 그대만은 유독 걱정하지 않고 있으니 어찌된 일인가?" 하니, 답하기를 "나는 아마도 아귀가 될 것인데 겸하여 근심하다 죽은 귀신까지 될 수는 없지 않은가." 하였다 한다. 《澤堂集 卷2 四月二十八日……仍賦近體六篇以記事》

약재가 있으면 조금 나누어 줄 수 있겠습니까? 이곳에서는 감초(甘草) 구하기가 더욱 어렵습니다. 말씀하신 친족의 노비가 가져온 편지에 확실히 뜯어본 흔적이 있었다고 하는데, 이는 아전이 그렇게 하지는 않은 듯하므로 자못 이런저런 말들이 있습니다.

○ 오늘날은 편지하는 일도 매우 어렵게 되었습니다. 을묘년(1675) 가을에 봉산(蓬山)[35]에 있을 때, 회덕(懷德)의 선영(先塋)[36]에 나무가 거의 다 베어졌는데 거기에 종인(宗人) 송시중(宋時中)도 관여되었다는 말을 들었습니다. 제가 우리 문족(門族)에게 편지를 보내 시중의 죄를 다스리도록 하였더니, 서로 미루고서 끝내 말한 대로 시행하지 않았습니다. 당시 평창 군수(平昌郡守) 송국귀(宋國龜)[37]가 문중 일을 맡아 처리하고 있었는데 저에게 보내온 답장을 보면 이리저리 둘러대는 뜻이 많았습니다. 그래서 제가 또 그의 편지에 답을 하면서 자못 풍자하는 의미를 담았습니다.[38]

그 편지에 '교산(橋山)'이라는 글자가 있었는데 그것은 선산(先山)의 본명이 판교산(板橋山)이나 예로부터 '판(板)' 자를 생략하고 단지

35 봉산(蓬山) : 송시열이 유배 가 있던 장기(長鬐)의 별칭이다.

36 회덕(懷德)의 선영(先塋) : 회덕 판교산(板橋山)에 송시열의 8대조 송유(宋愉)와 선고(先考) 송갑조(宋甲祚)의 묘소가 있다.

37 송국귀(宋國龜) : 본관은 은진(恩津), 자는 사원(士元)이며, 김집(金集)의 문인이다. 평창 군수와 고창 군수를 지냈다.

38 제가……담았습니다 : 송시열이 송국귀에게 보낸 편지에 "교산에 대해 하신 말씀은 만약 군자의 시중이라면 어찌 이러한 일이 있겠습니까. 우리 문중에 그대와 같은 어른이 있는데도 오히려 사람이 없다고 하니, 어쩌면 정벌하는 것이 읍손하는 것만 못하다고 여기는 것이 아니겠습니까. 우습기만 합니다."라고 한 대목을 가리킨다. 《宋子大全 卷47 與宋士元(乙卯)》

교산이라고 불렀기 때문에 그 편지에도 교산이라고 썼던 것입니다. 또 '정벌(征伐)'과 '읍손(揖遜)'이라는 글자가 있었는데 그것은 송시중의 죄를 다스리지 않은 문족들이 "정벌하는 것이 읍손하는 것보다는 못하다.……"라고 했다는 점[39]을 말한 것입니다. 이는 소자(邵子)의 시를 인용하여 술잔으로 요순(堯舜)의 읍손을 비유하고 바둑판으로 탕무(湯武)의 정벌을 비유한 것입니다.[40] 그리고 또 편지에 '군자(君子)'라는 글자가 있었습니다.

그런데 금년 감시(監試)가 끝난 뒤에 옥천(沃川)의 한(韓)과 이(李) 두 거자(擧子)가 그 편지를 천안(天安)의 노상에서 입수했다고 하면서 부분적으로 문자를 잘라 버리고 '교산'이라는 말만 남겨 두어 옛 능침(陵寢)의 일을 지척(指斥)하는 말로 만들었습니다.[41] 또 '정벌'과 '읍손'

39 문족들이……점 : 문중 사람들은 송시중을 처벌하기보다는 용서해 주는 것이 더 낫다고 여겼다는 말이다.

40 소자(邵子)의……것입니다 : 소자는 북송(北宋) 때의 학자 소옹(邵雍)을 말한다. 소옹의 〈수미음(首尾吟)〉 시에 "요순 임금 사양한 건 석 잔의 술이었고, 탕왕 무왕 싸운 것은 한 판의 바둑이었지.〔唐虞揖讓三杯酒, 湯武交爭一局棋.〕"라는 구절이 있는데, 요 임금과 순 임금은 천자의 자리를 예(禮)를 갖추어 서로 사양하면서 주고받았고 탕왕과 무왕은 무력으로 천하를 정벌하였다는 말이다.《擊壤集 卷20》 송시열은 문족들이 송시중의 처벌에 미온적인 태도를 보인 것은 탕왕과 무왕의 정벌이 요순의 읍양보다도 못하다고 여긴 것이 아니겠느냐고 넌지시 풍자한 것이다.

41 옥천(沃川)의……만들었습니다 : 옥천에 사는 한씨(韓氏)와 이씨(李氏) 성의 두 유생이 송시열의 편지 앞뒤 글자를 산삭하고 혐의스러운 글자만 남겨 둠으로써 송시열이 옛 능침의 일을 지적하여 문제 삼고 있는 것처럼 만들었다는 말이다. 여기에서 옛 능침의 일을 지척하는 말로 만들었다는 것은 1673년(현종14)에 효종 능인 영릉(寧陵)의 석물(石物)에 틈이 생겨 봉분 안으로 비가 샌다는 이유로 천릉(遷陵)을 하게 되는데 당시에 현종이 아버지의 능에 자주 관심을 갖고 친히 봉심(奉審)하였다면 이런 일이

이라는 글자를 남겨 두었고 또 '군(君)' 자를 남겨 둔 채 '자(子)' 자 이하는 없애 버려 마치 좀벌레가 먹은 것처럼 해 놓고서는 조합된 문자로 말을 꾸며 장차 공주(公州) 사람과 함께 고변(告變)하려고 하였습니다. 내 아우가 그 소식을 듣고 크게 놀라 급히 그들과 가까운 사람을 시켜 한과 이에게 가서 그 글을 보게 하였더니 하나같이 들은 그대로였답니다.

이곳에서 손자 아이가 그 글이 출현하게 된 시말을 알고 싶어서 서신으로 송국귀의 조카 규창(奎昌)에게 문의하였더니, 그의 답장에 "숙부의 외손 이계(李洎)는 불길한 사람으로 충분히 이런 일을 해낼 자이다.……"라고 하였습니다. 이계는 바로 구 한 친척인데 그가 지금 문의(文義)에 있으면서 자주 그 외가에 찾아갔다고 하니, 그것이 이 사람의 솜씨라는 점은 의심할 여지가 없습니다.

어떤 자가 이르기를 "그들 가운데 조금 영리한 자가 그 일을 만류하기 때문에 아직 망설이고 있다." 했지만 한가(韓哥)는 어제 공주에 도착하여 그 말을 장황하게 늘어놓으면서 못 하는 말이 없었다고 하니, 앞으로 이대로 끝나지는 않을 것입니다. 여기에서 한 단계 위의 일이 벌어질 것이니, 이른바 오묘하여 알 수 없는 신(神)이 이제 장차 찾아올 것이라는 점입니다. 그러면 여러분이 아무리 따라오고 싶어도 어찌 가능하겠습니까. 그러나 어쩌면 저쪽 사람들이 여러분을 추대하여 저와 함께 일등의 지위에 올려놓지 않을는지 또한 어찌 알겠습니까.[42]

생겼겠느냐고 송시열이 지적하는 것처럼 이 글을 만들려고 하였다는 말이다. 《宋子大全 卷63 與閔持叔(己未十月)》

42 이른바……알겠습니까 : "오묘하여 알 수 없는 신"이란 《맹자》 〈진심 하(盡心下)〉

우스운 일입니다.

제가 일찍이 김 영상(金領相)에게 답한 편지[43]에 "온천(溫泉)의 행행(行幸)……"이라고 한 말이 있었는데[44] 윤휴의 아들 의제(義濟)가 우리 집에 왕래하는 우리 친족을 통하여 몰래 그 편지글을 얻어 기록해서는 장차 고변하려고 하다가 허목(許穆)의 저지로 인해 그만둔 적이 있습니다. 그런데 이번에 합계(合啓)할 때 마침내 그때의 일을 이 일과 엮어 하나의 큰 죄안으로 만들려는 것입니다. 제 생각에는 이번 일은 이계의 소행만이 아니라 아마도 윤휴 부자가 벌써부터 이것을 주장하였을 것으로 봅니다.

극형을 받는 일은 그들이 하는 대로 일임할 따름이니 제가 어떻게 할 수 있겠습니까. 오직 그 정상이나 의도가 사람으로 하여금 수치스럽

에 "누구나 원하는 것을 선(善)이라 하고, 자기 몸에 선을 간직한 것을 신(信)이라 하고, 선을 행하여 안에 가득 차 있는 것을 미(美)라 하고, 가득 차서 밖으로 빛이 발하는 것을 대(大)라 하고, 대의 단계에서 자연스럽게 화(化)한 것을 성(聖)이라 하고, 성스러워 그 오묘함을 알 수 없는 것을 신(神)이라 한다."라고 할 때의 신(神)을 말하는데, 여기서는 저승사자의 뜻으로 쓰인 듯하다. "여러분을 추대하여 일등의 지위에 올려놓는다"는 것은 남인(南人)들이 송시열 자신을 비롯하여 여러 사람을 모두 죽일 수도 있다는 말이다.

43 김……편지 : 《송서습유(宋書拾遺)》 권2의 〈김기지에게 답함(계축년 5월 10일)〔答金起之(癸丑五月十日)〕〉을 가리킨다. 김 영상은 영의정을 지냈던 김수흥(金壽興)으로, 자가 기지(起之), 호는 퇴우당(退憂堂)이다.

44 온천(溫泉)의……있었는데 : 위 편지에서 "경자년(1660, 현종1) 이후로 성상께서는 연이어 건강이 좋지 못하다는 이유로 능행(陵幸)을 빠뜨리셨지만 온천만큼은 해마다 행행하셨으니, 경자년 이후로 만약 영릉을 친히 봉심하는 일을 하셨다면 어찌 오늘과 같이 천릉하는 일이 있었겠습니까."라고 한 대목을 가리킨다. 《宋書拾遺 卷2 答金起之(癸丑五月十日)》

게 할 뿐입니다. 세도(世道)가 이와 같으니 저는 그만이지만, 여러분은 친구 간에 서찰을 일체 줄이고 혹 하더라도 그 문자를 십분 삼가고 주의하시기를 바랍니다. 그러면 거의 화를 면할 수 있을 것입니다. 이 종이도 곧바로 태워 버리면 매우 다행이겠습니다.

○ 황제(黃帝)의 능(陵)을 《사기(史記)》에서 교산(橋山)이라 하였는데, 우리 종중(宗中)에서 혐의스럽게 여기지 않고 선산을 일컬어 교산이라고 한 것은 실로 죄입니다. 그러나 다른 서책에는 모든 제왕의 능을 모두 '교산(喬山)'이라고 하였으므로 지금 그들도 '교(橋)' 자에서 나무 목(木) 변을 떼어 버렸으니 실로 가소롭습니다.

민대수에게 보냄

與閔大受

중전께서 만삭으로 산달이 된 경사가 있어 신민들이 바야흐로 상서(祥瑞)를 축하하는 마음이 간절하였습니다. 그런데 결국 불행을 당하였다는 소식에 대해서는 이미 들어 알고 계실 것으로 생각되는데, 하늘이 보우하지 않아 중외(中外)가 다 실망하고 있으니 어찌하면 좋단 말입니까.

민대수에게 답함 기미년(1679, 숙종 5) 9월

答閔大受 己未九月

가을이 깊어 바람이 급해지고 있는데 이런 때에 일상의 모든 기거가 신명의 도움으로 평안하신지요? 그립다는 말은 빈말이 아닙니다. 처음에 보내신 편지가 회덕(懷德)에서 왔는데 "아직 한 칸 정도 도달하지 못했다"고 하신 말씀[45]은 매번 가슴 사이에 붙여 두고 웃을 자료로 삼으려 합니다. 택지(擇之)가 배소(配所)에 도착한 뒤로는[46] 편지의 뜻도 서로 비슷해져서 이미 주자(朱子)의 시에 "노년의 영광은 간당(姦黨)에 이름 적힌 것이네."라는 구절을 서로 주고받을 정도입니다.[47]

45 아직……말씀 : 《법언(法言)》 문신편(問神篇)에 "공자(孔子)는 문왕(文王)의 도에 잠심하여 그 경지에 도달하였고, 안연(顔淵)은 공자의 도에 잠심하였으나 그 경지에 아직 한 칸 정도 도달하지 못하였다."라는 말이 있는데, 민정중이 보내온 편지에 송시열이 그런 경지에 이르렀다고 말한 내용이 있었던 듯하다.

46 택지(擇之)가……뒤로는 : 택지는 이선(李選)의 자이다. 이선은 본관은 전주(全州), 호는 지호(芝湖)·소백산인(小白山人)이며 송시열의 문인인데, 1679년 7월에 송상민(宋尙敏)의 상소로 인한 옥사에 연루되어 구성(龜城)으로 유배되었다. 《肅宗實錄 5年 6月 8日, 14日》 송상민의 옥사에 대해서는 279쪽 주13 참조.

47 주자(朱子)의……정도입니다 : 주희가 70세에 치사(致仕)하면서 지은 시에 "노년의 영광은 간당에 이름 적힌 것이요, 지난날의 욕된 것은 시신의 관이었네.〔老去光華姦黨籍, 向來羞辱侍臣冠.〕"라는 구절이 있다. 간당에 이름이 적혔다는 것은 한탁주(韓侂胄)에 의해 위학당(僞學黨)으로 지목된 것을 말하고, 시신의 관이 욕되다는 것은 벼슬하여 제대로 보필하지 못하고 욕을 당한 것을 말한다. 여기서는 당시에 송시열과 이선이 영광과 오욕을 당한 처지가 주희의 이 시구와 비슷하다는 말이다. 《朱子詩集 卷9 蒙恩許遂休致陳昭遠丈以詩見賀已和答之復賦一首》

근래에는 어떤 책을 읽고 계십니까? 필시 장족의 발전으로 더욱 새로워지셨을 것으로 생각되는데, 볼 길이 없는 것이 한스러울 뿐입니다. 대체로 우리는 부침(浮沈)을 잘하고 잘 놀고 산만한 습성이 꽤 있으니, 반드시 이를 통렬하게 고쳐서 성실하고 돈독한 쪽으로 힘을 쏟아야만 진보할 수 있을 것입니다.

지금 이 정읍(井邑) 사람 김기(金錡)는 예전에 사온동(司醞洞)의 우거(寓居)[48]에서 본 사람입니다. 평소 집사의 덕스러운 위의(威儀)를 오매불망 흠모하여 이제 집사에게 문후를 올리러 간다고 하기에, 그 편에 대략 이렇게 편지를 부칩니다. 나머지는 일일이 쓰지 못합니다.

48 사온동(司醞洞)의 우거(寓居) : 서울 서부(西部) 적선방(積善坊) 사온동에 있던 송시열의 아들 송기태(宋基泰)의 집을 말한다. 《宋子大全 卷56 答金久之》

민대수에게 답함 기미년(1679, 숙종5) 12월 18일

答閔大受 己未十二月十八日

말씀하신 《주자대전문목(朱子大全問目)》은 초본을 대략 완성하여 10여 책으로 만들었는데, 문곡(文谷) 상공(相公)[49]이 거의 다 가져갔습니다. 이는 백씨(伯氏)인 성천공(成川公 김수흥(金壽興))과 논의하며 살펴보기 위해서인데 거기에 뜻을 둔 것이 착실합니다. 남아 있는 한 책을 지금 이 인편에 부쳐 드리니, 부디 잘 재량하여 가르침을 주어 저의 미혹함을 깨우쳐 주시기를 간곡히 축원드리는 바입니다. 만약 재량하여 가르침을 주신다면 계속 여쭙도록 하겠습니다.

부안(扶安)에 사는 참봉 김택삼(金宅三)은 은거하며 경전을 연구하는 사람인데, 누차 사람을 통해 이 책을 보기를 요청하였습니다. 주저하면 할수록 그치지 않을 것 같아서 부득이 약간 편을 보내 준 뒤에 교정하여 돌려보내 주기를 요구하였습니다. 그런데 듣자니 그 사람이 지금 순창(淳昌)으로 이사 갔다고 합니다. 그곳과 거리가 얼마나 떨어져 있는지는 모르겠지만 혹 그것을 가져다 보고 아울러 가르침을 주는 답까지 내려 주신다면 더욱 다행스럽고 다행스럽겠습니다. 그리고 김 참봉과 왕복한 문답을 저에게도 다 보여 준다면 매우 두터운 은혜를 베푸시는 것이니, 이 또한 간절히 바라 마지않습니다.

49 문곡(文谷) 상공(相公) : 좌의정을 지낸 김수항(金壽恒, 1629～1689)으로, 문곡은 그의 호이다.

사인(士人) 중에 와서 종유(從遊)하는 자가 있다고 편지에서 말씀하셨습니다. 옛날 서산(西山)이 도주(道州)에 유배 갈 때 주자(朱子)가 편지를 보내기를 "객중에 한두 동지(同志)를 얻어 조석으로 강론한다면 아마 세월이 가는지도 모르게 될 것입니다."라고 하였고, 또 "종유하는 인사가 날로 많아지면 그중에는 응당 얘기를 나눌 만한 자가 있을 것이니 객지 생활이 역시 적막한 지경에는 이르지 않을 것입니다."라고 하였는데,[50] 오늘날 집사의 일도 정히 이와 유사하다 하겠습니다.

더구나 조정에서 바야흐로 우리를 역률(逆律)로 다스리려고 하고 있으니 서산의 시대와 다르기는 하지만, 역시 종유하는 자가 없지 않으니 여기에서 속이기 어려운 인심을 볼 수 있습니다. 이는 아마도 하늘이 이 도(道)를 완전히 없애려고 하지 않음으로써 그 충심(衷心)을 유도하려는 뜻인 듯합니다. 조만간에 따라 돌아가겠다는 바람에서 더욱이 그 정성이 독실하다는 것을 볼 수 있습니다. 부디 바라건대 힘써 인도하고 교화하는 데 참여하여 정립되는 것이 있게 해 주신다면 매우 다행이겠습니다.

사서(四書)와 시서(詩書)와 예서(禮書)를 찾아 연구한다고 편지에서 말씀하셨는데, 천하의 도리와 성현의 가르침이 어찌 여기에서 벗어나는 것이 있겠습니까. 이에 대해 돌아가며 익숙하게 반복해서 읽어 이치와 의리가 날로 정밀해지고 마음을 지키고 보존하는 것이 날로 견고해

50 서산(西山)이……하였는데 : 서산은 송나라 사람 채원정(蔡元定)의 호이고, 자는 계통(季通)이다. 여기에 인용된 편지의 말은 《회암집(晦菴集)》 속집 권2 〈채계통에게 답함〔答蔡季通〕〉에 나온다.

진다면-주자는 매번, 편안히 들어앉아 독서하던 마음을 다잡고 보존하는 공부까지 겸해서 하게 되는 것이라고 하였습니다.- 이를 확충해 나가는 것은 원대해지기를 기약하지 않아도 절로 원대해질 것이며, 일에 시행할 경우 이룹기를 기약하지 않아도 절로 이룹게 될 것입니다. 제가 평소에 《주자대전(朱子大全)》과 《주자어류(朱子語類)》에서 강구한 것이 이와 같기에 지금 이를 그대로 외워 올리니, 부디 이를 종유하는 인사들에게 가르쳐 주시는 것이 어떻겠습니까.

최신(崔愼)의 경우, 그의 서찰을 보면 그 문리(文理)가 매우 진전이 있으니 참으로 기뻐할 만합니다. 그가 보여 준 시도 볼만하기에 제가 편지로 그 점을 경계시키면[51] 그는 답장을 보내어 "주자께서 일찍이 말씀하시기를 '호담암(胡澹菴)은 날마다 지인들과 수창하고 왕래하면서 말하지 못하는 게 없을 정도로 거리낌이 없었다. 그럼에도 진회(秦檜) 역시 그들을 체포하여 다 죽이지 못하였으니, 이는 절로 천명(天命)이 있어서 그런 것이다.'[52] 하였습니다."라고 말합니다. 이것을 보면 그가 남의 말을 듣지 않는 점은 실로 염려스러우나 그의 크나큰 뜻은 역시 가상히 여길 만합니다. 이는 모두 집사와 계주(季周 이단하(李端

51 그가……경계시키면 : 송시열이 최신에게 도학(道學) 중심의 학문을 추구해야지 시문(詩文)에 탐닉하는 문장가가 되어서는 안 된다고 경계시켰다는 말이다.

52 호담암(胡澹菴)은……것이다 : 《회암집》 속집 권3 〈채계통에게 답함〔答蔡季通〕〉에 보이는 말이다. 호담암은 송나라 때의 충신 호전(胡銓)으로, 담암은 그의 호이다. 추밀원 편수관(樞密院編修官)으로 있을 때 고종(高宗)에게 상소하여 금(金)나라와 화친을 주장한 진회 등의 목을 벨 것을 주장하다가 소주(昭州) 등지로 유배 갈 정도로 담대하였다. 《宋史 胡銓列傳》

夏))가 성취시켜 준 은혜 덕분이니 매우 경탄(敬歎)해 마지않습니다.

이전 편지에서 말씀하신《자치통감강목(資治通鑑綱目)》의 결함을 보완하는 일은 모름지기 주자가 다시 살아오기를 기다린 연후에야 손댈 수 있을 것입니다. 선사(先師)이신 문원공(文元公 김장생(金長生))께서 일찍이《후한서(後漢書)》〈명제기(明帝紀)〉에 나오는 천축(天竺)과 통교(通交)한 일을 의심하여 궐문(闕文)이 되어야 한다고 하셨는데, 근래 택당(澤堂 이식(李植))이 논한 것을 보면 궐문 운운한 것을 그렇지 않다고 보고 있습니다.

이전 편지에서 "얼마 지나지 않아 화(化)할 것이다."라고 하신 말씀은 참으로 배꼽이 빠지도록 웃을 일입니다.[53] 수천 년 동안 성현들이 시차를 두고 이어 나온 것을 옛사람들이 오히려 '뒤를 이어 나왔다'고 하였는데, 더구나 한 시대에 성인(聖人)의 영역으로 함께 들어간 사람이 이렇게 많으니 어찌 그리 성대할 수 있겠습니까. 제가 만약 백척간두에서서 다시 한 걸음 더 내디뎌서[54] 알 수 없는 신인(神人)의 경지에 이른

53 이전……일입니다 : 얼마 지나지 않아 화(化)할 것이라는 말은《논어》〈옹야(雍也)〉의 주(註)에서 안연(顏淵)이 도달한 경지에 대해 "성인의 경지에까지 아직 이르지 못한 것은 도를 지켜 행하는 단계이고 아직 화한 것이 아니기 때문인데, 그에게 몇 년의 시간을 주어 더 살게 했더라면 얼마 지나지 않아 화했을 것이다."라고 한 구절에서 온 것이다. 민정중은 송시열의 학덕이 성인의 바로 전 단계인 안연의 경지에 이르렀으니 이제 얼마 안 있어 한번 화하게 되면 신묘한 경지에 이를 것이라고 말한 것으로 보이며, 송시열의 처지에서는 이를 감당할 수 없어 농담으로 받아들이는 태도를 취한 듯하다.

54 백척간두에……내디뎌서 :《전등록(傳燈錄)》에 "100척의 장대 끝에서 한 걸음을 더 걸어야만 시방세계에 완전한 몸이 될 수 있다."라고 하였는데, 현재에 안주하지 않고

다면 여러분이 비록 따라오려고 해도 말미암을 길이 없겠지만, 늙고 쇠약한 사람의 역량으로는 그렇게 할 수 없는 점이 있으니 어찌한단 말입니까. 참으로 우습습니다.

몸을 던져 매진해야 깨달음의 경지에 이를 수 있다는 말이다.

민대수에게 답함
答閔大受

하순(賀循)의 〈상복기(喪服記)〉에 "아버지가 죽어서 아직 빈(殯)을 하지 않았는데 할아버지가 죽었을 경우에는 할아버지를 위하여 기년복(朞年服)을 입고, 이미 빈을 한 뒤에 할아버지가 죽었을 경우에는 삼년복(三年服)을 입는다. 이것은 적자(嫡子)로서 아버지의 후사(後嗣)가 된 경우를 말한 것이다."라고 하였다.[55]

○ 송나라의 복제령(服制令)에 "적자가 아직 상을 마치지도 않았는데 죽으면 적손(嫡孫)이 승중(承重)하되, 그 적자의 상이 소상(小祥) 전에 났을 경우에는 소상에 승중복을 입는다."라고 하였다.[56]-사계(沙溪 김장생(金長生)) 선생이 말하기를 "적손이 조부모를 위한 경우도 이에 준한다."라고 하였다.-

이 몇 가지 설에 근거하면 지금 이 일의 경우에는 어떻게 처리할지 알 수 있습니다.

《예기(禮記)》에 "장례는 가벼운 쪽을 먼저 치르고 무거운 쪽을 나중에 치르며, 제사는 무거운 쪽을 먼저 지내고 가벼운 쪽을 나중에 지낸다."[57]

55 하순(賀循)의……하였다 : 하순은 진(晉)나라 때 예학(禮學)에 밝았던 학자이다. 하순의 이 말은 《통전(通典)》 권97 〈아버지가 죽어 빈하기 전에 조부가 죽었을 경우에 입는 복에 대한 논의〔父未殯而祖亡服議〕〉에 보인다.

56 송나라의……하였다 : 《의례경전통해(儀禮經傳通解)》의 〈상복도식(喪服圖式)〉에 보인다.

라는 내용이 보이고, 《예기》 〈상복소기(喪服小記)〉의 주(註)에 "어머니를 장사 지낸 다음 날 즉시 아버지 장사를 치르고, 아버지 장사를 마치고 우제(虞祭)와 부제(祔祭)를 지낸 이후에 어머니를 위하여 우제와 부제를 지낸다."라고 하였다.

이는 장례는 정(情)을 빼앗는 일이기 때문에 어머니를 먼저 하고 아버지를 뒤에 하지만, 제사는 정을 펴는 일이기 때문에 아버지에게 먼저 지내고 어머니는 뒤에 지내는 것입니다. 이제 승중손(承重孫)의 경우를 말해 보면 할머니와 아버지 중에 어느 쪽이 무거운지 가벼운지 알 수는 없으나 복(服)으로 말하면 자최(齊衰)와 참최(斬衰)의 구별[58]이 있으니, 혹 이것으로 판단을 내릴 수 있을 것입니다.

우제와 부제의 경우에는, 《춘추좌씨전(春秋左氏傳)》에 "아들이 설령 성인(聖人)과 경지가 나란하다고 해도 아버지보다 먼저 밥을 먹지 않는다."[59]라는 글이 있으니 이에 근거하면 어머니보다 먼저 아들을 제사 지내서는 안 될 듯합니다.[60] 그렇다면 제사에서 무거운

57 장례는……지낸다 : 《예기》 〈증자문(曾子問)〉에 나오는 말로, 부모의 상이 동시에 났을 때 어느 분의 상을 먼저 치르고 어느 분을 뒤에 치르느냐는 증자(曾子)의 질문에 공자가 답한 말이다. 결국 장례는 복이 가벼운 쪽인 어머니상을 먼저 치르고 복이 무거운 쪽인 아버지상을 뒤에 치르며, 제사는 복이 무거운 쪽인 아버지 제사를 먼저 지내고 복이 가벼운 쪽인 어머니 제사를 뒤에 지내야 한다는 말이다.

58 자최(齊衰)와 참최(斬衰)의 구별 : 복(服)에 경중이 있어 아버지를 위해서는 참최 삼년복을 입고 할머니를 위해서는 자최 일년복을 입는다는 말이다.

59 아들이……않는다 : 《춘추좌씨전》 문공(文公) 2년에 보이는 내용으로, 아들이 아무리 성인으로 존숭되는 존재라 하더라도 아버지보다 먼저 제사를 받지 않는 것이 오랜 법도라는 말이다.

60 어머니보다……듯합니다 : 다시 말하면 할머니보다 아버지를 먼저 제사 지내서는

쪽을 먼저 지낸다는 설은 지금 이 일의 경우에는 적용하기가 어려울 듯합니다.

대략 근거할 만한 한 가지 설이 있는데, 《예기》에 "만일 같이 살던 사람이 죽었을 경우에는 비록 미천한 신첩(臣妾)이라도 장례를 지낸 후에 제사 지낸다."라고 하였습니다.[61] 지금 승중손이 비록 혹 할머니를 먼저 장사 지냈더라도 아버지가 죽어 빈(殯)을 한 상태에 있으면 아버지의 장례를 마치기를 기다린 뒤에 할머니의 우제와 부제를 먼저 행해야 할 듯합니다. 그러나 분명한 예문(禮文)이 없으니 감히 단정적으로 말하지는 못하겠습니다. 오직 널리 문의하여 신중히 선택하는 데 달려 있다 할 것입니다.

○ 증례(贈禮)와 제주(題主) 등의 일은 모두 우제와 부제 전에 행할 예들이니 아버지를 아직 장사 지내지 않았더라도 구애될 것은 없을 듯한데, 어떨지 모르겠습니다.

안 될 것이라는 말이다.

61 예기에……하였습니다 : 《예기》 〈잡기(雜記)〉에 "부모의 상을 당해 장차 제사를 지내려는데 형제가 죽으면 제사를 연기하고 형제를 빈(殯)한 뒤에 제사를 지내며, 같이 살던 사람이 죽었을 경우에는 신첩이라도 장례를 지낸 후 제사를 지낸다."라고 하였다.

민대수에게 답함 경신년(1680, 숙종6) 2월

答閔大受 庚申二月

적리(謫吏)가 돌아와 전해 주어 편안하시다는 소식을 기쁘게 받았고 시론(時論)이 아직도 긴박하다는 얘기를 들었습니다. 그러니 어찌 집사로 하여금 반드시 4년간의 부주(涪州) 생활과 똑같이 하도록 바라겠습니까.[62] 다만 곤경과 횡액이 오래되면 될수록 그에 대한 단련과 보완이 더욱 크게 되는 법이니, 이는 식자로서는 기뻐할 일이지 한스럽게 여길 것이 없습니다. 저의 경우에는 단지 초목이 썩어 가는 것과 같다 보니 한창나이에 아까운 시간을 저버린 것이 후회스러울 뿐입니다. 봄기운이 점점 퍼지고 있으니 그저 더욱더 몸을 보중하시기를 축원드리는 바입니다.

62 어찌……바라겠습니까 : 송 철종(宋哲宗) 4년에 정이(程頤)가 부주로 귀양 가서 4년간 유배 생활을 하였는데, 그때의 용모와 안색이 귀양 가기 전보다 더 나았다고 하며, 그 기간 동안 맑은 기력으로 《주역》의 연구에도 매진하여 《역전(易傳)》을 짓기도 하였다. 《二程全書 卷50 伊川年譜》 여기서는 상황이 매우 위급하니 정이와 같은 유배 생활을 하도록 바랄 수가 없다는 말이다.

민대수에게 답함 경신년(1680, 숙종6) 2월

答閔大受 庚申二月

삼가 듣건대 그곳에 학도(學徒)가 매우 많다고 하니, 참으로 "많은 선비가 유풍에 교화되고 뛰어난 인재가 마음으로 감화된다."[63]라는 말과 같다 하겠습니다. 이런 시절에 저들이 능히 반역의 죄를 두려워하지 않고 책을 끼고 과감하게 찾아오는 것을 보니, 아마도 하늘의 뜻이 그래도 한 가닥 도(道)의 명맥을 유지하게 함으로써 완전히 없어지는 데에까지는 이르지 않게 하려는 것으로 여겨집니다. 다만 그들을 가르치는 법도와 방식을 어떻게 하고 있는지 모르겠습니다. 과거에 태학(太學)에서 가르치실 때에는 오히려 국제(國制)에 구애되는 점이 있었지만 지금은 반드시 옛 법을 그대로 따르리라 여겨집니다.[64]

일찍이 집사가 하신 말씀 중에 "저쪽 사람들은 사우(師友)의 연원을 전적으로 무시하기 때문에 도무지 의리를 행하려는 마음을 갖지 않는다."라는 말이 있었는데, 지난여름에 제 외손자 권이정(權以鋋)이 와서 자기 아버지 권유(權惟)[65]의 말을 전하기를 "일부 인사들은 오히려 유가의 면모가 있으나 시류배(時流輩)는 전혀 이런 것이 있는 줄 몰라서

63 많은……감화된다 : 《회암집(晦菴集)》 권31 〈장경부에게 답함〔答張敬夫〕〉에 보인다.

64 과거에……여겨집니다 : 민정중이 성균관 대사성으로서 유생을 가르칠 때에는 나라에서 정한 교과 과정에 따라야 했지만 지금은 자신의 뜻대로 가르칠 수 있는 상황이므로 옛 교육 방식을 따르고 있을 것으로 본다는 말이다. 《尤菴先生書節要集解 卷4》

65 권유(權惟) : 권시(權諰)의 아들로, 송시열의 맏사위이자 윤증(尹拯)의 처남이다.

장차 한쪽으로 향하거나 등지는 것을 면치 못하니, 응당 가야 할 바를 알아야 할 것이다." 하였다고 합니다. 그는 바로 윤휴(尹鑴)의 문객인데도 그 말이 오히려 이와 같으니, 사람의 마음은 속이기 어렵다는 것을 볼 수 있습니다. 이 때문에 집사께서 범상치 않은 본보기가 되어 주시기를 더욱더 바라는 것입니다.

주신 편지에 "모인(某人 이유태(李惟泰))은 고신(告身)을 가지고 토산(兎山)의 옛집으로 돌아갔다."라고 하신 말씀은 전혀 이해되지 않습니다. 그가 지녔다는 고신은 바로 신명(新命)으로 발급해 준 것입니까? 이른바 토산은 바로 해서(海西)의 토산일 터인데 어찌 이른바 옛집이 있을 리가 있습니까. 대체로 그가 마음만 수고롭고 나날이 옹졸해지는 것이 애처롭기만 합니다.

서울의 젊은이들 서신에 "입을 더럽히고 싶지 않다."라고 하였는데 너무 과격한 논의인 것 같고, 보내 주신 서신의 '측은하다'는 말씀이 딱 맞다고 할 수 있으니, 역시 어진 사람의 마음을 볼 수 있습니다. 동춘(同春 송준길(宋浚吉))이 매번 말하기를 "집안에 좋은 자손이 없으면 만사가 모두 헛것이다." 하였는데, 세상 경험을 오래 하다 보니 더욱 그 말이 의미가 있다는 것을 알겠습니다.

《주자대전문목(朱子大全問目)》에 대해 오래되이 유념해 주시는 은혜를 입으니 이보다 더 큰 다행이 어디에 있겠습니까. 이 책이 만약 집사의 훌륭한 서문(序文)에 힘입어 사람들이 경시하는 데에 이르지 않게 된다면 혹여 《주자대전》을 읽는 사람들에게 이익이 없지는 않을 것이니, 끝내 잘 헤아려 결정해 주시기를 다시 한 번 빌겠습니다.

민대수에게 보냄 경신년(1680, 숙종6) 2월

與閔大受 庚申二月

성상께서 삼공(三公)에게 장수(將帥)의 재목을 찾아 집사가 거느리게 하되 왼쪽에는 천득(天得)으로, 오른쪽에는 신규(信圭)로 한다는 말이 있자,[66] 저쪽 사람들이 크게 의심하고 겁을 먹었다고 합니다. 명을 거두어 달라는 청이 지금까지 그치지 않는 것은 바로 여기에서 연유한다는데, 이게 믿을 만한 사실인지 모르겠습니다. 인편을 통해 대략 말씀해 주십시오.

66 왼쪽에는……있자 : 천득은 이상진(李尙眞)의 자이고, 신규는 누구인지 분명하지 않다. 당시 조정의 신하 중에 박신규(朴信圭)라는 인물이 있기는 하나 그는 당색이 남인이므로 여기서 말하는 인물이 맞는지 단정할 수 없다.

민대수에게 답함 경신년(1680, 숙종6) 6월 11일
答閔大受 庚申六月十一日

편지를 받은 지 오래되었는데도 아직까지 답장을 지체하고 있어 심히 무례합니다만, 그래도 양찰해 주실 것이라 생각합니다. 이번에 살아서 돌아온 것[67]은 사실 너무나 뜻밖으로 성은에 감사하는 마음이 끝이 없어 몸 둘 바를 모르겠습니다. 오늘날의 일은 대소 신민이 서로 경하하지만 그 걱정 또한 끝이 없으니 감히 대중을 따라 정승 제수[68]를 축하하지는 못하겠고 이 외에는 더욱 감히 입에 올리지 못하겠습니다. 이천(伊川) 선생이 부릉(涪陵)의 유배지에서 돌아와서 말하기를 "시사(時事)는 비록 변하였더라도 내가 어찌 감히 변하겠는가.' 하였으니, 이 의리는 바로 오늘을 위해 준비한 것인 듯합니다.[69] 이에 대해서도 아울러 혜량해 주신다면 다행이겠습니다. 병으로 매우 괴로워 남의 손을 빌려 편지를 쓰고 있기에 나머지는 이만 줄입니다.

67 이번에……것 : 송시열은 1680년 5월 15일에 유배지인 거제도(巨濟島)를 떠나 청풍(淸風)으로 이배되었고 6월 2일에 합천(陜川)에 도착했을 때 경신환국으로 서인이 재집권하자 석방되어 6월 6일에 집으로 돌아왔다 《宋子大全 附錄 卷7 年譜》

68 정승 제수 : 민정중은 1680년 4월 29일에 우의정에 제수되었다. 《肅宗實錄 6年 4月 29日》

69 이천(伊川)……듯합니다 : 송시열이 경신환국으로 유배지에서 풀려나 귀향하자 지인들이 모두 기뻐하고 축하해 주었다. 그러나 송시열은 기쁜 기색을 드러내지 않은 채 정이(程頤)가 한 말을 되새기면서 조정의 득실에 대해서는 일체 함구하였다. 《尤菴先生書節要集解 卷4》

민대수에게 답함 신유년(1681, 숙종7) 5월 14일

答閔大受 辛酉五月十四日

멀리서 보내 주신 편지를 받으니 감격스럽기 그지없습니다. 덕이 있는 가문이 오랫동안 인(仁)과 선(善)을 쌓아서 모인 상서(祥瑞)와 길러 온 경복(慶福)이 비로소 오늘에 발하여 왕가의 만세를 위한 복의 토대가 되었으니, 중외가 서로 축하하며 송축하는 마음이 끝이 없습니다.[70] 이는 사사로이 될 수 있는 일이 아니니 겸양하여 낮추는 말씀을 하실 것이 무에 있겠습니까.

다만 천재지변의 경고[71]가 있으면서 가뭄이 이렇게 혹심한 것은 아마도 장차 왕후의 덕이 조화를 이루어 단비가 시원스레 내리게 하기를 기다리는 것인 듯합니다. 그러나 만에 하나 하늘의 뜻이 오히려 재앙을 후회하지 않는다면 생민들의 걱정이 어찌 끝이 있겠습니까. 바로 이런 때에는 상하가 걱정하고 근심하면서 하늘의 노여움이 멈추기를 바라야 하는 것입니다. 분황(焚黃)의 예(禮)가 중하기는 하나 어찌 그 일에 미칠 겨를이 있겠습니까. 속이 타는 듯하여 감히 이런 말씀을 드렸는데, 황송한 마음 금할 길이 없습니다.

70 덕이……없습니다 : 1681년 5월에 민정중의 동생인 민유중(閔維重)의 딸이 숙종의 계비로 책봉된 경사를 가리켜 말한 것이다.

71 천재지변의 경고 : 1681년 5월에 서울에 지진이 발생한 것을 말한다. 《肅宗實錄 7年 5月 2日》

민대수에게 답함 신유년(1681, 숙종7) 5월 28일

答閔大受 辛酉五月二十八日

답서를 일찍이 주생(朱生)이 가는 편에 부쳤는데 미처 받아 보시기도 전에 다시 이렇게 편지를 받으니, 병석에 누워 있으면서 그리워하던 마음에 매우 위로가 됩니다. 이번에 거마(車馬)로 고향에 돌아오시는 때[72]를 틈타서 한적한 물가에서 속히 가르침을 받으려 하였습니다만, 노병(老病)이 이렇게 심하여 움직일 길이 없으니 마음만 그곳으로 달려갈 뿐입니다.

삼가 생각해 보면 성상께서 등극하신 이후로 현신(賢臣)들이 조정에 가득한 상황인데 하늘이 무슨 노여워할 것이 있어서 재앙을 이렇게 심하게 내린단 말입니까. 사람들의 마음이 무너져 내리고 절박하여 마치 조석을 보전할 수 없을 듯한데, 집사께서는 앞으로 어떻게 하실 계획인지 모르겠습니다.

며칠 전에 성상께 상소하여 늠료(廩料)를 사양하면서 그 편에 대략 말씀드린 것이 있습니다.[73] 그 뒤 혹자가 말하기를 "늙어 물러난 사람은 비록 성학(聖學)에 관계된 말이라도 여러 번 진달해서는 안 된다." 하였는데, 그 말이 사리에 맞았기 때문에 즉시 모두 삭제해 버렸습니다.

72 이번에……때 : 민정중이 6월에 분황하기 위해 고향인 충주(忠州)로 내려오는 때를 말한다.

73 며칠……있습니다 : 송시열은 1681년 5월 20일에 상소하여 늠료를 사양하고 나서 이어 성학에 힘쓰고 백성을 화합시키는 일로 진계하였다. 《宋子大全 附錄 卷7 年譜》

그런데 지금 별지까지 쓰는 부지런함을 보이며 망녕되이 논설을 하였으니, 그 뜻을 견지하는 것이 이렇게도 견고하지 못합니다. 다만 충심을 바치는 데 간절하여 저도 모르는 사이에 말이 나왔으니, 삼가 용서하고 혜량해 주시리라 생각합니다.

별지

자운서원(紫雲書院)의 비(碑)[74]는 돌을 다듬고 글을 완성한 지 이미 오래되었습니다. 이는 단지 제생(諸生)이 반드시 집사의 글씨를 새기고자 하였기 때문에 시일을 지체하다가 지금까지 왔는데, 집사가 낙상(落傷)한 뒤로는 제생이 낙망하였습니다. 그래서 동춘(同春)이 남긴 글씨에서 집자(集字)하여 만들자는 논의가 있는데, 동춘은 생전에 항상 집자하는 것을 좋지 못한 일로 여겼습니다. 이는 글줄 안에 들어가지 않은 것을 깎아 내기도 하고 보충하기도 하는 과정에서 원래의 모습을 크게 잃기 때문이었습니다. 그는 이제 말을 할 수 없는 사람이 되었는데 평소 원하지도 않던 것을 억지로 한다면 매우 온당치 못한 일일 것입니다.

일찍이 저는 김 회양(金淮陽)의 팔분체(八分體)[75]를 쓸 만하다고 여겼습니다. 그런데 지금 듣기에 국가의 전책(典冊)에 이미 사용하고

74 자운서원(紫雲書院)의 비(碑) : 파주(坡州) 자운산(紫雲山) 아래 자운서원에 놓일 묘정비를 가리킨다. 송시열이 율곡(栗谷) 이이(李珥)의 행적을 기리기 위해 〈자운서원묘정비명(紫雲書院廟庭碑銘)〉을 지었다. 《宋子大全 卷171》

75 김 회양(金淮陽)의 팔분체(八分體) : 김회양은 1680년에 회양 부사(淮陽府使)를 지낸 곡운(谷雲) 김수증(金壽增)을 가리킨다. 후한(後漢)의 채옹(蔡邕)이 만들었다고 전해지는 서체인 팔분체를 잘 썼다고 한다. 《三淵集 卷30 伯父谷雲先生墓表》

있다고 하니 일의 체모가 역시 심상치 않습니다. 그래서 어제 둘째 대감에게 편지를 보내어 그에게 물어보게 하였는데,[76] 이는 문곡(文谷 김수항(金壽恒))이 그랬던 것처럼 그도 고사하여 일에 차질을 빚을까 염려되고 또 중론(衆論)도 합치하지 않을까 염려되었기 때문입니다.

지금 편지의 말씀을 받드니 이전에 쓰기로 허락하신 것이 허언이 아님을 유념하고 계시어 참으로 다행스럽습니다. 다만 염려되는 것은 집사가 무더위로 인해 즉시 글씨를 쓰지 못한 채 시일을 끌고 달을 넘겨 다시 차질을 빚으면 끝내 낭패가 난다는 점입니다. 삼가 바라건대 날마다 작업하여 속히 일을 마치시는 것이 어떻겠습니까.

생각건대 제생의 뜻은 굳이 집사의 글씨를 종요(鍾繇)와 왕희지(王羲之)[77]에 견주려는 것이 아니라 실로 명성에 기대어 사문(斯文)을 빛나게 하려는 것입니다. 따라서 비록 집사의 뜻에 글자가 불만스러운 점이 있더라도 고치지 말고 일필휘지로 써 내려가야만 아마도 끝을 볼 날이 있을 것이니, 꼭 그리하시기를 천만번 간절히 바라는 바입니다. 비문(碑文) 원본을 도로 올립니다. 잘못된 곳에는 대략 찌를 붙여 표시해 두었습니다.

76 어제……하였는데 : 둘째 대감은 김수흥(金壽興)으로 김수증의 동생이고 김수항의 형이다. 송시열이 1681년 5월 27일에 김수흥에게 편지를 보내어 청하기를 "곡운 어른의 팔분체가 몹시도 좋았기에 이번 일의 유사(有司)로 하여금 그분께 청하도록 하고 싶은데, 문곡처럼 완강히 거절하면 다시 일이 차질을 빚을까 또 염려됩니다. 부디 이러한 뜻을 먼저 그 어른에게 완곡하게 얘기해 주는 것이 어떻겠습니까." 하였다. 《宋子大全 卷53 答金起之(辛酉五月二十七日)》

77 종요(鍾繇)와 왕희지(王羲之) : 둘 다 위진(魏晉) 때의 명필이다.

포은(圃隱) 집안의 종부(宗婦)가 다시 가묘(家廟)를 지키게 되었는데 이렇게 명하신 성상의 뜻이 매우 좋습니다.[78] 제 생각에는 피차의 구분 없이 바른말을 듣기 좋아하시는 것으로 보입니다. 그리고 의외의 일이 있는데, 이번에 보내는 권 지헌(權持憲)[79]이 이종사촌 동생에게 보낸 편지를 보시면 알 수 있을 것입니다. 보신 뒤에 참봉 정찬휘(鄭纘輝)[80]에게 보여 주고 나서 그의 일 처리가 치밀하지 못한 점을 질책하시는 것이 어떻겠습니까?

78 포은(圃隱)……좋습니다 : 1681년 1월 14일에 송시열이 소대(召對)에 나아가 숙종을 만난 자리에서 정몽주(鄭夢周) 집안의 일에 대해 "정몽주가 우리나라에 도학(道學)을 천명한 공은 비길 만한 사람이 없으므로 열성(列聖)이 다 은덕을 갚는 은전을 내려 봉사손(奉祀孫)이 대대로 관록(官祿)을 받았는데, 지난해에 봉사손 정찬광(鄭纘光)이 죽은 뒤에 그 과부와 고아가 빈궁하여 스스로 살아가지 못하고 시골로 유락(流落)하여 이제 사당을 지키는 사람이 없습니다."라고 아뢰어 숙종이 요미(料米)를 주고 그 종부와 아들을 서울에 돌아오게 하여 사당을 지키도록 하였다. 《宋子大全 附錄 卷7 年譜》

79 권 지헌(權持憲) : 지헌은 지평(持平)을 일컫는 말인데, 권 지헌이 누구를 가리키는지는 분명하지 않다.

80 정찬휘(鄭纘輝) : 1652~1723. 본관은 영일(迎日), 자는 경유(慶由)·경유(景由), 호는 궁촌(窮村)이다. 정몽주의 11대손이고 송시열의 문인이다. 공릉 참봉(恭陵參奉)과 연산 현감(連山縣監) 등을 지냈다.

민대수에게 보냄 신유년(1681, 숙종7) 8월 1일
與閔大受 辛酉八月一日

가을이 깊어 가는데 이런 때에 삼가 침식(寢食)에서 더욱 신명의 가호가 있으신지요? 자운서원(紫雲書院)에 비석을 세우는 일은 매번 비석의 글씨를 쓰는 데 따른 어려움으로 인해 지금까지 지체되고 있습니다. 이는 여러 사람의 의론은 집사의 중망을 반드시 얻으려 하고 집사는 또 적당히 대충 쓰려고 하지 않아서이니, 주자(朱子)가 첨수(詹帥)에게 답한 편지를 보면 또한 그 일이 쉽지 않다는 것을 알 수 있습니다.[81]

그러나 일은 그럭저럭 세월만 보내는 것을 꺼리고 때는 어긋나기를 잘하는 법이니, 지금 이때에 도모하지 않으면 머지않은 과거의 전철을 다시 밟게 될 것입니다. 그래서 집사가 낙상하여 팔에 병이 난 이후로 더욱 이 일을 하시기 어렵다는 것을 알게 되었기에 감히 연지(延之 김수증(金壽增))에게 부탁하자는 말을 했던 것입니다.

그런데 지금 들으니, 여러 의론이 "이미 집사의 허락을 받았으니

81 주자(朱子)가……있습니다 : 주희가 〈첨수에게 답한 편지〔答詹帥書〕〉에서 "부탁하신 글을 여러 차례 써 보았으나 마음에 들지 않아 서너 차례 종이를 바꿔 가며 이리저리 맞추어 쓰기를 마쳤습니다. 요컨대 저는 본래 글쓰기에 능하지 못할 뿐만 아니라 옛사람의 서법에 대해서도 아는 것이 별로 없습니다. 그러다 보니 손이 가는 대로 함부로 써 내려갈 수가 없었습니다. 그래도 제게 부탁하신 뜻을 보고 힘껏 노력해 보았으나 끝내 마음에 드는 글자를 쓸 수가 없었습니다. 보충해서 끼워 넣은 곳은 원래의 글줄 안에 들어가지 않은 것이니 반드시 글자체를 잘 아는 좋은 기술자를 구해서 이것들을 적절히 이동시켜 조정해야 똑바로 될 것입니다."다고 하면서 글씨 쓰기의 어려움을 토로하였다. 《晦菴集 卷27》

다시 다른 사람들에게 요청해서는 안 되고 또 집사의 중망을 끝내 놓치고 싶지 않다."라고 합니다. 이 의론이 참으로 옳으니 전일에 망언한 죄를 피할 길이 없습니다. 그리고 여러 의론이 이미 이와 같다면 연지 또한 어찌 감히 대신 쓰려고 하겠습니까. 부디 바라건대 속히 붓을 들고 글씨를 써서 여망에 부응하고 대사가 잘 처리되게 해 주시는 것이 어떻겠습니까.

민대수에게 답함 신유년(1681, 숙종7) 11월 13일

答閔大受 辛酉十一月十三日

박여길(朴汝吉)의 일[82]이 있은 뒤로 제가 여러 번 답서를 보내지 못한 것은 매우 불손한 태도라 하겠는데, 불손함이 심할수록 보내 주시는 편지는 더욱 그치지 않았습니다. 제 장손(長孫)의 출사(出仕)를 도와 준 일[83]에 이르러서는 감사하는 마음이 더욱 지극하지만 이런 은혜를 받은 까닭을 알지 못하니 부끄럽고 송구한 마음만 간절할 뿐입니다.

이번에 도로에서 죽지 않은 것은 참으로 《시경(詩經)》 〈육아(蓼莪)〉의 "은덕을 갚고자 하나 저 하늘처럼 끝이 없다."라는 말과 같다 하겠습니다.[84] 이제 갑자기 목숨이 다하여 죽게 되면 끝내 은혜를 저버

82 박여길(朴汝吉)의 일 : 박여길은 박태손(朴泰遜)으로, 여길은 그의 자이다. 본관은 반남(潘南), 호는 천휴(天休)이며, 경상 감사와 대사성 등을 지냈다. 1681년 1월에 공청도 관찰사로 제수된 어진익(魚震翼)이 문제가 있다면서 헌납 박태손이 상소를 올리는 바람에 이사명(李師命)이 그 자리를 대신 맡게 되었다. 이에 대해 송시열은 어진익을 변호하면서 박태손이 너무 까다롭게 논박한다며 차자를 올렸다. 이로 인해 결국 박태손도 인혐(引嫌)하여 사직을 청하였고 송시열도 그 일로 인해 다시 자신의 허물을 인혐하는 차자를 올리는 등 서로 곤욕을 치렀다. 《肅宗實錄 7年 1月 29日, 2月 13日》 《宋子大全 卷16 因朴泰遜辭職引咎箚(辛酉二月)》

83 제……일 : 송시열의 장손인 송은석(宋殷錫)이 민정중의 천거로 제원도 찰방(濟原道察訪)으로 출사한 것을 말한다. 《宋子大全隨箚 卷6》

84 이번에……하겠습니다 : 송시열 자신이 길에서 죽지 않고 살아난 것은 모두 하늘같이 끝없는 임금의 은혜를 받았기 때문이라는 말이다. 송시열은 1681년 10월에 숙종비 인경왕후(仁敬王后) 김씨(金氏)의 소상(小祥)에 참여하기 위해 길을 떠났다가 음죽(陰竹)에서 병이 위독해져 부득이 화양(華陽)으로 돌아왔다. 그러자 숙종은 태의(太

린 귀신이 되는 것이니 지하에서도 눈을 감기 어려울 것입니다. 일찍이 보건대 동춘(同春)은 크게 병이 없었는데 시일을 오래 끌다가 마침내 일어나지 못하는 지경에 이르고 말았습니다. 저는 이 형에 방불한 점이 없지만 단지 이 점만은 서로 유사하다고 할 수 있습니다.

자운서원(紫雲書院)에 새길 비석 글의 원본은 일찍이 박화숙(朴和叔 박세채(朴世采))과 논의를 주고받은 바가 있습니다. 그러나 개정(改訂)한 것은 그리 대단하지 않으니 구본(舊本)을 가지고 새기더라도 크게 일을 해치지는 않는데, 그동안 이 일이 계속 지체되면서 지금에까지 이르렀습니다. 부디 바라건대 속히 붓을 들어 글씨를 써서 일을 맡은 자에게 주시는 것이 어떻겠습니까. 비루하게 여기지 않으시는 데에 감격하느라 문득 이렇게 파계(破戒)를 저지르고 말았으니,[85] 옆에서 지켜보는 자들은 필시 큰 웃음을 터뜨릴 것입니다.

醫)를 보내어 병간호를 하도록 하고 액정서의 하례(下隷)를 보내어 병문안을 하면서 찬물(饌物)을 하사하였다. 《宋子大全 附錄 卷8 年譜》

85 이렇게……말았으니 : 글씨를 빨리 써 주기를 강요하는 듯한 태도로 말한 것을 가리킨다.

민대수에게 답함 임술년(1682, 숙종8) 2월 18일

答閔大受 壬戌二月十八日

산중 사람이 매번 귀한 서한을 받을 때마다 그에 대해 감사하고 송구한 마음이 여러 날 풀리지 않지만 또한 보답할 길이 없습니다. 다만 바라건대 마음을 바르게 하고 조정을 바로잡아서 이를 통해 백성을 구제하고 나라를 살리는 근본으로 삼는다면 천만다행이겠습니다. 자운서원(紫雲書院)에 새길 비석 글은 중첩되는 점이 문제이니, 한뜻으로 몰두하여 전심을 다해 고쳐 주시는 것이 어떻겠습니까? 이만 줄입니다.

민대수에게 답함 임술년(1682, 숙종8) 3월
答閔大受 壬戌三月

강리(姜吏)가 와서 보내신 편지를 전해 주니 위로되고 감사한 마음을 뭐라 형용할 길이 없습니다. 저는 아침저녁으로 죽기만을 기다리고 있으니 온갖 상념이 식은 재처럼 다 사그라집니다. 다만 봄이 와서 먹을 것이 없는 상황이라 사람들 마음이 매우 흉흉하니 시사(時事)가 앞으로 어떻게 될지 잘 모르겠습니다. 생각이 여기에 미치니 가슴이 무너지는 듯합니다.

제가 모든 것을 집사에게 고하지 않는 것이 주자(朱子)가 장식(張栻)이나 왕응신(汪應辰)에게 했던 것과 같다는 말을 어떤 이가 했다는데, 이 말에 저도 모르게 크게 웃음을 터뜨렸습니다. 주자는 모든 이치에 환히 밝아서 경륜을 펴는 것이 그 여사(餘事)일 뿐이지만 저같이 우매한 사람은 제 한 몸도 제대로 건사하지 못하는데 다시 무슨 계책이 있어 남에게 고할 수 있단 말입니까.

그 사람이 또 말하기를 "경륜을 펴는 것은 진실로 어려운 일이니 그에게 물러나도록 권하여 만년의 절개를 보존하게 하는 것이 어찌 쉽고 간단한 일이 아니겠는가." 하기에, 제가 또 말하기를 "물러난 뒤에 또 어떤 사람이 있어 오늘보다 더 낫게 하겠는가." 하였습니다. 그러자 그 사람이 또 말하기를 "옛사람들은 단지 그 의리가 어떠한지만 보았지 후인들이 장차 나만 못할 것이라고 생각하여 머뭇거리지는 않았다." 하기에, 제가 더 이상 대답할 수가 없었습니다. 잘 모르겠습니다만 이 문답이 어떻다고 생각하십니까?

집사께서는 덕망이 너무 중하다 보니 아침에 정사(政事)의 권한을 잡으면 저녁에 나라를 흥성하게 할 수 있다고들 하였는데, 3년이 지났음에도 백성들은 더욱 곤궁하고 피폐해졌습니다. 하늘이 더욱 재앙으로 견책을 내려서 시세가 전보다 더욱 위태로운 지경이 되었습니다. 그러다 보니 책망이 모두 한 사람에게 쏠리는 것은 이치와 형세상 당연합니다. 잘 모르겠습니다만 집사는 장차 어떻게 할 작정이십니까? 어떤 정해진 계획이 있는지 듣기를 원합니다.

제 생각은 이렇습니다. 위태로운 나라에서 벼슬하는 자는 떠날 수 있는 의리가 없다[86]고 했으니, 오직 마음과 힘을 다하여 한결같이 백성을 보호하고 임금을 높이는 마음을 가져야 할 것입니다. 그리고 올곧고 신실한 사우(士友)를 많이 두어 나의 잘못을 공격하도록 하면서, 좋은 계책이 있으면 빨리 행하고자 앉아서 아침이 오기를 기다린 주공(周公)처럼 늘 노심초사하고, 간절하게 백번이라도 아뢰었던 육선공(陸宣公 육지(陸贄))처럼 진심으로 충언을 바쳐야 할 것입니다.

질병이 있더라도 내사(內司)에서 숙식하고 밤중에 재때로 청대(請對)하여 제왕의 학문을 권면하고 국정을 논한다면 비록 하루에 나아지는 일은 없더라도 달로 계산하면 더욱 여유가 있게 될 것입니다. 그러니 그럭저럭 구차하게 날짜만 보내어 백성의 기대를 저버리는 일이 있어서는 결코 안 될 것입니다. 잘 모르겠습니다만 집사께서는 어떻게 생각하십니까? 나머지 하고 싶은 말을 일일이 다 하지 못합니다.

86 위태로운……없다 : 《논어》 〈태백(泰伯)〉에 "위태로운 나라에는 들어가지 않고 어지러운 나라에는 살지 않으며, 천하에 도가 있으면 나오고 도가 없으면 숨는다."라고 한 구절의 집주(集註)에 보인다.

민대수에게 보냄 임술년(1682, 숙종8) 4월 21일
與閔大受 壬戌四月二十一日

오랑캐에게 문안하러 가셨다[87]고 일찍이 들었기에 말 타고 다녀오느라 피곤하실 것이라고 생각하였습니다. 그런데 곧이어 듣기에 되돌아오는 데 그렇게 많은 날이 걸리지 않았다고 하니, 기쁘고 다행스러운 마음이 바야흐로 매우 컸습니다. 그러다 이번에 체편(褫便)을 통해 보내 주신 서한을 받고서 보살펴 주시는 마음을 멀리에서 알게 되니 감사한 마음을 뭐라 형언할 길이 없습니다.

다만 시세와 인심이 날로 망극한 지경에 이르고 있으니, 왕통(王通)이 "바라건대 군후(君侯)가 마음을 바르게 하여 천하를 거느리시면 제가 은덕을 받는 것이 많을 것입니다."라고 했던 뜻[88]을 정히 기부(記府)[89]에게 바라지 않을 수가 없습니다. 끝으로 드릴 말씀은 더욱더 건강

87 오랑캐에게 문안하러 가셨다 : 1682년 2월에 청나라 황제 성조(聖祖)가 심양(瀋陽)에 행차한다는 소식이 전해지자 우리 조정에서는 문안사(問安使)로 종친인 회원군(檜原君) 이륜(李倫)을 임명했다가 일의 체모가 특별하니 대신(大臣)을 차출하여 보내라는 정승들의 요청에 따라 다시 민정중을 차출하여 보냈다.《肅宗實錄 8年 2月 12日·15日·17日, 3月 17日》

88 왕통(王通)이……뜻 : 왕통은 수나라 때 육경(六經)의 효용을 중시한 경학가이다. 문제(文帝)에게 〈태평십이책(太平十二策)〉을 올렸으나 채택되지 않자, 하수(河水)와 분수(汾水) 가로 물러나 도학(道學)을 강론하고 방현령(房玄齡), 두여회(杜如晦), 위징(魏徵) 같은 제자들을 길러 냈다. 여기에 인용된 말은 왕통이 당시 재상이자 초국공(楚國公)에 봉해진 양소(楊素)에게 한 말로, 자신에게 벼슬할 것을 권하는 양소에게 재상으로서 경륜을 펼쳐 나라를 잘 다스려 주기를 바란다는 뜻으로 한 말이다.

에 유의하시어 모든 사람들의 기대하는 마음을 위로해 주시기를 바란다는 것입니다.

89 기부(記府) : 의정부의 별칭으로 정승을 지칭하기도 한다. 당시에 민정중이 의정부 우의정으로 있었기 때문에 이런 호칭을 쓴 것이다.

민대수에게 답함 임술년(1682, 숙종8) 5월 17일

答閔大受 壬戌五月十七日

편지를 보내 주시니 감격스럽습니다. 자운서원(紫雲書院)에 새길 비석 글을 다시 정정해 주시어 매우 다행스러우니 삼가 이렇게 찌를 붙여 여쭐 뿐입니다. 이 일은 너무 오래 지체되었기에 이 때문에 깊이 우려됩니다. 가뭄의 재해가 이렇게까지 심각하니 근심과 괴로움이 매우 크실 것으로 생각됩니다. 무슨 연유로 이렇게 되었는지 모르겠습니다만, 천재(天災)는 백성의 원망으로 말미암지 않은 적이 없습니다.

저의 집안 서종형(庶從兄) 송시섭(宋時燮)에게 관명(冠名)이 규빈(奎彬)인 양자(養子) 효일(孝一)이 있는데, 그가 신역(身役)의 독촉에 몰린 나머지 며칠 전에 스스로 목을 매어 죽었습니다. 그의 처자식도 장차 청주(淸州)에서 굶어 죽을 지경이라고 합니다. 그리고 또 일전에 권대재(權大載)에게 거의 죽을 뻔했던 호남(湖南)의 선비[90]가 와서 말하기를 "우리의 원통함을 풀어 주지는 못하더라도 그자가 조정의 추장(推奬)을 받는 것[91]은 더욱 원통합니다.……" 하였습니다. 이러한 등등

90 권대재(權大載)에게……선비 : 권대재는 성질이 표독하고 잔혹한 사람이었는데, 그가 숙종 초기 전라 감사로 있을 때 향중(鄕中) 무뢰배의 싸움이 일어난 것을 계기로 무고한 선비와 호남의 학자들을 잡아다 때려 죽이는 일이 벌어져 이 일로 죄를 받은 자가 70여 명이나 되었다. 여기에서 말한 호남의 선비는 이증화(李增華)를 가리킨다. 그도 이때 잡혀 들어가 심한 고초를 겪은 것으로 보이는데, 관련된 내용이 이 편지에 보인다.《肅宗實錄 6年 7月 23日》

91 그자가……것 : 권대재는 전라 감사로 있을 때 무고한 선비를 죽인 일, 윤휴(尹鑴)

의 일 또한 화기(和氣)를 크게 손상할까 매우 두렵습니다. 저를 깊이 인정해 주시기에 이렇게 속마음을 다 토로한 것이니 절대로 남에게 말하지 마십시오. 머리가 잘리고 가슴이 뚫리는 화를 당할까 두렵습니다.

○ 이른바 거의 죽을 뻔했다는 것은 바로 하서(河西 김인후(金麟厚)) 선생의 외증손(外曾孫) 이실지(李實之 이증화(李增華))를 두고 한 말입니다. 그에 따르면, 권대재가 이 호남 인사 중에 논의를 주도한 자들을 다른 곳으로 옮겨 가두게 하면서 칼을 씌우고 말 앞으로 몰아댔는데, 그들이 엎어지고 넘어지면 또 큰 장(杖)으로 내리쳤고 간당간당한 목숨을 지탱하여 겨우 목적지에 도착하면 또 혹독하게 형신(刑訊)을 가했다고 합니다. 이런 상황에서 죽지 않은 것이 실로 천행이었고 또 선비 중에 장을 맞다가 죽은 자도 있었다고 합니다. 주자(朱子)가 일찍이 말하기를 "위정자가 인과응보의 설에 현혹되어 살인자는 너그러이 사면해 주면서 슬퍼해야 할 살해당한 자에 대해서는 슬퍼하지 않는다." 하였는데, 오늘날의 일이 여기에 가깝지 않겠습니까. 그러나 의리는 무궁하므로 오늘날에 이렇게 처리한 것에도 필시 무슨 뜻이 있을 것이니, 그 일에 대해 집사께서 일깨워 주신다면 매우 다행이겠습니다.

○ 이 이야기는 이군(李君)이 지난달에 저를 찾아와 대면해서 한 말인데, 그때 그는 목이 메어 제대로 말을 하지도 못할 정도였습니다.

의 사주를 받고 사형수를 경솔하게 풀어 준 일, 재결(災結)을 속여 백성들의 원성을 산 일 등으로 1680년 7월에 영변(寧邊)으로 유배 갔다. 그런데 1682년 1월 27일 유배지에 흉년이 극심하여 연로한 자를 옮겨 정배(定配)하라는 논의가 있을 때, 민정중이 권대재의 죄가 다소 가볍다고 아뢰었으므로 숙종이 권대재를 양이(量移)하라고 명하였다. 《肅宗實錄 8年 1月 27日》 여기서 권대재가 조정의 추장을 받았다고 한 것은 양이하라는 숙종의 명을 가리키는 것으로 보인다.

이것이 길에서 들은 말이라면 어찌 감히 말하여 망녕되이 집사의 귀를 어지럽히겠습니까.

민대수에게 답함 임술년(1682, 숙종3) 7월 5일
答閔大受 壬戌七月五日

중추부(中樞府) 조례(皂隸)가 내려와서 브내신 편지를 전해 주었는데, 놀랍고 기쁜 마음이 들면서 체후가 평안하신 것에 대해 매우 경하하게 됩니다. "힘을 기울여 직무를 행하다가 능력이 안 될 때는 그만둔다."라는 말은 실로 대성인(大聖人)이 남기신 가르침이니,[92] 집사의 겸손한 마음에는 어찌 그렇게 여기지 않을 수 있겠습니까. 그러나 뒤를 걱정해서는 안 된다는 말 또한 쇠잔한 오나라 장신(將臣)이 했던 충언입니다.[93] 이는 높은 의리에 관계되는 문제이니 가볍게 말해서는 안 될 듯합니다.

자운서원(紫雲書院)에 새길 비석 글의 경우, 가만히 보면 여론은 실로 형산(衡山)이나 태산(泰山) 같은 집사의 중망을 빌려 사문(斯文)을 빛내고 싶어 하는데, 오랫동안 글씨를 받지 못하고 있는 상황입니다. 부디 바라건대 속히 여망에 부응해 주시는 것이 어떻겠습니까.

92 힘을……가르침이니 : 《논어》 〈계씨(季氏)〉에서 공자(孔子)가 염구(冉求)를 꾸짖기를 "옛날에 주임(周任)이 이런 말을 한 적이 있다. '힘을 기울여 직무를 행하다가 능력이 안 될 때는 그만둔다.' 위험한데도 잡아 주지 못하고 넘어지는데 붙잡아 주지 않는다면 그런 보상(輔相)을 어디에다 쓰겠느냐." 하였다.

93 뒤를……충언입니다 : 오나라 장신이 누구를 가리키는지는 전거를 찾지 못하였으나, 뒤가 어떻게 될 것인지는 걱정하지 말고 계속 나아가야 한다는 의미이다. 여기서는 송시열이 민정중에게 뒷일을 걱정하지 말고 계속 나아가야 한다는 의미이다. 여기서는 송시열이 민정중에게 뒷일을 걱정하지 말고 계속 너슬하면서 직무에 충실하라고 넌지시 권한 것이다.

제생(諸生)은 두려워서 감히 번거롭게 아뢰지 못하고 이 사람으로 하여금 주선해 주기를 바라기에 감히 이렇게 청할 뿐입니다. 병이 매우 심해 붓을 잡을 수 없는 관계로 남의 손을 빌려 대신 쓰는 상황이라 나머지는 이만 줄이니 송구한 마음을 금할 길이 없습니다.

별지

김 장군(金將軍)의 묘비(廟碑) 글[94]의 첫째 줄은 편지에서 말씀하신 대로 "유명(有明) 조선국(朝鮮國) 조증(詔贈) 요동백(遼東伯) 김 장군(金將軍) 묘비(廟碑)"라고 써야 할 것입니다. 만약 본국의 행직(行職)과 증직(贈職)을 연이어 쓰게 되면 '조증(詔贈)'과 서로 혼동되어 구별하기 어렵습니다. 반드시 구별하려고 하면 "황명 조증 요동백(皇明詔贈遼東伯)"이라 하고 그 아래에 조선국 아무 관직, 증직 아무 관직 등등을 쓰는 것이 합당할 것입니다. 이렇게 하면 명분이 엄정하기는 하지만 더욱 존엄하게 느껴지는 이전의 명칭만은 못한 듯합니다. 장군이라는 명칭은 비록 관직은 아니지만 당시 조서(詔書)에도 여러 번 장군이라고 칭하였으니, 지금 어찌 감히 이를 쓰지 않을 수 있겠습니까. 의심할 여지가 전혀 없습니다.

94 김……글 : 《송자대전》 권171 〈조증 요동백 김 장군 묘비(詔贈遼東伯金將軍廟碑)〉를 말한다. 여기서의 김 장군은 김응하(金應河)를 가리킨다. 1618년(광해군10)에 명나라가 후금(後金)을 치면서 조선에 원병을 청했을 때, 김응하는 도원수 강홍립(姜弘立)을 따라 압록강을 건너 후금 정벌에 나섰다가 중과부적으로 패배한 뒤 전사하였다. 이듬해 명 신종(明神宗)이 조서(詔書)를 내려 김응하를 요동백(遼東伯)에 봉하였고 우리 조정에서는 그에게 영의정을 추증하였다.

민대수에게 답함 임술년(1682, 숙종8) 7월 17일
答閔大受 壬戌七月十七日

생사에 대한 안부를 물어 주시는 편지가 거의 한 달에 한 번씩 오고 있으니, 감사하고 송구한 마음을 뭐라 말씀드릴 수 있겠습니까. 자운서원(紫雲書院)에 새길 비석 글에 대해 너무 지체되지 않게 끝내 집사께서 빛나는 글씨를 써서 주신다면 사문(斯文)으로서는 매우 다행일 것입니다.

그리고 삼가 여쭈어볼 것이 있습니다. 제가 선산(先山)에 귀의하여 조석으로 묘소를 바라보며 절하였고 초하루와 보름날에는 자손을 거느리고 가서 분향하고 참배하였습니다. 그런데 뒤에 언급한 것[95]은 일찍이 상고해 본 적이 없는 사안이라 새로운 예(禮)를 만든다는 혐의가 없지 않으므로 평소에 늘 불안하였습니다.

그런데 어제 저의 질손(姪孫) 중에 일찍이 제천(堤川) 내아(內衙)의 권속(眷屬)으로 있던 사람이 와서 말하기를 "일찍이 집사께서 원서촌(院西村)[96]의 선영 아래에서 이렇게 하는 것을 본 적이 있습니다." 하기에, 사사로이는 제가 행한 것이 의리와 예에 어긋나지 않았다는 안도감에 매우 기뻤습니다. 비록 그것이 옛날에는 없었지만 그래도 시속(時俗)을 따르는 의리[97]에 해가 되지는 않을 것입니다. 그러나 옛날에도

95 뒤에 언급한 것 : 바로 위의 구절에서 두 번째로 언급한, 초하루와 보름날에 자손을 거느리고 가서 분향하고 참배한 일을 말한다.

96 원서촌(院西村) : 충청도 제천의 마을 이름이다.

이것을 행한 경우가 있다면 더욱이 증거가 없어 믿지 못하는 결과가 되지는 않을 것이니, 만약 집사께서 관련 출처를 제시해 주신다면 더욱 다행이겠습니다. 날씨가 아직도 더우니 삼가 시대를 위해 더욱 몸을 보중하여 우러르는 마음을 위로해 주시기 바랍니다.

97 시속(時俗)을 따르는 의리 : 공자가 말하기를 "치포관(緇布冠)이 본래의 예(禮)이지만 지금은 생사(生絲)로 만드니, 검소(儉素)한지라 나는 시속을 따르겠다." 한 것을 말한다. 《論語 子罕》

민대수에게 보냄 임술년(1682, 숙종8) 7월 그믐

與閔大受 壬戌七月晦日

삼가 아뢸 것이 있어 감히 존엄한 집사를 귀찮게 해 드립니다. 제 종형(從兄)인 고 태복시 주부(太僕寺主簿) 송시영(宋時榮) 공이 순절한 사적[98]은 문정공(文正公) 청음(淸陰 김상헌(金尙憲)) 선생께서 여러 공에 대해 쓰신 글에 누차 드러내신 바가 있습니다. 예를 들면 이 태상(李太常)의 묘갈문[99] 및 숙부 습정공(習靜公)의 묘지문[100] 같은 글들에서 확인할 수 있습니다. 그리고 신독재(愼獨齋) 문경공(文敬公 김집(金集)) 께서 일찍이 태복공(太僕公)의 묘지명[101]을 찬술하시면서 또한 가장 먼저 창의(倡義)한 것을 머리말로 삼으셨으니, 그 사실을 속일 수 없는

98 제……사적 : 사복시 주부를 지낸 송시영은 자는 공선(公先)·무선(茂先), 호는 야은(野隱)이고 김장생의 문인이다. 병자호란 때 왕명을 받들고 강화도에 들어갔다가 강화도가 함락되자 이시직(李時稷) 등과 함께 자결하였다.

99 이 태상(李太常)의 묘갈문 : 태상은 봉상시(奉常寺)로, 이시직이 봉상시 정(奉常寺正)을 지냈다. 이시직은 본관은 연안(延安), 자는 성유(聖兪), 호는 죽창(竹窓)이고 조호익(曺好益)과 김장생의 문인이다. 병자호란 때 강화도가 함락되자 송시영과 함께 순절하였다. 묘갈문은 《청음집(淸陰集)》 권31의 〈사헌부 장령 이 공 묘갈명(司憲府掌令李公墓碣銘)〉이다.

100 숙부 습정공(習靜公)의 묘지문 : 송시열의 숙부인 송방조(宋邦祚)의 묘지문으로, 《청음집》 권32의 〈병조 좌랑 송군 묘갈명(兵曹佐郞宋君墓碣銘)〉이다. 습정(習靜)은 송방조의 호이다.

101 태복공(太僕公)의 묘지명 : 송시영의 묘지명으로, 《신독재유고(愼獨齋遺稿)》 권9의 〈사복시 주부 송 공 묘지명(司僕寺主簿宋公墓誌銘)〉이다.

것이 이와 같습니다.

그런데 이번에 삼가 듣기에 태상공(太常公)에게 추증(追贈)하고 시호를 내린다는 명이 있었는데,[102] 태복공의 경우는 단지 추증하는 예만 따랐다고 합니다. 삼가 생각건대 지금의 일은 그 도덕과 문장을 들어서 이러한 명이 내려진 것이 아니라, 실로 죽고 사는 큰일을 당해서도 지조를 빼앗을 수 없었던 그 훌륭한 행적으로 인한 것일 뿐입니다. 태복공이 여러 공 중에서 이처럼 으뜸이 되고 뛰어났음에도 포장(褒獎)의 은전이 도리어 여러 공보다 부족한 것은 어째서입니까? 비록 살아 있을 때의 관작으로 말하더라도 시(寺)의 정(正)과 시의 주부는 그 고하가 조금의 차이밖에 없는데 모두 함께 시호의 은전을 받지는 못하였고, 또 그분이 산 당대를 논하여 말하더라도 그 효성과 우애로 펼친 정사와 예법으로 교화한 것이 옛사람에게 견주더라도 손색이 없는데 더구나 말세의 사람이야 말해 무엇 하겠습니까. 한 일은 옛사람보다 뛰어난데 그 명색은 오늘날에 굽혀지고 말았으니, 삼가 백세(百世) 후의 공론에 혹 불만이 없지 않을 듯합니다.

지금 공(公 송시영)의 어린 고손(孤孫) 송원석(宋元錫)이 그 일의 곡절을 알고자 하여 발을 싸매고 서울로 갔는데, 혹 성상께 호소하고자 해도 미천한 처지로 분수 넘는 일을 한다는 두려움이 있고 또 승정원에서 저지를 당할까 염려도 되니, 어떻게 해야 의리에 합당하게 될지 잘 모르겠습니다. 삼가 바라건대 자애로운 집사께서 어진 은택을 베풀어서 좋은 쪽으로 지휘해 주신다면 매우 다행이겠습니다.

102 이번에……있었는데 : 1682년 4월에 김수항(金壽恒)이 이시직에 대해 정2품을 추증하고 시호를 내려 주기를 청하자 숙종이 재가하였다. 《肅宗實錄 8年 4月 27日》

민대수에게 답함 임술년(1682, 숙종8) 9월 3일

答閔大受 壬戌九月三日

멀리 지방에서 조정의 권력을 잡고 있다는 죄안(罪案)[103]은 지금 돌이켜 생각해 봐도 뼛속까지 싸늘해집니다. 그래서 감히 편지를 씀으로써 아직 잘못을 고치지 못한 허물을 거듭 지을 수는 없었는데, 이렇게 보내신 편지를 받고서 7월에 간청했던 것[104]에 대해 뒤미처 답을 얻었습니다. 이것은 비록 세도(世道)에 관련된 것이지만 그래도 사실 사사로운 일에 관계되는 것인데, 견책을 가하지 않고 인가하는 뜻을 곡진히 보여 주시니, 온 집안이 너무나 영광스럽고 감사하여 어떻게 보답을 드려야 할지 모르겠습니다.

시사(時事)가 불행하여 변고(變告)가 또 올라왔다고 하는데 장차 어떻게 결말이 날지 알 수 없으니 매우 우려됩니다. 삼가 들으니 근래 글씨를 익히는 일에 전념하신다고 하는데, "일찍이 글씨를 잘 쓰는 사람으로서 도(道)를 아는 자를 본 적이 있는가."라고 한 정자(程子)의 가르침[105]을 듣지 않으셨습니까. 더구나 이렇게 나라의 정세가 위급한

103 멀리……죄안(罪案) : 1680년 10월에 남인 측 대간이 대계(臺啓)를 올려 송시열이 멀리 지방에 있으면서 조정의 권력을 좌지우지한다며 논죄(論罪)하기를 청한 일을 말한다. 《肅宗實錄 6年 10月 23日》

104 7월에 간청했던 것 : 송시열이 선산(先山)에서 조석으로 성묘하는 한편 초하루와 보름에는 자손을 거느리고 가서 분향하고 참배하는데 이에 대한 분명한 근거가 없어 불안하니 분명한 출처가 있으면 알려 달라고 청했던 일을 말한다. 《宋子大全 卷60 答閔大受(壬戌七月十七日)》

때에는 실로 황급하게 서둘러 만분의 일이라도 그것을 부지해야 마땅한데, 도리어 문을 닫고 발을 내린 채 하나의 작은 기예에 힘을 쏟으시니 어찌된 일입니까. 계주(季周 이단하(李端夏))가 일찍이 말하기를 "아무개 대감은 옛날에는 명신(名臣)이었는데 지금은 명유(名儒)가 되었다." 하였는데, 이제 저는 그 말에 더 보태어 "아무개 대감은 오늘날에는 세 번째 변하여 명필(名筆)이 되었다."라고 해야 할 상황이니 우습습니다.

태복(太僕) 형의 일은 끝내 유념해 주시는 은혜를 입게 되었으니[106] 어찌 단지 한 집안의 다행일 뿐이겠습니까. 병세가 심각하여 자리에 누워 남에게 대신 쓰게 하였으니 너무나 황공합니다. 이만 줄입니다.

105 일찍이……가르침 : 정호(程顥)가 말하기를 "일찍이 글씨 잘 쓰는 사람으로서 도를 아는 자를 본 일이 있는가. 서예가들은 평생의 정력을 오로지 이 일에만 쏟았으니, 이는 시일만 헛되이 보냈을 뿐 아니라 도에도 방해되는 바가 있으니, 그것이 뜻을 잃어버리게 하는 것임을 알 수 있다." 하였다. 《近思錄 卷11 教學》

106 태복(太僕)……되었으니 : 태복 형은 태복시 주부를 지낸 송시열의 종형(從兄) 송시영(宋時榮)을 가리킨다. 강화도에서 함께 순절한 이시직(李時稷)에 대해서는 추증(追贈)과 시호(諡號)의 은전이 함께 내렸는데 송시영에 대해서는 추증의 은전만 내려 불만스럽다는 내용의 편지가 바로 앞에 나온다. 이때 송시열은 민정중뿐만 아니라 김수항(金壽恒)에게도 편지를 보내어 송시영에 대한 시호의 은전이 내려지도록 힘써 달라고 부탁하였는데, 이때 민정중이 유념하여 그 일이 이루어지도록 하겠다는 뜻을 보내왔으므로 이렇게 말한 것이다. 실제로 1682년 9월 15일에 김수항이 청대(請對)에 입시한 자리에서 이를 아뢰어 송시영에게도 더 올려 증직(贈職)하고 증시(贈諡)하라는 명이 내려졌다. 《宋子大全 卷55 答金久之(壬戌九月三日), 卷60 與閔大受(壬戌七月晦日)》 《肅宗實錄 8年 9月 15日》

민대수에게 답함 임술년(1682, 숙종8) 10월 14일
答閔大受 壬戌十月十四日

산촌에서 이불을 안고 누워 무료한 생각뿐이다가 홀연히 보내 주신 편지를 받으니 고질병이 있다는 것도 까맣게 잊었습니다. 게다가 이 별지의 내용은 저도 모르게 한번 큰 웃음을 터뜨리게 하였습니다. 대신(大臣)의 진퇴가 이렇게 보잘것없는 일개 서생과 관계가 있다니 경중이 맞는지 잘 모르겠습니다. 하지만 만약 미천한 사람이 들어감으로 인해 집사가 나가는 계기가 된다면 온몸을 바쳐 해 보는 것 외에 또한 무엇을 아끼겠습니까. 다만 덕이 있는 사람이 혹 소진(蘇秦)과 장의(張儀)의 술수를 쓰는 게 염려가 되니 매우 우습습니다.[107]

○ 옛날에 동래(東萊 여조겸(呂祖謙)) 선생이 서울에 있을 때 주자(朱子)에게 올라오기를 권하면서 말하기를 "올라온 뒤에 온당하지 못한 것이 있으면 거취는 자신에게 달려 있다." 하였으므로 주자가 이 말을 믿고 들어온 뒤에 다시 물러나기를 청하였는데, 동래가 또 만류하면서

107 미천한……우습습니다 : 당시 민정중은 숙종에게 제현(諸賢)을 적극적으로 초치하기를 청하였으나 송시열과 박세채(朴世采) 등은 계속 사직하고 나오지 않고 있었다. 이에 민정중은 박세채에게 조정에 송시열이 있다면 들어오겠느냐고 타진하였는데 박세채가 이를 허락하였다. 그러자 민정중이 송시열에게 편지를 보내어, 요직을 맡지는 않더라도 잠시 동안 올라옴으로써 박세채가 들어올 수 있는 계기를 만들어 달라고 청하였다. 여기서 송시열은 민정중의 이런 계획이 결국 자신과 박세채를 나오게 한 다음 민정중 본인은 물러나려는 의도가 있다고 여겨 소진과 장의의 술수라고 농담한 것이다. 《宋子大全隨箚 卷6》

말하기를 "이미 올라온 뒤에 떠나기를 청하는 것은 말이 안 된다." 하였습니다. 그래서 주자가 "덕이 있는 사람이 소진과 장의의 술수를 쓴다." 라는 말을 하였던 것입니다.

민대수에게 보냄 임술년(1682, 숙종8) 10월 18일

與閔大受 壬戌十月十八日

70에 치사(致仕)하는 것은 신하가 지켜야 할 큰 원칙입니다. 주자(朱子)가 69세인 무오년(1078)에 글과 인사 관련 물건〔人事諸物〕[108]들을 다 갖추어 미리 서울에 보내 놓고는 이듬해 기미년(1079) 1월에 곧바로 치사하는 상소를 올렸으니, 일각도 늦추어서는 안 되는 것이 이와 같다 하겠습니다.

미천한 신하인 저의 을묘년(1675)과 병진년(1676)은 바로 주자의 무오년과 기미년입니다. 당시에 저는 바닷가 장기(長鬐)에 유배되어 있었기에 이 일이 차질을 빚어 지난해 봄에 이르러서야 비로소 치사하는 상소를 올렸는데 아직 윤허받지 못한 채로 금년에까지 이르렀습니다. 이에 소명(召命)이 누차 내릴 때면 스스로를 허물하면서 이는 그 당시에 치사를 강력하게 청하지 못한 소치라고 여기고 있습니다. 성상의 덕으로 말해 보더라도 이렇게 강제로 나오기를 다그치는 것 또한 옛 성인이 노인을 편안하게 쉬게 했던 뜻이 아니라 할 것입니다.

제가 이번에 올라온 것은 탑전(榻前)에서 반복해서 청하여 기필코 허락받은 뒤에 돌아가고 싶은 마음이 간절했기 때문입니다. 그런데 갑자기 허겁지겁 서둘러 도성을 떠나게 되었으니[109] 이는 애초의 계획

108 인사 관련 물건 : 《송자대전》 권17 〈치사를 청하는 상소(임술년 10월)〔乞致仕疏(壬戌十月)〕〉에는 "항용하는 식례〔恒用式例〕"로 되어 있다. 둘 다 무슨 의미인지 분명하지 않으나 치사와 관련하여 공식적으로 필요한 제반 물품을 일컫는 듯하다.

과 어긋나는 일입니다. 그리고 또 성상의 예우가 너무도 융숭하여 떠나는 것을 이렇게 지극하게 만류하시니,[110] 낭패스럽고 기가 막혀 실로 태연하게 있을 수가 없습니다. 현재 한창 상소를 지어 죽음을 무릅쓰고 물러나기를 청하려고 하지만 반드시 윤허받는다고 보장할 수 없습니다. 삼가 바라건대 집사께서 하나의 차자를 올려 흔쾌하게 따라 주시도록 도와주십시오. 그리해 주신다면 미천한 신하로서는 다시는 혐의스러울 것이 없을 것입니다.

그런 뒤에 혹 이곳에 머물러 있게 된다면 나라의 경사일(慶事日)에 축하하는 반열에 들어가 참석하기도 하고 강가의 정자나 도봉산(道峯山)과 수락산(水落山) 등지에서 화숙(和叔) 등 여러 벗과 서로 모여 강학도 하면서 유유자적하며 도성을 멀리하지 않을 것입니다. 이렇게 될 경우 집사가 천하를 경륜하는 일에도 어찌 조금이나마 은연중에 도움이 되는 유익함이 없겠습니까.

그렇지 않으면 경기 인근을 배회하면서 등용되기를 도모한다는 비방을 면하기 어려울 터이니, 형세상으로 볼 때 마침내 남쪽으로 돌아가

109 허겁지겁……되었으니 : 1682년 10월 15일에 우승지 이현석(李玄錫)이 상소하여 "신이 예전에 송시열을 절도(絶島)에 옮겨 정배하기를 청하는 계사에 참여한 바 있는데 지금은 승지로서 송시열을 예대(禮待)하는 일을 봉행해야 하니 마음에 맞지 않는 것이 있습니다."라고 하였다. 이에 홍문관 박사 이이명(李頤命)이 상소하여 이현석을 논척하고 대간들도 논계하였으므로 숙종이 이현석을 삭출(削黜)하였다. 그러자 송시열이 상소하여 자신의 불안한 정세를 진달하고 휴치(休致)를 청한 뒤에 동교(東郊)로 나갔다. 《肅宗實錄 8年 10月 15日, 16日》《宋子大全 附錄 卷8 年譜》

110 성상의……만류하시니 : 송시열이 상소를 올리고 동교로 나오자 숙종이 승지를 보내 전유(傳諭)하고, 또 예조 판서 남용익(南龍翼)을 보내어 전유하면서 만류하였다. 《肅宗實錄 8年 10月 15日, 16日》《宋子大全 附錄 卷8 年譜》

화양(華陽)에 이른 뒤에나 그칠 것입니다. 성상의 은혜를 저버려서는 안 되지만 필부의 확고한 뜻 또한 절로 빼앗기 어려우니, 다시 한 번 집사께서 혜량해 주시기 바랍니다.

민대수에게 답함 임술년(1682, 숙종8) 11월 6일

答閔大受 壬戌十一月六日

조금 전에 서울의 젊은이들이 보낸 편지를 받고 3일에 연석(筵席)에서 진달하신 말씀[111]을 대략 들었는데, 그 내용이 산처럼 기운이 솟구치게 하여 저도 모르게 흥분한 말투로 답장을 보냈으니 뜻밖의 비난과 질타를 면치 못할 듯합니다. 그러나 마음 한편으로는 '전해지는 말은 간혹 진실이 아닐 수도 있다.'라고 생각하고 있었습니다. 그런데 이번에 보내 주신 편지를 받고는 망연자실하며 '평소에 깊이 인정해 주는 사람 중에 집사만 한 이가 없었는데, 지금 서로를 심히 모르는 것이 이 정도구나.'라고 생각하게 되었습니다. 이에 너무나 부끄러워 얼굴이 붉어지면서 거의 흐르는 땀으로 옷을 적실 정도였습니다.

이번에 10여 일을 말을 타고 움직인 나머지 감기가 심하게 들어 이렇게 문을 닫고 이불을 끌어안은 채 앓고 있습니다. 이로 인해 눈을 감게 된다면 미리 장만해 둔 무덤이 눈앞에 있으므로 일이 매우 편리하고 빠르겠지만,[112] 혹여 그렇게 되지 않으면 여기에서 미친 듯이 내달려 멀리 가게 될 것이니, 아마도 다시는 집사를 만나지 못하게 될 것입니

111 3일에……말씀 : 1682년 11월 3일에 민정중이 숙종에게 송시열의 치사(致仕)를 허락하지 말라고 청한 것을 말한다. 《宋子大全隨箚 卷6》

112 이로……빠르겠지만 : 이때 송시열은 병으로 인해 시골로 돌아가지 못하고 수원(水原)의 만의(萬義)에 머물러 있었다. 송시열은 예전에 이곳 무봉산(舞鳳山)에 부인의 무덤을 쓰면서 그 오른편을 비워 두게 하여 자신이 묻힐 곳으로 정해 놓았으므로 이렇게 말한 것이다. 《宋子大全 卷113 答朴景初(乙丑正月晦日), 附錄 卷11 年譜》

다. 부디 나라를 위해 자중자애하여 저의 다음에 부응해 주시기를 바랍니다. 남을 시켜 대신 쓰게 하였으니 매우 송구합니다. 이만 줄입니다.

별지

주자(朱子)가 말씀하기를 "한 사내의 진퇴는 풍속의 성쇠에 관계된다." 하였는데,[113] 이렇게 노루나 사슴같이 미천한 사람은 말할 것이 못 된다 하더라도 도리어 한 사내가 지키는 뜻을 끝내 이루어 주지 못한다면 집사는 이 미천한 사람을 잘못되게 할 뿐만 아니라 또한 세도(世道)에도 깊은 계책이 못 될 듯합니다.

재상 천득(天得)이 자신을 위하여 도모한 것이 매우 좋았다[114]고 일전에 들었기에, 저는 생각하기를 '반드시 원하는 바대로 될 것이니 드디어 여기에 오래 머물 계획을 세워도 되겠다. 또한 앞으로 동짓날에는 축하하는 반열에 들어가 참석했다가 그대로 초하룻날에는 예(禮)에 따라 기거하고 이어 제공(諸公)과 빈객(賓客)의 뒤에서 조용히 있을 기회를 얻었다가 성상께 어리석은 충정을 남김없이 아룀으로써 혹 만분의 일이라도 보탬이 된다면 여기에 온 것이 거의 헛되지 않을 것이

113 주자(朱子)가……하였는데 : 주희가 말하기를 "사대부(士大夫)가 사양하고 받는 것과 나아가고 물러나는 것은 비단 그 자신만의 일이 아니다. 그 처신의 득실은 바로 풍속의 성쇠에 관계된다. 그러므로 더욱 살피지 않으면 안 된다." 한 것을 가리킨다. 《晦菴集 卷25 答韓尙書書》

114 재상……좋았다 : 천득은 이상진(李尙眞)의 자이다. 이상진은 본관은 전의(全義), 호는 만암(晩庵)인데, 1682년 5월까지 우의정으로 있다가 면직되어 이때는 행지중추부사(行知中樞府事)로 있었다. 이 말은 이상진이 10월 22일에 입시(入侍)한 자리에서 숙종에게 송시열의 치사를 일단 윤허해 주고 난 뒤에 더욱 힘써 불러들일 것을 청한 것을 말한다. 《肅宗實錄 8年 10月 22日》

다.' 하였습니다. 그런데 이제 이렇게 되고 보니 너무나 놀랍고 실망스러워 남쪽으로 돌아갈 결심을 굳히고 노복(奴僕)과 토우(土宇) 등의 일을 일절 중지하고 파하였습니다. 그렇다면 저를 머물게 하려고 했던 집사의 의도가 결국에는 쫓아내는 결과가 되고 만 것이니, 집사가 들으시면 역시 조금이라도 후회할 단서가 없지는 않으리라 생각됩니다.

무릇 성상께서는 미천한 신하가 진심을 숨기고 형식적으로 사양한다고 여겨 윤허하지 않으셨으니, 미천한 신하의 처지에서는 이미 수치스럽고 부끄러워 죽고 싶은 심정이고, 게다가 집사처럼 친한 사람이 지금 또 이렇게 하다가 그 숨기고 꾸민 것이 드러났으니, 비록 자공(子貢)과 같은 말재주가 있다 하더라도 무어라 변명하겠습니까. 이후로는 비록 천 마리 소가 끌어당긴다 하더라도 끝내 머물 수가 없으니, 앞으로 집사와는 생사 간에 작별을 하게 되었습니다. 이제 비록 영원히 돌아가지만 말하고 싶은 것이 없지는 않은데 종이와 붓으로 다 형언할 수 없으니 역시 장차 골수에 새겨 간직한 채 돌아가겠습니다. 어찌 개탄을 금할 수가 있겠습니까.

○ 일전에 들으니 최신(崔愼)의 상소에 "정성과 예우를 더욱 다하소서."라는 말이 있었다고 하는데, 저는 그 말에 탄식하기를 "내가 감히 나아가지 않은 것이 어찌 정성과 예우가 미진해서이겠는가. 그리고 오늘날 성상의 정성과 예우는 이미 지극한데 다시 거기에 무엇을 더하겠는가. 늘 이로 인해 더욱 부끄럽고 두려울 뿐이다." 하였습니다. 그런데 지금 들으니 집사도 그와 같은 말을 했다고 하는데, 저 사람은 족히 책망할 것이 없다 하더라도 집사가 이렇게 한 것은 어찌 의외의 일이 아니겠습니까. 삼가 탄식하고 탄식하는 바입니다.

민대수에게 보냄 계해년(1683, 숙종9)
與閔大受 癸亥

이 사람이 늘그막에 대궐 문에 들어가는 것은 결코 마땅한 일이 아닌데도 끝내 할 수 없이 들어간 것[115]은 성상께서 한결같이 강하게 재촉하여 들어오지 않으면 그만두지 않으시리라 여긴 게 첫 번째 이유이고, 효묘(孝廟)의 세실(世室)에 대한 일[116]이 두 번째 이유이며, 직접 면대하여 치사(致仕)를 청하려는 것이 세 번째 이유입니다.

그런데 지금 세실에 대한 의론은 이미 확정되었으나[117] 치사에 대한 일은 아직 결말이 나지 않고 있어 당초에 먹은 마음이 실현되기 애매한 상황이니 항상 부끄러운 마음만 지니고 있습니다. 그러나 몸이 조금 지탱해 주기만 한다면 또한 두어 달 머물면서 은혜와 예우에 만분의 일이라도 부응할 수 있겠는데, 지금은 병세가 이와 같아 언제 어떻게

115 이……것 : 당시에 송시열은 계속 치사를 청하는 상소를 올렸으나 숙종은 끊임없이 승지를 보내어 조정에 들어오면 치사를 들어주겠다고 유시하였다. 민정중 또한 계속 그의 자제와 문객을 보내어 강하게 권유하므로 송시열이 마침내 1683년 1월 15일에 서울로 올라와 숙종을 면대하였다. 《宋子大全 附錄 卷9 年譜》

116 효묘(孝廟)의……일 : 세실은 영구히 신주를 모시는 종묘의 신실(神室)을 말하는데, 큰 공덕이 있는 군왕은 신주를 영녕전(永寧殿)으로 옮기지 않고 세실을 만들어 영구히 봉안하였다. 여기서는 효종에 대해 영구히 세실을 만드는 것을 논의하여 확정하는 일을 말한다.

117 지금……확정되었으나 : 송시열은 효종이 북벌을 주도하는 등의 공로가 있다 하여 1683년 2월 21일에 세실로 정하기를 청하는 상소를 올렸고, 숙종이 대소 신료들과 논의하여 이를 확정하였다. 《肅宗實錄 9年 2月 21日》

될지 알 수 없습니다. 만일 다시 우물쭈물 머물러 있다가 갑자기 죽기라도 한다면 살아서 부끄럽고 죽어서도 부끄럽게 되어 몸과 명예를 모두 잃고 말 것입니다. 이 때문에 가슴에 쌓이고 맺히는 것이 있어 갑자기 한 가지 병을 더 보태게 되었습니다.

그러나 오늘이라도 혹 뜻한 바를 이룬다면 거의 마음과 정신이 깨어나서 한 가닥 살길을 찾을 수 있을 것입니다. 그래서 이제 또 일찍 일어나서 차자(箚子)를 갖추어 날이 밝는 즉시 올렸으니, 혹 오늘 소대(召對)할 때 한 말씀 도와주어 윤허받도록 해 주신다면 너무나 고맙고 다행이겠습니다. 어제저녁에 영상(領相 김수항(金壽恒))이 찾아왔기에 직접 이런 뜻을 말했더니 자못 인가하는 뜻이 있었으니, 이것까지 아울러 말씀드리는 바입니다.

조운(漕運)의 편리함을 취하는 일은 백성들이 마음으로 바라는 것이 그와 같기 때문에 감히 진달하기는 하였으나 그때에도 그것이 실행되기 어려운 줄은 알고 있었습니다. 공주(公州)를 예로 들어 말해 보면, 동쪽 주민들은 멀리 아산(牙山)까지 수송하는 것을 매우 괴롭게 여기므로 아전들 및 아산의 징세장(徵稅場) 사람들이 으레 방납(防納)하고 동쪽 주민들에게 두 배로 징수하니 동쪽 주민들은 더욱 견딜 수가 없습니다. 그래서 전에 누차 주사(籌司 비변사(備邊司))에 호소하여 서쪽은 아산으로 수송하고 동쪽은 은진(恩津)으로 수송하게 해 주기를 요청했는데, 아전들 및 아산의 징세장 사람들이 서둘러 주사의 서리(胥吏)들에게 뇌물을 먹여 기어이 막아 버렸으니, 오늘날 일의 체모라 한들 어찌 그렇지 않겠습니까. 이것으로 보아 그것이 반드시 시행되지 않을 것임을 알 수 있습니다.

만약 선박을 임대(賃貸)하는 것으로 핑계를 댄다면 그것은 그렇지 않은 점이 있으니, 비록 은진에다 수납하게 하더라도 은진이라 하여 어찌 관조(官漕)로 해서는 안 되고 반드시 선박을 임대해야 하는 법이 있겠습니까. 지금 비록 실정을 탐문한다 하더라도 백성의 사정은 반드시 막혀 상달되지 못할 것이니 너무나 탄식할 일입니다.

포(布)의 규격 승수(升數)인 5승(升)을 6승으로 올려 정하고 2필(匹)씩 내는 세포(稅布)를 1필로 감한다면 백성에게는 어찌 이롭고 편리하지 않겠습니까. 그러나 이것은 공적으로는 이로운 것이 아니라서 오래지 않아 반드시 도로 변통되어 승수는 해마다 올라가고 세포는 1필이 다시 2필이 될 것이니, 이렇게 된다면 백성은 승수가 가는 2필의 세포를 내는 데 더욱 곤란을 겪을 것입니다.

대동법(大同法)에서 7두미(斗米)로 가상(加上)하고 6승포(升布)로 고치려는 것도 그 형세가 또한 그럴 것입니다. 향후 7말[斗]은 반드시 도로 감해질 것이고 6승포는 점차 7, 8승포에 이를 것이니, 이는 지난날의 일에서도 이미 징험된 것입니다.

만일 당초의 사목(事目)대로 미(米) 5말에 5승포 1필을 바치게 한다면 백성에게 신임을 잃지 않으면서도 공적으로나 사적으로나 다 편리할 텐데, 무슨 까닭으로 반드시 미 2말을 더 올리고 포목의 승수도 올리려는 것입니까? 서리들이 반드시 6승으로 올리려고 하는 것이 서민들이 5승을 지키려고 하는 것과 차이가 없습니다.

5승의 목(木)은 거칠어서 추울 때 입기에는 매우 부족하다는 말씀은 그렇지 않은 점이 있습니다. 치밀하게 짠 것이 관문(關文)으로 행해지면서부터 수령의 기찰이 심해져서 치밀하게 짠 것은 으레 서리들에게 바꿔치기를 당하고 있으니 어떻게 거칠지 않을 수 있겠습니까. 그리고 지금은 사치가 이미 극도에 달했으니 비록 8, 9승포일지라도 지위가 낮은 무리조차 입으려 하겠습니까. 이는 염려할 바가 아닙니다.

무릇 조종조(祖宗朝)부터 이미 정해진 제도가 있는데 아전과 서리 들의 손에 의해 모두 변경되었습니다. 그런데 지금 옛 제도로 되돌리려 한다는 말이 있자, 아전과 서리 들이 자기들에게 불리하다고 여기고는 시끄럽게 떠들어 대면서 이를 막는 말을 다투어 만들어 내고 있습니다. 그런데 관직에 있는 자들 또한 그 말에 현혹되어 백성에게 매우 해로운 것도 돌아볼 겨를이 없으니 매우 한탄할 일입니다.

저들의 말은 "서울의 백성도 역시 백성인데 어찌 시골 백성에게만 유독 후하게 한단 말인가."라고 하는데, 무릇 서울의 백성은 혹 불리한 것이 있다 하더라도 잘 먹고 잘 입는 것은 문제없으니, 학정에 시달려 초췌해진 시골 백성에 비해 볼 때 어떻습니까. 저 아전과 서리 들이 이와 같이 하는 것은 본래 괴이하지 않으나 식견이 있는 사대부들도 거기에 동요되어서는 도리어 그들을 위해 그 성세(聲勢)를 돕기까지 하고 있습니다. 저는 율곡(栗谷 이이(李珥))과 남명(南溟 조식(曺植))이 "우리나라는 서리와 아전 들에 의해 망할 것이다."라고 하신 말씀을 외울 때마다 개탄하지 않은 적이 없습니다.

그리고 지금 사대부들은 입만 열었다 하면 사론(士論)이라고 하는데 예로부터 사론으로 말하자면 맹자(孟子)와 주자(朱子)만 한 이가 없었습니다. 맹자는 민심을 얻는 방법을 논하기를 "백성이 원하는 것은 그들에게 모아 주고 싫어하는 것은 베풀지 말아야 할 것이다."[118] 하였고, 주자는 매번 백성들의 마음을 위로하고 간사한 이익을 막는 것을 역설하였습니다. 지금의 사론을 이야기하는 자들은 어찌면 그렇게도 이것과 상반된단 말입니까.

집사는 성대한 덕과 중후한 인망으로 큰 직임을 맡았으니, 삼가 바라건대 한결같이 맹자와 주자의 마음을 마음으로 삼아 벼슬아치들의 모범이 되고 백성들에게 은혜를 베풀어 소생시키십시오. 그리하신다면 국가의 큰 다행일 것입니다.

118 백성이……것이다 : 《맹자》 〈이루 상(離婁上)〉에 나온다.

민대수에게 답함 계해년(1683, 숙종9)

答閔大受 癸亥

편지에서 하신 말씀은 다 잘 알았습니다. 재앙의 기색이 날로 심해져서 장차 그 사람을 죽인 이후에야 그만두려고 하니,[119] 이것이 어찌 작은 일이겠습니까. 다만 한 가지 말씀드릴 것이 있습니다. 우리 집안의 젊은이들은 매번 '바다 너머의 해적(海賊)을 불러들여 궁성에 방화를 하려 한다는 설을 주창하며 상소에 드러내기까지 한 자들'[120]에 대해서도 목숨을 보전할 수 있게 해 주어 놓고, 유독 오늘날에는 이런 의론을

119 재앙의……하니 : '그 사람'이란 김익훈(金益勳)으로, 본관은 광산(光山), 자는 무숙(懋叔), 호는 광남(光南)이다. 1682년에 김익훈이 남인(南人) 유명견(柳命堅)의 척족인 전익대(全翊戴)에게 유명견, 허새(許壐), 허영(許瑛) 등이 모반을 꾀한다고 고변(告變)하게 하였는데, 처음에 전익대는 그들이 수상하기는 하지만 모반인지는 모르겠다고 거절하였다. 그러자 김익훈이 승정원의 아방(兒房)에 나아가 숙종에게 밀계(密啓)로 고변하였다. 이에 따라 국청으로 잡혀온 전익대는 태도를 바꾸어 유명견 등이 역모하였다고 고변하였으나 유명견 등과의 대질 심문 과정에서 그의 고변이 무고임이 밝혀져서 처형되었다. 이 사건이 임술고변(壬戌告變)인데, 이를 계기로 김익훈의 처벌 문제를 둘러싸고 서인 내에서 강력한 처벌을 주장하는 소장 세력과 처벌을 반대하는 노장 세력이 대립하여 결국 소론(少論)과 노론(老論)으로 나뉘게 되었다.《肅宗實錄 8年 10月 27日, 11月 10日·30日, 12月 22日, 9年 2月 2日》

120 바다……자들 : 1679년 5월에 청주(淸州)의 생원 이지린(李之麟) 등이 상소하여 송시열이 거제(巨濟)의 해적을 불러들여 날짜를 정해 대궐을 범해서는 궁성에 방화를 하려 한다면서 송시열을 역률(逆律)로 다스려야 한다고 주장하였고, 1681년 7월에도 채범하(蔡範夏)가 그와 유사한 상소를 올려 둘 다 유배형에 처해진 바 있다.《肅宗實錄 5年 5月 27日, 6年 閏8月 14日, 7年 7月 18日》

펼쳐 공로가 있는 사람을 죽이려고 하면서[121] 불평하는 마음을 가지니, 이런 논의가 어떤지 잘 모르겠습니다. 오늘 대간(臺諫)들에게 대략 이를 말씀해 주신다면 혹 깨달을 수 있지 않겠습니까. 제가 만약 한마디를 한다면 실로 용납받지 못하고 떠나게 되리란 것을 잘 압니다. 그러나 만약 그가 끝내 목숨을 보전하지 못한다면 다른 것은 따질 겨를도 없으니, 사승(師承) 관계의 도리상 그렇게 하지 않을 수 없는 점이 있습니다.[122]

121 이런……하면서 : '이런 의론'이란 전익대가 무고죄로 처벌을 받는 상황에서 이를 사주한 김익훈에 대해 처벌하지 않는 것은 부당하다며 강력한 처벌을 주장하는 소장 세력의 논의를 말하고, '공로가 있는 사람'이란 1680년의 경신대출척(庚申大黜陟) 당시 남인들을 숙청하는 데 적극 참여한 공로로 보사 공신(保社功臣) 2등과 광남군(光南君)에 봉해진 김익훈을 말한다. 《肅宗實錄 6年 5月 18日, 15年 7月 25日》

122 사승(師承)……있습니다 : 김익훈이 송시열의 스승인 김장생(金長生)의 손자이므로 스승의 손자가 죽게 된 상황을 그냥 두고 볼 수 없다는 말이다. 송시열은 1683년 1월 19일 경연 석상에서, 이황(李滉)의 제자로서 이황의 자손들을 잘 보살펴 준 조목(趙穆)을 거론하면서 스승 김장생의 손자 김익훈을 제대로 돌보지 못한 자신의 잘못을 인책함으로써 김익훈을 우회적으로 두둔하였다. 《肅宗實錄 9年 1月 19日》

민대수에게 보냄 계해년(1683, 숙종9) 2월 7일
與閔大受 癸亥二月七日

어제 찾아와 주셨기에 감격스러운 마음 그지없었습니다. 광남(光南 김익훈(金益勳))을 구원하는 문제에 대해 운운하여 대략 이미 말씀드렸으나 아직 다 말하지는 못하였습니다. 이 일을 처음부터 말해 보면, 전익대(全翊戴)는 애당초 유명견(柳命堅)을 역모로 고변(告變)하지 않고 단지 수상하다고 운운하였으니, 오늘날 전익대를 무고죄로 죄주는 것은 당연하지만 역률(逆律)로 죄주는 것은 혹 지나친 점이 있는 듯합니다.

이로 인해 광남에게 화가 미쳐 점차 단계가 더해져서 장차 더할 수 없는 중죄가 될 상황이니, 광남의 죄가 당연히 죽어야 할 정도라면 스승의 집안사람이라도 어찌 감히 국법을 느슨히 적용하기를 청하겠습니까. 그런데 지금 죽기에는 부당한 죄로 장차 죽을 수 있는 상황으로 몰리고 있으니, 앞으로 그 경위를 대략 진달하여 조금의 도움이라도 바라야 하는 상황이기에 일신의 화복(禍福)이나 훼예(毁譽)는 따질 수 없는 점이 있습니다.

그런데 삼가 생각건대 그가 승정원 아방(兒房)에서 밀계(密啓)했다고 운운한 것이 과연 집사에게서 나온 것이라면[123] 어찌 일언반구라도

123 그가……것이라면 : 아방은 승정원의 하례(下隷)들이 쓰는 방을 말한다. 《宋子大全隨箚 卷6》 이 당시 우의정 김석주(金錫胄)가 영의정 김수항(金壽恒)과 좌의정 민정중과 상의하여, 김익훈에게 국청(鞫廳)에 와서 고변하게 하는 것은 어려운 점이

말을 하여 여론의 의혹을 풀어 주지 않으십니까? 저는 현재 상소 하나를 작성하고 있는데 완성되면 집사의 질정을 받으려고 생각하고 있습니다. 이로 인해 비난의 화살이 쏟아진다면 봄날의 강으로 한번 노저어 떠나는 것도 정히 나쁘지는 않을 것입니다. 그러나 사전에 먼저 누설됨으로써 분란이 일어나 일을 해쳐서는 절대 안 될 것입니다.

있으니 차라리 아방에서 직접 숙종에게 아뢰게 하는 것이 좋겠다고 결정함으로써 김익훈이 아방에서 밀계하게 되었다고 한다.《肅宗實錄 8年 11月 20日》

민대수에게 답함 계해년(1683, 숙종9) 5월 12일

答閔大受 癸亥五月十二日

안부 편지에 그지없이 위안을 받았습니다. 몸이 여산(廬山) 속에 있어서는 여산의 진면목을 알 수 없는 법이라[124] 잠시 외곽에 나와서 대략 시론(時論)을 들어 보았는데, 보잘것없는 제가 죄를 지은 것이 이 지경에 이르렀을 줄 어찌 생각이나 했겠습니까. 그러나 지금 이렇게 탈출한 것이 또 어찌 힘을 얻지 않겠습니까. 다만 승지가 와서 여러 날을 지키고 있으니,[125] 끝내 만약 가지 않고 혹 다른 일이 있게 된다면 윤자인(尹子仁)의 근래 방식[126]을 배워야 하겠습니다. 다만 은혜를 저버리고 성

124 몸이……법이라 : 소식(蘇軾)의 시 〈서림의 벽에 쓰다〔題西林壁〕〉에 "옆으로 보면 산마루요 비스듬히 보면 봉우리, 원근과 고저에 따라 모습 같지 않구나. 여산의 진면목을 알 수 없는 건, 이 몸이 그 산 속에 있기 때문.〔橫看成嶺側成峯, 遠近高低各不同. 不識廬山眞面目, 只緣身在此山中.〕"이라는 구절이 있다. 《蘇東坡詩集 卷23》 여기서는 그 상황에 갇혀 있으면 제대로 볼 수 없고 한 걸음 물러서서 객관적으로 보아야 상황을 제대로 인식할 수 있다는 말이다.

125 승지가……있으니 : 1683년 3월에 송시열은 태조(太祖)의 휘호 문제를 논의하기 위해 소명(召命)에 응하여 서울에 와서는 박세채(朴世采)와 함께 입시하려고 하였는데, 이때 박세채가 임금에게 아뢰어 윤증(尹拯)을 불렀고 그와 휘호 등의 현안을 논의하는 과정에서 윤증의 뜻에 동조하면서 송시열과 의견을 달리하게 되는 일이 벌어졌다. 이에 송시열은 일이 틀어졌음을 알고 마음이 상하여 김화(金化)를 거쳐 금강산(金剛山)으로 들어갔는데, 이때 숙종이 계속해서 승지를 보내어 송시열에게 돌아오도록 종용하였다. 《宋子大全 附錄 卷9 年譜》

126 윤자인(尹子仁)의 근래 방식 : 윤자인은 윤증(尹拯)으로, 자인은 그의 자이다. '근래 방식'이란 당시에 박세채의 강력한 요청으로 숙종이 계속 윤증을 부르자 윤증은

상을 기망(欺罔)한 죄는 하수(河水)를 다 기울여도 씻기 어려우니, 황공한 마음만 더할 뿐입니다. 나머지는 병을 무릅쓰고 적느라 여기에서 줄이는 바입니다.

할 수 없이 과천(果川)까지는 올라왔으나 그곳에서 계속 사직하는 상소를 올리고 버티면서 들어오지 않고 있는 것을 말한다.《宋子大全隨箚 卷6》

민대수에게 보냄 계해년(1683, 숙종9) 5월 20일

與閔大受 癸亥五月二十日

강가의 맑은 바람에 정신을 가다듬을 수 있었습니다만 종남산(終南山)과 나란할 정도이던 근심이 이로 인해 줄어들지는 않았는데,[127] 방금 보내 주신 편지를 받으니 다소 위안이 됩니다. 다만 그 칭찬과 허물이 저기에 있든 여기에 있든 무슨 차이가 있기에 이런 말씀을 하신단 말입니까. 이는 위대한 군자의 지극히 공정하고 사심 없는 마음은 아닌 듯합니다. 이 사람은 이미 말을 잊었으니 부디 작은 혐의로 인해 남과 함께 걱정해야 할 걱정을 잊지는 마시기 바랍니다.[128] 삼가 듣건대 집사

127 강가의……않았는데 : 당시 임술고변(壬戌告變)과 관련된 김환(金煥)과 김익훈(金益勳)의 처리 문제를 놓고 김익훈을 비호하려던 송시열에 대한 소장 세력의 비난이 거세지는 상황에서 태조의 휘호 문제로 박세채, 윤증과 갈등까지 빚게 되자, 송시열은 금강산으로 떠났다가 이때에는 다시 돌아와 여강(驪江)에 머물러 있었다. 종남산과 나란할 정도의 근심이란 두보(杜甫)의 시 〈서울에서 봉선현으로 가면서 회포를 읊다〔自京赴奉先縣詠懷〕〉 중 "근심스러운 마음이 종남산과 나란하니, 어지러워 수습할 수 없어라.〔憂端齊終南, 澒洞不可掇〕"라는 구절에서 온 것으로 근심이 크다는 말이다. 《杜少陵詩集 卷4》

128 부디……바랍니다 : "남과 함께 걱정해야 할 걱정"이란 주희가 양만리(楊萬里)에게 보낸 편지에 "그대의 청렴한 덕과 고상한 명망을 조정과 재야에서 진심으로 따르고 있으니, 간절히 바라건대 하늘을 즐거워하고 천명을 아는 즐거움 때문에 남들과 함께 걱정해야 할 걱정을 잊지 말고 지나치게 유유자적하지도 말고 은둔하려는 생각도 하지 말기를 바랍니다."라고 한 데에서 온 말이다. 《晦菴集 卷38 答楊庭秀》 여기서는 송시열이 민정중에게 이번에 작은 혐의스러운 일이 있었다 하여 대신으로서 해야 할 나라에 대한 걱정을 잊은 채 물러나서는 안 된다고 당부한 것이다. "작은 혐의"는 무슨 일을

가 들어간 것을 또 이 사람의 죄로 여긴다고 하니[129] 매우 두려워할 만한 일입니다. 나머지는 마침 병이 있어 제대로 갖추어 쓰지 못하니 삼가 용서하고 혜량해 주시기 바랍니다. 황송하고 황송할 뿐입니다.

가리키는지 분명하지 않다.

129 집사가……하니 : 당시에 김익훈의 처리 문제로 대사간 유상운(柳尙運)과 정언 이동욱(李東郁) 등이 송시열을 비롯한 대신(大臣)들을 비난하고 배척하자, 송시열이 민정중에게 "대신이 잘못할 경우에는 대간이 의당 탄핵해야 하지만 대신을 능멸하고 핍박하며 억지로 자신들 의견을 따르라고 한다면 체통이 크게 손상된다."라고 말하였는데, 민정중이 대궐에 들어가 숙종에게 이 말을 전하였다. 그러자 유상운과 이동욱 등이 송시열의 이 체통설(體統說)에 대해 다시 조소하며 배척하였는데, 이 일을 가리켜 말하는 듯하다. 《宋子大全 附錄 卷9 年譜》

민대수에게 답함 계해년(1683, 숙종9) 9월

答閔大受 癸亥九月

만나 뵌 지가 오래되다 보니 우러르며 그리는 마음이 깊어집니다. 그리고 삼가 듣건대 정승의 권한을 오로지 잡고 국론을 논의하여 결단하신다고 하니, 매우 경사스럽고 기쁜 일이기는 합니다만 저로서는 우려스러운 생각도 없지 않습니다. 이번에 삼가 특별히 사람을 시켜 보내 준 편지를 통해 생사의 안부를 물어 주시니, 미천한 분수로 볼 때 어찌 감사한 마음을 금할 수 있겠습니까.

저는 화양동(華陽洞) 산간에서 두문불출하며 쓸데없는 시비를 듣지 않으니 평소의 마음에 그런대로 들어맞기는 합니다. 다만 병이 위독하여 아침에 저녁을 장담하기 어려운 염려가 있으니 언제 참으로 피안(彼岸)에 이를지 모르겠습니다.

자운서원(紫雲書院) 비본(碑本)은 삼가 보내 주신 것을 받아서 장정(裝幀)까지 하였는데 더욱 경도되는 마음 간절합니다. 이 일은 실로 사문(斯文)이 밝아지느냐 어두워지느냐에 관계되는데 다만 글이 천박하고 고루하여 만분의 일도 그 덕을 드러내기에 부족한 것이 걱정일 뿐입니다. 자운서원의 비석을 새기는 일을 시작했다는 말을 들으니 이보다 큰 다행이 없습니다. 다만 물력(物力)이 지탱할 수 있을지 모르겠습니다. 그러나 만약 조우(曺友)[130]를 얻어 시종 일을 감독하게 한다

130 조우(曺友) : 당시 파주에 있던 조면주(曺冕周, 1632~1698)로 판단된다. 《鳳谷集 卷3 構禍事蹟》

면 걱정이 없을 것입니다. 배나 더 몸을 보중하여 우러르는 사람들의 마음을 위로해 주시기를 바랄 뿐입니다.

민대수에게 답함 계해년(1683, 숙종9) 10월 13일

答閔大受 癸亥十月十三日

나랏일이 이렇게 심각하여 근심과 걱정이 끝이 없습니다. 이런 상황에서 이번에 보내 주신 편지를 받고서 사직을 청하는 상소를 올리셨다는 것을 알고 나니 망연자실하여 더욱 뭐라고 말해야 할지 모르겠습니다. 이제 앞으로 어떤 지경에 이르게 될지 알 수 없으니 몹시 괴로울 뿐입니다. 저처럼 늙은 사람이 아직까지 죽지 않고 있으니 이 역시 하나의 괴이한 일입니다. 수많은 백성이 현재 물이 새는 배 위에 타고 있는데 우리는 언제 굶주린 교룡(蛟龍)의 입속으로 떨어질는지요.

말씀하신 조묘(祧廟)에 제사하고 집사에게 수조(受胙)[131]하는 설은 옳기는 하지만 이설(李說)[132]대로 한다면 시제(時祭)도 감히 행해서는 안 되는 것입니다. 이미 시제라고 말했는데 이보다 한 단계를 낮춘다면 그런 도리는 없을 듯하고, 아직 조천(祧遷)하지 않은 신위와 아울러 제향한다면 그 설은 더욱 통하지 않습니다. 제 견해는 이러하니 다시

131 수조(受胙) : 제사가 끝난 뒤에 집사에게 제사 지낸 고기를 받아 음복하는 의식을 말한다.

132 이설(李說) : 누구의 설을 말하는지 분명하지 않다. 다만 율곡 이이(李珥)의 《격몽요결(擊蒙要訣)》〈거상 중에 행하는 제의〔喪服中行祭儀〕〉에 "상을 당하여 장사를 지내기 전에는 예법에 준하여 제사를 폐했다가 졸곡(卒哭)이 지나면 사시(四時)에 지내는 절사(節祀), 기제(忌祭), 묘제(墓祭)를 복(服)이 가벼운 자를 시켜서 지내게 하고 음식은 보통 때보다 줄이며 술은 한 번만 올리고 축문은 읽지 않으며 수조하지 않는 것이 좋다."라고 하여 본문과 관련된 대목이 있으나, 송시열이 이이의 설을 말하면서 불경스럽게 '이설'이라고 한다는 것은 의문의 여지가 많다.

화숙(和叔)에게 물어보십시오. 운거(雲擧 이상(李翔))도 바야흐로 산관(山館)으로 오고 있으니 그에게도 장차 물어보겠습니다. 수수방관하는 자세에서 속히 벗어나 모든 사람들의 우러르는 마음을 위로해 주시기 바랍니다.

○ 자운서원(紫雲書院)의 비석 세우는 일에 진전이 있는 것은 기뻐할 만합니다. 조우(曺友)가 만약 온다면 어찌 마음을 다해 방도를 헤아려 보지 않겠습니까. 방금 흥룡(興龍)의 비각(碑閣)이 재해를 입었다[133]고 들었는데, 하늘은 무엇으로 신하의 충성을 권면하려는 것입니까. 너무나 상심이 큽니다.

133 흥룡(興龍)의……입었다 : 회덕(懷德)의 남쪽 소제(蘇堤) 부근 흥룡리(興龍里)에 취금헌(醉琴軒) 박팽년(朴彭年)의 유허비각(遺墟碑閣)이 있는데, 1683년 10월에 화재로 모두 불타는 일이 발생하였다.《宋子大全隨箚 卷6》《宋子大全 卷70 與宋道源(癸亥十月十三日)》

민대수에게 보냄 갑자년(1684, 숙종10) 1월

與閔大受 甲子正月

발걸음이 근기(近畿)에 이르렀을 때 조보(朝報)를 얻어 보니 적손부(嫡孫婦)에 대한 글[134]이 있었습니다. 이에 삼가 두려운 마음을 이기지 못하여 생각하기를 '예조 판서의 뜻이 어떠하기에 이런 글이 있는가. 시론(時論)이 다시 얼마나 어지러울 것인가.' 하면서 여러 날 방황하며 감히 대궐로 들어가지 못하였습니다.[135] 그러다 손자 주석(疇錫)이 돌아와서 고요하다고 말하였기 때문에 드디어 감히 앞으로 나아갈 수 있었습니다.

지난 경신년(1680)에 입대(入對)하였을 때 성상께서 친히 "오도(誤導)를 당하였다."라고 하교하셨고,[136] 그 뒤에 송상민(宋尙敏)의 원통

134 적손부(嫡孫婦)에 대한 글 : 1683년 12월 5일에 숙종의 모후인 명성왕후(明聖王后) 김씨(金氏)가 승하하였다. 명성왕후는 당시까지 살아 있던 인조(仁祖) 비 장렬왕후(莊烈王后) 조씨(趙氏)에게는 적손부가 되는데, 장렬왕후가 적손부인 명성왕후의 상에 어떤 상복을 입어야 하는지에 대해 예조 판서 윤지완(尹趾完)이 쓴 글을 말한다. 《宋子大全隨箚 卷6》

135 이에……못하였습니다 : 효종과 효종 비의 상에 장렬왕후가 어떤 상복을 입어야 하는지를 놓고 남인과 서인 간에 벌어진 기해예송과 갑인예송으로 인해 너무나 큰 당화를 겪고 곤욕을 치렀으므로 송시열이 이런 반응을 보인 것이다.

136 경신년에……하교하셨고 : 송시열은 1680년 6월에 경신환국으로 유배에서 풀려나고 10월에 영중추부사(領中樞府事)에 제수되자 상경하여 숙종을 만났는데, 그 자리에서 숙종이 말하기를 "내가 뭇 소인들의 참소에 현혹당하여 경을 북쪽으로 남쪽으로 유배 보내어 6년이나 고통을 겪게 하였다." 하면서 "전일의 잘못은 내게 있다."라고

함을 씻어 주고 증직(贈職)하면서 그 자손을 녹용(錄用)하는 성대한 은전이 있었으며,[137] 또 그 뒤에 집사가 다시 전례(典禮)를 정하는 거조가 있었습니다. 저는 이로부터 사악한 의론은 이제 영원히 종식되겠다고 생각하고 있었는데 지금 다시 이와 같으니 자못 경악스러워 어찌할 바를 모르겠습니다.

예조 판서가 만약 우연히 실수한 것이라면 혹 근심하지 않아도 되지만 그가 그동안 한 행동을 보면 그게 꼭 그렇다고 보장할 수 없습니다. 생각해 보면 지난번에 일부 무리가 밤낮으로 틈을 엿보고 있었는데 지금 이런 호재가 주어졌으니 저들이 어찌 팔짱을 낀 채 묵묵히 구경만 하고 있겠습니까. 과연 이와 같다면 비록 지문(誌文)을 지으라는 명을 받고 무릅쓰고 들어간다 하더라도 필시 곽세건(郭世楗) 때와 같이 궁색한 걸음이 될 것입니다.[138] 그렇다면 단지 병으로 사양하고 들어가지

한 것을 말한다.《宋子大全 附錄 卷9 年譜》

137 송상민(宋尙敏)의……있었으며 : 송상민의 원통함이란 그가 1679년 3월 12일에 상소를 올리면서 기해예송 이후 예설(禮說)을 논하게 된 시말과 함께 윤휴(尹鑴)와 허목(許穆) 등의 잘못을 상세히 기록한 책자를 올렸다가 억울하게 역모로 몰려 국문을 받다가 죽은 것을 말한다.《肅宗實錄 5年 3月 12日, 17日》《宋子大全 附錄 卷7 年譜》 이후 1680년 8월 4일에 대신들이 그의 무고함을 논의하였고 그 뒤에 공조 좌랑에 추증하고 자손을 서용하라는 명이 내려졌다.《肅宗實錄 6年 8月 4日, 7年 7月 7日, 8年 11月 24日》

138 지문(誌文)을……것입니다 : "지문을 지으라는 명"이란 송시열이 1683년 12월 17일에 대궐에 들어가 명성왕후의 빈전(殯殿)에 곡하고 이어 숙종을 만난 자리에서 숙종이 송시열에게 명성왕후의 지문을 지으라고 명한 것을 말한다. 곽세건의 일은 현종(顯宗)이 승하한 때에 벌어진 일이다. 1674년 9월에 숙종이 송시열에게 현종의 지문을 지으라고 명하자 계속 사양하다가 마침내 지문을 지을 뜻을 가지고 서빙고(西氷庫)에 이르렀는데, 그때 곽세건이 "송시열에게 지문을 지어 올리도록 한 명을 거두고 허목과

않는 것이 합당합니다. 옛날에도 실로 "기미를 보고 일어난다.〔見幾而作〕"[139]라는 말이 있었는데, 더구나 이번에는 여기에서 그치지 않을 것이니 부디 헤아려 가르침을 주시기 바랍니다.

윤휴 같은 유신(儒臣)에게 지문을 짓게 해 달라"는 상소를 올렸다. 이에 송시열은 즉시 인혐하여 곧바로 한강을 건너 만의(萬義)로 돌아갔다. 《肅宗實錄 卽位年 9月 25日》《宋子大全 附錄 卷7 年譜》

139 기미를 보고 일어난다 : 《주역》〈계사전 하(繫辭傳下)〉에 나온다. 현명한 사람은 시국의 기미를 살펴 큰 위기가 닥치기 전에 미련 없이 떠난다는 말이다.

민대수에게 답함 갑자년(1684, 숙종10) 2월 19일
答閔大受 甲子二月十九日

일전에 중추부(中樞府)의 조례(皂隷)가 들어갈 때 편지 한 통을 올리면서 여쭌 것이 있었는데, 이번에 특별히 사람을 시켜 보내 주신 편지를 받고서 기거가 평안하신 것을 알게 되니 매우 위로가 되고 다행스럽습니다. 저는 한결같이 병석에 누워 있어 실로 살고 싶은 의욕이 없으니 그게 이치인 것을 어찌하겠습니까. 단지 운명에 맡기고 느긋하게 지내고 있습니다.

다만 여염(閭閻)의 소요가 진정될 기약이 없는 데다[140] 그로 인해 초래된 유언비어가 날로 심해지고 달로 더해져서 앞으로 어떤 지경에 이를지 알 수가 없습니다. 편지에 "사직 단자(辭職單子)를 올리려 한다."라는 말씀이 있던데 성상께서 윤허하려고 하시겠습니까. 매번 주고(周誥)의 충자(沖子)와 유자(孺子)라는 글자[141]를 생각할 때마다 그로 인해 눈물이 옷깃을 적십니다.

140 여염(閭閻)의……데다 : 당시에 영남과 호남, 함경도 안변(安邊) 등지에 돌림병이 성하여 앓다가 죽는 사람이 많았고, 관서(關西)에서는 소의 돌림병도 심하여 3000마리 이상의 소가 죽었다. 《肅宗實錄 10年 2月 12日, 27日, 28日》

141 주고(周誥)의……글자 : 주고는 《서경》의 〈주서(周書)〉에 들어 있는 〈대고(大誥)〉, 〈강고(康誥)〉, 〈주고(酒誥)〉, 〈소고(召誥)〉, 〈낙고(洛誥)〉 등의 여러 고문(誥文)을 통칭하는 말이다. 충자는 어린 나이에 임금이 된 사람을 일컫는 말이고 유자는 부왕이 죽어 상중에 왕위를 계승한 자를 일컫는 말이다. 이런 호칭이 주고 중에 〈소고〉와 〈낙고〉에 주로 나오는데, 이 편들은 소공(召公)과 주공(周公)이 어린 성왕(成王)에게 고하거나 서로 문답하는 내용이다.

별지

명절에 무덤에 올라가서 하루 동안 제위(諸位)에 예를 다 행할 수 없으면, "섣달그믐 전에 제사를 지낸다"는 주자(朱子)의 설[142]에 의거하여 명절 전후로 행하다면 아마도 불가할 것이 없을 듯합니다. 더구나 《가례(家禮)》의 묘사(墓祀) 관련 조에는 단지 3월 내에 택일하여 행하라고 하였고 동래(東萊)는 10월에 택일하여 행하였으니,[143] 이 일은 원래 일정한 날이 없는 것입니다. 더구나 주자께서 "자손의 정신이 바로 조고(祖考)의 정신이다."[144]라는 상채(上蔡)의 말을 매번 일컬었으니, 자손이 부득이 변통한 것은 실로 선조가 변통한 것이나 매한가지라고 할 수 있습니다.

142 섣달그믐……설 : 주희가 말하기를 "정월 초하루에 관직이 있는 자는 조알(朝謁)의 예식이 있으니 제사에 전심을 다하지 못할 듯하다. 우리 향리에서는 섣달그믐 3, 4일 전에 제사를 지내고 만다. 이 또한 적절히 참작하기에 달려 있다." 하였다. 《常變通攷 卷2 通禮 俗節 節祀前期行事》

143 가례(家禮)의……행하였으니 : 여기서는 "3월 내"라고 하였으나 《가례》에는 묘제(墓祭)는 3월 상순(上旬)에 택일하여 행하고 하루 전날에 재계한다고 하였다. 10월에 묘소에 올라가는 것은 《가례》에는 해당 내용이 없고 여조겸(呂祖謙)의 《종법(宗法)》에 있다. 《常變通攷 卷25 祭禮 墓祭 三月上旬擇日前一日齋戒》 동래는 여조겸의 호이다.

144 자손의……정신이다 : 《주자어류(朱子語類)》 권101 〈정자문인(程子門人)〉에는 "자기의 정신이 곧 조고의 정신이다."라고 되어 있고, 사양좌(謝良佐)의 《상채어록(上蔡語錄)》 권1에는 "조고의 정신이 곧 자기의 정신이다."라고 되어 있다. 사양좌는 채주(蔡州) 상채 사람이다.

민대수에게 답함 갑자년(1684, 숙종10) 2월

答閔大受 甲子二月

편지에서 말씀하신 국경 밖의 괴이한 일은 모두 원나라가 망할 때에 있었으니, 청나라는 드디어 망할 것입니다. 그런데 국경 내의 청나라[145]는 갈수록 더욱 치성하기만 하니, 명호(名號)가 같고 성정(性情)도 같은데 흥망의 자취는 다르니 알 수 없는 점이 있습니다. 한번 웃으실 것이라 생각합니다.

145 국경 내의 청나라 : 누구 또는 무엇을 가리키는지 미상이다. 《宋子大全隨箚 卷6》 아마도 조선 내의 친청(親淸) 세력을 지칭하는 것으로 보인다.

민대수에게 보냄 갑자년(1684, 숙종10) 8월 2일

與閔大受 甲子八月二日

술과 음식의 은전(恩典)을 주선해 주시는 것을 외람되이 받으니 보살펴 주시는 은혜에 너무나 감사드립니다. 다만 적은 것을 사양하고 많은 것을 받는다는 혐의가 있기에 여양(驪陽 민유중(閔維重))에게 답하는 편지를 통하여 대략 속내를 드러내어 전달되기를 바랐는데, 과연 그렇게 되었는지 모르겠습니다.

근자에 고(故) 원 통제사(元統制使)[146]의 증손 원순격(元舜格)이 다시 와서 통제사의 녹훈 교서(錄勳教書)[147]를 보여 주면서 제가 지은 노량비(露梁碑)[148]의 이른바 "군대가 패하자 달아나다가 죽었다.〔軍敗走死〕"라는 등의 말[149]에 대해 매우 간절하게 억울함을 호소하였습니

146 고(故) 원 통제사(元統制使) : 선조(宣祖) 연간에 일어난 임진왜란 당시에 삼도수군통제사(三道水軍統制使)를 지낸 원균(元均)을 말한다.

147 통제사의 녹훈 교서(錄勳教書) : 원균은 1604년(선조37)에 이순신(李舜臣), 권율(權慄)과 함께 선무 공신(宣武功臣) 1등으로 녹훈되어 좌찬성 겸 판의금부사에 추증되고 원릉군(原陵君)에 추봉(追封)되었다.

148 제가 지은 노량비(露梁碑) : 《송자대전》 권171의 〈남해 노량 충무 이공 묘비(南海露梁忠武李公廟碑)〉를 말한다.

149 군대가……말 : 송시열이 지은 노량비에 "원균은 공을 대신하여 통제사가 되었으나 적의 꾐에 빠져 군대가 패하자 달아나다가 죽었고 한산도(閑山島)는 마침내 적에게 함락되었다. 왜적이 드디어 서해(西海)로부터 진격하여 남원(南原)을 함락하므로 조정에서 마침내 이공(李公)을 다시 통제사로 삼았다."라고 한 내용을 가리킨다. 《宋子大全 卷171 南海露梁忠武李公廟碑》

다. 애당초 제가 지은 글은 모두 택당(澤堂)의 기록[150]에 근거한 것이었고, 백사(白沙)가 왕명을 받들어 지은 글[151]에도 "거장(巨匠) 대신 칼을 휘두르다가 손가락에 피가 났다.〔代斲血指〕"라고 하였으니,[152] 교서의 내용과는 차이가 매우 큽니다. 노량비를 지을 적에도 효종의 명을 받들었는데 실로 집사가 먼저 발론하여 이루어진 것입니다.[153] 그때 실상을 조사하여 밝힌 것이 필시 상세하였기에 일찍이 "대궐에 나아가 명을 내려 주기를 청했다."라고 말했을 것입니다. 그런데 그가 지금 와서 하교를 전하는데 성상의 성대한 뜻이 어디에 있는지 분명하지 않으니, 삼가 어떻게 해야 저쪽의 원통함을 풀어 주면서도 두 노인(택당과 백사)의 글에 어긋나지 않을 수 있을지 모르겠습니다. 정신이 혼미하여 어떻게 처리해야 할지 알 수 없으니, 다시 밝은 가르침을 내려 주시기를 간절히 바라는 바입니다.

150 택당(澤堂)의 기록 : 이식(李植)의 문집 《택당집(澤堂集)》 별집(別集) 권10의 〈통제사 증 좌의정 이공의 시장〔統制使贈左議政李公諡狀〕〉을 말한다.

151 백사(白沙)가……글 : 이항복(李恒福)의 문집 《백사집(白沙集)》 권4의 〈통제사 이공의 노량비명〔統制使李公露梁碑銘〕〉을 말한다.

152 거장(巨匠)……하였으니 : 무능한 장수 원균이 통제사 이순신을 대신하여 싸우다가 패전하였다는 뜻을 소 잡는 사람의 비유를 들어 말한 것이다.

153 노량비를……것입니다 : 송시열이 지은 노량비에 "이 충무공의 옛 사당이 비좁고 허술해서 공의 신령을 봉안할 수 없자 통제사 정익(鄭榏)이 즉시 사당을 고쳐 새롭게 하고 또 큰 돌을 다듬어 빗돌을 세워 놓고서 학사(學士) 민정중(閔鼎重)을 통하여 나에게 그 사실(事實)을 쓰게 하였다. 글이 대략 이루어지자 판서 홍명하(洪命夏)가 그 일을 보고하였는데 효종이 급히 초본(草本)을 거두어들여 특별히 을람(乙覽)하고 명을 내렸다."라고 되어 있다. 《宋子大全 卷171 南海露梁忠武李公廟碑》

민대수에게 답함 갑자년(1684, 숙종10) 9월 16일
答閔大受 甲子九月十六日

손자 아이가 돌아와서 집사가 보내신 편지를 전해 주었는데 그리워하던 마음에 매우 위로가 되었습니다. 다만 병을 이유로 직임을 내려놓겠다는 뜻이 있음[154]을 알게 되었는데, 무릇 나오기를 어려워하고 물러가기를 쉽게 하는 것은 옛 군자들이 모두 그러하였습니다. 그러나 오직 나라에 큰 환난이 있을 경우에는 역시 그 사이에서 모두 힘써 노력하였으니, 주자(朱子)가 절동(浙東)에서 한 일[155]을 보면 알 수 있습니다.

오늘날 가뭄으로 인한 흉년이 손쓸 수 없는 지경이라 바로 화살이 땅에 막 떨어지려는 것처럼 쇠잔한 상황입니다. 이런 때에 끝내 직임을 그만두고 한가로이 물러나서 성상만 홀로 노심초사하시게 한다면 이는 아마도 큰 군자가 지닌 충애의 마음이 아닐 듯합니다. 잘 모르겠지만 거취를 끝내 어떻게 하려 하십니까? 삼가 구구한 마음을 이길 수 없어 감히 이렇게 우러러 질의하는 바입니다.

근래의 일[156]이 멈출 기약이 없기에 이 도(道)의 상소하려는 논의[157]

154 병을……있음 : 좌의정 민정중은 1684년 9월 11일부터 병을 이유로 다섯 번이나 정사(呈辭)를 올려 사직을 청하였다. 이에 숙종은 계속 돈유(敦諭)하면서 만류하다가 한 달이 지난 10월 21일에 사직을 허락하였다.《肅宗實錄 10年 9月 11日·19日, 10月 21日》

155 주자(朱子)가……일 : 주희가 1181년에 절동 제거(浙東提擧)로 있을 때 그 지역의 기근을 염려하여 구황책의 일환으로 효종(孝宗)에게 〈연화주차(延和奏箚)〉를 올리고 적극적으로 진휼 정책을 편 것을 말한다.《晦菴集 卷13 辛丑延和奏箚》

를 진정으로 한창 만류하고 있는 중인데, 과연 능히 들어준다면 얼마나 다행스럽고 다행스럽겠습니까. 성균관의 여러 유생이 날다람쥐를 잡기 위해 천균(千勻)의 쇠뇌를 쏜 것이 참으로 애석합니다. 병으로 누워 거의 죽어 가는 때에 다시 이런 소란이 있으니 그게 운명인데 어찌하겠습니까. 마지막으로 드릴 말씀은 위로 국가와 조정을 위하여 배나 더 몸을 보중하시기를 바란다는 것입니다.

156 근래의 일 : 1684년 8월에 성균관과 사학 유생(四學儒生) 조정만(趙正萬) 등이 송시열과 윤증(尹拯)의 논쟁인 이른바 회니시비(懷尼是非)와 관련하여 상소를 올린 일을 말한다. 그들은 이 상소에서 사제(師弟)의 도리에 어긋난 행동을 한 윤증을 비난하는 한편, 송시열을 옹호하는 태도로 그 시비의 전말을 기술하였는데, 이로 인해 당시에 노론과 소론 사이의 갈등이 더욱 심화되었다. 《肅宗實錄 10年 8月 21日》

157 이……논의 : 당시에 충청도 유생들이 윤증을 비난하고 송시열을 옹호하는 상소를 올리려고 논의하고 있었던 것으로 보인다.

민대수에게 답함 갑자년(1684, 숙종10) 10월 18일

答閔大受 甲子十月十八日

세모가 되니 덕을 연모하는 마음이 평상시보다 실로 배나 더해집니다. 지금 집사와 꼭 닮은 사람을 본 데다[158] 또 보내신 편지까지 받으니, 받들어 읽고 나서 마치 향이 그윽한 방에 들어가 난초같이 향기로운 말을 듣는 것 같았습니다. 이 사람은 근래 일이 전혀 없어 오직 비방을 엿처럼 달게 받아들이는 것을 스스로 큰 역량이라 여기고 있고 유생의 상소를 힘써 저지하는 것을 스스로 큰 사업이라고 여기고 있는데, 이 말을 들으면 한번 큰 웃음을 터뜨리실 것이라 생각됩니다.

숙평(叔平)에 대한 글[159]은 명하신 대로 다듬어 보내 드립니다. 이 공(公)이 은혜와 원수를 다 잊고 한가로이 황천에 누워서 위태로운 세상에 허둥지둥하는 모습을 본다면 필시 애처롭고 불쌍하게 여길 것입니다.

158 지금……데다 : 꼭 닮은 사람이란 일반적으로 외삼촌과 생질(甥姪) 사이를 가리킨다. 진(晉)나라 때 광무 장군(廣武將軍) 하무기(何無忌)에 대해 당시 사람들이 말하기를 "유뇌지(劉牢之)의 생질인데 자기 외삼촌을 꼭 닮았다." 하였다. 《晉書 何無忌列傳》 여기서는 홍만형(洪萬衡)에게 시집간 민정중의 여동생이 낳은 아들을 가리키는데, 이 민정중의 생질이 이때 송시열을 찾아와 만났다는 말이다. 《宋子大全隨箚 卷6》

159 숙평(叔平)에 대한 글 : 송시열이 쓴 홍만형의 묘갈명으로, 숙평은 홍만형의 자이다. 본관은 풍산(豐山), 호는 약헌(藥軒)이다. 이조 좌랑과 헌납을 역임하였고 38세로 요절하였다. 《宋子大全 卷180 校理洪君墓碣銘》

민대수에게 답함 갑자년(1684, 숙종 10) 11월
答閔大受 甲子十一月

삼가 심부름꾼을 시켜 보내신 편지를 받았는데 이렇게 깊은 시름에 대해 물어 주시니 감사한 마음을 무엇으로 다 사례해야 할지 모르겠습니다. 여기는 저의 병과 손자 아이의 병[160]이 한결같이 심각한 상태입니다. 평소에도 본래 얼굴을 펼 때가 적었으나 그래도 오늘날 같은 상황은 없었으니 참으로 어찌하면 좋단 말입니까.

성모(聖母)의 일주기가 점점 다가오고 있는데[161] 지난해 이맘때를 돌이켜 생각하면 더욱 하염없이 눈물이 턱을 타고 흘러내립니다. 입조(入朝)해야 한다는 말씀[162]은 참으로 옳습니다. 다만 한 가지 일이 있으니 운거(雲擧)가 올린 상소에서 "발걸음이 나는 듯합니다."라고 한 말이 몹시 걸립니다.[163] 상소가 앞에 들어가고 사람이 뒤이어 들어간다면

160 손자 아이의 병 : 당시 송시열의 손자 송회석(宋晦錫)이 지평(砥平)에 사는 장인(丈人) 이단하(李端夏)의 집에 있었는데 병세가 매우 위독하였다. 이에 송시열은 10월 22일에 손자를 보기 위해 지평으로 떠났다. 《宋子大全 附錄 卷10 年譜》

161 성모(聖母)의……있는데 : 성모는 숙종의 모후인 명성왕후(明聖王后)를 말한다. 1683년 12월 5일에 승하하였는데 이제 그 소상일(小祥日)이 다가온다는 말이다.

162 입조(入朝)해야 한다는 말씀 : 민정중이 보내온 편지에서 12월 5일의 명성왕후 일주기에 맞춰 입조하여 임금을 위로해야 한다고 말한 것을 가리킨다.

163 운거(雲擧)가……걸립니다 : 운거는 이상(李翔)의 자이다. 이때 이상이 상소하여 송시열을 부르기를 청하면서 "선생은 연로하기는 하나 발걸음은 아직 나는 듯합니다."라고 하였는데, 그런 상소가 있은 뒤에 바로 들어가면 벼슬에 미련이 있다는 오해를 받을까 염려스럽다는 말이다. 《宋子大全隨箚 卷6》

누군들 서로 호응하여 기롱하지 않겠습니까.

옛날에 치사(致仕)하고 나서 바로 후회하고 조당(朝堂)에서 뛰면서 아직 쓰일 만하다는 것을 보인 자가 천고에 비웃음을 샀는데, 이것을 경계로 삼을 만하지 않겠습니까. 아무튼 제 병과 손자의 병이 안정된 후에나 의논할 수 있을 것입니다. 마지막으로 드릴 말씀은 시대를 위하여 몸을 더욱 보중하시기를 바란다는 것입니다.

민대수에게 답함 갑자년(1684, 숙종 10) 12월 12일

答閔大受 甲子十二月十二日

이번에 저물녘에 들어갔다가 저녁에 나온 것을 오히려 지체했다고 하시니, 부모의 나라에 대해서 어쩌면 이리도 급급하게 서두르셨단 말입니까.[164] 단지 만난 시대가 기구한 것이 한스러울 뿐입니다. 깊은 산골에 엎드려 있으면서 죽음과 이웃하다가 홀연히 보내 주신 편지를 받았습니다. 마치 덕스러운 집사의 모습을 직접 대하는 것 같았으니 어떤 위로가 이만하겠습니까.

도성에 들어갔을 때 서로 접한 것은 단지 얼굴뿐이었고 일언반구도 나누지 못했는데 의정부에서는 이마저도 할 수 없었습니다. 만약 이런 상황에서 죽음을 맞는다면 영원히 얼굴을 볼 수 없게 될 테니, 비록 슬퍼하고 탄식하지 않으려 해도 어쩔 수 없을 것입니다.

성상의 체후는 회복되었다고 말씀을 들었으나 오직 집사께서 건강이 좋지 않으시다니 매우 염려됩니다. 그러나 하늘이 만약 우리나라에 복을 내린다면 머지않아 반드시 평소의 건강을 회복하실 것이니 이를 믿을 뿐입니다. 이 의원(李醫員)이 이렇게까지 지극히 염려해 주니

164 이번에……말입니까 : 《맹자》 〈만장 하(萬章下)〉에 "공자께서 제나라를 떠나실 적에는 밥을 지으려고 담갔던 쌀을 건져 서둘러 떠나셨는데, 이와는 반대로 노나라를 떠나실 적에는 '더디고 더디다, 내 떠나는 발걸음이여.'라고 하셨으니, 이는 모국을 떠나는 도리였다."라는 말이 있다. 여기서는 공자도 모국을 떠날 때에는 천천히 떠났는데 민정중은 어찌하여 모처럼 만에 대궐에 들어갔으면서 그렇게 일찍 서둘러 나왔느냐고 민정중을 힐난한 것이다.

감사한 마음이 어찌 끝이 있겠습니까. 그러나 이것이 쉽지 않은 것은 고난이 많은 저의 허물 때문입니다. 미진한 점은 없지 않으나 병든 손자 아이를 위해 묵묵히 기도할 뿐입니다.

민대수에게 보냄 을축년(1685, 숙종11) 1월 26일

與閔大受 乙丑正月二十六日

삼가 조용히 조섭하는 가운데 기거가 편안하실 것이라 생각하는데 진정으로 송축하는 바입니다. 사람들은 집사가 "말하는 데에 좀 불편하고 껄끄러운 점이 있다"고 하던데, 이는 문제 될 것이 없습니다. 제 종인(宗人) 송규연(宋奎淵)[165]도 거의 20년 동안 말을 분명하게 잘하지 못했는데, 지금까지 윤택한 피부로 건강하게 관리의 직임을 잘 수행하고 있습니다.

그런데 수건과 빗을 들고 시중드는 자리가 비어 그 일을 대신할 사람을 구하려 한다고 들었습니다.[166] 이는 정히 부득이한 일이기는 합니다만 저는 사사로이 마음속으로 축원하기를 '충무후(忠武侯)가 얻었던 상대처럼 하늘이 낳은 추녀(醜女)가 어디 없을까.' 하였습니다. 이 말은 비록 농담이기는 하지만 담고 있는 규계(規戒)의 뜻은 깊다 할 것입니다.[167]

165 송규연(宋奎淵) : 1620~1685. 본관은 은진(恩津), 자는 자정(子靜), 호는 한산(閑山)이다. 송시열과 송준길의 문하에서 수학하였다. 함열 현감(咸悅縣監), 영동 현감(永同縣監), 첨지중추부사 등을 지냈다.

166 수건과……들었습니다 : '수건과 빗을 든다'는 것은 남편이 세수할 때 아내가 수건과 빗을 들고 서 있는 것으로, 처첩이 남편을 섬긴다는 뜻이다. 《春秋左氏傳 僖公22年》 이때 민정중이 몸이 편치 않으므로 시중을 들 첩을 구한 것으로 보인다.

167 저는……것입니다 : 충무후는 제갈량(諸葛亮)의 시호이다. 그는 못생긴 여인을 아내로 맞아들였는데, 이에 대해 주희가 평하기를 "제갈공명이 부인을 택하면서 추녀를 맞았지만 그가 몸을 바쳐 도모한 것은 남들이 감당하지 못할 일이었다. 비록 그의 정대한 기운은 하늘에서 타고났지만 이와 함께 욕망을 줄이고 마음을 수양하는 자조(自助)

저는 남쪽의 위협이 장차 이를 것[168]이라는 말을 어제 들었는데, 주자(朱子)의 설에 의거하면 위협이 있을 때에는 공자(孔子)도 놀라 달아난다고 하였습니다.[169] 그러니 형세상 장차 주자와 율곡(栗谷)의 책을 품에 안고서 산속 석굴로 깊이 들어가야 혹 분서갱유의 재앙을 면할 수 있을 듯합니다. 멀리서 손자 주석(疇錫)이 탈 것도 없이 쫓겨나서 옥문(獄門)을 서성대는 상황을 상상해 보면 걱정스러운 마음을 금할 수가 없습니다. 그러나 누가 그로 하여금 글을 올려 급제하게 하였습니까.

요 며칠 동안 대략 보건대 나약한 자들은 겁을 먹거나 그렇지 않으면 주저하면서 관망하고 있으며 일부 사람들은 거만하게 푸른 하늘을 오를 듯이 하고 있으니, 이제 베개에 기대어 한가롭게 바라보는 상황이 되기에 족하다 하겠습니다. 이곳에 작은 혼사가 있으니 이를 마치면 떠날 것입니다. 삼가 생각건대 집사는 평생 친구라 감히 고하지 않을 수 없어 말씀드립니다. 나머지는 병으로 남에게 대신 쓰게 하여 송구하니 이만 줄입니다.

의 노력이 많았다." 하였다. 《晦菴集 別集 卷2 劉共甫》 송시열이 이런 농담을 한 것은 그렇게 해야 민정중이 욕망을 절제하고 큰일에 힘을 쏟을 수 있을 것이라는 뜻이다.

168 남쪽의……것 : 남인(南人)이 송시열을 공격하는 상소를 곧 올릴 것이라는 말이다. 《尤菴先生書節要集解 卷4》 그러나 실록이나 일기 등의 사료에는 이때를 전후하여 송시열을 공격하는 남인의 상소는 보이지 않는다.

169 주자(朱子)의……하였습니다 : 주희가 채원정(蔡元定)에게 보낸 편지에서 "지난번에 원선(元善)에게 들렀는데 그가 연주하는 거문고 소리가 자못 들을 만하였으므로 공자께서 놀라 달아날까 두려웠다."라고 한 내용을 말한다. 《晦菴集 卷44 答蔡季通》 주희의 편지에서 공자가 놀라 달아날까 두렵다고 한 것은 성현의 제도를 행하는 데에 뜻을 두지 않고 나라를 망하게 하는 소리를 익히고 있는 점을 기롱한 것이다. 여기서는 남인들이 실정에 맞지 않는 말로 협박하며 위협할 경우에는 피할 수밖에 없다는 말이다.

민대수에게 보냄 을축년(1685, 숙종11) 3월
與閔大受 乙丑三月

옛날에 집사의 말씀도 듣고 창강(滄江) 조속(趙涑)[170] 어른의 부탁도 있고 해서 즉시 한 편의 글을 완성하여 조속 어른에게 올렸는데, 그 어른이 "일이 다 갖추어져 있고 실하다."라고 답을 하고, 또 말하기를 "장차 주인에게 부쳐 보낼 것이다." 하였는데, 이른바 주인이란 바로 신만천(申曼倩)[171] 군입니다. 그런데 오래지 않아 만천이 운수가 좋지 못하여 역병에 걸려 죽었는데 뒤에 그 글에 대해 그의 집에 물어보았으나 찾지 못하였습니다.

어제 파계(巴溪)[172]에 들어가 거하였는데 밤에 사람이 없어 조용해지자 우연히 감흥이 일어 불을 밝히고 그 일의 대략을 뒤미처 기록하였습니다. 이전에 지을 때의 뜻을 잃지는 않았으나 세세한 곡절은 잊어버린 것이 많으므로 감히 이를 받들어 보내 드리니, 부디 산삭하고 보충한 뒤에 돌려보내 주시는 것이 어떻겠습니까. 한인(漢人)이 표류해 왔을 때 둔촌(屯村)이 올린 소본(疏本)[173]까지 다울러 보내 주신다면 기록하

170 조속(趙涑) : 1595~1668. 본관은 풍양(豐壤), 자는 희온(希溫), 호는 창강이다. 진선(進善), 상의원 정(尙衣院正) 등을 지냈다. 《宋子大全 卷191 滄江趙公墓表》

171 신만천(申曼倩) : 신만(申曼, 1620~1669)으로, 만천은 그의 자이다. 본관은 평산(平山), 호는 주촌(舟村)이며 송시열의 문인이다.

172 파계(巴溪) : 충청도 괴산(槐山)의 화양구곡(華陽九曲) 중 제9곡으로 송시열이 이곳에 우거하며 강학하기도 하였다.

173 한인(漢人)이……소본(疏本) : 1667년(현종8)에 중국의 천주(泉州)와 장주(漳

여 한 묶음으로 만들어서 간직하고자 합니다.

州) 사람 임인관(林寅觀) 등 95명이 제주도에 표류해 왔는데, 명나라 의관을 하고 있었고 그들의 말에 따르면 황통(皇統)을 지키고 있다고 하였다. 조정에서는 그들이 표류해 온 일이 청나라에 누설될까 두려워서 그들을 포박하여 북경으로 압송하였다. 《宋子大全 附錄 卷5 年譜》《顯宗實錄 8年 6月 21日, 10月 3日》《송자대전수차》 권6에 따르면 민유중(閔維重)이 이들의 압송을 반대하는 밀소(密疏)를 올렸다고 하나 실록이나 일기에 이와 관련한 기록은 보이지 않는다. 둔촌은 민유중의 호이다.

민대수에게 답함 을축년(1685, 숙종11) 9월

答閔大受 乙丑九月

지난번에 위유(慰諭)해 주시는 편지를 받고 감사하는 마음을 형용하기 어려웠습니다. 다만 인편이 없었던 관계로 오랫동안 답장을 지체하고 있었는데, 이번에 다시 거듭 위로하고 안부를 물어 주시는 편지를 받으니 너무나 감사한 나머지 민첩하지 못했던 제 행동에 더욱 부끄러움을 느낍니다.

이렇게 심히 슬프고 괴로운 일[174]을 겪으면서 쇠잔한 목숨을 아직도 연명하고 있는 것은 참으로 괴이한 일인데, 겸하여 또 장사 지내고 매장하는 일을 치르는 데에 마음과 힘을 다 쏟고 있습니다. 매번 생각건대 고타마[瞿曇]의 도[175]는 비록 천리(天理)를 무너뜨리는 것이지만 그 스스로의 편리함을 취하는 묘책으로는 이보다 더한 것이 없습니다.

지금 집사는 희문(希文)의 걱정[176]을 잊어버리고 증씨(曾氏)의 즐거

174 심히……일 : 윤단(尹摶)에게 시집갔던 송시열의 막내딸이 1685년 8월 6일에 사망한 일을 가리킨다. 《宋子大全 附錄 卷10 年譜》

175 고타마[瞿曇]의 도 : 불교의 도로, 구담(瞿曇)은 범어(梵語) 고타마(Gautama)의 음역으로 석가(釋迦)의 성씨이다.

176 희문(希文)의 걱정 : 희문은 송나라 때의 재상 범중엄(范仲淹)의 자이다. 그가 지은 〈악양루기(岳陽樓記)〉에 "옛사람들은 높이 묘당에 있을 때에는 백성을 걱정하였고 멀리 강호에 있을 때에는 임금을 걱정하였다. 다라서 조정에 나아가서도 걱정이요 물러나서도 걱정이었으니 어느 때에 즐거워할 수가 있었겠는가. 이는 필시 천하의 근심은 누구보다도 먼저 근심하고 천하의 즐거움은 모두가 즐거워한 뒤에 즐기겠다는 마음 때문이었을 것이다."라는 말이 있다. 《古文眞寶 後集 卷5》

움[177]을 찾고 계십니다. 옛날 대현(大賢)이 무고를 당하여 세도(世道)가 위태로운 지경에 이르렀을 때, 중봉(重峰) 조 선생(趙先生 조헌(趙憲))이 두서너 명의 제자들과 산수 사이로 나가 노닐며 물가에 임하고 풀밭에 앉아 즐기면서 담담하게 돌아오는 것을 잊었는데, 그때에도 기실은 그 걱정을 이기지 못하여 그것을 풀고자 했던 것입니다. 집사의 오늘날의 행동 또한 아마도 혹 이런 종류입니까? 아아, 참으로 슬프다 하겠습니다. 바람결에 그리운 마음으로 붓을 잡다 보니 저도 모르게 마음을 다 쏟아 냈는데, 다른 사람들은 필시 미친병이라 이를 것입니다. 나머지는 이만 줄입니다.

177 증씨(曾氏)의 즐거움 : 증씨는 공자의 제자 증점(曾點)을 말한다. 공자가 증점에게 자신의 뜻을 말해 보라고 하자 그가 말하기를 "늦은 봄날 봄옷이 이루어지거든 어른 대여섯 사람, 동자 예닐곱 사람과 함께 기수(沂水)에서 목욕하고 무우(舞雩)에서 바람 쏘이고 시를 읊으면서 돌아오겠습니다." 하였는데, 증점은 자연 속에 노닐면서 도를 즐기는 즐거움을 추구한 것이다. 《論語 先進》

민대수에게 보냄 병인년(1686, 숙종12) 1월 24일

與閔大受 丙寅正月二十四日

1월이 돌아왔기에 삼가 큰 복을 많이 받아 기거가 청신하고 강건하리라 생각하는데, 송축하는 마음이 어느 날이고 간절하지 않은 적이 없습니다. 미천한 제 나이가 어느덧 팔순인데 그 사이에 몸에 쌓인 것이 속죄하기 어려운 죄 아닌 것이 없으니, 손가락을 깨물며 두려워하고 후회해 보지만 때가 늦어 소용없다는 탄식만 있을 뿐입니다. 겸하여 또 세도(世道)가 망극하여 귀로 듣고 눈으로 보는 것이 모두 경악할 만한 일들이니, 참으로 속히 죽어 아무것도 듣고 싶지 않습니다.

강리(姜吏)의 묘표(墓表)[178]가 마침내 완성되기에 이르렀는데 어느 것인들 집사의 덕의(德義)가 미치지 않은 것이 있겠습니까. 이는 비록 작은 일이지만 세상의 교화와 관계되는 일로, 필공(畢公)이 작은 일에도 능히 부지런했던 것을 오늘날 다시 보게 되었습니다.[179] 얼마나 다행

178 강리(姜吏)의 묘표(墓表) : 강리는 강효원(姜孝元)으로, 소현세자(昭顯世子)가 청나라 심양(瀋陽)에 볼모로 잡혀갔을 때 배종한 세자시강원(世子侍講院)의 서리(書吏)이다. 당시 청나라의 통역관으로 횡포를 자행하던 정명수(鄭命壽)가 청에 보내는 우리나라의 세폐(歲幣)를 도둑질하기까지 하자, 필선(弼善) 정뇌경(鄭雷卿) 등이 분개하여 그를 청에 고발하여 제거하려고 도모하였는데, 그때 강효원도 논의에 적극 가담하였다. 그러나 뒤에 일이 누설되어 무고죄로 정뇌경 등이 처형당하자, 강효원이 말하기를 "나도 이 모임에 참여했으니 의리상 나만 살아남을 수 없다." 하고는 자원하여 죽음을 당하였다.《宋子大全 附錄 卷16 朴光一錄》이 강효원의 묘표를 송시열이 썼고 그 후기(後記)는 민정중이 썼다.《宋子大全 卷190 姜孝元墓表》《老峯集 卷9 姜孝元墓表後記》

스럽고 다행스럽습니까. 나머지는 입으로 불러 적게 하는데 호흡이 짧아 다 말하지 못하니, 모두 묵묵히 이해해 주시기 바랍니다.

179 필공(畢公)이……되었습니다 : 《서경》 〈필명(畢命)〉에 "필공이 성대한 덕으로 능히 작은 일에도 부지런히 힘써 4대를 보필하며 덕을 밝게 드러냈다."라고 하였다. 여기서는 강효원의 묘표가 완성된 것은 민정중이 필공처럼 작은 일에도 부지런히 나서서 물심양면으로 애써 준 덕분이라는 말이다.

민대수에게 보냄 병인년(1686, 숙종12) 11월 24일

與閔大受 丙寅十一月二十四日

절기가 동지를 지나서 섣달 추위가 닥쳐오려 합니다. 이런 때에 삼가 한적하게 거하면서 고요하고 편안한 가운데 내부를 잘 다스리시어 외부의 적이 물러갔으리라 생각되니, 구구하게 송축하는 마음을 절로 금할 수가 없습니다. 이 사람은 동춘(同春) 형의 묘소 남쪽으로 옮겨와 우거하면서[180] 옛날의 천석(泉石)을 쓸어 내고 즐기니 맑은 물소리가 들을 만하였는데, 지금은 병 때문에 잔잔한 물소리를 한가로이 즐길 수 없게 되었습니다. 처음에는 지금과 같지 않았으니 스스로 가련히 여겨 본들 무슨 소용이 있겠습니까.

지금 걱정하고 염려할 만한 일이 있는데 연기(燕岐)의 서원 일로 인하여 논의가 나날이 비등해진다는 것입니다.[181] 그래서 결국 별지로 여쭈어 본 것이니 회답하여 주시기를 간절히 바라고 바라는 바입니다.

180 이……우거하면서 : 1686년 10월 13일에 송시열은 충청도 회덕(懷德) 흥농리(興農里)의 서재로 옮겨 우거하였는데, 송준길(宋浚吉)의 묘소 남쪽이었다. 이곳에는 능인암(能仁菴)이라는 이름의 서당이 있었고 수석(水石) 사이에 남간정사(南澗精舍)라는 현판이 걸린 작은 서재가 있었다. 《宋子大全 附錄 卷10 年譜》

181 연기(燕岐)의……것입니다 : 연기의 서원이란 충청도 연기에 있는 봉암서원(鳳巖書院)을 가리킨다. 이 서원은 1651년(효종2)에 창건되고 1665년(현종6)에 사액되었는데, 한충(韓忠), 김장생(金長生), 송준길을 향사하였다. 《同春堂集 續集 卷12 附錄 院享錄》 논의가 비등해진다는 것은 서원에 봉안된 송준길의 신위가 스승 김장생의 신위 오른쪽에 있어 위차가 어긋나므로 달리 배치해야 한다는 여론이 커지고 있다는 말이다. 《宋子大全 卷89 答權致道(丁卯二月二十日)》

그리고 삼가 듣기에 제 손자 아이가 외람되이 남상(南床)에 제수되었다고 하니[182] 늙은이의 마음이 걱정스럽고 두려워서 거의 침식을 폐할 정도입니다. 간절히 바라건대 긍휼히 여기고 보호해 주는 은혜를 속히 베푸시어 벗어날 방도를 분명하게 가르쳐 주시는 것이 어떻겠습니까. 천만번 바라고 바라는 바입니다. 끝으로 배나 더 몸을 보중하시어 중외(中外)의 바람에 부응해 주시기를 축원할 뿐입니다.

별지

회덕(懷德) 서원[183]에서의 동춘의 위차(位次)는 매우 온당치 못합니다. 주자(朱子)께서 일찍이 말씀하기를 "두 분 정자(程子)의 도는 염계(濂溪 주돈이(周敦頤))보다 크다." 하였으나 남강(南康) 등지의 서원에 향사(享祠)할 적에는 두 분 정자를 염계의 배위(配位)로 모셨으니, 이는 사제(師弟)의 분의(分義)가 지극히 엄중하기 때문입니다.[184]

인간은 부모, 임금, 스승에 의해 살아가므로 섬기기를 한결같이 해야 하는 것이니, 이것이 어찌 하늘은 높고 땅은 낮은 것과 같은 큰

182 제……하니 : 남상은 홍문관 정자(弘文館正字)의 별칭이다. 1686년 11월 12일에 송시열의 손자 송주석(宋疇錫)이 홍문관 정자에 제수되었다. 《肅宗實錄 12年 11月 12日》

183 회덕(懷德) 서원 : 충청도 회덕에 있는 숭현서원(崇賢書院)을 가리킨다. 이 서원은 1585년(선조18)에 창건되어 정광필(鄭光弼), 김정(金淨), 송인수(宋麟壽)를 향사하고 뒤이어 김장생, 송시열, 송준길을 향사하였고 별사(別祠)에 이시직(李時稷)과 송시영(宋時榮)을 배향하였다. 《同春堂集 續集 卷12 附錄 院享錄》

184 이는……때문입니다 : 주돈이(周敦頤)와 정호(程顥)·정이(程頤)는 스승과 제자 사이이기 때문에 이들을 사당에 모실 때 주돈이를 정위(正位)로 하고 제자인 두 사람을 배위로 했다는 말이다.

인륜이며 큰 법도가 아니겠습니까. 남헌(南軒)의 견해는 주자와 조금 달랐어도 감히 위차를 나란히 배열할 수 없어 염계는 동서(東序)에 모시고 두 분 정자는 서서(西序)에 모셨으니,[185] 그 뜻을 또한 알 수 있습니다.

회덕의 서원에 향사를 의논할 때 제가 말한 바가 있는데, 이에 대해 황생(黃生)이 말하기를 "《가례(家禮)》의 사당(祠堂)에 대한 제도에 부자간은 신위를 나란히 배열한다고 했으니, 이것이 어찌하여 불가하단 말입니까." 하였습니다.[186] 모르는 것에 대해서는 제쳐 놓고 말하지 말아야 하는데 함부로 이와 같이 논하였으니 참으로 애석합니다. 무릇 《가례》에서 부자간에 신위를 나란히 배열한다고 한 것은 어찌 주자가 그만둘 수 있는 것이었겠습니까. 시왕(時王)의 제도이므로 감히 따르지 않을 수 없었던 것입니다.[187]

185 남헌(南軒)의……모셨으니 : 남헌은 송나라 대의 학자 장식(張栻)의 호이다. 장식도 사제간의 층위를 고려하여 나란히 배열하지 못하고 동서(東西)로 배치하되 스승 주돈이를 상위(上位)인 동쪽에 모시고 두 정자는 하위(下位)인 서쪽에 모셨다는 말이다. 《南軒集 卷10 三先生祠記》《寒水齋集 卷5 答金仲和》

186 황생(黃生)이……하였습니다 : 황생은 송준길의 문인 황세정(黃世楨)을 가리킨다. 회덕의 숭현서원에 송준길을 향사할 때, 황세정은 사당에 부자간의 신위를 나란히 배열해도 된다고 《가례》에 나와 있으므로 송준길을 김장생과 일렬로 배열해도 문제될 것이 없다고 주장하였다는 말이다.

187 무릇……것입니다 : 1750년(영조26) 이의철(李宜哲)이 편집한 《우암선생서절요집해(尤菴先生書節要集解)》 권4에는 이 구절에 대해 "《가례》의 제도는 비록 당(堂)은 같이하지만 사실 실(室)은 달리하니 나란히 배열했다고 논할 수 없다. 그런데 우암선생은 주자가 시왕의 제도를 따른 것이라고 말하였으니 아마도 자세히 살펴보지 않은 듯하다."라고 하였다. '당은 같이하지만 실은 달리한다'는 것은 방 하나에 여러 개의 칸을 막고 여러 신위를 두는 이른바 동당이실(同堂異室) 제도를 말한다.

무릇 아버지가 자식을 안지 않는 것[188]과 부자간에 한자리에 앉지 않는 것[189]은 예(禮)에 있어 큰 법도입니다. 아버지는 자식의 하늘이라 그 존엄에 짝할 것이 없기 때문에 감히 나란히 할 수 없는 것입니다. 그래서 성인(聖人)이 소목(昭穆)의 예를 제정하여 아버지가 소(昭)이면 아들은 목(穆)이고 아버지가 목이면 아들은 소로 하도록 하였으니, 그 분의가 엄격하다고 말할 수 있습니다.

소목의 법이 폐기되어 행해지지 않은 것은 후세의 잘못이므로 주자가 일찍이 개탄하던 바입니다. 그래서 일찍이 조정에 헌의(獻議)하여, 중원(中原)을 회복하고 나서 예악(禮樂)을 제작할 때를 기다려 다시 소목의 예를 시행하고자 하신 것입니다. 그렇다면 부자간에 신위를 나란히 배열하는 것을 예로 여기지 않았다는 것은 분명합니다. 이 때문에 서원의 향사에서 마침내 정위(正位)와 배위(配位) 제도를 만들어 사제(師弟)를 받들게 하였던 것이니, 서원의 향사는 국제(國制)에 관계되지 않으므로 그 분의를 바르게 할 수 있었기 때문입니다. 그렇다면 부자의 신위를 나란히 배열하는 제도는 주자가 옳게 여기지 않아 고치고 싶어 했던 것이고, 사제간을 정위와 배위로 구분하는 예는 주자가 이치에 의거하여 분의를 정했던 바꿀 수 없는 법도라 하겠습니다.

설령 주자가 사당(祠堂)의 제도를 예(禮)의 정도(正道)를 얻은 것이라고 여겼다 하더라도 사당은 사당이고 서원은 서원이니 각각 그 의식

188 아버지가……것 : 《예기(禮記)》 〈곡례(曲禮)〉에 "군자는 손자를 안아 주고 자식은 안아 주지 않는다."라는 말이 있다.

189 부자간에……것 : 《예기》 〈곡례〉에 나오는 말로, 그 주석에 "부자간에는 존비(尊卑)의 등급이 다르기 때문이다."라고 되어 있다.

을 따르는 것이 옳습니다. 어찌 감히 장차 고쳐야 할 사당에서의 시속의 제도를 억지로 끌어와서 바꿀 수 없는 서원의 정당한 도의를 어지럽힐 수 있단 말입니까.

저는 항상 "주자가 정자를 존중하던 도리를 가지고 동춘을 존중한다면 이것이 바로 그를 지극히 존중하는 것이다. 예에 맞지 않는 것을 가지고 높여 놓고 '동춘의 마음이 여기에서 능히 편안할 것이다.'라고 한다면 이는 동춘을 대우하는 데에 너무 박한 것이 아니겠는가."라고 말해 왔습니다.

그리고 회덕의 서원 일은 단지 노선생(老先生 김장생(金長生))에게만 미안한 것이 아닙니다. 동춘은 어릴 때부터 죽창(竹窓) 이 선생(李先生)[190]에게 학문을 배웠는데 실제로는 서로 부자간같이 여기며 지냈습니다. 그래서 죽창에 대한 비갈(碑碣)에서 자칭 문인(門人)이라고 하였는데,[191] 지금 동춘을 정위에 두어 배위에 있는 죽창을 굽어보게 하였으니, 동춘만 감히 편하지 못한 게 아니라 곁에서 보는 이들 또한 누군들 한심해하지 않겠습니까.

성인이 계씨(季氏)의 참람함을 논하였는데 선유(先儒)가 이를 해석하기를 "해서는 안 되는 일에 군자가 잠시도 마음을 두지 않는 것은

190 죽창(竹窓) 이 선생(李先生) : 이시직(李時稷, 1572~1637)으로, 죽창은 그의 호이다. 조호익(曺好益)과 김장생의 문인이다. 병자호란 때 강화도가 함락되자 송시영(宋時榮)과 함께 순절하였다.

191 죽창에……하였는데 : 송준길은 이시직과 관련하여 제문(祭文)과 행장(行狀)과 만사(挽詞)는 지었으나 비갈은 지은 적이 없다. 행장도 자신이 직접 지은 것이 아니라 대작(代作)한 것이다. 다만 이시직에 대한 만사에 "본래는 사우(師友)였지만 형제의 정까지 있었지요."라는 말은 있다. 《同春堂集 卷24 竹窓李公挽》

차마 할 수 없기 때문이다."[192] 하였고, 또 "마음은 비록 끝이 없지만 분수에는 한계가 있다."[193]라고 하였습니다. 그런데 지금 스승을 존중하는 의리에 가려서 도리어 이치를 거스르는 결과에 빠진다면 어찌 애석하지 않겠습니까. 이로 인하여 연기의 서원[194]에서는 또 동춘을 노선생의 오른쪽에 모셨습니다. 무릇 신위를 나란히 배열한 잘못은 그래도 《가례》에 나온다고 핑계 댈 수 있지만 반대로 도치해 놓은 잘못에 대해서는 장차 어느 책에다 핑계 댈 수 있겠습니까.[195]

혹자는 말하기를 "노선생이 회덕의 서원에서는 문익공(文翼公 정광필(鄭光弼)) 등 제현(諸賢)과 함께 향사되었는데 동춘을 어떻게 문익공 등 제현과 함께 향사할 수 있단 말입니까." 하는데, 이는 너무나 생각하지 않고 한 말입니다. 지금 어떤 사람이 있는데 그 부친이 많은 사람들과 같은 줄에 앉아 있다면 그 아들이 "우리 부친 혼자만 있는 것이 아니다."라고 하면서 그 아래에 앉을 수 있겠습니까? 그 아들이 다른 줄로 피한다면 사람들은 "여러 사람을 위하여 피하였다."라고 하겠습니까, 아니면 "자기 부친을 위하여 피하였다."라고 하겠습니까? 이것은 알기 어려운 일이 아닙니다. 처음의 털끝만 한 차이가 나중에는 천리의 차이로 어긋나는 법입니다. 더구나 그 차이가 털끝만 한 정도에 그치지 않는다면 그 말류(末流)에서의 어긋남을 어찌 말로 다 할 수

192 해서는……때문이다 : 《논어》 〈팔일(八佾)〉의 집주(集註)에 보이는 사양좌(謝良佐)의 말이다.

193 마음은……있다 : 《논어》 〈위정(爲政)〉의 집주에 보이는 호인(胡寅)의 말이다.

194 연기의 서원 : 383쪽 주181 참조.

195 반대로……있겠습니까 : 연기의 서원에서 송준길의 신위를 스승인 김장생의 오른쪽, 즉 상위에 모신 것은 명백히 상하가 도치된 잘못이라는 말이다.

있겠습니까.

지금 회덕의 선비들 중에는 혹 "서원 위차(位次)에 대한 결정이 실은 여양(驪陽 민유중(閔維重))에게서 나왔다."라고 하는 사람도 있는데, 믿을 만한 말인지 잘 모르겠습니다. 만약 털끝만큼이라도 근거가 있는 것이라면 어찌 빨리 되돌려서 속히 고치지 않아서야 되겠습니까. 일찍이 이런 내용으로 여양에게 물어보려 하였으나 젊은 사람들이 말하기를 "동춘 문하의 제공(諸公)이 이런 논의를 듣고 이미 불평하는 마음이 있으니 다시 분란을 더해서는 안 될 것입니다." 하기에, 제 마음도 동요가 없지 않아 그만두었습니다. 그런데 어제 연산(連山)에서 두 서신이 전후로 거듭 이르는 것을 보니 그 형세가 이대로 끝나지는 않을 듯합니다. 그래서 속히 이 서신을 보내어 질정하는 것이니 부디 여양과 상의하여 가르침을 주시는 것이 어떻겠습니까.

○ 예전에 장학(張㶅) 등이 포은(圃隱)을 모신 서원에 여헌(旅軒)을 나란히 향사하려 하다가 사론(士論)의 분쟁을 초래한 적이 있습니다.[196] 이때 동춘이 탄식하기를 "여헌의 마음이 어찌 크게 불안하지 않겠는가." 하였습니다. 포은과 여헌은 사제간이 아닌데도 동춘이 오히려 이렇게 말하였으니, 오늘날 스스로 마음에 불안한 것이 의당 어떠하겠습니까. 황생(黃生 황세정(黃世楨))이 동춘을 높이려고 하다가 그

196 장학(張㶅)……있습니다 : 이에 대해서는 1643년(인조21)에 김육(金堉)이 올린 계사에 자세히 보인다. 장학이 포은 정몽주를 모신 임고서원(臨皐書院)에 조광조(趙光祖)와 서경덕(徐敬德)도 배향하는 줄에 있는데 자신의 스승인 여헌 장현광(張顯光)을 배향도 아니고 정몽주와 나란히 같은 줄에 향사하려고 하므로 사론이 통분하고 있다는 내용이다. 《潛谷遺稿 卷7 臨皐書院配享位次啓》 장학은 본관은 인동(仁同), 자는 성원(聖源), 호는 남파(南坡)이며 장현광의 문인이다.

의 마음을 펴지 못하게 하였으니 또한 괴이한 일이 아니겠습니까.

파산서원(坡山書院)[197]에 부자가 나란히 앉아 있는지는 감히 알 수 없거니와 황산서원(黃山書院)[198]에는 사계(沙溪 김장생)와 율곡(栗谷)이 나란히 향사되어 있습니다. 그러나 여기에는 한 위차를 건너서 앉아 있으니 무릎을 맞대고 있는 회덕의 서원과는 차이가 있습니다. 예전에 황산서원의 일은 변통하자는 논의가 있었으나 호남(湖南)의 의론이 "신독재(愼獨齋) 때에 변통하지 않았으니 지금 갑자기 고치기는 어렵다."라고 하였으므로 결국 감히 바꾸지 못하였으니, 매우 탄식할 만한 일입니다.

지금 회덕의 서원 일은 비록 갑자기 동춘을 배위로 내릴 수는 없다 하더라도 남헌(南軒)이 행했던 제도에 따라 소목의 형식을 모방하도록 한다면 편할 것 같은데, 어떨지 모르겠습니다. 그렇게 되면 죽창 이하는 당연히 별사(別祠)에 향사해야 할 것이니[199] 부디 더 상세하게 논의해 보시기 바랍니다.

또 첩설(疊設)을 허락하지 않는 것은 이미 선왕(先王)의 성명(成命)

197 파산서원(坡山書院) : 1628년에 경기 파주(坡州)에 건립된 서원으로, 청송(聽松) 성수침(成守琛)과 우계(牛溪) 성혼(成渾) 부자를 향사하였다. 《牛溪集 牛溪先生年譜》

198 황산서원(黃山書院) : 김장생이 1626년에 충청도 연기(燕岐)에 세운 서원이다. 처음에는 이이와 성혼을 향사하였고 사후에 김장생도 향사되었다. 1665년에 죽림(竹林)이라는 편액을 하사받아 이후로는 죽림서원(竹林書院)이라 불렸다. 《沙溪全書 卷44 附錄 年譜》

199 죽창……것이니 : 신위를 소목으로 배열할 경우 송준길의 스승인 이시직(李時稷)을 그의 아래에다 둘 수는 없으므로 별사로 옮겨 모셔야 한다는 말이다.

이 있었으므로 지난번 공주(公州)와 연기에서 외람되이 요청했을 때[200]에도 예조에서 들어주지 않았던 것입니다. 들어주지 않으면 그만두어야 하는데도 다시 다른 길로 요청하여 허락을 얻었으니 매우 구차스럽다 하겠습니다. 그리하여 마침내 연기에서는 위차가 어긋나는 일이 있었고 공주에서는 망녕되이 행하는 일이 있어 사방의 웃음거리가 되고 말았습니다. 연기의 서원은 단지 본조(本朝)의 선현들만 봉안했지만 공주의 서원은 주자를 봉안한 곳인데 향례(享禮)가 이렇게 난잡하니 그 얼마나 심히 온당치 못한 일입니까.

예전에 홍석(洪錫)[201] 씨가 용담(龍潭)의 사당에 정자와 주자를 향사하려고 하였고[202] 아무개가 철원(鐵原)에다 노선생(老先生)을 향사하려고 하여 제가 극력 만류하였습니다.[203] 그런데 홍석이 듣지 않았다가

200 공주(公州)와……때 : 공주는 공주에 있는 충현서원(忠賢書院)을, 연기는 연기에 있는 봉암서원(鳳巖書院)을 말한다. 충현서원은 1581년(선조14)에 서기(徐起)가 중국에서 가져온 주희(朱熹)의 영정을 모셨는데, 임진왜란 때 폐허가 된 것을 광해군 때에 중건하였고 1624년(인조2)에 사액서원이 되었다. 주희의 영정과 이존오(李存吾), 이목(李穆), 성제원(成悌元), 서기, 조헌(趙憲), 김장생을 향사하였다. 외람되이 요청했다는 것은 두 서원에서 송준길을 향사하게 해 달라고 조정에 청한 것을 말하는 듯하다.

201 홍석(洪錫) : 1604~1680. 본관은 남양(南陽), 자는 공서(公敍)·군서(君敍), 호는 손우(遜愚)이다. 김상헌(金尙憲)의 문인이다. 용담 현령(龍潭縣令)과 세자익위사 사어(世子翊衛司司禦)를 지냈다. 《陶菴集 卷42 司禦遜愚洪公墓碣》

202 용담(龍潭)의……하였고 : 현재의 전라도 진안(鎭安) 일대인 용담현(龍潭縣)의 북쪽에 안자천(顔子川)이 있고 남쪽에 정자천(程子川)이, 서쪽에 주자천(朱子川)이 있으므로 홍석이 정주사(程朱祠)라는 사당을 세워 두 정자(程子)와 주희를 제향하려고 한 것이다. 《宋子大全隨箚 卷5》

203 아무개가……만류하였습니다 : 아무개가 누구를 가리키는지는 분명하지 않으나 송시열이 이희조(李喜朝)에게 답하는 편지에 "저번에 철원의 수령이 사계(沙溪) 선생

그 뒤에 끝내 말하기 곤란한 일이 생기자, 홍석이 그 소식을 듣고는 말하기를 "이 문정(李文靖)은 참으로 성인(聖人)이시다."라고 하였습니다.[204]

또 크게 우려스러운 일이 있으니, 한번 여간(驪姦 윤휴(尹鑴))이 주자(朱子)를 공격하고 배척하면서부터 온 세상이 바람에 휩쓸리듯 동조하여 주자의 논의가 많이 배제당하고 있다는 것입니다. 예컨대 남강(南康)의 논의가 여러 서원에 시행되지 못하고 있는 경우[205]도 그중의 한 가지 사례이니, 이 어찌 크게 우려할 만한 것이 아니겠습니까.

의 사당을 건립하려 하기에 내가 적극 만류하여 그만두었다."라는 내용이 있는 것으로 보아 철원 부사를 지낸 인물로 보인다. 《宋子大全 卷96 答李同甫(戊辰六月五日)》 그리고 홍석이 용담에 사당을 세우려는 것을 적극 만류했다는 것은, 송시열이 홍석에게 선비가 많은 지역에서도 향사가 제대로 이루어지지 못하니 나중의 일을 생각하여 후회할 일을 하지 않는 것이 좋겠다고 만류한 것을 말한다. 《宋子大全 卷45 答洪君敍》

204 이 문정(李文靖)은……하였습니다 : 문정은 송 진종(宋眞宗) 때의 정승 이항(李沆)의 시호이다. 이항은 어린 진종이 장차 토목 공사를 크게 일으킬 것을 걱정하여 경계했는데, 그의 사후에 진종이 과연 궁실을 크게 짓는 역사를 일으키자 왕단(王旦)이 탄식하기를 "이 문정은 참으로 성인이시다."라고 하며 그의 선견지명을 칭찬하였다. 《宋史 李沆列傳》

205 남강(南康)의……경우 : 주희가 남강 등지의 서원에 향사할 때 주돈이와 두 정자가 사제간임을 고려하여 주돈이는 정위로 하고 두 정자는 배위로 하여 모셨는데, 당시 우리나라의 서원에는 이러한 방식이 행해지지 않고 있다는 말이다.

민대수에게 보냄 정묘년(1687, 숙종13) 7월 9일

與閔大受 丁卯七月九日

둔촌(屯村 민유중(閔維重)) 대감이 처음에는 사류의 추앙을 받다가 결국 임금의 인척으로서 의심과 비방에 시달리기는 하였습니다만 그래도 아직 국가와 사류에 영향을 끼치는 인물입니다. 그런데 어찌 나이가 아직 노쇠하지 않은 때에 원대한 뜻을 펴지 못한 채 갑자기 세상을 떠나 공적으로나 사적으로나 다시는 믿고 의지할 사람이 없게 한단 말입니까. 그리고 또 생각건대 반년도 못 되어 재차 국구(國舅)가 세상을 떠나는 것을 보게 되니,[206] 하늘의 뜻이 어디에 있는지 알 수 없어 이에 저의 사사로운 정으로 곡할 겨를도 없을 지경입니다.[207]

또 이어 생각건대 집사께서는 의원의 치료와 약물로 오래 버티고 있던 상황이었으니, 만약 동생의 죽음으로 지독한 슬픔을 겪으면서 자신도 모르는 사이에 원기가 손상되었다면 이는 작은 일이 아닙니다. 주자(朱子)도 매번 국가의 중추적 역할을 하는 대신(大臣)에 대해서는

206 반년도……되니 : 숙종의 비 인경왕후(仁敬王后)의 아버지 김만기(金萬基)가 1687년 3월 15일에 병사하였고, 또 숙종의 비 인현왕후(仁顯王后)의 아버지 민유중이 3개월 뒤인 6월 29일에 안국동(安國洞) 사저에서 병사한 것을 말한다. 《宋子大全 卷158 光城府院君金公神道碑銘》《寒水齋集 卷24 驪陽府院君文貞閔公神道碑銘》

207 이에……지경입니다 : 소식(蘇軾)의 〈문충공 구양수에 대한 제문〔祭歐陽文忠公文〕〉에 "위로는 천하를 위해 슬퍼하고 아래로는 내 사사로운 정으로 곡한다."라는 말이 있는데, 여기서는 국가의 중추인 국구가 연이어 세상을 떠나 국가의 장래가 너무나 걱정되므로 사사로운 정리로 통곡할 겨를조차도 없다는 말이다. 《蘇軾文集 卷63》

임금과 왕비를 위해서라도 옥체를 보중하기를 바랐습니다. 이는 예의를 갖추려고 으레 하는 말이 아니라 실로 마음속의 정에서 말미암은 바람이기에 이에 손자 아이를 시켜 이렇게 나아가 권면하게 하는 바입니다.

민대수에게 답함 정묘년(1687, 숙종13) 12월 9일
答閔大受 丁卯十二月九日

그리운 마음이 어찌 일찍이 조금이라도 멈춘 적이 있겠습니까. 더욱 염려스러운 점은 지극한 슬픔으로 속이 녹아내려 몸이 항상 편치 않은 상황에서 또 사류의 횡액이 바야흐로 성하다는 것인데, 이로써 보면 하늘의 뜻은 간혹 믿기 어려운 점이 있다 하겠습니다. 그런데 이런 상황에서 이번에 특별히 심부름꾼을 보내 편지로 위로하며 안부를 물어 주셨고 그로 인해 이전의 병이 이제 나았다는 사실을 알았으니, 구구한 저로서는 위로되고 다행스러운 마음이 어찌 끝이 있겠습니까. 하늘이 혹여라도 재앙을 내렸던 것을 오늘에 와서 후회하는 것인지도 모르겠습니다.

그런데 이 사람은 늙어서도 죽지 않은 채 단지 시속을 어지럽히고 있으니, 의당 성인(聖人)이 정강이를 치는 벌을 받아야 할 것입니다.[208] 그러나 저는 삼가 스스로 자부하면서 마음속으로 말하기를 "만약 이 사람이 없었다면 주자(朱子)는 우리 동방에서 아성(亞聖)이 될 수 없었을 테고 흉적인 윤휴(尹鑴)가 참된 유자(儒者)가 되었을 것이다.

208 이……것입니다 : 《논어》 〈헌문(憲問)〉에, 공자(孔子)가 친구 원양(原壤)이 걸터앉은 자세로 자신을 기다리고 있는 모습을 보고서 말하기를 "어려서는 공손하지도 못하고 커서는 칭찬받을 만한 일 하나 없고 늙어서도 죽지 않는 것이 바로 도적이다."라고 하고는 들고 있던 지팡이로 그의 정강이를 툭툭 쳤다는 고사가 있다. 여기서는 송시열 자신이 시속을 어지럽히면서도 죽지 않고 있으니 성인에게 그런 벌을 받아도 당연하다는 말이다.

그리고 홍타시(洪打豕)[209]는 천하의 의로운 군주가 되었을 것이고 권(權)·김(金)과 삼학사(三學士)[210]는 용맹을 손상한 사람이 되었을 것이다.[211] 또 율곡(栗谷)은 끝내 우리 도(道)의 정맥(正脈)이 될 수 없었고 유직(柳稷)과 홍유부(洪有阜) 무리가 정론을 펴는 인사가 되었을 것이다.[212]" 하고는 합니다. 집사가 들으시면 상상컨대 크게 한번 웃으면서 이는 미친 작자의 옛 버릇[213]이라고 하겠지만 말입니다. 한 해가

209 홍타시(洪打豕) : 청 태종(淸太宗)의 이름이다. 홍타시(弘它時) 또는 홍타시(紅打豕)라고도 한다. 청 태조의 여덟째 아들로 병자년(1636, 인조14)에 국호를 대청(大淸)이라 고치고 조선을 침략하였다.

210 권(權)·김(金)과 삼학사(三學士) : 권·김은 병자호란 때 강화(江華)에서 순절한 권순장(權順長)과 김익겸(金益兼)을 가리키고, 삼학사는 청나라와의 화의(和議)를 반대하고 척화(斥和)를 주장하다가 심양(瀋陽)에 잡혀가 죽은 홍익한(洪翼漢), 윤집(尹集), 오달제(吳達濟)를 가리킨다.

211 용맹을……것이다 : 《맹자》 〈이루 하(離婁下)〉에 "얼핏 보면 죽을 만하고 자세히 보면 죽지 말아야 할 상황에 죽으면 용맹을 손상하는 것이다."라는 구절이 있는데, 1687년 3월 19일에 나양좌(羅良佐) 등이 상소할 때 이 구절을 인용하여 권순장과 김익겸이 당시에 죽을 만한 의리가 없었다고 주장하면서 당시 강화도에서 살아 돌아온 윤선거(尹宣擧)의 행위를 변호하였다. 이에 송시열 등의 노론이 강력하게 대처하여 결국 나양좌는 영변(寧邊)으로 유배를 갔다. 《定齋集 卷6 爲羅顯道上辨魯西先生疏》 《肅宗實錄補闕正誤 13年 3月 19日》

212 율곡(栗谷)은……것이다 : 1650년(효종1)에 성균관 유생들이 이이(李珥)와 성혼(成渾)의 문묘(文廟) 종사(從祀)를 재차 거론하자, 유직이 영남 유생 800여 명과 함께 상소하여 그 부당함을 주장하면서 이이의 학문은 육구연(陸九淵)에서 나왔으며 성혼의 학문은 도가류(道家流)라고 비방하였다. 진사 홍유부도 1649년 12월에 이이와 성혼의 문묘 종사를 반대하는 상소를 올렸다. 《孝宗實錄 1年 2月 22日, 5月 1日, 9月 10日》 《承政院日記 孝宗卽位年 12月 14日》 여기에서 송시열은 이들을 저지한 공로가 자신에게 있다는 자부심을 드러낸 것이다.

213 미친……버릇 : 엄광(嚴光)은 후한 광무제(後漢光武帝) 유수(劉秀)와 어릴 때부

다 가고 있으니 더욱더 몸을 보중하여 사류의 바람에 부응해 주시기를 바랄 뿐입니다.

터 친구 사이였는데, 유수가 황제가 되어 불러도 나가지 않을 정도로 도도하였다. 그런데 사도(司徒)인 후패(侯霸)가 서찰을 보내어 초청하자, 엄광은 그를 아부하는 자로 매도하면서 비난하였다. 후패가 이를 광무제에게 보고하니 광무제가 웃으면서 말하기를 "미친 작자가 옛날에 하던 버릇이다." 하였다 한다. 《後漢書 逸民列傳 嚴光》

민대수에게 답함 무진년(1688, 숙종14) 1월 12일
答閔大受 戊辰正月十二日

올해가 환갑이시라 의당 축하 편지를 올렸어야 했는데 슬프고 어수선한 일[214]로 그리하지 못하던 차에 보내 주신 편지가 먼저 이르러 집사의 집안에 큰일이 있다는 것을 알게 되었습니다. 일이 있을 때 고하고 얘기하는 것은 옛사람들이 붕우 간에 행하던 의리이자 정리인데, 못난 제가 이를 받으니 감사하고 다행스러운 마음이 교차하는 바입니다. 다만 아침에 저녁을 기약하지 못한다는 말씀이 있어 매우 불안하고 근심스러울 뿐입니다. 하지만 이런 시절에 한가로이 지내면서 수양하고 있는 점에서 보자면 성대한 운수가 바야흐로 형통하다 할 수 있으니, 어찌 다른 걱정이 있겠습니까.

저는 묵은 병이 새로 더쳐서 살고 싶은 의지가 전혀 없고 옛 허물을 돌이켜 생각해 볼 때 죄를 이루 다 씻을 수가 없는데, 누가 저를 늙었다고 여기지 않고 경책과 가르침을 베풀어 줄 수 있겠습니까. 되돌아보면 망연자실하여 거의 마음을 스스로 달랠 길이 없습니다.

그리고 이어 생각건대 민간에서의 천장(遷葬)이 재앙이 없는 경우가 드문 것은 주자(朱子)가 말한 것처럼 선조의 영령을 놀라게 하기 때문입니다.[215] 다만 선영으로 돌아가는 경우에는 아마도 선조의 영령이

214 슬프고 어수선한 일 : 1687년 12월 15일에 민주경(閔周鏡)에게 시집갔던 송시열의 서녀(庶女)가 죽은 일을 말한다. 《宋子大全 卷153 祭庶女閔氏婦文, 附錄 卷10 年譜》

215 선조의……때문입니다 : 주희(朱熹)가 자신의 아버지 주송(朱松)을 처음에는 건

편안히 여길 것이기 때문에 길조는 많고 흉사는 적을 것이니, 지금 여기 선영으로 정한 것은 매우 합당할 듯합니다.

옛날에 이봉주(李奉胄)라는 사람이 있었는데 이충갑(李忠甲)의 할아버지입니다. 그는 당시에 신인(神人)으로 불렸습니다. 선사(先師) 문원공(文元公 김장생(金長生))을 처음 진잠(鎭岑)에 장사 지낼 때 발인이 그 앞을 지나가자, 집안사람을 돌아보며 말하기를 "대단합니다. 그러나 이 어른은 복덕이 크게 있으니 오래지 않아 이 길을 경유하여 돌아올 것입니다." 하였는데, 과연 그의 말대로 선영에 천장하였고 그 뒤에 후손들이 상서로운 복을 크게 받았습니다. 오늘의 큰일도 감히 이렇게 되도록 축원하는 바이니 반드시 성실히 하고 삼가셔서 무궁한 후대까지 길이 복을 받으시기를 바라겠습니다.

녕부(建寧府) 숭안현(崇安縣) 오부리(五夫里)에 장사 지냈다가 뒤에 상매리(上梅里) 적력산(寂歷山)으로 이장할 때 이 말을 했다고 한다.《愼窩集 卷3 與希陽齋任公》

민대수에게 답함 무진년(1688, 숙종14) 8월 10일
答閔大受 戊辰八月十日

스스로 헤아려 보건대 남은 날이 많이 없기에 매번 '이 생에서 다시는 예전처럼 얼굴을 뵙고 대화하지 못할 것이다.'라고 생각하였는데, 갑자기 이군(李君)이 오는 길에 보내 주신 편지를 받고 이어 기거와 조섭의 상세한 상황을 묻고 나니, 진실로 기쁘면서도 염려스럽기 짝이 없습니다.

부본(副本)에서 차분하게 반복해서 하신 말씀은 의리가 정밀하고 이치가 분명하여 《육선공주의(陸宣公奏議)》도 이보다 더할 수는 없으니, 고요함 속에서 책을 보며 본성을 함양한 공부가 없다면 어떻게 이럴 수 있겠습니까. 되풀이하여 읽으면서 경탄스러운 마음을 금할 수 없었습니다.

일찍이 듣건대 사헌부의 많은 관원이 늙어서도 죽지 않고 있는 이 사람으로 인해 한꺼번에 파직되었다고 하니,[216] 마음속으로 매우 부끄럽고 황송하여 즉시 짧은 상소[217]를 작성하여 처벌받은 제공(諸公)에게

216 사헌부의……하니 : 1688년 7월 13일에 이조 판서 박세채(朴世采)가 입대(入對)하여 소매 속에서 차자를 꺼내 올렸는데, 당시 숙종의 총애를 믿고 권력을 휘두르던 장 희빈(張禧嬪)에게 무상으로 출입하던 종실 동평군(東平君) 이항(李杭)을 혜민서 제조에 임명한 것은 부당하다며 내외를 법도로 다스려 기강을 세우라는 내용이었다. 이에 숙종이 진노하여 박세채를 체차하자 박세채는 교외에 나가서 대죄하였다. 이때 사헌부의 관원들이 차자를 올려 박세채를 다시 불러오기를 청하였는데, 이에 숙종은 박세채만 청하고 송시열을 거론하지 않은 것은 당을 비호하려는 의도가 있다면서 그들을 한꺼번에 파직하였다. 《肅宗實錄 14年 7月 13日, 14日, 15日》《宋子大全 附錄 卷11 年譜》

사죄하고자 하였습니다. 그런데 이어 생각하기를 '이왕 글을 올리는 마당에 지금의 일을 어찌 차마 전혀 언급하지 않고 대충 넘어갈 수 있겠는가. 이는 주자(朱子)가 남헌(南軒)에 대해 눈물을 흘렸던 의리[218]가 아니다.'라고 하였기 때문에 대략 이런 내용을 삽입하여 작은증손자에게 주어 보냈습니다. 이에 대해 혹자는 편지로 미리 걱정하면서 막으려 하기도 하고 결국에는 그것을 빼앗아 되돌려 보내는 사람도 있었으니,[219] 어쩌면 이리도 경원(慶元) 연간의 천산(天山)의 일과 서로 부합한단 말입니까.[220] 비록 그 일에 감히 외람되게 비길 수는 없지만 그래도 마음속에 만족스럽지 못한 점이 있어 다시 보내야겠다는 뜻을 가지고 있었는데, 곧이어 들으니 현관들이 이미 용서받았다[221]고

217 짧은 상소 : 《송자대전》 권19의 〈의소(擬疏)〉를 가리키는데, 주변의 만류로 결국 숙종에게 올리지는 못하였다. 《宋子大全 附錄 卷11 年譜》

218 주자(朱子)가……의리 : 옛날 송 영종(宋寧宗)이 금나라에 패배한 뒤에 즉위해서 대신(大臣)들을 꾸짖고 관료들을 천시하자, 주희가 남헌 장식(張栻)을 생각하며 눈물을 흘리면서 당시 재추(宰樞)에게 지극한 우려를 표명하는 글을 보냈던 것을 말한다. 《宋子大全 卷19 擬疏(戊辰七月)》

219 결국에는……있었으니 : 송시열이 박세채를 변호하고자 올린 이 상소를 중도에 송시열과 친한 윤이건(尹以健)이 보고는 오히려 숙종의 노여움만 격동할 것이라고 하면서 송시열에게 되돌려 보냈는데, 송시열도 그 말에 일리가 있다고 생각하여 결국 상소를 올리지 않았다. 《宋子大全 卷56 答金久之(戊辰十一月七日), 附錄 卷11 年譜》

220 어쩌면……말입니까 : 송 영종 때 주희가 권신(權臣) 한탁주(韓侂胄)의 전횡을 보다 못해 상소를 올리려고 하자, 문인 중에 위험하다고 반대하는 이들이 많았다. 이에 채원정(蔡元定)이 점을 쳐서 결정하자고 청하여 괘를 뽑았는데 불길하게도 천산 돈괘(天山遯卦)가 나왔으므로 결국 올리려던 상소를 태워 버렸다고 한다. 《晦菴集 附錄 卷4 年譜》 송시열이 이번에 상소를 올리지 못한 것이 그때 주희가 상소를 올리지 못한 일과 유사하다는 말이다.

하였습니다.

또 들으니 영남(嶺南)의 유생들이 파주(坡州)와 이산(尼山)의 소문[222]을 듣고는 서로 호응하여 일어나서 퇴계(退溪)와 우계(牛溪)를 위해 호소하고 변호하는 상소를 조만간 올리려 한다고 합니다.[223] 이는 또 갑자년(1684)과 을축년(1685) 연간의 일과 유사하여 사람으로 하여금 의기를 잃고 감히 다른 생각을 하지 못하게 하니, 저는 바야흐로 이렇게 문을 닫고 숨이 다하기를 기다리고 있습니다. 그리고 스스로 웃으면서 "좁쌀같이 하찮은 이 몸이 비록 하류(下流)에 있다 하나 어찌 모든 악(惡)이 몰려드는 것이 이런 지경에 이르렀단 말인가."라고 말하기도 합니다. 그러나 주자는 이것을 말년의 영광으로 여겼으니, 어쩌면 조물주가 나의 곤궁한 처지를 가련히 여겨서 이것으로 대접하는 것이 아니

221 헌관들이 이미 용서받았다 : 《숙종실록》 14년 7월 23일 기사에 보인다.

222 파주(坡州)와 이산(尼山)의 소문 : 파주와 이산은 파주의 우계 성혼(成渾) 가문과 이산의 윤선거(尹宣擧) 가문을 가리킨다. 송시열이 이희조(李喜朝)에게 답한 편지에 성혼과 이이(李珥) 사이에 위상의 차이가 없지 않다고 김장생이 말했다고 언급한 대목이 있는데, 나중에 이를 알게 된 성지선(成至善) 등 성혼의 후손과 윤선거의 문인들이 이를 성혼에 대한 무함이라고 여겨 변론하는 한편 제자들에게 이를 전파한 송시열의 책임을 묻는 상소를 올리고자 한다는 소문을 말한다. 《宋子大全 卷96 答李同甫(丁卯五月三日)》《明齋遺稿 卷16 與成汝中(戊辰十月晦日)》

223 퇴계(退溪)와……합니다 : 성혼과 윤선거 가문에서 상소를 올리려 한다는 소문이 돌자 영남 유생들이 이에 호응하여 자신들도 통문(通文)을 돌리면서 상소를 올리고자 하였는데, 이는 송시열이 퇴계 이황(李滉)의 《심경석의(心經釋疑)》를 교정할 때 이황의 견해에 대해 이러쿵저러쿵 의론을 가하면서 이황을 경시하고 업신여겼다고 판단했기 때문이다. 이에 성혼·윤선거 가문과 영남의 유생들이 일시에 송시열을 비난하고 공격하는 한편 이황과 성혼을 변호하는 상소를 올리고자 한 것이다. 《宋子大全 卷68 與朴和叔, 卷87 與尹體元, 卷132 瑣錄》

겠습니까. 집사에게 자랑하지 못하는 것이 한스러울 뿐입니다. 여기는 작은손자가 병이 심하여 마음을 졸이고 애태우는 상황이라[224] 실로 살고 싶지가 않습니다. 남을 시켜 대신 쓰고 있기에 나머지는 이만 줄입니다.

224 작은손자가……상황이라 : 작은손자란 송회석(宋晦錫)을 말하는데, 병석에 누운 지 5년째인 1688년 8월에 이르러 병세가 매우 위독한 상태였다.《宋子大全 附錄 卷11 年譜》

민대수에게 답함 무진년(1688, 숙종14) 10월
答閔大受 戊辰十月

작은손자는 병이 고질이기는 했지만 아직 나이가 한창이기에 혹여 만에 하나라도 회복되기를 기대하고 있었는데, 끝내는 저를 버린 채 떠나가고 말았습니다.[225] 저는 너무나 고통스러워 심장이 찢어지는 듯하니 실로 죽느니만 못한 상태입니다. 이런 때에 삼가 존귀하고 자애로운 집사께서 간곡하게 위문하는 말씀을 주시어 사람을 감읍하게 하니 뭐라 말씀드려야 할지 모르겠습니다.

손자 아이는 받은 기질이 청명하고 또 뛰어난 재주가 있어 더욱 그 행적이 매몰되는 것을 차마 볼 수 없기에, 외람되이 몇 마디 만사(挽詞)를 청하여 그 남겨진 어린아이에게 도움과 가르침을 주려고 하니, 가엾게 여겨 허락해 주시리라 생각합니다. 저는 병이 위중하여 아침저녁으로 죽기를 기다리고 있으니 80년을 헛되이 보냈다고 할 만합니다. 탄식할 만하고 또한 슬퍼할 만한 일이라 하겠습니다.

225 작은손자는……말았습니다 : 송시열의 막냇손자인 송회석(宋晦錫)이 오래 병석에 누워 있다가 1688년 10월 5일에 사망한 것을 말한다. 《宋子大全 附錄 卷11 年譜》

민대수에게 보냄 무진년(1688, 숙종14) 12월 19일

與閔大受 戊辰十二月十九日

발걸음이 경안(慶安)[226]에 이르렀을 때 요즘 일을 얼핏 들었는데 맑은 한강(漢江)을 건너자 들리는 말이 더욱 놀라웠습니다. 그래도 감히 초심을 부질없이 저버릴 수는 없었기에 국장 행렬에 참여하여 야차(野次)에서 망곡(望哭)하였습니다.[227] 그리고 즉시 귀로를 찾아 떠나 길옆의 산사(山寺)에서 잠시 지체하고 있는데, 작은손자를 매장하는 일이 모레 있기 때문입니다.[228]

경기(京畿) 인근을 배회하는 것은 윤휴(尹鑴) 등이 드세게 공격하던 한 가지 일이기에[229] 바야흐로 이렇게 동동거리며 불안해하고 있었습니다. 이런 때에 갑자기 심부름꾼을 통해 위로의 편지를 보내 주시니

226 경안(慶安) : 경기 광주(廣州) 안의 지명으로 경안도(慶安道)라는 역이 있다.

227 국장……망곡(望哭)하였습니다 : 국장 행렬은 인조(仁祖)의 계비 장렬왕후(莊烈王后) 조씨(趙氏)의 장례 행렬을 말한다. 장렬왕후는 1688년 8월 26일에 사망하여 12월 16일에 현재 동구릉(東九陵)의 휘릉(徽陵)에 장사 지냈는데, 이때 송시열이 능 아래에 와서 국장에 참여하여 망곡하였다. 《肅宗實錄 14年 8月 26日, 12月 16日》《宋子大全 附錄 卷11 年譜》

228 길옆의……때문입니다 : 산사는 수원의 만의사(萬義寺)를 가리키는데, 이때 송시열은 손자 송회석을 수원의 만의에 매장하기 위해 잠시 만의사에서 머물렀다. 《宋子大全 附錄 卷11 年譜》

229 경기(京畿)……일이기에 : 예전에 송시열이 시골로 돌아가지 않고 경기 인근에 머물러 있을 때 윤휴 등의 남인 측에서는 정치적 의도가 있다고 판단하고 이를 빌미로 거칠게 공격하였다는 말이다.

상중에 지극히 감사한 마음을 뭐라 형언할 길이 없습니다. 주자(朱子)가 영지사(靈芝寺)에서 심약(沈約)의 시를 읊을 때[230] 참으로 처량하고 암담했으리라 상상이 되는데, 오늘의 심정은 그 당시에 비할 바가 아닙니다. 부디 몸을 더 보중하여 이 세상에 큰 도움을 주시기를 바랍니다.

○ 이 영남(嶺南)의 통문(通文)[231]을 보면 그 기세가 여기서 선창하면 저기에서 화답하는 것이 한 몸의 머리와 꼬리임을 알 수 있으니, 참으로 두려워할 만합니다. 〈심경서차(心經序箚)〉를 올린 것이 지금부터 몇 년 전의 일인데[232] 이제야 비로소 행동을 개시하니 참으로 이른

230 주자(朱子)가……때 : 주희(朱熹)가 경원(慶元) 연간에 한탁주(韓侂胄)의 모함을 받고 도성을 떠나면서 사원(史院)의 동료들과 전당(錢塘)의 영지사에서 이별할 때, 좌중에서 남조(南朝) 양(梁)나라의 시인 심약의 시를 읊으니, 주희가 직접 그 시를 종이에 쓰고 소서(小序)를 붙여 문인 이벽(李壁)에게 주었다. 그 시는 "평소 젊은 시절에는, 이별에 쉬이 앞날을 기약했지. 그러나 이제는 모두 늙어 노쇠해졌으니, 다시 작별할 수 있는 시절이 아니구려. 그깟 한 병의 술이라 말하지 마오, 내일이면 다시 술잔 잡기 어려우리니. 꿈속에 찾으려면 길을 모를 텐데, 그리운 정을 어이 달래랴.〔平生少年日, 分手易前期. 及此同衰暮, 非復別離時. 勿言一樽酒, 明日難重持. 夢中不識路, 何以慰相思?〕"라는 내용이다. 《晦菴集 卷29 與李季章書》

231 영남(嶺南)의 통문(通文) : 당시에 영남 유생들이 송시열을 비방하는 상소를 올리기 위해 의견을 모으려고 통문을 돌린 것을 말한다. 송시열이 이황(李滉)의 《심경석의(心經釋疑)》를 교정할 때 이황의 견해에 대해 이런저런 의론을 가하면서 경시하고 업신여겼다고 판단했기 때문이다. 《宋子大全 卷132 瑣錄, 附錄 卷11 年譜》

232 심경서차(心經序箚)를……일인데 : 1681년 8월 11일에 숙종이 《심경석의》에 잘못된 부분이 많다는 이유로 송시열에게 그 책을 교정하여 올리라고 명하자, 송시열이 9월 12일에 교정본과 함께 차자(箚子)를 올렸다. 이에 숙종은 이 책을 인출(印出)하여 강연(講筵)에 참고하고 열람에 대비하게 하라고 명하면서 송시열이 올린 차자를 서문으로 붙여 간행하도록 하였다. 〈심경서차〉는 이것을 가리킨다. 《肅宗實錄 7年 7月 27日, 9月 19日》 《宋子大全 附錄 卷11 年譜》

바 반역이 지체되면 재앙이 커진다는 말과 같다 하겠습니다.[233]

233 반역이……하겠습니다 : 한 경제(漢景帝) 때 어사대부(御史大夫) 조조(鼂錯)가 제후의 봉지를 삭감하자고 건의하면서 말하기를 "지금 땅을 삭감해도 반역할 것이며 땅을 삭감하지 않아도 반역할 것입니다. 삭감하면 반역이 빨리 일어날 것이나 화가 작을 것이고, 삭감하지 않으면 반역은 지체될 것이나 화는 클 것입니다." 하였다. 《二十史略 西漢景帝》 여기서는 영남의 유생들이 《심경석의》에 대해 몇 년이 지나서 뒤늦게 문제를 삼은 만큼 그로 인한 재앙은 더욱 클 것이라는 말이다.

민대수에게 보냄 기사년(1689, 숙종15) 1월

與閔大受 己巳正月

경원(慶元) 연간에 주자(朱子)가 지은 시에 "노년의 영광은 간당에 이름 적힌 것이네."라는 구절이 있습니다.[234] 이 사람은 평생 한 번도 남에게 자랑한 것이 없는데 지금 다행히 시류배가 이것으로 저를 대접하니, 그 대접이 후하다고 말할 만합니다. 그러니 이것을 자랑하지 않고 어디에다 쓰겠습니까. 만약 벌을 받은 유생들[235]이 저들과 서로 겨루려는 뜻이 있다면 매우 옳지 않으니, 오늘에 할 수 있는 도리는 단지 모욕을 영광으로 여기는 길뿐입니다. 부디 치구(稚久)[236]로 하여금 알고 있는 선비들을 잘 타일러 경계하도록 하는 것이 어떻겠습니까.

234 주자(朱子)가……있습니다 : 주희가 지은 시에 "늘그막의 영광은 간당에 이름 적힌 것이요, 지난날의 욕된 것은 시신의 관이었네.〔老去光華姦黨籍, 向來羞辱侍臣冠.〕"라고 한 구절을 말한다. 간당에 이름이 적혔다는 것은 한탁주(韓侂冑)에 의해 위학당(僞學黨)으로 지목된 것을 가리킨다.《朱子詩集 卷9 蒙恩許遂休致陳昭遠丈以詩見賀已和答之復賦一首》

235 벌을 받은 유생들 : 송시열이 1689년 1월에 최선여(崔善餘)에게 답한 편지에 "나로 인해 벌을 받은 선비가 많게는 27명이나 된다는 말을 들었다."라는 내용이 있는 것을 보면, 아마도 1688년 12월에 전라도 유생 백광호(白光瑚) 등이 윤증(尹拯)의 억울함을 변명하며 송시열을 공격하는 상소를 올렸을 때 이에 맞서 송시열을 변호하다가 처벌을 받은 유생을 말하는 듯하다.《宋子大全 卷106 答崔善餘(己巳), 卷108 與鄭鱗瑞(己巳正月)》《肅宗實錄 14年 12月 3日》

236 치구(稚久) : 민정중의 아들 민진장(閔鎭長, 1649~1700)의 자이다. 본관은 여흥(驪興)이고 송시열의 문인이다.

민대수에게 답함[237]

答閔大受

자신이 처한 자리에 편안히 거하면서 인을 돈독히 한다.〔安土敦仁〕-〈계사전 상(繫辭傳上)〉이다.-

명을 지극히 하여 뜻을 이룬다.〔致命遂志〕[238]-곤괘(困卦)의 대상(大象)에 나오는 괘사(卦辭)이다. 이하 괘(卦)들은 모두 대상에 있는 글귀를 뽑은 것이다.-

어둠을 써서 밝게 한다.〔用晦而明〕[239]-명이괘(明夷卦)이다.-

하늘이 장차 그 사람에게 큰일을 맡기려 할 때에는 하는 일마다 잘못되고 뒤틀리게 하는데, 부족한 능력을 키워 주려는 것이다.〔將降大任, 拂亂增益.〕-《맹자》〈고자 하(告子下)〉이다.-

몸은 고달파도 마음은 형통하다.〔身困心亨〕-《역전(易傳)》이다.-

천리(天理)를 즐기고 천명(天命)을 아는 것 때문에 세상을 걱정하고 시속을 근심하는 것을 잊어서는 안 된다.〔不以樂天知命, 忘其憂世懸俗.〕[240]-주자(朱子)의 말이다.-

237 민대수에게 답함 : 이 답서는 편지 형식이 아니라 대부분《주역》의 구절들을 단순히 모은 것이며, 일부는《맹자》의 말과 주희(朱熹)의 말을 인용한 것이다. 민정중이 앞서 보낸 편지가 남아 있지 않아 송시열이 무슨 연유로 이런 답서를 보냈는지는 알 수 없다.

238 명을……이룬다 : 천명을 분명히 알아서 곤궁과 환란에 마음을 휘둘리지 말고 단지 자신의 뜻대로 의(義)를 행하면 된다는 말이다.

239 어둠을……한다 : 난세에는 사리에 어두운 척 처신하면서 남을 포용하는 것이 결과적으로는 밝게 처신하는 방도가 된다는 뜻이다.

사물의 이치를 다 궁구하고 나면 지식도 뒤따라 지극해진다.〔物理旣盡, 知隨而至.〕-위와 같다.-

자신을 돌이켜 반성하며 덕을 닦는다.〔反身修德〕-건괘(蹇卦)이다.-

환난을 생각하여 미리 방비한다.〔思患預防〕-기제괘(旣濟卦)이다.-

자신의 방향을 확고히 세워 바꾸지 않는다.〔立不易方〕-항괘(恒卦)이다.-

예가 아니면 행하지 않는다.〔非禮不履〕-대장괘(大壯卦)이다.-

덕행을 늘 실천하고 가르치는 일을 익힌다.〔常德行, 習教事.〕-감괘(坎卦)이다.-

소인을 멀리하되 나쁜 말로 대하지 않고 위엄 있게 대한다.〔遠小人, 不惡嚴.〕[241]-돈괘(遯卦)이다.-

말은 진실하게 하고 행동은 법도가 있게 한다.〔言有物, 行有恒.〕-가인괘(家人卦)이다.-

언어를 삼가며 음식을 절제한다.〔愼言語, 節飮食.〕-이괘(頤卦)이다.-

검소한 덕으로 난을 피하며 녹위(祿位)를 영예로 여기지 않는다.〔儉德避難, 不榮以祿.〕-비괘(否卦)이다.-

홀로 우뚝 서 있으면서도 두려워하지 않고 세상을 피해 살면서도 번민

240 천리(天理)를……된다 : 주희가 양만리(楊萬里)에게 보낸 편지에 "집사의 청렴한 덕과 고상한 명망을 조정과 재야에서 진심으로 따르고 있으니, 아무쪼록 생활하는 중에 때로 자중하시고, 다시는 천리를 즐거워하고 천명을 아는 자신의 즐거움 때문에 사람들과 함께 세상을 걱정하는 참된 근심을 잊지는 않도록 해 주십시오."라고 한 말을 인용한 것인데, 요약하면 은둔하려는 생각을 하지 말고 세상을 위해 함께 근심해 달라는 말이다.《晦菴集 卷38 答楊廷秀》

241 나쁜……대한다 : 장재(張載)는 이 구절을 "미워하지 않고 엄격히 대하다"라고 풀이하였다.

하지 않는다.〔獨立不懼, 遯世無悶.〕-대과괘(大過卦)이다.-

가르치려는 생각이 무궁하며 백성을 포용하고 보존하려는 뜻이 끝이 없다.〔教思无窮, 容保无彊.〕-임괘(臨卦)이다.-

옛 성현들의 말씀과 지나간 행실을 많이 알고서 자신의 덕을 쌓는다.〔前言往事, 以畜其德.〕-대축괘(大畜卦)이다.-

스스로 밝은 덕을 밝힌다.〔自昭明德〕-진괘(晉卦)이다.-

붕우 간에 강습한다.〔朋友講習〕-태괘(兌卦)이다.-

송자대전

제61권

書서

민지숙[1]에게 보냄 정유년(1657, 효종8) 4월

與閔持叔 丁酉四月

시열(時烈)은 이마를 조아려 두 번 절하고 말씀드립니다. 철령(鐵嶺)을 넘었다는 소식[2]을 처음에 듣고는 경악을 금치 못하였으나, 이어서 깊이 생각해 보니 이는 하늘이 장차 훌륭한 옥으로 만들어[3] 큰 임무를 맡기려는 뜻이기에 이로써 위안이 되었습니다. 다만 급작스럽게 짐을 꾸려 떠나고 엄중한 일정도 촉박했을 것으로 생각되는데 혹여 마부나

1 민지숙(閔持叔) : 민유중(閔維重, 1630~1687)으로, 지숙은 그의 자이다. 본관은 여흥(驪興), 호는 둔촌(屯村)이며 송시열과 송준길의 문인이다.

2 철령(鐵嶺)을 넘었다는 소식 : 1657년 2월 그믐께 장령 오두인(吳斗寅)이 종실인 낭선군(郎善君) 이우(李俁)의 종들이 칼을 들고 싸운다는 말을 듣고 그들을 잡아오게 한 일이 있었다. 그 뒤 3월 4일에 금호문(金虎門) 밖에서 지평 민유중의 종이 이우의 집종에게 구타를 당하는 사건이 발생하였는데, 자신들을 잡아 가두었던 일에 대한 원망으로 오두인에게 보복하려다가 민유중의 종을 오두인의 종으로 잘못 알고 구타한 것이었다. 이에 사헌부에서는 종실 세력을 믿고 원한을 풀고자 대간을 해치려고 한 것을 문제 삼아 범인에게 잇달아 형신을 가하였는데, 며칠 뒤에 그가 사망하고 말았다. 그러자 이우는 애초에 양측의 종들이 서로 다투다가 생긴 일을 가지고 형신을 가하여 죽인 것은 지나쳤다며 정장(呈狀)하여 억울함을 호소하였다. 효종은 이우의 말을 받아들여 3월 22일에 오두인과 민유중을 체직하였고, 25일에는 오두인을 북청 판관(北靑判官)으로, 민유중을 경성 판관(鏡城判官)으로 좌천시킨 뒤에 당일로 길을 떠나라고 명하였다. 《孝宗實錄 8年 3月 22日, 25日, 26日》 철령을 넘었다는 것은 민유중이 철령을 넘어 경성으로 간 것을 말한다.

3 하늘이……만들어 : 하늘이 온갖 시련을 주어 훌륭한 인물이 되도록 다듬어 준다는 말이다. 송나라 때의 학자 장재(張載)의 〈서명(西銘)〉에 "빈천(貧賤)과 우척(憂戚)은 하늘이 너를 옥처럼 다듬어 완성하려는 것이다."라고 하였다. 《古文眞寶 後集》

말에게 탈이 생기지는 않았는지요? 하늘이 사직(社稷)을 위해 계획하였다면 또한 이런 일을 할 필요는 없었다 하겠습니다.

올봄에 두 차례 문안 편지를 받았는데 상중의 슬픔 속에 느끼는 감사한 마음이 그지없었습니다. 고애자(孤哀子)의 질긴 목숨은 구차하게 이어져 어느덧 대상(大祥)이 지났고 중월(中月)도 이미 절반을 넘겨서[4] 망자는 날로 멀어지고 생존한 자는 날로 잊어 가고 있으니, 이 어찌 사람의 도리로 감당할 수 있는 바이겠습니까. 삼가 생각건대 집사께서도 남은 슬픔으로 아직 잊지 못하고 계실 것이므로 이런 마음을 아실 수 있으리라 여겨집니다.[5]

이어 생각건대 험난한 풍상을 겪는 사람은 비탄과 수심에 빠지거나 반드시 제멋대로 행동하게 되는데, 이는 실로 이천(伊川)이 경계했던 바입니다.[6] 이천은 염여퇴(灩澦堆)에서 생의 욕망을 버리고 이치에 달관하였으며[7] 그 수염과 머리카락에서 학문을 증명하였으니,[8] 만약 이

4 고애자(孤哀子)의……넘겨서 : 고애자는 어버이를 여읜 사람이 상중에 자기를 이르는 말인데, 송시열은 1655년 3월 9일에 모친 곽 부인(郭夫人)의 상사를 당하였고 1657년 3월에 대상을 치렀다. 중월은 대상을 지낸 다음 달이자 담제(禫祭)를 지내는 달의 전달을 말하는데, 그 중월도 이미 절반을 넘겼다고 했으므로 이 글은 4월 보름 이후에 쓴 것으로 보인다. 《宋子大全 附錄 卷2 年譜》

5 집사께서도……여겨집니다 : 민유중도 1653년에 모친상을 당하여 1655년에 상을 마쳤으나 이때까지 아직 어머니를 잊지 못하고 그 슬픔이 남아 있을 것이라 여겨 이렇게 말한 것이다. 《老峯集 卷8 先考通政大夫……巡察使府君行狀》

6 험난한……바입니다 : 정이(程頤)가 말하기를 "부귀에 뜻을 둔 자가 그 뜻을 얻으면 바로 교만하고 방종해지고, 그 뜻을 잃으면 바로 제멋대로 행동하거나 비탄과 수심에 잠길 뿐이다." 하였다. 《二程遺書 卷1 端伯傳師說》

7 이천은……달관하였으며 : 정이가 부릉(涪陵)으로 귀양 가면서 물살이 급하기로 유

노인을 배워서 조금이라도 득력(得力)을 하는 부분이 있다면 삶과 죽음, 곤궁과 영달이 장차 그 마음을 동요시키는 일은 없을 것입니다. 사랑으로 보살펴 주시는 은혜를 받았으나 그쪽 상황을 돌아보건대 답할 만한 말이 없기에 감히 이렇게 말씀드리는 것이니, 더욱 송구스러운 마음만 더해집니다. 이 밖에 드릴 말씀은 몸을 더 보중하여 적절히 풍토를 살펴 생활하시기를 바란다는 것뿐입니다.

명한 염여퇴를 지날 때, 다른 사람들은 극심한 동랑에 모두 정신을 잃었는데 정이는 오히려 태연자약하였다. 배에서 내린 뒤에 언덕 위에서 어떤 사람이 소리 높여 정이에게 묻기를 "생의 욕망을 버려서 이러한가, 모든 이치를 달관해서 이러한가?" 하였다. 《心經附註 卷2 正心章》

8 수염과……증명하였으니 : 정이는 부릉으로 귀양 갔다가 돌아왔을 때 그 풍모와 얼굴빛과 수염과 머리카락이 귀양을 가기 전보다 훨씬 더 나았으므로 문인들이 그 까닭을 물으니, 정이가 학문의 힘 때문이라고 대답하였다고 한다. 《二程外書 卷12 傳聞雜記》《二程全書 卷50 伊川年譜》

민지숙에게 답함 정유년(1657, 효종8) 7월
答閔持叔 丁酉七月

북변(北邊)[9]에 거한 지가 이미 오래되었으니 그곳 풍토에 적응하여 점점 편안해지고 있으리라 생각합니다. 정사의 시행과 조처에도 두서가 있어 윗사람은 신뢰하고 아랫사람은 복종할 것이므로 한 지방이 집사의 풍교(風敎)에 감화되었으리라 생각합니다. 그 지역이 비록 치우쳐 있으나 사람들이 소매 사이에 손을 여미며 현자를 숭상하여 그 은혜와 이로움이 끝내 마음속에 자기 것으로 간직되었을 것입니다. 오직 그곳까지 거리가 아득히 멀어 때때로 소식을 서로 듣지 못하다보니 실로 아끼고 그리워하는 마음에 애가 탈 뿐입니다. 저번에 멀리서 보내 주신 편지를 받았는데 제 생사에 대한 걱정과 우려가 모두 인애(仁愛)와 은덕(恩德)에서 나온 것을 보고 너무나 감격스러운 마음을 뭐라 형언할 길이 없었습니다.

모진 목숨은 아직도 이어져 상제(喪制)를 차마 끝내고 길제(吉祭)를 마친 뒤에 또 이미 달을 넘겨 음악을 연주해도 되는 때가 되었으니,[10] 다시 슬픔에 원망하며 울부짖는다 한들 어찌 미칠 수 있겠습니까. 저는

9 북변(北邊) : 당시에 민유중이 함경도 변경인 경성(鏡城)의 판관으로 좌천되어 있었다.

10 상제(喪制)를……되었으니 : 송시열은 1657년 5월 9일에 모친 곽 부인의 담제(禫祭)를 지내어 상을 끝낸 뒤 5월 10일에 길제를 거행하였다. 《宋子大全 附錄 卷2 年譜》 《예기(禮記)》 〈단궁 상(檀弓上)〉에 "대상(大祥)이 지나면 호관(縞冠)을 착용하고 달을 넘겨 담제를 지내며 또 달을 넘겨서 음악을 연주한다."라고 하였다.

외람되이 은혜로운 제수의 명을 받았는데[11] 사양하면 할수록 더욱 강하게 얽히게 됩니다. 그러니 한번 대궐에 나아가 어리석은 소견을 다 밝혀 아뢰고 싶지 않은 것은 아닙니다만, 상제가 끝난 이후로 병이 악화되어 손꼽아 죽을 날을 기다리는 상황이니, 다시 어떻게 발을 내디뎌 나아갈 가망이 있겠습니까. 이런 까닭에 실의에 빠져 편안히 지내지 못하다 보니 광증이 발작할 것 같습니다. 그리하여 한 통의 글을 올리려고 하다가도 또다시 의심하며 주저하니 초고를 삭제하는 일이 어디에서 끝날지 잘 모르겠습니다.

말씀하신 선대의 비명(碑銘)은 백씨(伯氏)와 중씨(仲氏),[12] 그리고 윤휴(尹鑴)의 교정을 거친 뒤에 보여 주신다면 어찌 감히 다시 있는 힘을 다해 정성을 바치지 않겠습니까. 하고 싶은 수많은 말들을 편지에 어찌 다 쓸 수 있겠습니까. 가을 기운이 약간 돌고 있으니 더욱 몸을 보중하여 멀리서 그리는 마음을 위로해 주시기를 바랄 뿐입니다.

11 저는……받았는데 : 1657년 5월 20일에 시강원 찬선(侍講院贊善)에 제수된 것을 말한다. 《宋子大全 附錄 卷2 年譜》《孝宗實錄 8年 5月 20日》

12 백씨(伯氏)와 중씨(仲氏) : 민유중의 큰형 민시중(閔蓍重)과 둘째 형 민정중(閔鼎重)을 가리킨다.

민지숙에게 보냄 정유년(1657, 효종8) 9월

與閔持叔 丁酉九月

몹시도 그리운 마음이 하루하루 갈수록 깊어지는데 이 어찌 사람이 없어서이겠습니까. 백발의 늙은이가 막다른 길에서 정히 자기를 알아주는 사람을 만나기 어렵기 때문입니다. 지금 남쪽 지방에 이미 서리가 내렸으니 멀리서 생각해 보면 그곳 궁벽한 집의 추위는 두려워할 만한 수준일 듯한데, 기거와 생활은 어떠하신지요? 피폐한 백성을 위무하는 여가에 책은 보실 수 있습니까?

저번에 우체(郵褫) 편을 통해 손수 쓰신 편지가 홀연히 이르렀는데 바삐 손을 움직여 펼쳐 보고는 거의 종이에 보풀이 일도록 계속 손에서 놓지 못하였습니다. 보내 주신 종이는 더욱 이곳에 부족한 물건이기도 하지만 계속 변함없이 애지중지하는 것은 어찌 그것이 아름답기만 해서이겠습니까.[13]

저는 병이 점점 고질이 되어 죽을 날이 임박하였는데 성상께서 제수하신 직임이 지금까지 개차(改差)되지 않고 있어 밤낮으로 걱정하고 허둥대느라 병중에 광증이 발작할 듯합니다. 저번에 밀봉하여 올린 봉사(封事)[14]로 저의 충심을 다소나마 바쳤는데, 이에 대한 성상의 비

13 보내……해서이겠습니까 : 《시경》 〈패풍(邶風) 정녀(靜女)〉에 "들판에서 띠 싹을 내게 선물하니, 진실로 아름답고 색다르구나. 그게 아름다워서가 아니라, 미인이 주었기 때문이라오.〔自牧歸荑, 洵美且異. 匪女之爲美, 美人之貽.〕"라고 하였는데, 여기서는 민유중이 보내 준 종이를 애지중지하는 이유는 그것이 귀해서만이 아니라 자신을 생각하여 보내 준 선물이기 때문이라는 말이다.

답에 "늠름하고 정대하다."라는 하교가 있었습니다.[15] 여기에서 성상의 명철한 뜻을 엿볼 수 있는데, 저의 재주가 부족하고 학문이 거친 데다 병세마저 더욱 치성한 것이 애석할 뿐입니다. 서로 만날 기약이 아득하기에 편지를 쓰노라니 서글프고 침울하기만 합니다. 더욱 몸조심하고 자애하십시오.

14 저번에……봉사(封事) : 송시열이 1657년 8월 16일에 효종에게 밀봉하여 올린 이른바 정유봉사(丁酉封事)를 말한다. 세자시강원 찬선에 대해 사직을 청하는 한편 열아홉 조목의 시무책(時務策)까지 상세하게 건의하였다. 《宋子大全 卷5 丁酉封事》

15 성상의……있었습니다 : 효종이 송시열에게 내린 비답은, 상소에서 진언한 말들이 모두 진심에서 나온 말이라 매우 감동스러우며, 그 말이 늠름하고 정대하여 옛 성현들의 말과 표리가 되니 잊지 않고 깊이 명심하겠다는 내용이었다. 《宋子大全 附錄 卷2 年譜》

민지숙에게 답함 무술년(1658, 효종9) 1월

答閔持叔 戊戌正月

북쪽의 새와 남쪽의 물고기처럼 떨어진 채[16] 어느새 섣달을 지내고 보니 그리운 마음이 얼마나 큰지 알 수 있었습니다. 그런데 지금 지난해에 보내신 한 통의 편지를 받았는데, 모진 눈바람을 맞으며 천 리의 난관을 헤치고 왔는데도 먹빛이 아직도 새롭고 종이가 해어지지 않아 집사의 풍채를 상상하게 하니, 계속 아끼며 음미하지 않을 수가 없습니다.

저는 묵은 병과 새로운 병으로 죽을 날이 임박하였으니 그저 생과 사의 이치를 받아들여 조용히 죽음을 기다릴 뿐입니다. 지난가을 산중에 초막을 지었는데 작은 시냇물이 졸졸 흐르고 네모난 못이 아주 맑아 시를 읊으며 노닐기에 적당하지만 겨우내 잔뜩 움츠리고 칩거하면서 아무런 의욕이 없으니, 이에 비로소 청복(淸福)은 역시 아무나 누릴 수 있는 것이 아님을 알았습니다.

16 북쪽의……채 : 북쪽의 새와 남쪽의 물고기는 《장자(莊子)》 〈소요유(逍遙遊)〉에 나오는 붕(鵬)이라는 새와 곤(鯤)이라는 물고기를 가리킨다. 한유(韓愈)의 시에 "북극에는 홀로 날아가는 새, 남명에는 깊이 숨은 물고기 한 마리. 대륙의 강물 줄기 그 사이 가로막아, 그림자도 못 보고 메아리도 안 들리네. 그러나 바람과 구름 한번 만나면, 변화해서 한 몸뚱이 합쳐지누나. 누가 거리가 멀다고 하는가? 감동하여 격발하면 귀신처럼 빠른 것을.〔北極有羈羽, 南溟有沈鱗. 川源浩浩隔, 影響兩無因. 風雲一朝會, 變化成一身. 誰言道里遠? 感激疾如神.〕"이라는 내용이 보인다. 《韓昌黎集 卷2 北極一首贈李觀》 여기서는 민유중은 북쪽 경성(鏡城)에, 송시열은 남쪽에 서로 멀리 떨어져서 만나지 못하고 있다는 말이다.

어제 집사의 중씨(仲氏 민정중(閔鼎重))가 찾아와 샘물 소리를 들으며 함께 자면서 밤새도록 청아한 대화를 나누었으니, 참으로 멋진 유람이었습니다. 찬선(贊善) 형은 듣자니 기로에서 방황하고 있다고 하는데[17] 매우 염려스럽습니다. 붓의 재료와 디역을 보내 주셔서 매우 감사합니다. 전하는 말을 들으니 바야흐로 《가례(家禮)》를 간행한다고 하던데 언제쯤 공역을 마치게 됩니까? 종이를 보내어 인쇄해 오고 싶을 뿐입니다. 할 말은 많지만 멀리 보내는 편지에 감히 많은 이야기를 쓸 수 없으므로 이만 줄입니다.

17 찬선(贊善)……하는데 : 찬선 형은 송준길(宋浚吉)을 가리키고, 기로에서 방황한다는 것은 당시 송준길이 청나라에서 사신이 오는 일로 사직을 청한 것을 말하는 듯하다. 효종이 즉위한 후에 송준길의 탄핵으로 유배를 간 김자점(金自點)은 역관 이형장(李馨長)을 통해 효종이 새로 초빙한 유신들을 들러 북벌을 모의한다는 것과 장릉(長陵)의 지문(誌文)에 명나라의 연호를 쓴 사실을 청나라에 고발하였고, 이로 인해 청나라가 즉시 군대와 사신을 파견해 조사하여 곤욕을 치른 일이 있었다. 《孝宗實錄 卽位年 6月 22日, 1年 3月 1日, 2年 12月 16日》 그런데 1658년에 청나라 사신이 조선에 올 예정이라는 말을 듣자, 찬선 송준길이 예전에 있었던 일을 거론하면서 국익을 위해 낙향을 청한 것이다. 이에 도승지 홍중보(洪重普)는 송준길이 이런 일로 물러난다면 다시 돌아오기 쉽지 않을 것이며 송시열도 이로 인해 조정에 들어오지 않을 것이라고 하면서 보내지 말기를 청하였다. 《孝宗實錄 8年 12月 5日, 9年 1月 3日・4日》

민지숙에게 보냄 무술년(1658, 효종9)

與閔持叔 戊戌

보내 주신 편지는 매우 위로되었습니다. 시남(市南)[18]에 대해서는 지숙(持叔)이 발단이 되지 않았으면 저의 망녕된 말 역시 올릴 길이 없었을 것이니,[19] 참으로 다행이고 참으로 기쁩니다. 대체로 오늘의 일은 그저 무사안일에 빠져 생긴 것이니 다시 말할 필요도 없거니와 너무나 답답하여 사람을 미치게 만듭니다. 전에 동래(東萊) 역관(譯官)에 대해 집안에서 사사로이 말할 적에는 다들 비천한 자라고 하면서도 조정에서는 이들의 행태를 금하지 못하다가 제멋대로 행동한 당상(堂上)에 대해서만 품처(稟處)했다고 합니다.[20]

18 시남(市南) : 유계(兪棨, 1607～1664)의 호이다. 본관은 기계(杞溪), 자는 무중(武仲)이고 김장생(金長生)의 문인이다.

19 지숙(持叔)이……것이니 : 효종이 좌천되어 있던 민유중을 용서하여 중앙으로 복귀시킨 것을 계기로 유배 중인 유계에 대해서도 등용을 권유하는 말을 할 수 있게 되었다는 말이다. 당시에 민유중은 종실 이우(李俁)의 종을 형신(刑訊)하다가 죽인 일로 효종의 노여움을 사서 함경도 경성(鏡城)의 판관(判官)으로 좌천되어 있었는데, 1657년 11월 6일에 사헌부가 차자를 올려 민유중을 포용하라고 요청하자 1658년 2월 10일 예조정랑에 제수하였다.《孝宗實錄 8年 11月 6日》《承政院日記 孝宗 9年 2月 10日》한편 유계는 1649년에 인조(仁祖)의 묘호를 정할 때 조(祖)를 반대하고 종(宗)을 주장하다가 선왕을 비방했다는 이유로 이듬해 온성(穩城)으로 유배되었는데, 1658년 9월 9일에 송시열과 송준길이 입시한 자리에서 세자를 가르칠 인재로 유계가 적합하다며 등용을 권유하였고 효종이 이를 받아들여 9월 12일에 그를 세자시강원 문학에 제수하였다.《孝宗實錄 卽位年 5月 23日, 1年 4月 4日, 9年 9月 9日・12日》

20 동래(東萊)……합니다 : 민정중(閔鼎重)은 1658년 5월 동래 부사(東萊府使)에 제

또 저번에 연석(筵席)에서 이 일에 대해 언급하였는데, 그때 제가 “이 일을 비록 조사하여 처리하고 싶지만 옛말에 ‘천금을 가진 자는 살인해도 죽지 않는다.’라고 하였습니다 ……”라고 하니,[21] 성상께서 말씀하시기를 “예전에 죄가 있어 아무개[22]를 유배 보내려고 하자 온 조정이 모두 구원해 주었는데 하물며 그들을 죽이려고 하는 경우이겠는가.” 하였습니다. 그러니 오늘날 오직 성상께서 이 무리에 대해 분개하고 미워하여 처벌하려는 뜻이 있더라도 조정의 신하들은 다들 안면과 정리상 친숙하다는 이유로 한마디도 꺼내지 못할 것이니, 개탄을 금할 수가 없습니다. 제가 후일에 입시하면 당연히 전에 했던 말을

수된 이후로 왜관과 결탁해 폐단을 일으키는 역관, 상인, 서리를 엄중히 단속하였고, 또한 왜역들이 중요한 사안이 발생해도 조정에 보고하지 않고 제멋대로 처리하며 우리나라의 사정을 왜에 모두 누설한다고 장계하였다. 이런 상황임에도 조정의 재신들은 역관들과의 친분 때문에 그들을 비호하는 일이 많았다. “제멋대로 행동한 당상”은 동래의 왜역 가운데 직급이 높은 당상 역관(堂上譯官)을 가리키는 듯하다. 《孝宗實錄 9年 11月 17日》《陶菴集 卷41 左議政老峯閔公墓誌》

21 연석(筵席)에서……하니 : 1658년 11월 17일에 효종이 대신(大臣) 및 비국(備局)의 여러 신하를 인견하고 시사를 의논하는 자리에서 동래 역관들의 문제를 논의하였다. 이 자리에서 송시열은 “옛말에 천금을 가진 자는 살인해도 죽지 않는다고 하였는데, 오늘날 왜역들은 어찌 천금만 가지고 있겠습니까. 오랑캐의 위세를 끼고 임금을 협박한다고 주자(朱子)가 말하였는데, 오늘날의 일이 불행히도 그와 가깝습니다.”라고 하였다. 《孝宗實錄 9年 11月 17日》 왜역들이 재물이 많고 조정에 도와주는 신하들이 많으니 살인을 한다 해도 처벌할 수 없을 것이라는 말이다.

22 아무개 : 인조 연간의 당상 역관인 홍희남(洪喜男)을 가리킨다. 본관은 남양(南陽), 자는 자열(子悅)이다. 임진왜란 이후 대일 관계에 난관이 있으면 반드시 일본에 파견되었고 그 공로로 숭록대부의 위계에 지중추부사를 역임하였다. 《孝宗實錄 9年 11月 17日》《增正交隣志 卷6 問慰行》

거듭 아뢸 것입니다.

악양(岳陽)의 선인(仙人)[23]은 지난번의 일[24] 때문이 아니더라도 실로 일컬을 만한 선행이 없습니다. 그래서 그를 매우 애석하게 여기는 뜻이 없습니다만 지금 하신 말씀이 이와 같으니 다음 정사(政事)에서 의당 처리하는 바가 있어야 할 것입니다.[25] 다만 호조 판서의 정사(呈辭)는 필시 저의 망녕된 말로 인해 그리한 것이니[26] 그렇다면 이 역시

23 악양(岳陽)의 선인(仙人) : 당나라 때 진사(進士) 여동빈(呂洞賓)이 악양에서 한종리(漢鍾離)를 만나 선결(仙訣)을 주었다고 하는데, 둘 다 도교의 팔선(八仙)으로 꼽힌다. 여성제(呂聖齊, 1625~1691)가 여동빈과 같은 여씨이므로 이렇게 지칭하였다. 여성제는 본관은 함양(咸陽), 자는 희천(希天), 호는 운포(雲浦)이다. 《宋子大全隨箚 卷7》

24 지난번의 일 : 1646년(인조24) 봄에 강빈(姜嬪)의 옥사로 인해 소현세자(昭顯世子)의 어린 세 아들과 강씨의 노모, 형제들이 모두 죽었고 먼저 죽은 강씨의 아버지 강석기(姜碩期)는 관작이 삭탈되었다. 여성제는 강석기의 손녀사위였는데 자기 부인이 역적의 손녀라 하여 상소를 올려 이혼을 허락해 달라고 청하였고, 당시 예조 판서 조경(趙絅)이 그 청원을 들어주도록 회계(回啓)하였다. 이 소식을 듣고 송시열은 조경의 잘못을 깊이 공격하였고 이유태도 상소하여 조경의 처사가 옳지 않다고 공박하였는데, 이 일을 말한다. 《仁祖實錄 24年 3月 15日》《孝宗實錄 8年 10月 29日, 9年 9月 9日》

25 지금……것입니다 : "지금 하신 말씀"이 무엇인지는 알 수 없으나 아마도 민유중이 여성제의 불선한 행실에도 불구하고 그 능력을 고려하여 등용해야 한다고 당시 이조 판서로 있던 송시열에게 권한 것으로 보인다. 여성제는 1656년에 부친상을 당하였고 이 편지가 쓰인 1658년은 삼년상을 마치는 해였으므로 그를 다시 기용하는 문제를 논의한 것이다. 그 뒤 여성제는 1659년 2월에 예문관 대교(藝文館待敎)에 제수되었다. 《藥泉集 卷17 領議政靖惠呂公神道碑銘》

26 호조……것이니 : 호조 판서는 정유성(鄭維城)을 가리킨다. 당시 정유성은 호조 참의 오정위(吳挺緯)가 사사로이 공물을 빌려 갈 수 있도록 부탁하자 허락해 준 일이 있었는데, 송시열이 그 사실을 알고 대신들이 입시한 자리에서 시비를 가리려고 거론하였다. 이에 대해 정유성은 대군(大君)의 제수(祭需) 중에 꿀이 부족하여 예빈시(禮賓

감히 할 수 없는 일이기는 합니다.[27] 누가 능히 이해해 줄 수가 있겠습니까. 그날 있었던 이야기는 어찌 털끝만큼이라도 이 어른[28]에 대해 책임을 추궁하려는 뜻이 있어서 그리했겠습니까.

토산(兎山)에 새로 제수한 것은 불만한 점이 있다고 들었기 때문에 주의(注擬)한 것입니다.[29] 그런데 지금 듣자니 그가 부(富)로 발신(發身)했다는 아름답지 못한 말이 친한 이들 사이에 퍼진다고 하는데, 그 실상이 어떤지 모르겠습니다. 반드시 보고 들은 것을 말씀해 주십시오.

寺)에 보관해 둔 것을 빌려주도록 허락했다가 생긴 일이라며 시비를 밝혔다. 그러나 그 뒤 송시열은 오정위의 처신이 온당치 못했다며 약한 벌을 시행하고 아울러 외직에 보임하자고 건의하였다. 이에 대해 찬선 송준길이 둘 다 잘못하였으므로 오정위가 벌을 받으면 정유성도 인피(引避)하여 분란이 일어날 것이라며 반대하자, 효종이 송준길의 말을 따랐다. 그런데 그 뒤 정유성은 이 문제에 대한 책임을 지고 사직하는 정사를 올렸고, 송시열도 차자를 올려 평소 자신은 정유성의 깨끗한 행실과 청아한 명망을 존경하였고 정유성에 대하여 말한 것은 공격하려는 뜻이 없었음을 밝히며 체직을 청하였다. 《孝宗實錄 9年 11月 13日, 21日, 24日》《宋子大全 卷8 引咎辭職箚(戊戌十一月)》

27 그렇다면……합니다 : 정유성과 오정위의 작은 잘못에도 엄격했던 송시열 자신이 여성제의 허물을 알면서도 등용하는 것은 쉬운 길이 아니라는 말이다.

28 이 어른 : 정유성을 가리킨다.

29 토산(兎山)에……것입니다 : 당시 이조 판서로 있던 송시열이 생질 이덕로(李德老)를 1658년 11월 19일에 토산 현감(兎山縣監)에 제수되도록 한 것을 말한다. 《承政院日記 孝宗 9年 11月 19日》

민지숙에게 보냄 무술년(1658, 효종9)

與閔持叔 戊戌

오늘날은 느슨하게 풀어져 게으름을 피우는 탓에 할 수 있는 것이 없다 보니 사람의 머리를 아프게 합니다. 시남(市南)의 경우, 제가 진계(陳啓)한 이후로 대신(大臣) 이하의 신하 중에 연이어 말하는 이가 하나도 없어 그를 줄곧 위축되게 하고 있으니,[30] 당초에 진계한 뜻이 어찌 이렇게 하려고 그런 것이겠습니까. 제가 이제 또 진계하면 이는 한 사람의 사사로운 말이지 공적인 말이 아니게 되니, 오늘 집사께서 모름지기 등용할 만한 그의 실제를 강력하게 진달해 주시는 것이 어떻겠습니까?[31] 희중(希仲)의 일은 사력을 다해 주의(注擬)를 받는 데에 이르렀으나 다시 자급(資級)에서 막혔으니[32] 매우 탄식할 만합니다. 집사께서

30 시남(市南)의……있으니 : 시남은 유계(兪棨)의 호이다. 1658년 9월 9일에 송시열과 송준길이 입시하여 유계를 등용하기를 권유하여, 9월 12일에 세자시강원 문학에 제수되었고 10월 9일에는 필선(弼善)이 되었다. 송시열은 그의 능력에 비해 직책이 낮다고 판단하여 효종에게 더 크게 등용하도록 아뢴 것으로 보이는데, 신하 중에 뒤를 이어 계속 호응해 주는 사람이 없었으므로 이런 말을 한 것이다.《孝宗實錄 9年 9月 9日・12日, 10月 9日》

31 오늘……어떻겠습니까 : 1658년 11월 21일 희정당(熙政堂)의 소대(召對)에서 민유중이 효종에게 유계를 크게 등용해 쓰기를 청하였고, 이정기(李廷夔)도 유계의 학식이 매우 뛰어나니 국사를 맡긴다면 능히 해낼 것이라고 하였다.《承政院日記 孝宗 9年 11月 21日》 이후 유계는 의정부 검상과 겸필선을 거쳐 1659년 1월 8일에는 병조 참지에 특별히 제수되었다.

32 희중(希仲)의……막혔으니 : 희중은 윤휴(尹鑴)의 자이다. 사력을 다해 주의를

만약 아뢰지 못하겠다면 제가 마땅히 아뢸 것입니다.[33] 이만 줄입니다.

받았다는 것은 이후원(李厚源), 이일상(李一相), 조한영(曺漢英), 홍중보(洪重普) 등 조정 신하들의 강력한 반대를 무릅쓰고 1658년 11월 19일에 윤휴를 진선(進善)에 의망(擬望)한 일을 말한다.《宋子大全隨箚 卷4, 卷6》《孝宗實錄 9年 11月 19日》다시 자급에서 막혔다는 것은 11월 21일에 이비(吏批)가 윤휴의 자급은 종6품 선교랑(宣敎郎)이고 진선은 정4품의 자리여서 품계를 건너뛰어 제수한다면 법례를 어기는 일이라고 아뢰자, 효종이 우선 개차(改差)하라고 한 것을 말한다.《承政院日記 孝宗 9年 11月 21日》

33 제가……것입니다 : 송시열은 1658년 11월 27일의 소대에서, 윤휴 같은 인물은 격식에 구애될 필요가 없으니 특별히 자급을 건너뛰어 제수하는 것이 좋겠다고 아뢰어 효종의 윤허를 받았다.《承政院日記 孝宗 9年 11月 27日》

민지숙에게 답함 무술년(1658, 효종9)

答閔持叔 戊戌

편지에서 말씀해 주신 뜻에 매우 감사드립니다. 차자(箚子)가 이미 들어갔는데[34] 대개는 말씀하신 뜻에서 벗어나지 않았고 인책(引責)하는 말 역시 대단한 것이 아니었습니다. 호조 판서의 정사(呈辭)에 대해서는 이미 출사(出仕)의 명을 받았으니 그가 감히 다시 올리지는 않을 것입니다. 그러나 만약 계속해서 소장(疏章)을 올린다면 저 역시 스스로 처신할 방도가 있어야 할 것입니다.

시남(市南)의 일은 제 망녕된 말로 인하여 계달(啓達)하셨는데,[35] 듣자니 이 때문에 어른[36]의 책망을 크게 받았다고 하니, 지극히 송구한 마음을 금할 수가 없습니다. 오늘날의 일은 단지 눈앞의 일만 그럭저럭 때워 가며 조석의 편안함만 구차하게 누리려 해서인데, 그렇다면 우리는 무엇 때문에 동쪽 언덕[37]을 지키지 않고 흐르는 물결과 함께하였단

34 차자(箚子)가 이미 들어갔는데 : 호조 판서 정유성(鄭維城)이 오정위(吳挺緯)의 일과 관련하여 송시열에게 논척받아 사직하는 정사를 올린 데 대해 1658년 11월 24일에 송시열 또한 책임을 느껴 차자를 올려 사직을 청한 것을 말한다. 자세한 내용은 426쪽 주26 참조.

35 시남(市南)의……계달(啓達)하셨는데 : 송시열이 유계(兪棨)가 크게 등용할 만한 인물임을 소대(召對)에서 아뢰어 달라고 민유중에게 부탁하였고, 이에 따라 민유중이 효종에게 그대로 계달한 것이라는 말이다. 428쪽 주31 참조.

36 어른 : 민유중의 아버지 민광훈(閔光勳)을 가리키는 듯하다.

37 동쪽 언덕 : 벼슬에 나아가지 않고 은거하던 곳을 가리킨다. 후한 안제(後漢安帝)가 특별히 예를 갖추어 주섭(周燮)을 불렀는데도 사양하며 나아가지 않자, 그 종족이

말입니까. 단지 손을 거두고 일찍 돌아가 포의(布衣)의 신분으로 복귀하면 될 일입니다.

예조 판서가 아뢴 것은 잘못되었다고 할 만합니다. 한 가지만 벌어져도 오히려 자리를 차지하고 녹만 받아먹는다는 것인데, 하물며 두 가지가 겸하여 벌어진 경우이겠습니까.[38] 여러 공(公)이 지금 국사(國事)를 가지고 서로 독려하지 않은 채 단지 입과 배를 채우는 것만 걱정하고 있으니, 이는 짐승으로 기르는 것이라 할 수 있습니다.[39] 너무나 한탄스럽습니다. 이만 줄입니다.

말하기를 "덕행을 닦는 목적은 나라를 다스리기 위해서이다. 선세(先世) 이래로 훈작과 은총을 이어서 받았는데 그대만 유독 동쪽 언덕의 비탈을 지키는 것은 어째서인가." 하였다. 《後漢書 周燮列傳》

38 예조……경우이겠습니까 : 예조 판서는 홍명하(洪命夏)를 가리킨다. 송시열이 문제 삼은 일은, 덕흥대원군(德興大院君)의 생모인 창빈(昌嬪) 안씨(安氏)를 그 집안 사당에서 조천(祧遷)하지 않고 있는 문제에 대해 대신들이 논의하는 과정에서 홍명하가 모호한 태도를 취한 것을 말한다. 《孝宗實錄 9年 11月 14日》 두 가지를 지적하였으나 나머지 하나가 무엇인지는 찾지 못하였다.

39 여러……있습니다 : 《맹자》 〈진심 상(盡心上)〉에 "먹이기만 하고 사랑하지 않으면 돼지로 취급하는 것이고, 사랑하기만 하고 공경하지 않으면 개나 말 같은 짐승으로 기르는 것이다."라고 하였는데, 여기서는 국사를 위해 서로 독려하며 공경하지 않은 채 그저 녹봉과 직위만 걱정한다면 이는 서로 짐승으로 대우하는 격이라는 말이다.

민지숙에게 답함 무술년(1658, 효종9)

答閔持叔 戊戌

답장을 받고 매우 위로가 되었습니다. 차(車)와 신(申)을 의망(擬望)한 것[40]은 또한 급작스러운 발탁임을 잘 알지만 그들의 재능을 볼 때 격식에 구애받고 싶지 않았던 것이 저의 본의였습니다. 지난번 소대(召對)에서 성상께서 "심상하게 전례를 따르는 것으로는 격려하기에 부족하다."라고 하셨으므로 나와서 이 두 사람을 의망하였던 것입니다.

돈령(敦令)이 나간 것은 과연 애석하게 여길 만하지만 어떻게 해야 할지 감히 엄두를 내지 못하고 있었는데, 지금 하신 말씀이 이와 같으니 매우 다행스럽고 다행스럽습니다. 계사(啓辭)와 차자(箚子) 중에 어느 것이 좋겠습니까? 부디 헤아려 보고 알려 주신다면 마땅히 그대로 받들어 행할 것입니다. 이 충무공(李忠武公)의 비본(碑本)은 말씀하신 대로 하겠습니다.[41]

40 차(車)와……것 : 차와 신은 《송자대전수차》에도 미상으로 언급되어 있듯이 누구인지 분명하지 않다. 둘 다 성씨라고 가정하고 《효종실록》과 효종 대 《승정원일기》를 보면 당시 차씨(車氏) 성의 인물이 관직에 제수된 일은 없으며, 다만 신씨(申氏)는 당시 형조 좌랑에 제수된 신석번(申碩蕃)일 가능성이 높은 듯하다. 《宋子大全 卷34 答洪大而(己亥二月一日)》《承政院日記 孝宗 10年 1月 24日》

41 이……하겠습니다 : 이 충무공의 비본이란 《송자대전(宋子大全)》 권171의 〈남해 노량 충무 이공 묘비(南海露梁忠武李公廟碑)〉를 말한다. 민유중이 비문의 교정본을 보내왔으므로 그대로 수정하겠다는 말이다.

민지숙에게 보냄 무술년(1658, 효종9)

與閔持叔 戊戌

나란히 누워 잔 것은 참으로 기쁜 일이지만 논의를 상세하게 하지 못한 것이 한스러울 뿐입니다. 어제의 정사(政事) 결과에 대해 여론은 뭐라고 하는지 모르겠습니다. 제가 비록 사심이 없더라도 공론에 부합하지 않으면 끝내 사심이 되는 것이니 그저 두렵고 두려울 뿐입니다.

민지숙에게 답함 무술년(1658, 효종9) 11월

答閔持叔 戊戌十一月

예(禮)는 그렇습니다만 오늘이 어찌 심상하게 예문(禮文)만 지킬 때이겠습니까. 주(周)나라 때에는 실로 "동짓날에는 임금이 지방을 순행하지 않는다."라는 예문이 있었으나[42] 순(舜) 임금 때에는 11월에 순수(巡狩)하는 예가 있었으니,[43] 비록 개정(開政)하는 것보다 더 큰 일이 있더라도 무방할 듯한데, 어떻게 생각하십니까?

42 주(周)나라……있었으나 : 《주역》 〈복괘(復卦) 상(象)〉에 "동짓날에는 관문을 닫게 하고, 행상인의 출입을 금지시키며, 임금 자신은 지방을 순행하지 않는다."라고 하였는데, 동지에는 하나의 작은 양기(陽氣)가 생하는 때이므로 이를 잘 보전하려는 경건한 마음에서 이렇게 하는 것이다.

43 순(舜)……있었으니 : 《서경》 〈순전(舜典)〉에 "11월에는 북쪽 지방을 순수하여 북악(北岳) 항산(恒山)에 이르러 서쪽에서 행하던 예와 똑같이 하셨다."라고 하였다. 순 임금은 5년에 한 번 순수를 하는데, 순수하는 해가 되면 2월에는 동쪽 지방으로, 5월에는 남쪽 지방으로, 8월에는 서쪽 지방으로, 11월에는 북쪽 지방으로 순행하여 각각 행해야 할 예를 행하였다.

민지숙에게 보냄 무술년(1658, 효종9) 12월
與閔持叔 戊戌十二月

집사는 전최(殿最)에서 하고(下考)가 나올 것인데 시사(時事)가 갈라지고 분열된 것이 이 지경에까지 이르렀으니[44] 크게 탄식한들 어찌하겠습니까. 백옥(伯玉) 역시 병으로 정사(呈辭)하려고 하니[45] 더욱더 탄식만 나올 뿐입니다. 보잘것없는 능력으로 이쪽저쪽 보완하고 메우느라 실로 부족한 점이 있는데 근래에는 성상과의 면대도 역시 어려우니 가슴이 답답하여 병이 되려고 합니다.

복건(福建)의 소식은 무슨 연유로 누설되었단 말입니까.[46] 인심이

44 집사는……이르렀으니 : 당시 민유중은 홍문관 부수찬이었는데 당쟁의 여파로 12월 정기 인사 고과에서 가장 낮은 등급인 하고를 받게 되었다는 말이다.

45 백옥(伯玉)……하니 : 백옥은 김시진(金始振)의 자이다. 당시 김시진은 집의(執義)로 있으면서 너무 지나치게 논핵한다는 비판을 받고 있었다. 1658년 12월 13일에는 우윤에 제수된 신천익(愼天翊)이 능력이 없으므로 작질(爵秩)을 개정할 것을 요구하는 계사를 올렸다가 논란을 일으켰고, 12월 14일에는 전 강화 유수 서원리(徐元履)가 자기 밑에서 일하던 경력(經歷) 이위국(李緯國)의 일 처리에 대해 김시진이 중하게 논박을 가했다는 이유로 사직 상소를 올렸다. 김시진은 이런 일련의 일들과 관련하여 책임을 지고 병을 이유로 정사한 것으로 보인다. 그런데 송시열은 12월 17일 소대(召對)에서 김시진에 대해 논핵을 맡은 대간의 역할을 수행했다고 평가하면서 사소한 일로 논란이 야기된 것을 애석하게 여겼다.《孝宗實錄 9年 12月 13日, 14日, 17日》

46 복건(福建)의……말입니까 : 복건의 소식이란 명나라가 망한 뒤 1646년에 명 태조 주원장(朱元璋)의 8대손 주율건(朱聿鍵)이 복건으로 도망가서 황제에 오르고 연호를 융무(隆武)라 하였는데, 송시열이 1657년 8월에 정유봉사(丁酉封事)를 올려 대신들과 은밀히 계획하여 우리의 충심과 정성을 그들에게 전하도록 청한 일을 말한다. 아마도

너무 경박하여 그 폐해가 이 지경에까지 이르렀으니 어찌한단 말입니까. 조만간 연석(筵席)에 들어가 삼가 마땅히 진달(陳達)해야 할 것입니다.

저는 어제 초동(草洞)과 묵동(墨洞)[47]을 방문했다가 크게 감기가 들어 바야흐로 이렇게 누워 앓고 있으니 괴롭고 괴롭습니다. 시종(侍從)의 반열에 의망된 사람이 아직 나오지 않으니[48] 한번 그쪽으로 갈 계획입니다. 할 말은 많으나 누워서 쓰다 보니 겨우 이렇게만 씁니다.

이때에 이런 정유봉사의 내용이 누설된 것으로 보인다. 《明史 聿鍵列傳》《宋子大全 卷5 丁酉封事》

47 초동(草洞)과 묵동(墨洞) : 초동은 송준길(宋浚吉)이 거처하던 마을 이름이다. 묵동은 누가 거처하던 마을인지 미상이다. 《宋子大全隨箚 卷7》

48 시종(侍從)의……않으니 : 민유중은 홍문관 부수찬으로 있다가 1658년 12월 21일 도목 정사(都目政事)에서 사간원 헌납에 제수되었는데 아직 나오지 않고 있다는 말이다. 《孝宗實錄 9年 12月 21日》

민지숙에게 답함 무술년(1658, 효종9) 12월

答閔持叔 戊戌十二月

전에 보내신 편지를 이제 막 보았는데 이미 교외로 나가셨다는 말을 들었기에 바야흐로 망연자실하였습니다. 그런데 다시 뒤에 보내신 편지를 받고 보니 더욱 깊이 서글퍼져 탄식하게 됩니다. 제가 전일에 한 것은 단지 국가를 위한 계책이었을 뿐 다른 건 돌아보지 않았으니 다른 여지가 없는 진정한 충심(衷心)이었다고 스스로 생각했습니다.

그런데 그것이 뜻밖에도 집사를 더욱 심히 낭패스럽게 만들었다는 말이 신하들에게서 나왔고 결과적으로 집사가 나가게 되었으니, 너무나 부끄럽고 황송하여 몸 둘 바를 모르겠습니다. 이제부터 다시는 국가의 일에 대해 말하고 싶지 않으나 또한 이를 가지고 깊이 잘못을 징계하고 싶지도 않습니다. 만약 다시 집사의 일 같은 사리가 벌어진다면 저는 당연히 마음 가는 대로 다시 이렇게 할 것이니, 어떻습니까?

길일을 정하는 일[49]은 편지에서 하신 말씀이 매우 좋습니다. 제가 조정에 있으니 당연히 힘쓸 부분이 있을 것이나 제 자신이 확고히 버티고 서지 못할까 두렵습니다. 얼굴을 마주 보고 상의할 길이 없으니 답답한 마음을 금할 길이 없습니다. 감기가 한창 심한 관계로 겨우 이렇게만 쓰고 이만 줄입니다.

49 길일을 정하는 일 : 《송자대전수차》에는 미상으로 되어 있다. 이와 관련한 민유중의 편지가 남아 있지 않아 분명하게 알 수는 없으나, 당시에 계속 발생하는 천재지변과 관련하여 나라에서 제사를 지낼 길일을 택하는 문제로 상의한 것으로 보인다.

민지숙에게 보냄 기해년(1659, 효종10) 1월

與閔持叔 己亥正月

삼가 새해를 맞아 경사가 더욱 많으시리라 생각합니다. 저는 여관에서 새해를 맞아 멀리 고향을 생각하다 보니 다시 서글픈 마음이 더해집니다. 시사(時事)를 돌이켜 생각해 보면, 서둘러 인재를 수습하여 함께 부지하고 함께 구제해 나가야 그런대로 조금의 희망이 있을 터인데, 지금은 이처럼 갈라지고 분열되어 있는 상황입니다. 따라서 그대 같은 분이 하루라도 조정에 있지 않아서는 안 되겠기에 옆에 있는 사람의 시비를 고려하지 않고 제 자신의 어리석음과 미천함을 헤아리지 않은 채 집사에 대해 간절하게 진달하여 다행히도 성상의 허락을 받았던 것입니다.[50]

제 생각으로는 조금 편치 않은 점이 있더라도 우러러 성상의 아름다운 덕을 이루어 주는 것 역시 한 가지 일인데, 집사께서는 한결같이

50 옆에……것입니다 : 1657년 종실인 낭선군(朗善君) 이우(李俁)의 종이 형신(刑訊)을 받다가 죽은 일로 민유중이 효종에게 노여움을 사서 함경도 경성(鏡城)의 판관(判官)으로 좌천되었는데, 사간 심세정(沈世鼎)이 이우의 편을 든 종부시(宗簿寺)의 처사를 비판하자 효종은 심세정에 대해 "국가가 있는 줄은 모르고 사당(私黨)이 있는 줄만 안다."라고 분노하면서 그를 파직한 일이 있었다. "옆에 있는 사람"이란 심세정을 말하고, 시비를 고려하지 않았다는 것은 파직된 심세정에 대해 시비를 따져 구제하여 서용해 주지 못하였다는 말이다. 반면 경성 판관으로 좌천된 민유중에 대해서는 송시열이 효종에게 너그러이 포용하기를 청하여 1658년 2월 10일에 예조 정랑으로 제수되게 하였다. 《孝宗實錄 8年 3月 21日・22日・25日・26日, 11月 6日》《承政院日記 孝宗 9年 2月 10日》《宋子大全隨箚 卷7》 이우의 종과 관련한 사건은 415쪽 주2 참조.

이렇게 뒤로 물러서려고만 하니, 흰 대머리 노인인 저 혼자 어떻게 시사를 감당할 수 있겠습니까. 비록 임금께서 알아주시는 데 대해 깊이 감사하지만 저 또한 옷을 털고 돌아가지 않을 수 없습니다. 어떻게 생각하십니까?

민지숙에게 보냄 기해년(1659, 효종10) 윤월[51]

與閔持叔 己亥閏月

소보(小報)[52]를 통해 이미 조정으로 돌아오셨다는 것을 알았으니 위로되고 기쁜 마음을 말로 다 할 수 없습니다. 지금 성상의 공구수성(恐懼修省)하는 방도가 하늘에 목숨을 기원하기에 충분한데도 재해와 재앙이 일어나는 것이 이목을 매우 놀라게 하고 있으니,[53] 밤 깊도록 생각하다 보면 차라리 잠에서 깨고 싶지 않은 심정입니다. 바로 이런 때에 조정이 또 할 일이 없지 않기에 배나 더 근심하고 고뇌하게 됩니다.

51 윤월 : 1659년에는 3월에 윤달이 들었다.

52 소보(小報) : 조보(朝報)를 발행하기 전에 당일의 긴요한 사항을 각 관사의 하인이 소지(小紙)에 써서 관원에게 먼저 돌리던 문서이다.

53 재해와……있으니 : 1659년 3월과 윤3월 사이에 제주도, 백령도(白翎島)를 비롯한 전국 각지에 흉년으로 굶주리는 자가 많아 긴급하게 구휼미를 보내거나 죽을 쑤어 구휼하였고, 개성과 황해도, 함경도, 충홍도(忠洪道), 전라도, 강원도 등지에 대설이 내려 눈보라의 재앙을 그치게 할 대책을 긴급 논의하였으며, 황주(黃州) 등 여러 고을에 풍토병이 돌고 삼척부(三陟府)에 바닷물이 어는 등 천재지변이 끊이지 않았다. 《孝宗實錄 10年 3月 4日·5日·12日·27日, 閏3月 1日·2日·10日·20日·21日》

민지숙에게 답함 기해년(1659, 효종10)
答閔持叔 己亥

연이어 보내 주신 편지를 받으니 위로와 감사의 마음이 교차합니다. 재해를 심하게 입은 영남(嶺南)의 일곱 고을에 대해서는 연석(筵席)에서 건의하고 요청하여 즉시 윤허받았으니 사실이 너무나도 분명합니다. 그런데 호서(湖西) 사람들의 말을 들으니 "조정에서 대동미(大同米)를 3말 감해 주었는데[54] 민간에서는 모르고 있다."라고 한다는데, 이는 너무나 놀라운 일입니다. 영남도 혹여 호서의 고을처럼 왕명을 묵살하는 것입니까? 부디 경상 감사에게 사사로이 물어보시는 것이 어떻겠습니까. 일찍이 보면 감사와 수령은 으레 임금의 은택이 아래로 내려가게 하지 않은 채 자기들 스스로 혜택을 베푼다고 여기는 경우가 많고 임금에게 미덕을 돌리는 뜻이 거의 없으니 매우 한탄스럽습니다.

우 중군(禹中軍)의 일[55]은 사유를 갖추어 정장(呈狀)하였으니 어찌 감히 즉시 성상의 뜻을 여쭈어 처리하지 않을 수 있겠습니까. 다만 제가 지금 복제(服制)로 인해 절로 구애되는 점이 있습니다.[56] 군징(君

54 조정에서……주었는데 : 1659년 1월 7일에 비변사가 충홍도(忠洪道)의 기해년 춘등 대동(大同) 수미(收米)를 3말씩 감해 달라고 청한 데 대해 효종이 윤허하였다. 《承政院日記 孝宗 10年 1月 7日》

55 우 중군(禹中軍)의 일 : 우씨(禹氏) 성을 가진 중군(中軍)의 일을 가리키는데, 무슨 일인지는 찾지 못하였다.

56 제가……있습니다 : 집안사람이나 친척의 상을 당했다는 말인 듯한데 누구의 상인지는 찾지 못하였다. 다만 1659년 3월에 송시열이 숙부 송천조(宋天祚) 내외의 무덤을

徵)의 일[57]은 춘형(春兄 송준길(宋浚吉))의 뜻도 여러 사람의 의견과 같습니다만, 어리석은 견해를 고집하는 제가 끝내 자신의 미혹을 깨닫지 못하고 있으니 스스로 탄식하고 탄식할 뿐입니다.

단장하고 성묘하기 위해 휴가를 얻어 양근(楊根)에 내려간 일이 있으므로 이 일과 관련하여 한 말인 듯하다. 《宋子大全 附錄 卷3 年譜》

57 군징(君徵)의 일 : 군징은 홍우원(洪宇遠)의 자이다. 본관은 남양(南陽), 호는 남파(南坡)이다. 당시에 홍우원이 시사와 관련한 상소를 올려 준엄하게 시의(時議)를 비난한 것을 말하는 듯하다. 이에 대해 송준길을 비롯한 다수의 중론은 처벌하는 차원에서 그를 금산(錦山) 같은 지방의 외직으로 보내는 것이 좋겠다고 하였으나, 이조 판서였던 송시열은 그렇게는 차마 할 수 없고 온당하지도 않다며 중론을 따르지 않았다. 《宋子大全隨箚 卷7》《宋子大全 卷30 與宋明甫(己亥正月), 卷33 答兪武仲(己亥)》

민지숙에게 답함 기해년(1659, 효종10)
答閔持叔 己亥

근래 공무로 인해 인사(人事)를 차릴 겨를이 없었는데 이렇게 보내주신 편지를 받으니 감사한 마음 그지없습니다. 하문하신 뜻에서 실로 묻기를 좋아하시는 정성을 우러러볼 수 있었는데, 다만 제가 사리에 어둡고 비루하여 우러러 부응할 수 없으니 부끄러운 마음만 더 간절할 뿐입니다.

다만 둔전(屯田)을 설치하는 일은 실로 공사(公私) 간에 커다란 폐단이라 하겠습니다. 지난번 연석(筵席)에서는 관향사(管餉使)와 수어사(守禦使) 등이 설치한 것을 혁파하는 것만 허락하고 여러 궁가(宮家)의 둔전에 대해서는 혁파하는 것을 허락하지 않았는데, 그때 제가 힘써 주장을 했었으나 끝내 뜻대로 되지 않았습니다.[58]

그 뒤 삼가 비변사에 계하(啓下)된 것을 보니 강령군주(康翎郡主)[59]의 둔전에 대해서는 허락하여 이미 혁파하도록 하였다가 다시 혁파하지 말도록 하였는데, 이는 매우 개탄스러운 점입니다. 부디 당일 연석에서 나눈 대화와 비변사의 문서를 상고하여 특별히 논집(論執)해 보

58 지난번……않았습니다 : 1659년 2월 8일 희정당(熙政堂)에 입시하였을 때 송시열이 아뢰어 수어청 등 각 아문(衙門)의 둔전에 대해 일체 혁파하도록 정하였다. 그러나 공주(公主) 등의 궁가 둔전에 대해서는 효종이 두둔하여 혁파하지 못하였다.《宋子大全附錄 卷3 年譜》

59 강령군주(康翎郡主) : 대본에는 두주(頭註)에 "'主' 아래에 탈문(脫文)이 있는 듯하다."라고 하였다.

시는 것이 어떻겠습니까.[60] 동래(東萊)의 인편에 답장을 부치고 싶은 마음이 간절하여 쓰고 있으나 바야흐로 이조의 회의가 있는 관계로 바빠서 이만 줄입니다.

60 특별히……어떻겠습니까 : 당시에 민유중이 사간원 헌납으로 있었으므로 이 문제에 대해 논집해 보기를 권한 것이다.

민지숙에게 보냄 기해년(1659, 효종10)

與閔持叔 己亥

단성(丹城)이 이미 자의(諮議)를 거쳤으니 시종신(侍從臣)이 아니고 무엇입니까.[61] 방금 해당 서리(胥吏)를 보았는데 그의 말도 이와 같았습니다. 다만 이조 참의가 쓴 정장(呈狀)의 내용을 보니 "양사(兩司)와 재신(宰臣)에게 두루 하직 인사를 하는 것은 본래 법전에 실려 있지 않기에 곧장 하직하고 떠나는 것을 허락하였다."라고 하였습니다. 그런데 저는 법전에 실려 있지 않더라도 양사에는 하직 인사를 하지 않으면 안 된다고 생각하니, 양사에 하직 인사를 하지 않으면 양사가 추고(推考)를 청하는 거조가 있습니다. 이는 모름지기 양사에 통지하여 잘 처리하게 하면 될 것으로 보는데, 어떻게 생각하십니까?

출가(出嫁)한 6촌 여동생이 죽었다는 소식을 들으니 비통한 마음을 말로 할 수 없습니다. 나머지는 이만 줄입니다.

61 단성(丹城)이……무엇입니까 : 단성은 단성 현감(丹城縣監) 정도응(鄭道應)을 가리킨다. 자의를 거쳤다는 것은 정도응이 1649년 5월 19일에 세자시강원 자의에 제수되어 직임을 수행하였다는 말이다. 《승정원일기》 효종 10년 2월 4일 기사에 정도응이 단성 현감으로서 하직하였으므로 그 직전에 단성 현감에 제수된 것으로 보인다. 여기서 시종신을 강조한 것은 시종신은 관례상 서경(署經)을 거치지 않고도 바로 하직할 수 있기 때문이다. 이때 정도응이 대신(大臣)에게 연사도 하지 않은 채 효종에게 하직 인사만 하고 바로 단성으로 떠났는데, 이를 두고 영의정 심지원(沈之源)이 불쾌하게 여겨 계속 문제 삼았던 것으로 보인다. 《宋子大全 卷34 與洪大而(己亥二月十一日)》

민지숙에게 답함 기해년(1659, 효종10) 윤월
答閔持叔 己亥閏月

서연(書筵)에서 돌아와 바야흐로 이렇게 피곤해하다가 보내 주신 편지를 문득 받고 보니 다시 소생하고 상쾌해지는 기분을 금할 길이 없었습니다. 오늘 간원(諫院)의 계사(啓辭)에 대해 성상께서 고리를 굴리듯 마음을 돌려 선뜻 받아들여 주셨는데, 여기에서 성상의 성대한 덕과 간언하는 신하의 풍도를 볼 수 있으니, 너무나 기쁜 마음을 금할 수가 없습니다. 왜냐하면 홍 정랑(洪正郎)이 지난번에 이 논의를 제기했을 때[62] 여러 사람은 그것이 성상의 마음을 격동시킬까 염려했기 때문입니다. 그러나 저의 생각은 홀로 그렇지 않았습니다. 군미(君美)와 지숙(持叔)에게 도움을 받는다면 그 논의를 저지할 수는 있으나[63] 지금 만약 이렇게 한다면 참으로 진퇴에 근거가 없는 사람이 되겠기에 감히 명을 받들 수 없었습니다.

소본(疏本)에 대해서는 삼가 잘 알았습니다만, 사소한 사담(私談)을 가지고 위로 성상께 말씀드려 번거롭게 하는 것은 온당하지 않은

62 홍 정랑(洪正郎)이……때 : 홍 정랑은 병조 정랑 홍우원(洪宇遠)으로, 그가 시사와 관련된 상소를 올려 준엄하게 시의(時議)를 비난한 것을 말한다. 자세한 내용은 442쪽 주57 참조.

63 군미(君美)와……있으나 : 군미는 이경휘(李慶徽)의 자이다. 본관은 경주(慶州), 호는 묵호(默好)·춘전거사(春田居士)이다. 당시 이경휘는 응교(應敎)이고 민유중은 사간(司諫)이어서 임금에게 간언하고 관리를 논척할 수 있는 직임에 있었기 때문에 두 사람에게 도움을 받아 논의를 저지할 수 있다고 한 것이다.

듯합니다. 더구나 애당초 좋은 소문과 비루한 말 따위에는 제가 곧바로 고개를 돌려 버렸기 때문에 그 사람이 말망(末望)에 들 수 있었던 것이니,[64] 더더욱 그렇게 해서는 안 되는 것입니다. 잘 모르겠습니다만 어떻게 생각하십니까? 부디 다시 상의하여 처리해 주시기 바랍니다. 할 말은 많으나 이만 줄입니다.

64 애당초……것이니 : 말망은 관리 임명 시에 전형(銓衡)을 맡은 부서에서 세 사람의 후보자로 올린 삼망(三望) 가운데 세 번째로 의망(擬望)된 것을 말한다. 송시열 자신은 사람에 대한 이런저런 소문을 듣고 판단하지 않았기 때문에 홍우원이 말망에 들어 병조 정랑이 될 수 있었다는 말이다. 《孝宗實錄 10年 閏3月 2日》

민지숙에게 답함 기해년(1659, 효종10) 4월

答閔持叔 己亥四月

며칠 서로 보지 못하여 매우 그립고 답답하던 차에 이렇게 보내 주신 편지를 받았으니 위로되는 마음이 어떻겠습니까. 여간(呂諫)에 대해서는 처음에 일을 회피한다고 생각하여 함경도 수성역(輸城驛)으로 보내는 것으로 처리하려 하다가 귀부(貴府)의 계사(啓辭)를 본 뒤에 이렇게 말감(末減)을 하였습니다.[65] 여론은 그의 일 처리가 전도되어 모양새를 갖추지 못한 점을 염려하고 있으며, 대신(大臣)은 말하기를 "일찍이 아무 관직을 맡아 죽어도 일을 하지 않다가 마침내 체차되어 돌아가기에 이르렀으니 원래 가증스러운 사람이다." 하였습니다. 이런 말을 공청(公廳)에서 공공연히 주창하였으니 설상가상이라고 할 만한

65 여간(呂諫)에……하였습니다 : 여간은 여씨(呂氏) 성의 간관(諫官)이라는 말로, 1659년 4월 4일에 정언에 제수된 여민제(呂閔齊)를 가리키는 것으로 보인다. 그를 수성역으로 보내려 했다가 가장 가벼운 죄로 말감했다고 말한 배경과 상황은 다음과 같다. 당시에 헌납 민유중이 4월 8일 소대(召對)에서 김육(金堉)의 아들 김좌명(金佐明)·김우명(金佑明) 형제가 부모의 장사를 지내면서 예에 어긋난 수도(隧道)를 만든 일을 지적하여 그들을 감죄(勘罪)하고 개장(改葬)하도록 할 것을 청하였는데, 이 일로 김좌명 형제의 원망과 분노가 극심하였다. 그러자 대각(臺閣)의 신하들이 그들의 기세에 눌려 눈치를 보며 일을 회피하고 탄핵에 소극적인 태도를 보였다. 이에 송시열은 대각의 신하들을 경계하고 문책하는 방법 외에는 타개책이 없다고 판단하여 대각의 신하들에 대해 매우 강하게 출척(黜斥)을 단행하였는데, 여민제를 수성역으로 보내려고 한 것도 이런 조치의 일환이었다. 이로 인해 민유중이 김좌명 형제를 탄핵한 일에 대한 원망과 분노가 전적으로 송시열에게 옮겨졌다. 《孝宗實錄 10年 4月 4日》《宋子大全 附錄 卷3 年譜》

데, 어찌 그렇지 않겠습니까.

이 일은 지숙(持叔)과는 절로 상관없으니 어찌 털끝만큼이라도 불안해할 일이 있겠습니까. 부디 마음을 화평하게 갖고 묵묵히 살펴서 떠도는 말에 동요되지 마시기를 간절히 바라고 바라겠습니다. 이만 줄입니다.

민지숙에게 보냄 기해년(1659, 효종10) 4월

與閔持叔 己亥四月

홀로 우는 사람이 낭패를 당했으니[66] 마음에 매우 개탄스럽고 또한 매우 불안하여 지난밤에는 먼동이 트도록 잠들지 못하였습니다. 이제 만약 입대(入對)하게 되면 고개를 들어 한번 외쳐서 그 고난을 함께하고 싶다고 생각하였으나 요량대로 되지 않았으니, 가슴속의 울분이 활활 타오르기만 합니다. 보여 주신 소본(疏本)의 내용은 매우 좋습니다. 종이 말미에 감히 몇 마디 말을 덧붙여서 헤아려 취사하시도록 하였으니 나무나 황공하고 황공합니다.

66 홀로……당했으니 : 한유(韓愈)의 시에 "잡다한 비난 만나도, 어두운 새벽 홀로 우니, 저 소인들 유언비어, 많다 한들 욕이 되랴.〔遭唇舌之紛羅, 獨陵晨而孤雊. 彼憸人之浮言, 雖百車其何詬?〕"라는 구절이 있는데, 홀로 운다는 것은 홀로 정도(正道)를 지킨다는 말이다.《韓愈文集 卷22 祭郴州李使君文》 국구(國舅)인 김우명 형제가 부모의 장사를 지내면서 예에 어긋한 수도(隧道)를 만든 일에 대해 대간(臺諫)으로서 당당히 문제를 제기했던 민유중이 오히려 정도를 지키려다가 비난을 받는 상황에 휩싸인 것을 비유하여 말한 것이다.

민지숙에게 보냄 경자년(1660, 현종1) 2월

與閔持叔 庚子二月

시열은 이마를 조아려 두 번 절하고 말씀드립니다. 제가 내려올 때 연도(沿道)에서 춘부장의 묘소[67]가 가까운지 먼지를 묻고는 이천(利川)에 이르러 "여기서 멀지 않은 지역이구나."라고 하였고, 또 말하기를 "반곡(返哭)하던 길이 여기서 가까운 지역을 지나갔겠지." 하였습니다. 그러다 보니 집사를 만나 뵙기를 도모하여 다소나마 회포를 풀고 싶지 않은 것은 아니었습니다만 그때의 행색이 감히 조문 인사를 할 수 있는 형편이 아니어서 하지 못했는데, 돌아와서 회상해 보니 너무나 목이 메어 견딜 수 없습니다.

또한 소장(疏章)을 작성하여 서울 체편(褫便)에 부치고 싶었으나 운명이 기구한 사람으로서 감히 지인들에게 누를 끼칠 수는 없기에 지금까지 주저하고 있는 것이지[68] 간절한 정이 없어서 그런 것은 아닙

67 춘부장의 묘소 : 춘부장은 민유중의 아버지 민광훈(閔光勳)을 가리키는데, 민광훈이 1659년 7월에 사망하여 충주(忠州)의 강 북쪽 천등산(天登山) 아래 대양동(大陽洞)에 장사 지냈다. 《老峯集 卷8 先考通政大夫…… 府君行狀》

68 소장(疏章)을……것이지 : 운명이 기구하다고 한 것은 1659년 10월 28일 효종의 인산(因山) 이후에 여러 참언(讒言)이 일어나자 송시열이 부득이 도성을 떠나 고향으로 돌아갔기 때문이다.《尤菴先生書節要集解 卷5》 참언의 내용은 효종의 국상에서 소렴(小斂) 때 매〔絞〕를 맺지 않은 것과 재궁(梓宮)을 이은 판자를 쓴 것과 산릉 자리를 수원(水原)으로 하지 않은 것 등이었는데, 일부에서 이를 문책 거리로 삼아 차마 들을 수 없는 말을 하였으므로 송시열이 상소를 올리고 도성을 떠난 것이다. 그런데 이제 와서 다시 상소하여 문제를 일으키면 지인들에게 누를 끼칠 수 있기에 조용히 그대로

니다. 그런데 이번에 유생 편에 보내신 편지를 받았는데 위로와 안부를 묻는 뜻이 매우 지극하고, 이어 봄추위에 상중(喪中)[69]의 기거가 건승하시다는 것을 알고 나니, 삼가 위안되고 감사한 마음을 뭐라 형언할 수 없습니다.

시열은 신하 노릇이 형편없다 보니 번거로운 말들을 초래하여 낭패를 자초하였습니다. 이에 문을 닫고 허물을 생각해 보니 감히 하늘을 원망하고 사람을 탓하는 마음을 가질 수가 없습니다. 다만 계절이 바뀌어 어느새 봄이 돌아왔고 이에 고개를 돌려 영릉(寧陵)을 바라보니 오장이 찢어지는 듯합니다.[70]

또한 지난해 이맘때를 생각해 보면 한창 치세(治世)로 향해 가는 기틀이 마련되었고 선대왕께서 부지런히 노력하시는 뜻이 성대하게 양기(陽氣)가 발하여 무쇠나 바위를 뚫을 것처럼 강력하였습니다.[71] 그런데 지금은 외로운 신하만 홀로 남아 옛날을 차마 생각하고 있습니다. 비록 감히 예제(禮制)상 마음껏 호곡(號哭)할 수는 없더라도 어찌 피눈물이 옷깃을 적시는 것을 견딜 수 있겠습니까. 오늘 이런 이야기를 우리 상중의 집사가 아니라면 다시 누구에게 하겠습니까.

있는다는 말이다. 《宋子大全 附錄 卷3 年譜》

69 상중(喪中) : 민유중은 1659년 7월에 부친상을 당하여 이때 삼년상을 치르는 중이었다. 《睡谷集 卷15 驪陽府院君閔公謚狀》

70 고개를……듯합니다 : 영릉은 효종의 능이다. 효종은 1659년 5월 4일에 승하하여 몇 달 후에는 소상(小祥)이 다가오므로 이렇게 말한 것이다.

71 성대하게……강력하였습니다 : 주희가 말하기를 "양기가 발하는 곳에서는 무쇠나 바위도 뚫을 수 있으니 정신이 하나로 모이면 무슨 일인들 이루지 못하겠는가." 하였다. 《朱子語類 卷8 學2 總論爲學之方》

현재 질병이 침범하여 심각해진 관계도 날마다 죽음과 이웃하고 있습니다. 이쯤 되면 5월에 달려가 곡하는 것도 기약할 수 없으니 천고에 무궁한 한이 될까 두렵습니다. 봄기운이 무르익어 가는 때에 삼가 억지로라도 소식(疏食)을 더 드시어 멀리서 걱정하는 마음에 부응해 주시기 바랍니다.

민지숙에게 답함 신축년(1661, 현종2) 2월
答閔持叔 辛丑二月

시열은 이마를 조아려 두 번 절하고 말씀드립니다. 근래 문안 편지가 빈번히 이어지고 있는데 슬피 여겨 보살펴 주시는 마음에 깊이 감사드립니다. 여기서도 인편을 만날 때마다 편지를 보냈는데 하나하나 다 받아 보셨는지 모르겠습니다.

지금 28일에 보내신 편지를 받아 보고 오랑캐의 우두머리가 운명하여[72] 중원(中原)에 장차 일이 있을 것임을 알았습니다. 오랑캐가 천문(天文)에 응한 것에 대해 말하는 것이 비록 욕되기는 하지만 저들에게 재이(災異)의 원인을 돌리는 것도 무방할 것입니다. 기억하건대 옛날 우리 선왕께서 저들 세력이 오래가기 어려울 것이라고 분명하게 말씀하시고서 이어 "나는 이렇게 저렇게 하고 싶은데 나의 뜻을 함께 이루어 줄 사람이 없는 것이 매우 한탄스럽다."라고 하셨습니다. 오늘날 저들의 일에서 과연 그때의 말씀이 증명되었으나 이제는 선왕을 뵐 수가 없습니다.

생각이 여기에 미치니 진실로 피눈물이 나오면서 극도의 상심을 금할 길이 없습니다. 오늘날 비록 창을 쥐는 일[73]을 하게 하더라도 그

72 오랑캐의 우두머리가 운명하여 : 청나라 3대 황제인 순치제(順治帝), 즉 세조(世祖)가 1661년 2월 5일에 사망한 것을 말한다.

73 창을 쥐는 일 : 《시경》 〈위풍(衛風) 백혜(伯兮)〉에 "우리 님이 무용 뛰어나니, 나라의 영걸이로다. 우리 님 창을 쥐고, 나라의 선구 되었도다.〔伯兮朅兮, 邦之傑兮. 伯也執殳, 爲王前驅.〕"라고 하였는데, 여기서는 창을 잡고 선도하여 청나라 정벌에 나

또한 제가 원하던 바입니다만, 저의 노쇠하고 병든 몸은 아침저녁으로 죽어 땅에 들어가려 하니, 편지에서 말씀하신 것처럼 하려 해도 감히 명을 받들어 행할 수가 없습니다. 그리고 생각건대 오늘날은 인심이 경박하고 의리가 완전히 어두워져서 이를 진작하려 해도 되지 않으니, 저들에게 이미 틈이 생겼다 하더라도 우리의 형세로 보아 억지로 하기 어려울 듯합니다. 이는 바로 병든 농부가 좋은 단비를 부질없이 지나치는 것과 같다 하겠습니다.[74] 그렇다면 오늘날의 일은 바로 주자(朱子)께서 "잃은 것은 단지 완안량(完顏亮) 한 사람이다."라고 말씀하신 것과 같은 격이니,[75] 개탄스러운 마음이 어찌 끝이 있겠습니까. 그러나 이는 다른 사람과는 말하기 어려운 일입니다.

춘형(春兄)이 이미 성상의 소명(召命)에 응하였는데[76] 공적으로는 기쁘고 사적으로는 걱정스러운 구구한 마음을 금할 수가 없습니다.

가는 일을 말한다.

74 이는……하겠습니다 : 단비가 내려 농사를 지을 수 있게 되었어도 농부가 병든 상황이라 농사를 지을 수 없듯이 청나라 황제가 죽어 그들을 칠 좋은 기회가 왔어도 우리의 사정이 좋지 않아 그냥 지나치게 된 것이 안타깝다는 말이다.

75 오늘날의……격이니 : 금나라 황족인 완안량이 희종(熙宗)을 죽이고 황제가 된 뒤 남송(南宋)과의 평화 조약을 깨고 남송을 침략하였으나, 내부의 군사 반란으로 부하에게 살해당하여 금나라 군대가 퇴각하였다. 이때 주희는 "지금 그들이 잃은 것이라고는 완안량 한 사람에 불과하다."라고 하면서, 이 시기를 놓치지 말고 인재를 등용해 계획을 수립하고 철저히 대비해야 한다고 주장하였다.《晦菴集 卷24 與黃樞密書》 지금 우리나라의 계획과 준비가 철저하지 못하여 좋은 기회를 얻고도 아무 시도도 해 보지 못하게 되었으므로 결국 청나라 황제 한 사람만 죽는 데에서 끝나고 말 것이라는 말이다.

76 춘형(春兄)이……응하였는데 : 우참찬 송준길(宋浚吉)이 계속 고향에 머물러 있다가 현종의 소명에 응하여 상경한 뒤 1661년 2월 12일에 흥정당(興政堂)에서 현종을 만났다.《顯宗實錄 2年 2月 12日》

이 사람[77]은 죄악이 극에 달하여 미워하는 자들이 반드시 위로 선왕(先王 효종(孝宗))을 저버렸다는 죄목으로 얽어 귀결시키려고 합니다만, 만약 근일에 나온 '선왕은 종묘에 들어가는 것이 부당하다'는 논의가 과연 미천한 신하인 제 입에서 나왔다면 하늘이 반드시 저를 죽일 것입니다.[78]

사람들에게 사랑과 기쁨을 받는다는 것은 진실로 어려운 일이나 모함을 받는 것이 이 정도로 심한 지경에 이른 경우는 없었습니다. 이 때문에 애간장이 하루에도 아홉 번이나 뒤틀립니다. 집에 있으면 홀연히 제 자신을 잊고서 다만 속히 죽어 지하로 돌아가 선왕을 뵙기를 바랄 뿐입니다.

지문(誌文)의 초고는 보내 주신 대로 잘 도착하였으니 응당 말씀하신 대로 개정하겠습니다. 비문(碑文)은 연이어 급히 처리할 일이 생겨 마음을 쓸 수 없었는데, 이런 뜻을 지난 편지에서도 대략 말씀드렸습니다. 집사의 백형(伯兄 민시중(閔蓍重))과 중형(仲兄 민정중(閔鼎重))도 이 편지를 같이 보신다면 매우 다행이겠습니다. 병중에 대신 쓰게 하는 것이라 이만 줄입니다.

77 이 사람 : 송시열 자신을 말한다.

78 근일에……것입니다 : 당시 도성 안에 "효종대왕의 신주가 종묘에 들어가는 것은 부당하다는 말이 송시열에게서 나왔다."라는 소문이 퍼져 심지어 대신들조차 그 사실 여부를 문의할 정도였다고 한다. 《宋子大全 卷11 趙絅疏後待罪疏(辛丑六月一日)》

민지숙에게 답함 신축년(1661, 현종2) 10월
答閔持叔 辛丑十月

연속해서 보내 주신 편지를 받았는데 말씀하신 뜻이 더욱 간절하니 위로가 되고 감사한 마음을 말로 다 전할 수가 없습니다. 두 산을 나누어 점유하는 것이 형세상 과연 편안하고 순할 것인데[79] 만약 그곳이 길지라면 이보다 큰 다행이 어디에 있겠습니까. 조만간에 박 제천(朴堤川)[80]을 만나면 그와 상의를 해 보려고 합니다. 저의 병은 갈수록 더해져 이제는 설사까지 나므로 서울 입구에서 약을 쓰고 있는데, 만약 효험을 본다면 아마도 오래 집사에게 염려를 끼치지는 않을 것입니다.

남한산성(南漢山城)을 더 축성하는 일은 선왕께서 매번 크게 신경을 쓰셨는데, 이제 뜻밖의 변란에 대한 대비가 거의 되었습니까? 일찍이 탑전(榻前)에서 외람되이 아뢰기를 "모든지기 서문(西門)에서부터 용도(甬道)[81]를 쌓아 남쪽으로 구불구불 가다가 남성(南城)이 마주한 봉우리에 작은 성을 이어 쌓아서 적들이 굽어볼 수 없게 한 연후에야

79 두……것인데 : 당시에 송시열의 며느리 완산 이씨(完山李氏)가 전염병으로 죽어 수원(水原)의 만의(萬義)에 무덤을 쓰려고 하고 있었는데, 그 산 양 등성이 중 한쪽에는 조상의 무덤이 있으니 다른 한쪽에 무덤을 쓰는 것이 좋겠다는 말인 듯하다. 며느리는 1661년 10월 7일에 이곳에 안장하였다. 《宋子大全 附錄 卷4 年譜》 이후에 송시열의 부인과 손자 송회석(宋晦錫)도 이곳에 장사 지냈다. 《宋子大全 附錄 卷11 年譜》

80 박 제천(朴堤川) : 제천 현감을 지낸 박씨 성의 아무개로 풍수에 능한 인물로 보인다.

81 용도(甬道) : 산성에 담을 양쪽에 쌓아 만든 길로 사람이나 가축이 통과하고 군량을 운반하며 적이 침입했을 때 매복의 용도로 사용하였다.

아주 안전한 땅이 될 것입니다." 하자, 선왕께서 하교하기를 "서서히 비밀리에 도모해야 한다." 하셨는데, 이 일이 마침내 천고에 한이 되었으니 참으로 개탄스러운 점이었습니다.

민지숙에게 답함 기해년(1659, 현종 즉위년)
答閔持叔 己亥[82]

비가 이렇게 많이 와서[83] 이 농서(李隴西)와 같은 근심을 금할 수가 없으니,[84] 일신의 희비와 존망은 미처 생각할 겨를이 없습니다. 상소에 대한 비답이 즉시 내려졌는데 완상(完相)이 받은 것과 차이가 없으니,[85] 형세상 장차 연달아 올려 반드시 사직(辭職)에 대해 윤허받을

82 己亥 : 대본에는 '辛丑'으로 되어 있는데, 편지의 내용이 기해년(1659)에 발생한 사건에 대해 말하고 있으므로 이에 근거하여 바로잡았다. 편지에 나오는 완상은 완남군(完南君) 이후원(李厚源)을 말하는데, 그는 경자년(1660) 2월에 죽었으므로 신축년(1661)에 상소를 올려 비답을 받을 수 없고, 또 "이무개의 비방"이라는 말은 홍여하(洪汝河)가 1659년 6월 2일에 이후원과 송시열을 비방하기 위해 올린 상소를 가리킨다는 점에서 '辛丑'이라고 한 것은 오류가 분명하다. 또한 편지 말미에 효종(孝宗)을 '대행(大行)'이라고 호칭하고 있는 것으로 보아 이 편지는 효종의 발인이 있었던 1659년 10월 28일 이전에 쓴 것으로 판단되는데, 홍여하 관련 내용과 수재(水災)가 난 사실을 언급한 내용으로 볼 때 1659년 6월에 쓴 것으로 추정된다. 《宋子大全隨箚 卷7》

83 비가……와서 : 1659년 6월에 비가 많이 와서 전국적으로 수재가 극심하였다. 인가가 떠내려가고 익사한 사람과 벼락에 맞아 죽은 사람이 셀 수 없을 정도로 많았으며, 곡식의 손실, 가축의 피해가 컸으므로 팔도의 감사들이 참혹한 수재 상황을 알려 오는 치계(馳啓)가 끊이지 않았다. 《顯宗實錄 卽位年 6月 4日, 13日, 19日, 20日》

84 이 농서(李隴西)와……없으니 : 이 농서는 송나라 때의 신하 이강(李綱)을 가리키는데, 사후에 농서군개국공(隴西君開國公)으로 추증(追贈)되었기 때문에 그렇게 불린다. 이 농서의 근심이란 송 휘종(宋徽宗) 선화(宣和) 1년 여름에 비가 많이 내려 도읍인 변경(汴京)이 물에 잠겼는데, 이때 이강이 대홍수의 천재지변을 이적(夷狄)이 침입해 올 병란의 조짐이라고 걱정하면서 상소한 것을 말한다. 그 뒤에 과연 금나라가 쳐들어와 흠종(欽宗)을 잡아가는 정강(靖康)의 변이 일어났다. 《宋史 李綱列傳》

작정입니다. 집사가 새로 제수되는 것은 진실로 조만간의 일일 터인데, 다만 사간원의 풍도가 매몰된 것이 애석하고 또 주자(朱子)가 도중에 했던 걱정이 없지 않습니다.[86]

아무개[87]의 비방은 감히 남곤(南袞)과 심정(沈貞)[88]의 말을 쓰면서 피휘(避諱)할 줄을 모르니 이 어찌 족히 따질 필요가 있겠습니까. 다만 제 자신이 한스럽게 여기는 것은 제가 상소에서 너무 해명을 하지 않아 우리 대행왕(大行王 효종(孝宗))의 인재를 알아보는 성스러운 감식안을 영원히 애매모호하게 만들었다는 점입니다. 이런 때의 거취는 각자 상반되는 법이고 또 제 자신도 바야흐로 주체하지 못하는 상황이니 집사를 위하여 어떻게 도모해야 할지 잘 모르겠습니다.

85 상소에……없으니 : 이후원과 송시열이 사직을 청한 데 대해 현종이 "젊은 사람이 한 말에 그렇게까지 책임을 느낄 것이 뭐가 있는가. 안심하고 사직하지 말라."라는 똑같은 내용의 비답을 내렸다는 말이다.《顯宗實錄 卽位年 6月 3日, 4日》 이후원과 송시열이 사직을 청한 것은 경성 판관(鏡城判官) 홍여하가 1659년 6월 2일에 올린 상소 때문이다. 그는 이 상소에서 이후원이 나라를 그르친다고 맹렬히 비난하였는데 사실은 송시열을 비방할 의도가 담겨 있었다.《顯宗實錄 卽位年 6月 2日》《宋子大全 附錄 卷3 年譜》

86 주자(朱子)가……않습니다 : 1167년에 송 효종(宋孝宗)이 천재지변을 이유로 재상을 파직한다는 조서를 내렸는데, 이와 관련하여 주희가 한림학사 지제고(翰林學士知制誥) 유공(劉珙)에게 편지를 보내어 "11월 5일 임금이 내린 조서를 읽어 보니, 대신을 노비처럼 꾸짖고 신하들을 돼지처럼 본 것이 너무 심하였습니다."라고 하면서 장사(長沙)로 가는 도중에 이에 대한 우려를 금치 못하여 눈물이 계속 흘러내렸다고 한다.《晦菴集 別集 卷1 劉共甫》

87 아무개 : 홍여하를 말한다.

88 남곤(南袞)과 심정(沈貞) : 기묘사화를 주도했던 간신들이다.

민지숙에게 보냄 임인년(1662, 현종3) 4월
與閔持叔 壬寅四月

시열은 아룁니다. 가문이 불행하여 고모가 갑자기 세상을 떠났으니[89] 비통한 마음과 괴로운 심정을 절로 견딜 수가 없습니다. 그런데 이제 또 종형(從兄)의 상[90]에 곡하게 되었으니 집안의 재앙이 어찌 다시 이렇게도 혹독한 경우가 있단 말입니까.

요즘 이렇게 초여름을 맞아 집사께서는 벼슬하는 근황이 좋으시리라 생각되는데 그리움에 그리로 달려가는 마음이 날로 깊어집니다. 얼마 전에 제천(堤川) 관아에 있을 때[91] 체편(褫便)으로 보내 주신 편지를 받았는데 지금까지 감사한 마음이 남아 있습니다. 그때 연이어 동생과 함께 잠시 금강산(金剛山)을 유람하여 대략이나마 오랜 숙원을 풀었는데, 몇 년 이래로 오직 이 한 가지 일이 그런대로 제 마음을 흡족하게 하였습니다.

89 고모가……떠났으니 : 송시열은 1662년 3월 22일에 제천 관아에서 고모의 부고를 받았다. 이어 성복(成服)한 뒤에 머물러 있다가 선친의 기일을 지내고 옥천(沃川)의 안읍리(安邑里)에 있는 고모의 빈소로 떠났다. 《宋子大全 附錄 卷4 年譜》

90 종형(從兄)의 상 : 종형 송시담(宋時倓)의 상을 말한다. 송시열은 1662년 4월 21일에 종형의 부고를 듣고 며느리의 대상(大祥)을 치른 뒤에 예산(禮山)의 술곡(述谷)에 있는 종형의 빈소로 떠났다. 《宋子大全 附錄 卷4 年譜》

91 제천(堤川)……때 : 송시열은 1662년 3월 9일에 어머니의 기제를 지내고 금강산을 유람하기 위해 둘째 형 송시묵(宋時默)이 현감으로 있던 제천 관아에 내려가 있었다. 《宋子大全 附錄 卷4 年譜》

편지에서 말씀하신 우려스러운 일은 멀리 외방에 있다고 해서 걱정이 조금이나마 해소되는 것은 아닙니다. 음과 양이 한창 다투어 승부가 아직 결판나지 않았는데, 조정의 상황은 모르겠지만 단지 남쪽의 상황으로만 보면 강약의 형세가 이미 드러났습니다. 이럴 때 오래 서로 버티면서 끝내 결판나지 않는 경우는 없으니 이치와 형세의 급박함을 어찌 피할 수 있겠습니까.

다만 일상생활에서 스스로 은미한 마음속을 살펴보면 여기는 적고 저기는 많은 것을 보게 되는데, 만약 이럴 때 한번 쓸어버리지 않는다면 끝내 삼강(三綱)이 혼란에 빠지고 구법(九法)이 무너지는 것을 보게 될 것입니다. 하지만 제 자신이 이런 지극히 위험한 상황에 놓여 있으면서 감히 멀리 바깥일을 걱정하는 것은 또한 자신의 미혹을 드러내는 꼴인데, 만나서 논의할 길이 없습니다. 더워지는 계절에 더욱 몸조심하시기 바랍니다.

민지숙에게 보냄 임인년(1662, 현종3) 9월

與閔持叔 壬寅九月

옛사람이 말한 "귤을 먹으려는 계획을 한다."라는 것은 올곧은 직언과 과감한 간언을 한다는 말인데,[92] 오늘날 어떤 계획도 없으면서 그 귤을 먹으려 하는 것은 어째서입니까? 만약에 남한산성(南漢山城) 옆을 지키는 수졸(戍卒)이 된다면 귤 역시 먹을 수 없을 것입니다.[93] 그러나 이로 인해 여가에 책을 읽고 이치를 살펴 자신의 부족한 능력을 키운다면 얻는 것이 어찌 귤에 비할 수 있겠습니까. 아마도 하늘이 장차 큰 임무를 내려 주려고 태재(太宰)[94]의 손을 빌린 듯합니다. 삼가 바라건대 지숙(持叔)은 더욱더 태만하지 않도록 하십시오. 여기서 저는 계속 근근이 지탱하며 단지 병든 파리와 더불어 가을을 보내고 있으니, 더욱 만나 볼 기약이 없습니다. 서리를 밟는 때이니 더욱 몸조심하십시오.

92 옛사람이……말인데 : 옛날에 사람들이 귀양을 간 곳이 대부분 귤의 산지인 남쪽 지방이었으므로, 귤을 먹으려 계획한다는 것은 귀양을 갈 작정을 하고 직언과 간언을 한다는 말이다. 《宋子大全隨箚 卷7》

93 남한산성(南漢山城)……것입니다 : 당시에 이조판서 겸 수어사(吏曹判書兼守禦使)로 있던 홍명하(洪命夏)가 민유중을 종사관(從事官)으로 삼았는데, 민유중이 그에게 사직의 뜻을 전하려고 여러 차례 찾아갔으나 만나지 못하자 편지를 남겨 놓고 고향으로 돌아갔다. 이에 홍명하는 민유중이 직임을 피하려고 마음대로 가 버렸다고 생각하여 현종에게 처벌을 청하였으므로 종군(從軍)의 벌을 받게 될 상황이었다. 만약 종군의 벌로 수어청(守禦廳)이 있던 남한산성의 수졸이 된다면 귀양을 가려 해도 갈 수 없게 된다는 말이다. 《宋子大全隨箚 卷7》《宋子大全 卷34 答洪大而(壬寅九月十一日)》

94 태재(太宰) : 이조 판서의 별칭으로, 여기서는 홍명하를 가리킨다.

민지숙에게 답함 임인년(1662, 현종3) 9월
答閔持叔 壬寅九月

비루하고 못난 저는 성스러운 조정이 바라는 바에 감히 보답하지 못했기에 믿는 것은 지숙의 형제분들 몇 사람뿐입니다. 이번 편지에서 말씀하신 대로 이렇게 함께 어울리고 있으니 어찌 매우 다행이 아니겠습니까마는 오늘날의 시사(時事)는 어찌한단 말입니까. 그러나 이 어찌 인력이 미칠 수 있는 것이겠습니까. 그저 지붕을 쳐다보며 길이 탄식할 뿐입니다.

저는 병으로 칩거한 것이 벌레들보다 먼저이니 오는 봄에 밖으로 나오는 것을 혹여라도 어찌 기약할 수 있겠습니까. 옛 책에 머리를 파묻는 것도 남은 날이 얼마 없으니 안락선생(安樂先生)의 〈늘그막을 즐기는 노래〔娛老吟〕〉[95]도 나를 속인 것임을 너무나 잘 알겠습니다. 나머지는 직접 만나 말씀드리겠습니다. 혹 멀리 떠나려는 마음을 돌리신다면 이는 더욱 바라던 바입니다.

95 안락선생(安樂先生)의……노래 : 송나라 때의 학자 소옹(邵雍)이 낙양(洛陽)에 왔을 때 비바람도 제대로 막지 못하는 오두막을 짓고 살면서 안락와(安樂窩)라 이름하고 스스로를 안락선생이라 일컬었다. 《宋史 邵雍列傳》 소옹이 노년의 즐거움을 노래한 이 시는 〈희로음(喜老吟)〉이라고도 한다.

민지숙에게 보냄 계묘년(1663, 현종4) 2월
與閔持叔 癸卯二月

시열은 아뢰니다. 가문이 불행하여 조카 기억(基億)이 갑자기 요절하였으니[96] 비통한 생각과 괴로운 마음을 절로 견딜 수가 없습니다. 죽은 사람은 어쩔 수 없지만 형님이 노년에 이런 매우 애통한 일을 겪었고 아우도 곤궁하고 외로워져서 다시 믿고 의지할 데가 없게 되었으니, 매번 이를 생각할 때마다 피눈물을 금할 수가 없습니다. 하늘에 죄를 받는 것이 어찌 이렇게까지 혹독하단 말입니까. 또한 너무 심하다 하겠습니다.

저는 당초에 지극한 정에 마음이 절박해져서 그의 병이 심각하다는 소식을 듣고 남쪽으로 달려갔으나 끝내 미처 보지 못하였으니,[97] 살을 베는 듯한 아픔이 배나 더 심하여 절로 병이 날 지경이었습니다. 저번에 삼가 중원(中原 충주(忠州))에서 보낸 편지를 받고서 위로와 감사의 마음을 금할 수 없었으나 근일 들어 공적으로나 사적으로나 상심과 탄식이 갈수록 더욱 심해지기만 합니다.

삼가 듣건대 집사께서 일찍이 초령(草令 이유태(李惟泰))에게 권면하

96 조카……요절하였으니 : 송시열의 아우 송시도(宋時燾)의 아들인 송기억(宋基億)이 천연두를 앓다가 1663년 1월 8일에 사망한 것을 말한다.《宋子大全 附錄 卷5 年譜》

97 그의……못하였으니 : 송시열은 송기억이 위급하다는 소식을 듣고 1663년 1월 8일에 의원을 데리고 송시도가 수령으로 있는 경상도 영산(靈山)으로 떠났는데, 가는 길에 부음을 듣고 11일이 되어서야 영산에 당도하여 곡하였다.《宋子大全 附錄 卷5 年譜》

여 말하기를 "공이 만약 조정에 나온다면 나 역시 어찌 감히 나오지 않겠습니까." 하였다 합니다. 초형(草兄)이 오늘날 나온 것[98]은 오로지 집사를 믿어서이고 이런 때에 사람을 따라 서울로 갈 마음을 먹은 것은 하늘의 뜻이 우연하지 않습니다. 그러니 부디 서로 협력하여 그가 수수방관하다가 돌아가는 일이 없게 한다면 이보다 큰 다행이 어디에 있겠습니까.

어제 춘형(春兄 송준길(宋浚吉))이 체편(褫便)으로 옥당(玉堂)의 신년 차자(箚子)를 보내 주었는데, 그 절박하고 측은히 여기는 뜻이 너무나도 사람으로 하여금 눈물이 나게 하였습니다. 옛사람이 말하기를 "무후(武侯 제갈량(諸葛亮))의 〈출사표(出師表)〉를 읽을 때 눈물을 흘리지 않는 사람은 인간의 마음이 없는 것이다." 하였는데, 오늘에 또 이를 증험하였습니다. 저희의 글[99]은 또한 공허하여 채택할 만한 실제가 없는데 성의가 부족하여 그런 것이라고 스스로 생각하고 있습니다. 부끄럽고 후회되기 그지없습니다.

98 초형(草兄)이……것 : 1663년 1월 21일에 이조 참의 이유태가 소명(召命)을 받고 올라와 소장(疏章)을 진달하였고, 2월 26일에도 여러 시무를 논하는 상소를 올렸는데 현종이 이를 직접 듣고자 하여 3월 25일에 그를 인견(引見)하였다.《顯宗實錄 4年 1月 21日, 2月 26日, 3月 25日》

99 저희의 글 : 1663년 1월 6일에 송시열이 송준길과 연명(聯名)으로 상소하여 임금의 덕을 닦도록 권면하고 이어 호남의 대동미(大同米)를 감면해 주도록 건의한 것을 말한다.《宋子大全 附錄 卷5 年譜》

민지숙에게 보냄 계묘년(1663, 현종4) 3월

與閔持叔 癸卯三月

오늘날 제가 평소 우러러 존경하고 신뢰하는 것이 집사의 두 집안만 한 데가 없고 또 생각건대 보살펴 주시는 은혜를 받은 것도 집사의 두 집안만 한 데가 없습니다. 그렇기 때문에 일찍이 소문을 들은 것이 있었을 때 이애(李哀)[100]에게 감히 다 말하지 않을 수 없었습니다. 그러나 보잘것없고 미천한 자신을 스스로 헤아려 보건대 그것이 혹 내 분수에 맞지 않는다고 여겨지니 두려운[101] 마음이 없을 수 없습니다. 삼가 이애와 집사가 선후로 보내 주신 애정 어린 답장을 받으니 위로하고 깨우쳐 주는 뜻이 재삼 간곡하여 겸허한 아름다움과 포용하는 성대한 도량을 우러러보게 되었는데, 이는 소인(小人)의 마음으로 헤아릴 수 있는 바가 아닙니다. 앞으로 천하의 선(善)이 두 가문으로 모두 모이게 될 것이니 참으로 경탄을 금할 수가 없습니다.

전에 제가 망녕되이 "중씨(仲氏 민정중(閔鼎重))가 스스로 논열하였습니다.……"라고 논한 것은 진실로 사람들의 말을 속히 해명하는 데 급급하여 한 말입니다. 그러나 이윽고 생각해 보니 중씨가 이렇게 하면 이애가 스스로 처신하는 데 더욱 여지가 없게 될 것이라 여겼기 때문인데, 제가 깊이 생각하지 않고 말한 것을 스스로 후회하고 있었습니다.

100 이애(李哀) : 상중(喪中)에 있는 이 아무개라는 뜻이다.

101 두려운 : 대본에는 '進越'로 되어 있는데, 두주와 문맥에 근거하여 '進'을 '震'으로 바로잡아 번역하였다.

그런데 지금 편지에서 말씀하신 내용을 보니 바로 저의 생각과 부합하였습니다. 급박하고 조급한 것이 제 편벽된 기질이기 때문에 일이 있을 때마다 주밀하게 헤아려 볼 겨를도 없이 경솔하게 이런 식으로 망발을 하니 너무나 부끄럽고 두렵습니다.

대체로 오늘날의 사류는 세상의 지목을 받고 있으니 더욱 뜻을 꺾어 되돌려서는 안 될 것입니다. 만약 도(道)를 감추고 은거할 수 없다면 바로 의리를 바르게 하고 도를 밝혀서 광명정대한 기운이 조금도 위축되는 일 없이 날마다 몸에 충만하도록 해야 할 것입니다. 그래야만 불행하게도 낭패스럽고 고통스러운 일이 닥치더라도 오히려 마음에 절로 부끄러움이 없고 후세에 할 말이 있게 될 것입니다.

소동파(蘇東坡)는 일개 문사(文士)일 뿐인데도 오히려 능히 이것을 스스로 외웠는데 우리는 다행히 정자(程子)와 주자(朱子)의 뒤에 태어나서 누대 성인들의 교화에 감화되었으면서 서로 권면할 방도를 몰라서야 되겠습니까. 이렇게 자세히 말하고 나니 도리어 송구한 마음만 더해집니다.

민지숙에게 보냄 을사년(1665, 현종6) 3월

與閔持叔 乙巳三月

낙정(樂靜)을 사당에 제향하자는 논의[102]는 여기서도 듣고는 기쁘고 다행스럽게 여기고 있습니다. 또 들으니 이어 시남(市南)을 제향하자는 논의[103]가 있다고 합니다. 계주(季周 이단하(李端夏))가 북쪽 지방 유생의 정문(呈文)을 보내왔기에 이어 집사에게도 보내 드리니 보신 뒤에 돌려주시는 것이 어떻겠습니까? 일찍이 이 문제로 이(李)와 윤(尹)[104] 등의 친구들과도 의논하였는데 다른 말은 없었습니다. 계주의 뜻은 '대체로 시남이 비록 말년에 조금이나마 사람들의 뜻에 차지 않는 부분이 있기는 하였으나 학문과 행실 등 대체(大體)는 절로 속일 수 없는 점이 있으니 어찌 작은 일로 이를 가릴 수 있겠는가.'라는 것인데,

102 낙정(樂靜)을……논의 : 낙정은 조석윤(趙錫胤)의 호이다. 본관은 배천(白川), 자는 윤지(胤之)이며 장유(張維)와 김상헌(金尙憲)의 문인이다. 1664년부터 1665년까지 이단하가 함경도의 북평사(北評事)로 있을 때 그 지역 유생들과 함경도 종성(鍾城)에 서원을 설립하는 일을 의논하였는데, 조석윤도 1653년(효종4)에 종성 부사(鍾城府使)를 역임한 적이 있으므로 이 서원에 함께 제향하자는 논의가 있었다. 《宋子大全 卷57 與閔大受(乙巳九月)》《新增東國輿地勝覽 卷50 咸鏡道 鍾城都護府》

103 시남(市南)을 제향하자는 논의 : 시남은 유계(兪棨)의 호이다. 그도 함경도 온성(穩城)에 유배된 적이 있으므로 이런 논의가 있었던 것이다. 《宋子大全 卷57 與閔大受(乙巳九月)》 이에 따라 1666년에 종산서원(鍾山書院)이 건립되어 기준(奇遵), 유희춘(柳希春), 정엽(鄭曄), 조석윤, 유계 등이 함께 제향되었다. 《新增東國輿地勝覽 卷50 咸鏡道 鍾城都護府》

104 이(李)와 윤(尹) : 이유태(李惟泰)와 윤선거(尹宣擧)를 말한다.

이 점은 저의 뜻과 매우 부합하므로 이미 그에게 알려 주었습니다. 잘 모르겠습니다만 집사의 중씨(仲氏 민정중(閔鼎重))와 집사의 생각은 어떠하십니까? 듣고 싶습니다.

그러나 이에 대해 한 말씀 드릴 것이 있습니다. 중봉(重峰) 조 선생(趙先生)이 길주(吉州)에 오래 귀양 가 있으면서 그 기개와 절조가 매우 빛났는데 그곳이 북쪽의 산과 바다 사이에 있는 지역이라 향사(享祀)하는 일이 아직 이루어지지 않고 있으니, 어찌 중씨께서 응당 알아야 하지 않겠습니까.[105] 대롱으로 하늘을 보는 제 좁은 생각이기는 합니다만, 북쪽 지방에는 유생이 매우 적으니 각각 사당을 세우더라도 지키고 보호하기가 매우 어렵습니다. 그러니 영남(嶺南) 상주(尙州)의 전례[106]에 따르는 것이 가장 좋습니다. 함경도 함산(咸山)에 큰 사당을 하나 건립하여 중봉을 주벽(主壁)으로 삼고 제현(諸賢)을 배향한다면 영구히 지켜 갈 수 있는 계책이 될 듯합니다. 잘 모르겠지만 어떻게 생각하십니까? 만약 사리에 어긋나지 않는다고 생각하신다면 부디 집사의 중씨와 의논해 보시는 것이 매우 좋겠습니다.

○ 정우복(鄭愚伏 정경세(鄭經世)) 등 제공(諸公)은 상주가 영남의 상류 지역에 처해 있다 하여 그곳에 영남의 선현인 포은(圃隱 정몽주(鄭夢周)), 한훤당(寒暄堂 김굉필(金宏弼)), 일두(一蠹 정여창(鄭汝昌)), 회

105 중봉(重峰)……않겠습니까 : 중봉은 조헌(趙憲)의 호이다. 선조(宣祖) 때에 조헌이 상소하여 정여립(鄭汝立)의 도리에 어긋나는 실상을 논하다가 죄를 얻어 길주 영동역(嶺東驛)에 정배되었다. 《宣祖實錄 22年 5月 5日》 당시에 민유중의 중형(仲兄)인 민정중이 함경 감사로 있었다.

106 영남(嶺南) 상주(尙州)의 전례 : 1594년(선조27)에 정경세가 상주에 도남서원(道南書院)을 세워 오현(五賢)을 합사(合祀)한 것을 말한다. 《肅宗實錄 2年 10月 25日》

재(晦齋 이언적(李彥迪)), 퇴계(退溪)를 모두 함께 제향하였는데, 뒤에 노소재(盧穌齋)도 배향되었고 우복도 배향되었습니다.[107]

107 뒤에……배향되었습니다 : 노수신(盧守愼)은 1616년(광해군8)에, 정경세는 1635년(인조13)에 도남서원에 배향되었다. 소재는 노수신의 호이다.

민지숙에게 보냄 을사년(1665, 현종6) 12월

與閔持叔 乙巳十二月

일찍이 장씨(張氏) 집의 노비가 주인의 세력을 믿고 저지른 일과 남쪽 관아에서 제사를 빠뜨린 일 두 가지[108]에 대해 번거롭게 말씀드린 바가 있는데, 편지를 받아 보셨습니까? 그리고 이제 군현(郡縣)을 순시하는 일[109]은 이미 마치셨습니까? 어제 우연히 《주자대전(朱子大全)》을 읽다가 주자(周子 주돈이(周敦頤))는 비록 변방의 외딴섬일지라도 장독(瘴毒)의 침범을 두려워하지 않고 가서 반드시 백성을 너그럽게 여기고 민생을 세세히 살폈다는 기록을 보았는데,[110] 옛 현인들은 이처럼 정사에 마음을 다하였습니다.

그런데 듣자니 오늘날은 오직 집사의 형제분들이 이러한 본보기를 잘 이어받아 행한다고 하니 매번 경탄을 금할 수가 없습니다. 저같이

108 장씨(張氏)……가지 : 장씨 집 노비의 일은 관련 근거를 찾지 못하였다. 남쪽 관아에서 제사를 빠뜨린 일은 1666년 2월 초에 송시열이 자신의 중형 송시묵(宋時默)이 수령으로 있는 익산(益山) 관아로 내려가 선조의 위패를 모시고 돌아온 것을 보면 당시에 중형이 제사를 지내지 못하는 상황이 생겼던 듯한데, 이와 관련이 있는지는 분명하지 않다. 《宋子大全 附錄 卷5 年譜》

109 군현(郡縣)을 순시하는 일 : 1665년 2월 13일에 민유중은 전라 감사에 제수되어 1666년 7월 장례원 판결사(掌隷院判決事)가 될 때까지 전라도에 내려가 직임을 수행하였다. 《顯宗實錄 6年 2月 13日》《承政院日記 顯宗 7年 7月 1日》

110 주자대전(朱子大全)을……보았는데 : 이 내용은 《회암집(晦菴集)》 권98 〈염계선생사실기(濂溪先生事實記)〉에 보이는데, "선생은 오직 백성들의 원통함을 씻어 주고 혜택을 베푸는 것을 자신의 임무로 삼았다."라고 결론 맺고 있다.

우매한 사람은 사람들에게 조금의 보탬이나 도움을 주는 일 없이 그저 공연히 한 마리 좀벌레처럼 지내고 있으니 매번 밥을 대할 때마다 부끄러워 얼굴에 땀이 납니다.

보내신 별지는 북쪽 유생들을 위해 대신 말씀하신 것일 터인데, 아마도 그들이 스스로 감히 하지는 못했을 것입니다. 이 사람들[111]이 매우 가상하였는데 예를 들면 기삼백(朞三百)에 나오는 율력(律曆) 등의 숫자[112]는 남쪽 지방의 선비들조차 대략이라도 푸는 자를 아직 보지 못했는데, 이 사람들이 이것을 말할 때 들어 보면 마치 대나무를 쪼개듯 분명하였습니다. 그것이 비록 그들의 질박함과 성실함이 발로된 것이기는 하지만 또한 어찌 중씨(仲氏)가 감사로서 학문을 권하여 이룬 효과가 아니겠습니까. 그렇기 때문에 이제 이 별지의 일은 그들을 위해 번거로움을 꺼리지 않고 저의 성심을 다할 것입니다.

듣자니 재이(載邇)가 편지를 보내어《서경(書經)》을 가르치지 말라고 중씨에게 권했다고 하는데, 이 사람들은 이 일을 얘기하면서 너무나도 심히 스스로 부끄러워하고 한스러워하였습니다.[113] 이는 재이가 무

111 이 사람들 : 당시 함경 감사 민정중(閔鼎重)이 육성한 유능한 유생들을 말하는데, 《우암선생서절요집해(尤菴先生書節要集解)》 권5에는 "주생(朱生) 등과 같은 무리"라고 주해하고 있다. 주생은 함흥(咸興)에 살던 주여규(朱汝奎)를 가리킨다.

112 기삼백(朞三百)에……숫자 : 기삼백은《서경》〈요전(堯典)〉의 "기(朞)는 366일이다."로 시작하는 부분을 말하는데, 해와 달의 순행 도수(度數)를 계산하여 율력이 만들어지는 법을 설명하고 있다.

113 재이(載邇)가……한스러워하였습니다 : 재이는 서필원(徐必遠)의 자이다. 본관은 부여(扶餘), 호는 육곡(六谷)이며 김집(金集)과 정홍명(鄭弘溟)의 문인이다. 북쪽 유생들에게는《서경》을 가르치지 말라고 서필원이 민정중에게 권했다는 얘기를 북쪽 유생들이 전하면서 자신들을 하찮게 여기고 함부로 대하는 태도에 대해 매우 자괴감을

식한 것이고, 원숭이를 기르는 사람이 원숭이에게 조삼모사의 술수를 부리는 격입니다. 이것이 한 번 변하면 바로 진(秦)나라의 이사(李斯)가 되는 것이니,[114] 배꼽을 잡고 웃을 일이지만 또한 두려워할 만한 일이라 하겠습니다.

느끼고 한스러워하였다는 말이다. 《尤菴先生書節要集解 卷5》

114 이것이……것이니 : 진 시황(秦始皇) 때의 승상(丞相) 이사가 학자들을 탄압하여 분서갱유한 것을 가리킨다. 여기서는 이런 식으로 백성들을 우민화하여 사론(士論)이 형성되지 못하게 한다면 결국에는 나라가 망하는 지경에 이를 수도 있다는 말이다. 《尤菴先生書節要集解 卷5》

민지숙에게 답함 을사년(1665, 현종6) 12월
答閔持叔 乙巳十二月

천태산(天台山)과 안탕산(雁蕩山)에 설색(雪色)이 대단할 것이기에 매번 놀러 가서 마음과 눈을 상쾌하게 해 보고 싶었으나 할 수가 없었습니다.[115] 지금 감사(監司)의 큰 깃발을 펼친 채 승경을 둘러보고 돌아오셨다는 소식을 접하니 너무나도 사람의 마음을 그리로 달려가게 합니다. 선대에 대한 글[116]의 경우, 다시 사가(史家)들의 증험을 받는 일은 저의 계책이 애당초 거기에 미치지 못하였습니다만, 말씀하신 대로 그렇게 한다면 어찌 더욱 믿을 만하지 않겠습니까.

어제 서울에서 한 후생이 와서 주자(朱子)의 글씨 8폭을 보여 주면서 말하기를 "역관(譯官)이 계책을 써서 저들에게서 얻은 것입니다." 하였습니다. 비록 진위를 알 수는 없으나 매우 귀중하게 여길 만하기에 지금 보내 드립니다. 그리고 호산(壺山)의 글씨가 있는데 아마도 술병에 모사(模寫)한 것이 있었기 때문인 듯합니다. 집사께서 만약 도판(圖板)으로 간행해 내신다면 더욱 좋겠습니다만, 그 원본은 본 주인이

115 천태산(天台山)과……없었습니다 : 천태산과 안탕산은 중국 절강성(浙江省) 동남쪽에 있는 산으로, 주희가 여조겸(呂祖謙)과 놀러 가기로 약속했다가 여조겸에게 일이 생겨 함께 가지 못한 적이 있었다. 여기서는 송시열이 민유중과 함께 가기로 약속했다가 가지 못한 전라도의 겨울 설산 유람이 아쉽다는 말이다. 《宋子大全隨箚 卷1》

116 선대(先代)에 대한 글 : 《송자대전수차》 권1에 "입암(立巖)에 대한 글을 가리키는 듯하다."라고 하였는데, 입암은 민유중의 선조 민제인(閔齊仁)의 호이다. 송시열이 지은 민제인의 신도비명을 가리키는 듯하다. 《宋子大全 卷164 左贊成閔公神道碑銘》

훼손하고 싶어 하지 않을 것입니다. 《공자가어(孔子家語)》와 《가례의절(家禮儀節)》 두 책에 대해서는 인쇄할 종이를 보내 드리니 부디 인쇄하는 사람에게 맡겨 인쇄해 보내 주시는 것이 어떻겠습니까.

민지숙에게 답함 을사년(1665, 현종6) 12월 30일
答閔持叔 乙巳十二月三十日

25일에 보내신 편지를 제우(濟郵)[117]가 방금 전해 주었는데 그리워하던 마음에 자못 위로되었습니다. 비석을 세우는 공역(工役)[118]은 과연 힘이 부족할 걱정이 있었으나 집사의 마음을 지극히 번거롭게 하여 드디어 도움과 보살핌을 받았으니, 비록 지극한 뜻에 감사하면서도 황공함 마음 또한 깊습니다.

전에 보내 드렸던 주자(朱子)의 필적은 비록 진위를 알기는 어렵지만 요컨대 회옹(晦翁)의 우맹(優孟) 역할을 하는 데에는 문제가 없을 것이니,[119] 부디 뿌리치지 않으신다면 어찌 진짜 용이 집으로 들어오는 날[120]이 없겠습니까. 매우 우습습니다. 새해를 맞아 경사가 더욱 많기를 간절히 축원하는 바입니다. 이만 줄입니다.

117 제우(濟郵) : 전라도의 제원도 찰방(濟原道察訪)을 말한다.

118 비석을 세우는 공역(工役) : 송시열의 아버지 송갑조(宋甲祚)의 신도비를 세우는 일을 말한다. 《송자대전》 부록 권5 〈연보〉에 따르면 1666년 3월 2일에 송시열이 몸소 신도비를 세우는 공역을 감독하여 완성하였다.

119 전에……것이니 : 우맹은 전국 시대 초나라의 유명한 배우로, 정승 손숙오(孫叔敖)가 죽은 뒤에 그의 아들이 가난으로 고생하자, 손숙오의 의관을 착용하고 그인 것처럼 꾸미고 가서 장왕(莊王)을 설득하여 아들에게 땅을 봉해 주게 하였다고 한다. 《史記 滑稽列傳 優孟》 여기서는 그 필적의 진위를 알 수는 없더라도 주희를 대신할 대체물로 대우받을 충분한 가치가 있다는 말이다.

120 진짜……날 : 초나라 때 섭공 자고(葉公子高)가 용을 좋아해서 집안 곳곳에 용 그림을 새겨 놓았더니, 진짜 용이 그 소문을 듣고 그의 집에 내려왔다고 한다. 《新序 雜事 卷5》

민지숙에게 보냄 병오년(1666, 현종7) 1월
與閔持叔 丙午正月

삼가 새해를 맞아 경사가 더욱 많으리라 생각되는데 경하하는 마음 그지없습니다. 다만 천재지변의 참혹함을 목격한 자들이 대부분 너무나 두려워 살고 싶지 않다고 말하니 어찌하면 좋단 말입니까.

지금 문열공(文烈公 조헌(趙憲))의 후손이 그의 유고를 가지고 왔습니다. 그 집안은 집사가 전라 감사였을 때부터 받은 것이 헤아릴 수 없고 더구나 지금 이 유고를 간행하는 일은 실로 사림의 의견이 똑같은 데야 말해 무엇 하겠습니까. 동파공(東坡公)이 일찍이 말하기를 "문충공(文忠公)을 돌이켜 생각하면 그 지붕 위의 까마귀도 사랑해야 하는데, 하물며 그의 현명한 조카야 말해 무엇 하겠는가." 하였습니다.[121] 그런데 지금 이 직계 자손은 또 조카에 비할 바가 아니니 저는 집사께서 무심하지 않으실 것을 알고 있습니다.

121 동파공(東坡公)이……하였습니다 : 《상서대전(尙書大傳)》 〈대전(大戰)〉에 "어떤 사람을 좋아하면 지붕 위의 까마귀도 좋아지게 마련이고, 어떤 사람을 좋아하지 않으면 담벼락의 모서리도 미워지는 법이다."라는 말이 있는데, 소식(蘇軾)이 이를 인용하여 구양수(歐陽脩)의 조카를 살펴 주지 않을 수 없다고 한 것이다. 동파공은 소식이고 문충공은 구양수이다. 소식의 이 말은 《동파전집(東坡全集)》 권84 〈유원충에게 답함〔答劉元忠〕〉에 보인다.

민지숙에게 보냄 병오년(1666, 현종7) 1월
與閔持叔 丙午正月

김 장군(金將軍)의 의열(義烈)은 중국 조정에서 매우 빛났으나[122] 다만 그 일이 혼조(昏朝 광해군(光海君)) 때에 벌어진 일이다 보니 사람들이 그다지 귀하게 여기지 않았으므로 제 마음에는 항상 개탄스러움이 매우 컸습니다. 그래서 지난가을에 철원(鐵原)[123]이 내려왔을 때 제가 평소의 마음을 매우 강조하여 말하였고 이어 철원에 그의 사당을 세우도록 권하였습니다. 그런데 지난겨울 김만준(金萬埈)[124]이 보내온 편지를 보니 사당을 세우는 공역이 이미 시작되었다고 하였고, 또 지금 보내 주신 편지를 보고서 제 견해가 사리에 어긋나지 않았다는 것을 알고 너무나 기뻤습니다.

충무공(忠武公)의 일은 이미 노량(露梁)과 통영(統營)에서 남김없이 천양(闡揚)하였습니다. 그러나 다시 편지에서 말씀하신 대로 한다면 역시 좋겠습니다.[125] 부디 보고 들은 것들을 아울러 모아서 혹 글로 지어

122 김 장군(金將軍)의……빛났으나 : 김 장군은 김응하(金應河)를 가리킨다. 그는 1618년(광해군10)에 명나라가 후금(後金)을 치면서 조선에 원병을 청했을 때, 도원수 강홍립(姜弘立)을 따라 압록강을 건너가 후금 정벌에 나섰다가 중과부적으로 패배한 뒤 전사하였다. 이듬해 명 신종(明神宗)이 조서(詔書)를 내려 요동백(遼東伯)에 봉하였다. 《宋子大全 卷171 詔贈遼東伯金將軍廟碑》

123 철원(鐵原) : 당시 철원 부사로 있던 김만균(金萬均, 1631~1676)을 말한다. 김장생(金長生)의 증손이고 김익희(金益熙)의 아들이다.

124 김만준(金萬埈) : 김만균의 동생이다.

보여 주신다면 한 건의 문서로 작성하여 완성해 보도록 하겠습니다.

125 충무공(忠武公)의……좋겠습니다 : 충무공은 이순신(李舜臣)을 말한다. 남김없이 천양하였다는 것은 송시열이 1661년 10월에 〈남해 노량 충무 이공 묘비(南海露梁忠武李公廟碑)〉를 지어 충무공의 전공을 모두 드러냈다는 말이다. 또한 편지에서 말한 대로 하는 것이 좋겠다는 것은 민유중이 송시열에게 보낸 편지에서 이순신과 김응하의 전을 함께 엮어 짓기를 바란다고 한 것을 말하는데, 송시열이 이에 대해 긍정적으로 받아들인 것이다. 《尤菴先生書節要集解 卷5》

민지숙에게 답함 병오년(1666, 현종7) 1월
答閔持叔 丙午正月

도외시하지 않고 문의해 주셔서 매우 감사합니다. 정자(程子)가 말하기를 "요즈음의 감사(監司)는 주현(州縣)과 일체가 되지 않는 경우가 많은데 성심을 다하여 수령들과 함께 백성을 다스리는 것보다 좋은 것이 없다. 그들에게 미흡한 점이 있으면 가르칠 만한 것은 가르치고 독려할 만한 것은 독려하다가 명을 듣지 않는 지경에 이를 경우 그 가운데 심한 자 한두 명을 가려 제거함으로써 다수를 경계시킬 수 있도록 하면 되는 것이다." 하였습니다.[126]

그리고 또 말하기를 "오늘날 직무를 수행함에 단지 한 가지 일은 할 수 없는 것이 있다. 내가 국자감(國子監)에 있을 때,[127] 전운사(轉運使)에게 보고하는 글에 서명(署名)하라고 아전이 청하였으나 나는 서명하지 않았다. 국자감은 본래 대성(臺省)에 속해 있고 대성의 관원은 조정의 관원이니, 외사(外司)인 전운사(轉運司)에 일이 있으면 당연히 대성에 신장(申狀)을 올려야지 어찌 대성이 거꾸로 외사에 보고하는 이치가 있단 말인가. 단지 종전 사람들이 오직 이해만 따지고 일의 체모를 따지지 아니하여 바로 이렇게 된 것이다. 이럴 경우에는 모름지

126 정자(程子)가……하였습니다 : 《근사록(近思錄)》 권10 〈정사(政事)〉에 보인다.

127 내가……때 : 여기서의 나, 즉 정자(程子)는 정이(程頤)이다. 정이가 1100년에 부주(涪州)에 귀양 갔다 돌아와 서경 국자감(西京國子監)에 제수되었던 때를 말한다. 《二程全集 卷50 伊川年譜》

기 성인(聖人 공자(孔子))이 명분을 바로잡고자 한 부분을 살펴보아야 하니, 명분이 바르지 못할 때는 바로 예악(禮樂)이 일어나지 못하는 지경에 이르는 것을 보게 된다." 하였습니다.[128] -이는 이천(伊川)이 국자감에 있을 때의 말입니다.-

그리고 주자(朱子)가 말하기를 "내가 절동(浙東)에 있을 때[129] 아전이 안무사(安撫司)에 보내는 공첩(公牒)에 서명하라고 하기에 서명하고 수결(手決)하였는데, 소흥부(紹興府)에 보내는 공첩까지도 아전이 역시 서명하기를 청하기에[130] 나는 당시에 수결만 해서 보냈다. 그때 왕중행(王仲行)이 했다는 말을 들으니 '이것이 바로 이천이 말한 「단지 한 가지 일은 할 수 없는 것이 있다.」라는 것이다. 그러나 남강(南康)의 경우에는 예로부터 공문이 건강(建康)에서 도착하면 회답에 모두 신장을 사용하였다.'라고 하는데, 나는 그렇게 생각하지 않는다. 이때 진복공(陳福公)이 유수(留守)로 있었는데 그는 단지 건강의 도청(都廳)에 공첩만 보냈으니, 만약 이전에 재상을 지낸 적이 있으면[131] 단지 직첩(直牒)만 해도 되는 것이다. 남강의 경우에도 인근 지역의 감사에게 공문이 도착하면 역시 비첩(備牒)만 해도 된다. 그 밖에 제현(諸縣)과 인근 주(州)에 사용하는 공첩에 대해서도 정해진 별도의 규정이 있다."

128 또……하였습니다 : 《근사록》 권10 〈정사〉에 보인다.

129 내가……때 : 주희가 1181년에 제거양절동로상평다염공사(提擧兩浙東路常平茶鹽公事)로 있을 때를 말한다. 《晦菴集 卷13 辛丑延和奏箚一》

130 청하기에 : 대본에는 없는데, 《주자어류(朱子語類)》의 여러 판본에 근거하여 '請'을 보충하여 번역하였다.

131 만약……있으면 : 대본에는 '若非前宰執'으로 되어 있는데, 《주자어류》의 여러 판본에 근거하여 '非'를 '作'으로 바로잡아 번역하였다.

하였습니다.[132]

○ 정자와 주자의 이 말에 의거해 보면 선현들이 직임을 담당할 때에는 소소한 체면도 허술히 지나치지 않았음을 알 수 있습니다.

주자가 또 일찍이 말하기를 "지금 세상의 사대부들은 오직 구차스럽게 상황에 따라 휩쓸려 가면서 위아래가 서로 '일이 생기게 하지 말라.'라고 떠들어 댄다. 그리하여 매우 분명하게 일을 이해하려고 하지 않고 우선 모호하게〔鶻突〕-이 단어는 원래 분명하지 않은 모양을 뜻하는 말인데 요즘에는 단순 명쾌하다는 뜻으로 오인하고 있습니다.- 하려 한다. 분명하게 이해하면 관직을 수행할 수 없다고 여기는 것이다. 어떤 사람이 젊어서 유능하다는 명성을 긍지로 삼고 있다가도 일단 꺾이고 눌리는 경험을 한 뒤부터는 도리어 자신이 너무 똑똑하고 분명했던 것을 후회한다. 그리고 일체 모난 것을 깎아 둥글둥글하게 만들고는 세속을 따라 그럭저럭 살아간다." 하였습니다.[133]

○ 이 말에 근거해 보면 주자의 정치하는 대체(大體)가 무엇인지 알 수 있습니다.

근년에 작고한 전의 현감(全義縣監) 윤유진(尹惟晉)[134]은 명문 세가의 자제인데 일찍이 그에게 다음과 같은 말을 들었습니다. 선조조(宣祖

132 주자(朱子)가……하였습니다 : 《주자어류》 권106 〈절동(浙東)〉에 보인다.

133 주자가……하였습니다 : 《주자어류》 권108 〈치도를 논함〔論治道〕〉에 보인다.

134 근년에……윤유진(尹惟晉) : 윤유진은 1660년 5월 11일 전의 현감에 제수되어 부임했다가 1665년 2월 5일에 사망하였다. 《承政院日記 顯宗 1年 5月 11日, 6年 2月 8日》

朝)에 전라 도사(全羅都事)에 임명된 사람이 감사를 알현하려고 갔는데, 전주 부윤(全州府尹) 자리는 감사와 나란히 있고 도사 자리는 현격하게 떨어져 있더랍니다. 이에 도사는 앉지도 않고 나가면서 말하기를 "나의 관직이 낮기는 하지만 그래도 상급 관청의 관원이다." 하고는 마침내 관직을 버리고 돌아갔다고 합니다.

○ 일찍이 듣건대 "국초에 양주 목사(楊州牧使)가 하직 인사할 때에는 대내(大內)에서 숙배 단자(肅拜單子)를 돌려주었는데, 이는 아마도 능침(陵寢)이 있는 곳이므로 성주(城主)로 대우한 것이다.……"라고 하였으니, 그렇다면 전주 부윤도 그곳이 태조(太祖)의 고향이라는 이유로 그 체면을 이렇게 존중해 주었던 것이 아니겠습니까.

○ 대체로 내가 이런 체면 때문에 저 사람을 배척하는 것이 아니라 나도 체면을 이해하고 있고 저 사람도 스스로 체면을 내세워 떠난다면 이것은 어쩔 수가 없는 것입니다. 그런데 만약 영감(令監)이 그와 마음을 같이하여 함께 일하고 싶다면 당연히 성심을 다해 사사로이 조용히 말하기를 "이는 소소한 일이고 잘못된 내력은 알기가 어렵지 않습니다. 부디 일의 체모를 위해 스스로 굽히고 함께 일한다면 어찌 아름답지 않겠습니까. 이것은 내 개인의 일이 아니라 바로 국가의 일입니다. 그대도 오래지 않아 당연히 이 직임을 맡게 될 텐데 이 직임을 맡았을 때 돌이켜 생각해 보면 반드시 우리의 오늘 논쟁이 사사로움 때문이 아니었다는 것을 알게 될 것입니다." 하면서 완곡하게 돌려 말한다면 혹 되돌아올 수도 있을 것입니다.

저는 여기서 망극한 비방 때문에 단지 두문불출하며 입을 다물고 있는 처지입니다. 부디 주고받은 이러한 내용을 누설하여 죄가 가중되지 않도록 해 주십시오. 그리해 주신다면 더할 나위 없이 다행이겠습니다.

민지숙에게 보냄 병오년(1666, 현종7) 1월

與閔持叔 丙午正月

날씨가 점점 화창해지는 때에 감사의 기거는 평안하십니까? 오늘 저동(苧洞)의 후생이 성상의 명을 받들고 내려와서[135] 상께서 특별히 진연(進宴)을 그만두셨다[136]고 말했는데, 이는 실로 큰 경사이니 천재지변을 가라앉히기에 충분할 것입니다.

여기서 듣건대 영남(嶺南)의 의론이 이렇게 흉흉한 상황에서 제가 사람들의 거론 대상이 되었다니[137] 매우 영광이고 다행스러우며 이를

135 저동(苧洞)의……내려와서 : 서울의 남부(南部) 저동에 이후원(李厚源)의 집이 있었으므로 저동은 이후원을 가리키는 말로 자주 쓰인다. 후생은 그의 아들 이선(李選)을 가리키는 것으로 보인다. 당시에 현종은 송시열에게 사관(史官)을 보내어 소명(召命)을 계속 전하는 상황이었고 이달 30일에도 사관을 보냈는데, 이선이 당시에 예문관 봉교(藝文館奉敎)로서 이 일을 맡았던 것으로 보인다.《宋子大全 附錄 卷5 年譜》《承政院日記 顯宗 7年 1月 20日》

136 상께서……그만두셨다 : 1665년 8월에 현종은 자의대비(慈懿大妃) 조씨(趙氏)와 모후인 인선왕후(仁宣王后) 장씨(張氏)를 위한 풍정연(豐呈宴)을 1666년 1월에 행하기로 결정하고 그 준비를 위해 진연청을 설치하였는데, 막상 1월이 되자 흰 무지개가 해를 가로지르는 변이 잇달아 발생하여 진연을 가을로 미루라고 명하였다.《顯宗實錄 6年 8月 2日, 7年 1月 18日》

137 영남(嶺南)의……되었다니 : 당시에 영남의 유생들이 1659년 기해 예송 때 복제를 기년복(朞年服)으로 정한 서인(西人)의 예설이 잘못되었고 윤휴(尹鑴)와 허목(許穆)의 삼년설이 타당하다고 주장하면서, 종통(宗統)을 빼앗으려 했다는 죄목으로 송시열의 잘못을 거론하는 상소를 올리려고 논의하고 있던 일을 말한다. 1666년 3월 23일에 영남 유생 유세철(柳世哲) 등 1000여 명의 이름으로 이 일에 대해 연명(聯名) 상소를

가지고 스스로 자랑할 만합니다. 글피에 호상(湖上)에 도착하려고 하는데 일찍이 날짜를 미리 알려 달라고 말씀하셨기에 감히 이렇게 전하는 것입니다.

○ 무등산(無等山)[138]이 이미 돌아갈 계획을 확정하였고 식솔들도 이미 서울로 들어갔답니다. 담부(潭府)[139]도 이로 인해 역시 불안할 텐데, 잘 모르겠습니다만 어찌된 곡절입니까? 그의 동생과 조카의 말을 들어 보면 무등(無等)이 그다지 잘못한 것이 있지는 않습니다. 혹 감사로 있는 집사의 밝은 안목으로도 그를 곡진히 살펴 주지 못해서 그런 것은 아닙니까? 이미 지난 일이라 어쩔 수는 없지만 그의 낭패스러운 상황이 염려됩니다. 그의 마음속 바람대로 따라 주어 그 거취의 의리가 온전할 수 있도록 해 준다면 이것 또한 사대부의 염치를 배양하는 한 가지 일일 것입니다. 어떻게 생각하십니까?

올린다. 《顯宗實錄 7年 3月 23日》《宋子大全 卷57 答閔大受(丙午正月二十五日)》

138 무등산(無等山) : 미상의 인물을 가리키는 듯하다. 바로 아래에 보이는 무등도 동일 인물이다.

139 담부(潭府) : 당시 담양 부사(潭陽府使)로 있던 김익경(金益炅)을 가리키는 듯하다.

민지숙에게 답함 병오년(1666, 현종7) 2월
答閔持叔 丙午二月

편지를 받고 이미 영하(嶺下)에 도착하셨다는 것을 알게 되니 너무도 아득히 멀다는 생각이 듭니다. 오늘날은 큰 강령이 무너지기는 했으나 그 소소한 것이라도 천천히 부지하여 완전히 없어지는 지경에까지 이르지 않게 한다면 어찌 양기가 다시 회복하는 때가 없겠습니까. 삼가 별지에서 말씀하신 것을 받드니 경복(敬服)하는 마음을 금할 수 없습니다. 오늘날 세도(世道)의 책임이 다른 사람에게 있지 않으니 모름지기 십분 더 노력하고 힘써 주십시오.

영남에서 들려오는 소식이 나날이 심각해지는 상황에서 상주(尙州)가 호응하지 않고 있다는 말을 처음 들었는데, 이는 아마도 우복(愚伏)이 남긴 교화라는 생각이 듭니다.[140] 지금 그 고을 내의 통문(通文)을 보면 심지어 "종통(宗統)을 은연중에 빼앗으려 한다."라는 말까지 하였는데, 이와 같다면 머리가 잘리고 가슴을 도려내는 형벌을 받아도 오히려 가볍다 할 수 있습니다. 어찌 실로 이를 범하고도 어리석어 스스로 알지 못할 리가 있겠습니까. 요청하신 글은 대략 엮어서 보내 드리니 다시 윤색을 가하시는 것이 어떻겠습니까.

140 영남에서……듭니다 : 기해예송 때 기년복(朞年服)을 주장한 송시열을 극도로 비난하는 영남 유생의 연명 상소에 상주 유생들이 호응하지 않는 것은 상주 출신인 정경세(鄭經世)의 가르침과 교화 덕분이라는 말이다.

민지숙에게 답함 병오년(1666, 현종7) 3월 18일

答閔持叔 丙午三月十八日

소공복(小功服)을 입는 상을 당하셨다니 덕 있는 가문의 재앙이 어찌 이렇게도 빈번하단 말입니까. 저는 줄곧 병으로 칩거하면서 영남 상소[141]가 올려지기를 기다려 속히 자책하는 소장(疏章)을 올리려고 하는데, 길이 멀어 어찌할 길이 없습니다. 답답한 상황이 이후로 번복될 것이라는 말씀을 방금 들었는데 참으로 옳은 말씀입니다만, 저는 단지 성상께서 밝게 살펴 주시리라고 믿을 뿐입니다.

《언행록(言行錄)》의 발문[142]은 이달 내로 초고를 올리겠습니다. 확정(矍程)의 '확(矍)' 자는 일찍이 사람들이 '구(瞿)'로 읽는 것을 본 적이 있는데, 이 두 본에는 모두 '확'으로 되어 있습니다. 운봉향교(雲峯鄕校)에 《공자가어(孔子家語)》의 가장 좋은 선본(善本)이 있다고 하니, 부디 가져다가 상고하고 보여 주시는 것이 어떻겠습니까.

장빈거사(長貧居士)[143]는 파산(坡山 성혼(成渾))의 문인인데 그의 이

141 영남 상소 : 1666년 3월 23일에 영남 유생 유세철(柳世哲) 등이 올린 상소를 말한다. 자세한 내용은 485쪽 주137 참조.

142 언행록(言行錄)의 발문 : 민유중이 전라 감사로 있을 때 간행한 《중간 명신언행록(重刊名臣言行錄)》의 발문을 말하는데, 송시열이 쓴 이 글은 《송자대전》 권146 〈중간 명신언행록 발문〔重刊名臣言行錄跋〕〉에 보인다.

143 장빈거사(長貧居士) : 윤기헌(尹耆獻, 1548～?)의 호이다. 자가 원옹(元翁)이며 이이(李珥)의 문인이자 우계(牛溪) 성혼의 문인이다. 저술로 시화, 일화, 필기 등 다양한 이야기를 수록한 《장빈거사호찬(長貧居士胡撰)》이 있다.

름 기헌(耆讞)의 '헌(讞)'은 '헌(獻)' 자가 되어야 합니다. 이 사람이 입암(立巖)[144]의 일에 대해 썼는데 역시 힘이 있습니다. 집사의 백씨(伯氏 민시중(閔蓍重))와 장 사관(張祠官)의 편지는 잘 받았는데, 답서는 남쪽 관아에 올릴 만합니다. 보내 주신 두 종류의 별미는 병든 손위 누이를 위해 쓸 수 있어 기쁘고 다행스럽습니다. 이만 줄입니다.

○ 별지에 쓴 내용은 잠을 막는 데에 도움이 될 것입니다.

별지

선조(宣祖) 때 광주 목사(廣州牧使) 신응구(申應矩)[145]가 이발(李潑)[146]에게 영합하니 이발의 무리가 그의 스승보다 낫다고 하면서 6품으로 올리기를 계청(啓請)하여 그가 직산 현감(稷山縣監)에 제수되었습니다. 이때 장빈(長貧)이 시를 지어 그를 전별하기를 "수령 인끈 비껴 차고 의기가 호방하니, 닭 잡는 데 소 잡는 칼 쓰는 걸 보겠구려.[147] 적자(赤子)와 같은 백성 의당 보호에 유념하고, 아전도 창생(蒼生)이

144 입암(立巖) : 민유중의 선조 민제인(閔齊仁, 1493~1549)의 호이다.

145 신응구(申應矩) : 1553~1623. 광해군 때 광주 목사를 지냈다. 본관은 고령(高靈), 자는 자방(子方), 호는 만퇴헌(晩退軒)이다. 성혼의 문하에서 수학하였다.

146 이발(李潑) : 1544~1589. 본관은 광산(光山), 자는 경함(景涵), 호는 동암(東巖)·북산(北山)이다. 동인으로서 서인 정철(鄭澈)을 강경하게 처벌하여 이이와 성혼 등과 점점 멀어지면서 서인의 미움을 받았다. 이후 동인 정여립(鄭汝立)의 모반 사건으로 서인이 집권하자 고문을 받고 장살(杖殺)되었다.

147 수령……보겠구려 : 닭 잡는 데 소 잡는 칼을 쓴다는 것은 《논어》 〈양화(陽貨)〉에서 공자가 자유(子游)를 칭찬한 말로, 자신의 뛰어난 재능을 조금이나마 발휘할 수 있는 기회를 갖게 되었다는 말이다. 여기서는 칭찬의 뜻보다는 오히려 신응구의 처세를 풍자하는 뜻이 담겨 있다.

니 어찌 일만 시키랴. 학문은 《중용(中庸)》 연구하여 선비들 기대 크고, 명망이 시종 온전하니 임금 칭찬 받으리. 파산의 옛 자취 이제 꿈만 같으니, 이날 기로에 서서 더욱 울적하리라." 하였습니다.

인조반정 후에 기옹(畸翁)[148]이 신정 량(申正湸)[149] 씨를 어떤 사람의 집에서 만났는데, 옛날 일을 논하다가 신정(申正)이 기옹을 건드리는 말을 하였습니다. 이는 신 광주(申廣州 신응구)가 송강(松江 정철(鄭澈))을 그다지 좋아하지 않아서 항상 우계(牛溪)에게 그를 소원하게 대하기를 청하였기 때문입니다. 그러자 기옹이 대답하지 않고 단지 "수령 인끈 비껴 차고 의기가 호방하다."라는 한 구절을 암송하니 신정이 곧바로 달아나 버렸습니다. 이에 사람들은 모두 "초나라도 본래 잘못하였지만 제나라도 잘했다고 할 수 없다.……"라고 하였습니다.[150]

148 기옹(畸翁) : 정홍명(鄭弘溟, 1582~1650)의 호가 기암(畸庵)인데 그를 높여 부른 말이다. 본관은 연일(延日), 자는 자용(子容)이다. 송강 정철의 아들이며 송익필(宋翼弼)과 김장생(金長生)의 문인이다.

149 신정 량(申正湸) : 신량(申湸, 1596~1663)으로, 효종 때 예빈시 정(禮賓寺正)을 지냈으므로 신정이라고 한 것이다. 본관은 고령(高靈), 자는 양지(湸之), 호는 호은(湖隱)이다. 신응구의 아들이며 조수륜(趙守倫)에게 수학하였다.

150 사람들은……하였습니다 : 초나라의 자허(子虛)가 제나라에 사신으로 갔을 때 제나라 임금이 사냥 대회를 열어 자허를 접대하자, 자허가 초나라의 화려한 사냥을 자랑하면서 제나라 왕의 기를 꺾었다. 이에 제나라의 오유선생(烏有先生)이 왕의 선의를 무시한 언사라며 자허를 꾸짖었는데, 이때 무시공(無是公)이 나서서 초나라도 실수했지만 제나라도 옳다고 할 수 없다고 하면서 두 사람 모두 잘못이라고 꾸짖었다. 《史記 司馬相如列傳》 신응구가 본래 잘못했지만 정홍명도 잘못이 없다고 할 수는 없다는 말이다.

민지숙에게 보냄 병오년(1666, 현종7)
與閔持叔 丙午

초려(草廬 이유태(李惟泰))에 대한 별지를 동봉하여 보냈는데, 그 집안의 낭패스러운 일은 심하다고 말할 만합니다. 이 일을 공평한 마음으로 생각해 보면, 비록 사람이 많은 마을이라 하더라도 100보 밖에는 법을 어기며 무덤 쓰는 것을 금하기는 어려울 듯합니다. 더구나 승려의 경우 그의 거처를 인가(人家)라고 말해서는 안 될 것입니다. 그래서 한 문공(韓文公 한유(韓愈))도 〈원도(原道)〉에서 "승려의 거처를 인가로 만들어야 한다.〔廬其居〕"라고 하였는데, 이미 인가에 견줄 바도 아니고 더구나 100보도 더 넘는 이 경우야 말해 무엇 하겠습니까. 또《주자대전(朱子大全)》을 상고해 보면 주자(朱子)가 위재(韋齋)[151]의 묘소를 영범사(靈梵寺) 옆에 썼고, 또 기억하건대 채서산(蔡西山 채원정(蔡元定))도 절 옆에 자신의 무덤 자리를 생전에 스스로 정하였으니, 불의한 일인데 어찌 주자가 행하고 또 그것을 일컬었겠습니까.

그리고 제가 매번 개탄스럽게 여기는 것이 있습니다. 성상께서 처음 즉위하셨을 때 이사(尼舍)를 철거하였는데,[152] 이런 때를 맞아 즉시 확대하여 팔도의 사찰을 다 없애 버렸다면 실로 천고의 성대하게 아름

151 위재(韋齋) : 주희의 아버지 주송(朱松)의 호이다.

152 성상께서……철거하였는데 : 이사는 조선 전기에는 주로 도성 안에 여승들이 거처하는 집을 지칭하였으나 후기에는 도성 안에 있는 중들의 거처를 일컫는 말로 쓰였다. 현종이 도성 안의 이사를 철거한 일은《현종실록》에는 보이지 않고《숙종실록》에서 현종 때의 일을 언급하는 기사에 보인다.《肅宗實錄 35年 7月 6日》

다운 일이 되었을 것입니다. 그런데 단지 훌륭한 군주는 있어도 뛰어난 신하가 없었던 관계로 큰 기회를 놓치고 말았습니다. 이제 비록 행하기를 청하지는 못하더라도 어찌 차마 그 기세를 도와서야 되겠습니까.[153] 만약 이런 따위의 일을 만날 경우 부디 집사께서는 이 일을 계기로 옳은 것을 부지하고 그른 것을 억제하는 뜻을 보이시어 이것이 성하고 저것이 쇠하게 해 주십시오. 그리한다면 그것이 참으로 옛사람들의 이른바 그 일을 통해 백성에게 도움이 되는 선의일 것입니다.

지금 방백(方伯)과 수령 중에는 혹 승려를 관(官)에 복역시켜 보호하고 구휼하지 않아서는 안 된다고 말하는 경우가 있는데, 이는 매우 비루한 설입니다. 승려가 모두 환속하면 백성이 자연히 많아질 것이니, 승려를 데려다 부리기보다는 백성들을 의리로 부리는 것이 더 낫지 않겠습니까. 이는 다만 초려의 집안을 위해서만 말씀드리는 것이 아닙니다. 부디 집사께서 양찰해 주시기 바랍니다.

153 이제……되겠습니까 : 위에서 언급한 승려가 자신의 거처 100보 밖에 무덤을 쓰려는 이유태와 송사를 벌이고 있는 듯한데, 이에 대해 송시열은 승려의 편을 들어주어 그 기세를 도와서는 안 된다고 주장하고 있는 것이다.

민지숙에게 보냄 병오년(1666, 현종7) 4월 2일

與閔持叔 丙午四月二日

집사께서 한 걸음 다소 가까이 오셨으나 제가 계곡 깊이 들어와 있다 보니 참으로 구름 너머처럼 서로 멀리 바라보게 되었습니다. 저는 어제 보은(報恩)에서 선고(先考)의 기일에 곡하고[154] 바로 속리산 북쪽을 경유하여 서원(西原)의 청천(青川)으로 향하였기에[155] 적통(嫡統)과 서자(庶子)의 설에 대해서는 듣지 못하였으니[156] 자못 일이 줄어들어 편안함을 느낍니다.

《언행록(言行錄)》의 발문[157]은 가는 곳마다 분잡하고 어수선하여 붓을 잡을 겨를이 없다가 어제 선유동(仙遊洞) 입구에 묵으면서 비로소

154 저는……곡하고 : 송시열의 부친 송갑조(宋甲祚)의 기일이 4월 1일이므로 기제(忌祭)를 지냈다는 말이다.

155 바로……향하였기에 : 서원은 청주(清州)를 말하고 청천은 청주 소속의 고을 이름이다. 송시열은 부친의 기제를 지내고 바로 떠나서 청천에 있는 황경신(黃敬身) 소유의 정자 침류정(枕流亭)을 빌려서 우거하였다.《宋子大全 附錄 卷5 年譜》

156 적통(嫡統)과……못하였으니 : 기해예송에서 효종의 종통(宗統)과 적통 관련 문제 및 효종을 장자(長子)로 보느냐 서자(庶子)로 보느냐의 관점 차이로 인해 서인과 남인이 자의대비(慈懿大妃) 조씨(趙氏)의 복제(服制)를 서로 다르게 주장하였는데, 1666년 3월 23일에 영남 유생 유세철(柳世哲) 등이 상소하여 이 문제를 다시 거론함으로써 조정에 큰 논란이 벌어졌다. 송시열이 계곡 깊이 들어와 있어 이 논란에 대해 듣지 못하였다는 말이다.《顯宗實錄 7年 3月 23日》《宋子大全 卷57 答閔大受(丙午正月二十五日)》

157 언행록(言行錄)의 발문 :《중간 명신언행록(重刊名臣言行錄)》의 발문을 말한다. 자세한 내용은 488쪽 주142 참조.

대략이나마 초고를 써서 동생이 가는 편에 뒤미처 부쳤습니다. 그 글은 옛 책을 더럽히기에도 부족한 정도지만 그래도 저의 작은 정성을 다해 쓴 것이라고 말한다면 그렇다고 할 수 있습니다. 원록(原錄)[158] 다섯 책까지 아울러 돌려드립니다.

○ 저의 상황이 글을 지어 전하고 유포할 때가 아니라서 시일이 다소 늦어진 것이니 부디 양해해 주시기 바랍니다.

○ 군평(君平 김만준(金萬埈))이 요청한 글은, 처음에는 그것도 한꺼번에 초고를 지어 보내 드리려고 하였으나 계곡 깊이 들어온 뒤로 시내가 다투어 흐르고 경치가 서로 경쟁하는 사이에서 이리저리 응하는 일이 매우 번거로웠던 관계로 아직 쓰지 못하였으니 조금 기다리셔야 할 것입니다.

158 원록(原錄) : 원래의 《명신언행록》을 말한다. 발문을 쓰기 위해 송시열이 빌려 놓았던 책이다.

민지숙에게 답함 병오년(1666, 현종7) 4월
答閔持叔 丙午四月

흡족하게 쏟아진 단비가 가뭄을 씻어 주어 삼가 행궁(行宮)[159]이 청명하고 농민들이 들에서 노래 부를 것으로 생각되는데, 감사[160]와 서로 경하하지 못하는 것이 한스럽습니다. 이런 때에 이렇게 특별히 사람을 보내어 깊은 계곡에 있는 사람에게 멀리 안부를 물어 주시니 위로되고 감사한 마음을 어찌 이루 다 형언할 수 있겠습니까.

여러 장에 걸쳐 해 주신 말씀은 아울러 모두 잘 알겠습니다. 이 사람은 바야흐로 이렇게 머리를 내민 쥐처럼 관망하고 있지만[161] 끝내 꼼짝하지 않겠다는 것은 절대 아닙니다. 다만 더러운 욕을 먹은 인물이니 마치 새로 뒷간 속에서 나온 것과 같다 할 수 있습니다. 비록 성세(盛世)의 맑은 훈향(薰香)에 젖었다고는 하나 악취가 아직도 남아 있으니 갑자기 상제(上帝)가 사는 청도(淸都)에 나아가기는 어려울 듯합니다.[162] 만약에 장차 벼슬길에 나아간다면 어찌 감히 집사께 그것이 합당

159 행궁(行宮) : 당시에 안질을 앓던 현종이 인선왕후(仁宣王后) 장씨(張氏)를 모시고 온양(溫陽) 온천에 거둥해 머물고 있었기 때문에 한 말이다.《顯宗實錄 7年 3月 26日・30日, 4月 10日》

160 감사 : 당시에 민유중이 전라 감사로 있었다.

161 이……있지만 : 쥐가 의심이 많아 동굴 밖으로 머리를 내민 채 형세를 관망하는 것처럼 자신도 영남 유생 유세철(柳世哲)의 상소 이후에 벌어진 논란 속에서 어떻게 해야 할지 몰라 망설이고 있다는 말이다.《顯宗實錄 7年 3月 23日》

162 갑자기……듯합니다 : 청도는 하늘의 옥황상제가 사는 궁궐로, 여기서는 임금이

한지 여쭈어 보지 않겠습니까. 선대의 비명(碑銘)[163]은, 요즘에 겨우 정신을 수습하였고 머무는 곳도 조용하고 한가하니 바야흐로 이제 붓과 벼루를 정리하여 뜻에 부응할 작정입니다.

별지

영남 사람들이 한창 논란을 제기할 때[164] "상신(相臣)의 편지가 내려와서 그것을 권하였다."라고 공공연히 말하였고, 또 말하기를 "김수홍(金壽弘)의 책자는 그가 지은 것이 아니라 사실 이조 판서 형제가 지은 것이다." 하였습니다.[165] 그런데 지금 구지(久之 김수항(金壽恒)) 대감의 편지를 보면 이에 대해 억울하다고 하면서 극구 변명하였습니다. 제가 비록 지극히 사리에 어두워도 어찌 이를 의심할 수 있겠습니까. 이번 일은 만약 성상께서 밝게 살펴 처치해 주시지 않는다면 거기에 부딪쳐 상처 입고 깨지지 않는 이가 없을 것입니다.

있는 도성을 가리킨다. 더러운 모욕을 당한 상태로 임금 앞에 나아갈 수는 없다는 말이다.

163 선대의 비명(碑銘) : 민유중의 선조 민제인(閔齊仁)의 신도비명을 말하는 듯하다.

164 영남……때 : 영남 유생 유세철(柳世哲) 등 1000여 명이 기해예송 때의 복제와 관련하여 송시열을 비난하는 상소를 올리려고 도모할 당시를 말한다. 《顯宗實錄 7年 3月 23日》

165 또……하였습니다 : 김수홍은 서인인 김상용(金尙容)의 손자이면서도 자의대비(慈懿大妃) 조씨(趙氏)의 복제에 대해 송시열의 기년설(朞年說)을 반대하고 남인이 주장하는 삼년설에 동조하여 논란이 된 인물이다. 김수홍의 책자는 그가 삼년설을 주장하며 쓴 〈변장서론(辨長庶論)〉을 말하는데, 당시 영남에는 그 글이 김수홍이 아니라 이조 판서 김수항 형제가 지은 것이라는 말이 퍼져 있었다는 것이다. 《宋子大全 附錄 卷5 年譜》

호서(湖西)에서 보낸 두 책을 되돌려주고 하리(下吏)의 고목(告目)도 그리하였습니다. 다만 그중에 한 글자가 다른 글자로 잘못 뒤바뀌어 있었는데 마음에 매우 거슬려서 즉시 지우고 고쳤습니다. 관(官)에 있는 기록도 대략 생각했던 것과 같았습니다. 우옹(牛翁)이 의주(義州)로 달려갈 때 이홍로(李弘老)가 참소하기를 "양위(讓位)를 도모하려고 오는 것입니다." 하였는데,[166] 우옹은 스스로 도리를 다하려고 하였으나 도리어 망극한 참소를 당하였으니 슬퍼할 만합니다. 길보(吉甫 윤선거(尹宣擧))가 비록 저에게 나아가기를 강력하게 권하면서도 "움직이는 것이 고요한 것보다 못하다."라고 하였으니 그의 염려 또한 깊다 할 것입니다.

166 우옹(牛翁)이……하였는데 : 우옹은 우계(牛溪) 성혼(成渾)을 가리킨다. 임진왜란 당시에 성혼이 세자 광해군의 부름을 받고 갔다는 소식을 듣자 이홍로가 선조에게 아뢰기를 "성혼이 중망을 저버리고 이미 세자에게로 돌아갔으니 일을 어떻게 할 수가 없습니다." 하였고, 성혼이 선조가 있던 의주로 달려온다는 말을 듣자 이홍로가 또 아뢰기를 "성혼이 오는 것은 세자를 위하여 선위(禪位)를 도모하기 위해서입니다." 하면서 참소한 것을 말한다. 《宣祖修正實錄 27年 3月 1日》《宋子大全隨箚 卷2》

민지숙에게 보냄 병오년(1666, 현종7) 5월 5일

與閔持叔 丙午五月五日

이제 막 금마(金馬)[167]의 인편을 통해 편지 한 통을 보내면서 아울러 집사의 선대 비명(碑銘)[168] 개정본(改訂本)까지 올렸습니다. 그런데 방금 보내 주신 편지를 받아 보니 북쪽을 바라보며 눈물을 닦았다는 말씀이 있었는데, 선왕이 승하하셨을 때의 애통함이 다시 기일을 맞아 느껴집니다. 우리에게 어제는 참으로 하서(河西)의 7월 1일과 같습니다.[169] 저는 어제 새벽에 혼자 깊은 계곡에 들어가 통곡하고 돌아왔습니다. 이곳은 미천한 신하인 제가 해마다 슬픔을 푸는 곳입니다. 절선(節扇) 등 보내 주신 선물들은 삼가 감사하게 잘 받아 간직하겠습니다. 나머지는 이미 지난 편지에 다 말했기에 다시 말씀드리지 않겠습니다.

167 금마(金馬) : 전라도 익산(益山)의 옛 명칭이다.

168 선대 비명(碑銘) : 민유중의 선조 민제인(閔齊仁)의 신도비명을 말하는 듯하다.

169 우리에게……같습니다 : 어제란 효종이 승하한 날인 5월 4일을 말한다. 또 7월 1일은 인종이 승하한 날짜로, 하서 김인후(金麟厚)가 자신을 예우해 주었던 인종이 승하한 7월 1일이면 매년 산속에 들어가 하루 종일 통곡하고 돌아왔다고 한다.《宋子大全 卷154 河西金先生神道碑銘》 여기서는 자신들이 모셨던 효종의 기일에 임하는 애통한 마음은 모두 서로 같다는 말이다.

민지숙에게 답함 병오년(1666, 현종7) 5월
答閔持叔 丙午五月

이전 편지가 익산(益山) 관아에서 전해졌으리라 생각되는데,[170] 이즈음에 심부름꾼이 와서 전해 주어 삼가 보내신 편지를 받았습니다. 아울러 보내 주신 여러 종류의 귀한 선물 중에 병든 누님의 입에 맞는 것이 있어서 특히나 더욱 다행스러웠습니다.

윤자인(尹子仁)과 주고받은 책자[171]를 통해 그가 거기에 간절하게 마음을 쓰고 있음을 알 수 있었는데, 대략 저의 견해를 가지고 그가 의심스러워하는 부분에 대해 논란하고 질정하였으니, 부디 이 친구에게 이를 돌려보내어 그 일을 마무리하게 하는 것이 어떻겠습니까.

북관(北關)에서 온 편지[172]는 보자마자 정신이 번쩍 들었습니다. 그가 말한 "5월이 다시 오니 마음이 자주 상한다."[173]라는 등의 말은 한 자 한 자에 천 줄기 눈물이 흐른다고 할 수 있습니다. 우리가 살아

170 이전……생각되는데 : 당시 송시열의 중형(仲兄) 송시묵(宋時默)이 익산 군수로 있었는데, 송시열은 1666년 2월부터 3월까지 아버지 송갑조(宋甲祚)의 신도비를 세우는 공역 때문에 그곳 관아에 머물러 있었다. 이전 편지란 바로 그때 송시열이 민유중에게 보낸 편지를 가리키는 듯하다. 《宋子大全 附錄 卷5 年譜》

171 윤자인(尹子仁)과 주고받은 책자 : 송시열이 조헌(趙憲)의 유고 간행과 관련하여 윤증(尹拯)과 주고받은 글들을 말한다. 자인은 윤증의 자이다. 《文貞公遺稿 卷2 答尤菴(丙午五月日)》

172 북관(北關)에서 온 편지 : 당시 함경 감사로 있던 민정중(閔鼎重)에게서 온 편지를 말한다. 《文貞公遺稿 卷2 答尤菴(丙午五月日)》

173 5월이……상한다 : 효종이 승하한 달이 5월이므로 한 말이다.

있는 동안에는 이런 마음이 어찌 조금이라도 줄어들 수 있겠습니까. 북쪽 유생 편에 답장을 보낼 것입니다. 과부가 된 누이가 명절 선물을 받았는데 감사하는 한편 슬퍼서 눈물이 납니다. 오랜 정의(情誼)를 지키려는 집사의 의리가 생사에 차이가 없는 것에 대해 삼가 탄복하게 됩니다.

○ 그동안 보내 주신 유단(油單)[174]을 연결하면 7자의 이 몸을 덮을 수 있는데, 이것을 가지고 깊은 산에 들어가 나뭇가지에 연결한 뒤에 덮고서 이것으로 여생을 보내고 싶습니다. 그렇게 되면 북쪽의 책자나 남쪽의 상소[175] 같은 것들이 모두 이르러 오지 않을 것입니다. 이러한 때마다 항상 베풀어 주시는 은혜를 받게 됩니다.

174 유단(油單) : 비를 피하기 위해 이어 붙인 두꺼운 기름종이를 말한다.

175 북쪽의……상소 : "북쪽의 책자"란 김수홍(金壽弘)이 자의대비 조씨의 복제로 송시열의 기년설을 반대하고 남인의 삼년설에 동조하여 쓴 예설(禮說)인 〈변장서론(辨長庶論)〉으로, 김수홍이 서울의 북동(北洞)에 살았기 때문에 이렇게 말한 것이다. "남쪽의 상소"는 《송자대전수차》 권7에는 황연(黃壖)의 상소라고 되어 있는데, 황연의 상소는 다음 해인 1667년 2월에 올라오므로 오류로 보인다. 따라서 1666년 3월 23일에 영남 유생 유세철(柳世哲) 등이 올린 상소로 보는 것이 타당하다. 《顯宗實錄 7年 3月 23日, 8年 2月 26日》

민지숙에게 보냄 병오년(1666, 현종7) 5월

與閔持叔 丙午五月

중봉(重峰 조헌(趙憲))의 유고가 몇 년 동안 상자에 방치되어 있었기에 책 벌레가 날마다 갉아 먹어 그대로 소실되어 버릴까 대번 두려웠습니다. 그런데 이제 집사를 만나 간행될 수 있게 되었으니,[176] 비록 드러나고 감추어지는 것이 때가 있다고 말하지만 큰 담력과 큰 안목으로 꿋꿋하게 정도를 지킨 집사가 아니었다면 어떻게 이루어질 수 있었겠습니까. 매우 경하드리는 바입니다.

화산서원(華山書院)의 위차(位次)[177]는 실로 편지에서 말씀하신 바와 같습니다. 젊은 시절에도 선배들이 논하는 것을 들었는데 이와 같았습니다. 제향하는 자리에 올릴 때 전후로 한 번씩 두 번 제사를 올려야 한다는 말씀은, 잘 모르겠지만 다른 서원에 근거할 만한 고사(故事)가 있습니까? 비록 고사가 없더라도 이렇게 한 연후에야 일이 바야흐로 온당하게 될 것입니다. 집사가 감사로 있을 때 결말을 짓고 가신다면 실로 편리하고 좋을 것입니다. 부디 시일을 정하여 길보(吉甫 윤선거(尹

176 이제……되었으니 : 송시열은 조헌의 증손이자 자신의 문인인 조광한(趙匡漢)과 함께 가장 초고(家藏草稿)를 바탕으로 문집의 초본을 완성하여 보관하다가 1666년에 전라 감사로 있던 민유중에게 부탁하여 간행하게 하였다. 《文貞公遺稿 卷2 上尤菴先生書》

177 화산서원(華山書院)의 위차(位次) : 전라도에 화산서원이 전주(全州)와 익산(益山) 두 곳에 있다. 익산의 화산서원에는 김장생(金長生)이 모셔져 있고 전주의 화산서원에는 이언적(李彦迪)과 송인수(宋麟壽)가 모셔져 있는데, 여기서는 전주의 화산서원을 말한다. 《新增東國輿地勝覽 卷33 全羅道 全州府, 益山郡》

宣擧))에게 글을 지어 달라고 청한다면 즉시 완성할 수 있을 것입니다. 저의 경우에는 비록 가깝다는 혐의는 없으나[178] 이런 시절에 만약 제가 그 사이에 관련되었다는 것을 외부 사람들이 알게 된다면 일이 없는 중에 일이 생기게 되어 사문(斯文)의 성대한 일이 마침내 물고기가 썩어 문드러지고 하천 둑이 터지듯 걷잡을 수 없는 상황으로 치달을까 두렵습니다.

《북창집(北窓集)》[179]의 발문은 다시 초본(草本)을 상고해 보니 대이삼장(大耳三藏)[180]의 아래에 '사(事)' 자가 있었는데 이 역시 잘못입니다. 정본(定本)에도 그 글자가 있으니 삭제하는 것이 어떻겠습니까?

공의전(恭懿殿)[181]의 건강이 미령하게 되자, 명종(明宗)이 승정원에 명하여 복제(服制)를 상고하여 보고하라고 하였다. 이때 퇴계(退溪)가 서울에 있었는데 말하기를 "예(禮)로 볼 때 형수와 시동생 사이에는 복(服)이 없으니, 상(上)은 복을 입지 않는 것이 타당하다." 하였으므로 사람들이 감히 어기지 못하였다. 그런데 기고봉(奇高峯 기대승(奇大升))이 원접사(遠接使)의 종사관(從事官)으로 따라갔다가 추

178 저의……없으나 : 서원에 모셔지는 인물이 송시열 자신과 사제 관계 등의 친분이 없다는 말이다.

179 북창집(北窓集) : 정렴(鄭磏)의 문집이다. 정렴은 자는 사결(士潔), 호는 북창이다. 천문, 지리, 의서, 복서(卜筮) 등에 두루 통하였고, 포천 현감(抱川縣監)을 지냈다.

180 대이삼장(大耳三藏) : 당 숙종(唐肅宗) 때 인도에서 건너온 승려로, 상대의 마음을 알아내는 타심통(他心通)에 뛰어났던 인물이다. 《五燈會元 卷2 六祖大鑑禪師旁出法嗣第一世》

181 공의전(恭懿殿) : 인종의 비 인성왕후(仁聖王后, 1514~1577)의 존호이다. 금성부원군(錦城府院君) 박용(朴墉)의 딸이며 명종에게는 형수가 된다.

후에 서울에 돌아와 말하기를 "인종(仁宗)은 한 나라의 임금으로 군림하였으니 금상(今上)은 절로 왕통을 계승한 복(服)이 있는 것이다. 어찌하여 형수와 시동생의 예를 원용한단 말인가." 하였다. 그러자 퇴계가 듣고 생각한 끝에 말하기를 "명언(明彦 기대승)의 말이 옳다. 창졸간에 잘못 대답하였으니 내가 죄인을 면할 수 없다." 하였다. 이 말은 온 조정이 다 이미 알고 있었기 때문에 정축년(1577, 선조10) 11월 국상[182] 때, 비록 한두 사람의 이의가 있었으나 왕통을 계승한 복으로 정하자 위아래에 의문을 갖는 사람이 없었다. 고봉의 정밀한 조예와 퇴계의 도리에 심복한 덕을 온 나라가 신뢰하였으니, 그 이로움이 매우 크다고 하겠다.-이상은 《오음집(梧陰集)》[183]에 나온다.-

퇴계가 처음에 '형수와 시동생은 복이 없다'고 정한 것은 참으로 생각하지 않은 설이었습니다. 하지만 그 당시 어디에 윤리와 강상이 무너지고 종묘와 사직이 망하는 것을 걱정하는 자가 있었습니까. 그 뒤에 퇴계가 이전 견해의 잘못을 뉘우치고 깨달음으로써 비록 왕통을 계승한 것으로 보고 부자간의 상복을 입어야 한다고 정하기는 하였으나, 그래도 "어찌 기년복(朞年服)에 그치지 않을 수가 있겠는가."라고 말한 것은 비록 부자 관계가 된다 하더라도 적장자(嫡長子)로 왕통을 계승한 것과는 다르기 때문에 그리하였던 것입니다. 하지만 역시 어디에 삼년설(三年說)을 행하지 않는 것을 국가의 걱정거리로 삼는 오늘날의 군자들처럼 한 적이 있었습니까. 단지 제가 형편없고 보잘것없기 때문에

182 정축년 11월 국상 : 인성왕후 박씨의 상을 말한다.

183 오음집(梧陰集) : 윤두수(尹斗壽)의 문집이다.

이런 소란을 일으킨 것이니, 그저 범맹박(范孟博)[184]이 했다는 "내가 죽으면 재앙이 막히리라."라는 말을 스스로 외울 뿐입니다. 이 일은 윤휴(尹鑴)의 "임금을 낮추고 종통(宗統)을 둘로 여긴다〔卑主貳宗〕"는 설[185]에서 나쁜 선례가 시작되어 이렇게까지 파장이 미쳤을 것입니다. 그러나 윤휴는 비호하는 자들이 많기 때문에 사람들이 감히 뭐라고 말을 하지 못하고 있습니다.

어제 집사의 중형(仲兄 민정중(閔鼎重))인 감사의 편지를 받았는데, "영남(嶺南)의 통문(通文)을 이제 막 보았는데, 그 대체는 전적으로 윤휴의 설을 활용하여 이미 하늘을 찌를 듯한 기세를 이루었다."라는 말이 있었으니, 그의 올바른 견해가 더할 나위 없이 명쾌하였습니다. 《주역(周易)》의 이른바 "비름나물의 줄기를 과감하게 끊는다."라는 말도 이것을 비유하기에는 부족하다 할 것이니, 경탄을 금할 수 있겠습니까.[186]

184 범맹박(范孟博) : 범방(范滂)으로, 맹박은 그의 자이다. 후한(後漢) 말기에 당고(黨錮)의 화에 휘말려 청렴한 선비들이 죽자, 죽음을 두려워하지 않고 스스로 옥에 나아가 죽은 인물이다. 《後漢書 范滂列傳》

185 임금을……설 : 1659년 5월에 효종이 승하한 뒤 자의대비(慈懿大妃) 조씨(趙氏)의 복제 문제가 대두되었는데, 윤휴가 송시열의 기년설을 반대하고 삼년설을 주장하면서 "임금은 일국의 종주로서 더없이 존귀한데 차자(次子)이기 때문에 강복(降服)해야 한다고 말한다면 이것은 종통을 둘로 나누고 임금을 낮추는 것이 아니겠는가."라고 한 것을 가리킨다. 《白湖集 卷6 引黃世禎疏辭職疏(正月二十日)》

186 주역(周易)의……있겠습니까 : 《주역》 〈쾌괘(夬卦) 구오(九五)〉에 "비름나물의 줄기를 과감하게 끊으면 중도(中道)에 허물이 없다."라고 하였는데, 비름나물은 음기가 강한 풀로 소인(小人)을 비유한다. 결국 소인을 단호히 끊도록 결단을 촉구하는 말이다. 처음에 윤휴에 우호적이었던 민정중이 지금에 와서 생각을 바꾸어 윤휴를 단호하게 비판하고 있으므로 이렇게 말한 것이다. 《尤菴先生書節要集解 卷5》

제가 윤휴에 대해서는 심하게 대하는 뜻이 있기는 합니다만, 어제 박화숙(朴和叔 박세채(朴世采))의 편지를 보니 “윤휴가 다시 새로운 설을 만들어 예제(禮制)를 논하는 설들을 힘써 공격하고 있는데, 제 이름 역시 그 안에 들어 있기 때문에 관학(館學)의 상소 초고를 제공(諸公)이 저에게 부탁하고 싶어도 두려워 감히 하지 못합니다.……”라고 하였는데, 윤휴의 하는 짓이 또한 심하지 않습니까. 화숙의 편지와 집사의 중형의 편지를 보았기에 그저 이런 말을 했지만 결국 저에게 관련되는 일이 많다는 것을 볼 수 있습니다.

민지숙에게 답함 병오년(1666, 현종7) 6월 9일

答閔持叔 丙午六月九日

이렇게 특별히 사람을 시켜 보내온 편지를 병중에 받고 자세하게 말씀해 주신 것을 갖추 알고 나니, 비로소 여기가 인간 세상과 멀지 않은 곳임을 깨닫게 됩니다. "공(公)의 걸음 늦추어서도 안 되지만 그렇다고 서둘러 돌아가지도 말라."라는 말은 옛사람들이 공적으로나 사적으로나 겸하여 모두 지극하게 했다는 말인데, 오늘 집사에게서 더욱 징험이 되었습니다.[187]

영숙(永淑) 영감이 무슨 까닭으로 내려가게 되었는지는 잘 모르겠습니다.[188] 그에게 복잡한 일을 잘 처리하는 재주가 있는지는 모르겠으나 그가 오면 볼만한 점이 필시 많을 것입니다. 제가 여름날 두문불출하는 것도 그런대로 고요한 정취가 있습니다만, 비 온 뒤에 물과 바위가 틀림없이 배나 더 맑을 터인데 마음대로 노닐며 감상할 수 없으니 탄식

187 공(公)의……되었습니다 : 인용한 말은 한유(韓愈)의 〈남해 신 묘비(南海神廟碑)〉에 보이는데, 당시에 광주 자사(廣州刺史)로 온 공규(孔戣)가 남해(南海)의 신(神)은 물론 백성에게도 선정을 펴서 칭송받고 있으므로 서둘러 돌아가지 말고 충분히 머물러 주기를 바란다는 내용이다.《唐宋八大家文鈔 韓愈 卷11》 오늘 집사에게서 징험이 되었다는 것은 민유중도 전라 감사로서 최선을 다해 선정을 펴서 칭송받고 있으므로 그가 떠나는 것을 백성들이 아쉬워한다는 말이다.

188 영숙(永淑)……모르겠습니다 : 영숙은 김만기(金萬基)의 자이다. 본관은 광산(光山), 호는 서석(瑞石)이다. 김장생(金長生)의 증손이고 송시열의 문인이다. 김만기가 1666년 5월 18일에 갑자기 전라 감사에 제수되었는데, 어떤 연유로 그렇게 되었는지 모르겠다는 말인 듯하다.《顯宗實錄 7年 5月 18日》

할 만합니다.

복야공(僕射公)에 대한 글[189]은 초고를 완성한 지 이미 오래되었는데 이번에 온 심부름꾼을 본 김에 비로소 정서하여 보내 드리니 모름지기 함께 상의하여 수정하시기 바랍니다. 이 일은 광윤(廣尹) 부자[190]가 자주 독촉하였습니다. 마침 남양(南陽)의 유생이 집사의 중형(仲兄 민정중(閔鼎重))의 명으로 어제 왔으니 장차 한 통을 그 편에도 부쳐 보내어 이어 광윤에게 전달해 주도록 청할 것입니다. 저의 병이 갑자기 발병했고 늙은 아내도 매우 신음하며 아파하고 있는지라 심란하여 이만 줄입니다.

별지

보내 주신 《명신언행록(名臣言行錄)》은 그지없이 아끼며 음미하고 있고 나머지 물건도 아울러 감사히 잘 받겠습니다. 제호(醍醐)를 먹을 때에는 공후(公侯)와 같은 음식을 즐긴다는 두려움이 있습니다.

조 선생(趙先生 조헌(趙憲))의 유집은 윤생(尹生)이 편지에서 아직 간행이 추진되지 않고 있는 점을 걱정하기에 제가 "이 책이 드러나고 감춰지는 것은 실로 시운과 관계되니 묵묵히 따라야 할 것이다."라고

189 복야공(僕射公)에 대한 글 : 고려 때 호부 원외랑(戶部員外郞)을 지내고 검교상서 좌복야(檢校尙書左僕射)에 추증된 여흥 민씨(驪興閔氏)의 시조 민의(閔懿)의 신도비명을 말한다. 《宋子大全 卷164 高麗僕射閔公神道碑銘》

190 광윤(廣尹) 부자 : 광주 부윤(廣州府尹)을 지낸 민주면(閔周冕)과 양자로 들인 그 아들 민치옹(閔致雍)을 말한다. 민주면은 본관은 여흥(驪興), 자는 장오(章五), 호는 수월당(水月堂)이다. 《明齋遺稿 卷36 廣州府尹閔公墓誌銘》

답장을 했었는데, 지금 보내 주신 편지를 보니 매우 위안이 됩니다.

찬성공(贊成公)에 대한 글[191]은 다시 바로잡아 보내 주시어 충분히 합당하게 되도록 한다면 얼마나 다행스럽고 다행스럽겠습니까. 이 일은 신중함을 잃지 말아야 할 것입니다. 이곳을 방문해 주신다고 하니 이는 주자(朱子)가 지남강군(知南康軍)의 직임을 그만두고 돌아가는 귀로(歸路)에서의 일과 같다 하겠습니다.[192] 이곳의 산수는 아마도 용추(龍湫), 석교(石橋)[193]와 서로 비슷할 것입니다.

괴원(槐院)의 소란[194]과 승지의 일[195]에 대해서는 대략 들었는데, 그

191 찬성공(贊成公)에 대한 글 : 민유중의 선조 민제인(閔齊仁)의 신도비명을 말한다. 좌찬성을 지냈기 때문에 찬성공이라 일컬은 것이다. 《宋子大全 卷164 左贊成閔公神道碑銘》

192 주자(朱子)가……하겠습니다 : 주희가 지남강군을 그만두고 돌아갈 때 여산(廬山)의 북쪽을 두루 유람하고 〈북산기행 십이장(山北紀行十二章)〉을 지은 바 있다. 민유중도 전라 감사를 그만두고 돌아가는 길에 송시열이 머무는 곳을 방문하여 함께 유람할 수 있게 되었다는 말이다. 《宋子大全隨箚 卷7》

193 용추(龍湫), 석교(石橋) : 용추는 절강성(浙江省)의 온주(溫州) 안탕산(雁蕩山)에 있는 폭포이고, 석교는 절강성의 태주(台州) 천태산(天台山)에 있는 돌다리인데, 모두 절경으로 유명한 명승지이다.

194 괴원(槐院)의 소란 : 괴원은 승문원(承文院)의 이칭이다. 1666년 3월 23일에 유세철(柳世哲) 등 1000여 명의 영남 유생이 상소하여 기해예송 당시 송시열의 복제 기년설을 비난하자, 현종은 이와 관련한 말들이 다시는 나오지 못하도록 지엄한 하교를 내렸다. 이런 상황에서 사관(四館)이 유세철을 정거(停擧)하려고 간통(簡通)을 돌리고 있었는데, 승문원 부정자 강석빈(姜碩賓)이 "경문(經文)을 어찌 속일 수 있겠는가."라고 이론을 제기하면서 삼년설을 두둔하였다. 그러자 대사헌 조복양(趙復陽) 등이

우려를 어찌 말로 다 할 수 있겠습니까. 저는 이를 구제할 대책이 없고 다만 저에게 있는 것은 일마다 합당하게 하여 비난할 만한 틈이 없게 하는 것이 좋겠다는 생각입니다. 그러나 이 것도 어찌 어려운 일이 아니겠습니까. 주자가 일찍이 원우(元祐) 때의 잘못[196]을 책망하기를 "원우 때의 사람들은 자기와 의견을 달리하는 자가 군자가 아닌 줄로만 알았고 자기에게 동조하는 자가 꼭 소인이 아닌 것은 아니라는 점은 알지 못하였다."[197] 하였는데, 참으로 의미심장한 말이라 하겠습니다. 그러나 이 사람은 늙었으니 이 일은 참으로 정사에 참여하는 사람들이 해야 할 걱정입니다.

강석빈을 사판(仕版)에서 삭제하기를 청하여 윤허받았는데, 괴원에서의 소란이란 이 일을 말한다. 《顯宗實錄 7年 5月 2日》

195 승지의 일 : 1666년 3월 23일에 도승지 김수흥(金壽興)을 비롯한 여러 승지가 일제히 유세철의 상소를 비난하면서 이에 대해 분명하게 시비를 밝힐 것을 청하는 글을 연명으로 올렸는데, 이 일이나 이와 관련된 일을 말하는 듯하다. 《顯宗實錄 7年 3月 23日》

196 원우(元祐) 때의 잘못 : 원우는 송 철종(宋哲宗)의 연호이다. 당시 구법당(舊法黨)과 신법당(新法黨)으로 갈라져 당색(黨色)에 따라 극단적으로 대립했던 일을 말한다.

197 원우……못하였다 : 《회암집(晦菴集)》 권28 〈여유승상서(與留丞相書)〉에 보인다.

민지숙에게 보냄 병오년(1666, 현종7)

與閔持叔 丙午

을사년(1545) 7월 1일에 인종이 승하하고 6일 병인일에 명종이 즉위하였는데, 7일 정묘일에 영상 윤인경(尹仁鏡)과 좌상 유관(柳灌) 등이 아뢰었다.

"삼가 하교를 받드니 민심을 따라서[198] 조정을 안정시키려고 힘쓰겠다고 하셨는데, 이 말씀의 뜻이 더없이 간절하였기에 감격스러운 눈물을 금할 수가 없습니다. 이제 어린 임금이 새로 즉위하셨고 국가에 어려운 일이 많으므로 신들이 밤낮으로 애통해하면서 보필하고 보호하는 책임을 다하려고[199] 생각하고 있습니다만 어찌할 바를 잘 모르겠습니다.

《주역(周易)》〈사괘(師卦) 상육(上六)〉에 '제후를 봉하고 경대부를 삼을 적에 소인은 쓰지 말라.〔開國承家, 小人勿用.〕'라고 하였고, 또 '소인을 쓰지 말라는 것은 반드시 나라를 어지럽히기 때문이다.'라고 하였습니다. 그런데 지금은 온 조정이 다 말하기를 '민심을 진정시키고 종사를 안정시키려면 무엇보다도 먼저 간사한 자를 제거하는 데에 주저하지 말아야 한다.' 합니다. 신들이 보기로는 하늘이 우리

198 민심을 따라서 : 대본에는 '從人心'으로 되어 있다. 《명종실록》 즉위년 7월 7일 기사에는 '定人心'으로 되어 있다. 이에 따라 번역하면 "민심을 진정시키고"가 될 것이다.

199 다하려고 : 대본에는 '進'으로 되어 있는데, 《명종실록》 즉위년 7월 7일 기사에 근거하여 '盡'으로 바로잡아 번역하였다.

나라에 환란을 내린 것이 지금보다 심한 적이 없었습니다. 선왕(先王 중종)께서 승하하신 지 단지 8개월 만에 이제 대행왕(大行王 인종)께서 또 이런 망극한 지경에 이르셨습니다. 이것이 비록 하늘이 내린 환란이라 하더라도 재앙을 초래한 원인은 실상 사람에게서 연유한 것입니다.

군기시 첨정 윤원로(尹元老)[200]는 그 성정이 흉악하고 음험하며 그 마음이 교활하고 간사하여 자신과 가까운 사람[201]을 믿고 날마다 근거 없는 말을 만들기를 일삼으며 혈육 간을 이간질하여 왔습니다. 대행왕의 효성과 우애는 타고난 천성이라서 형제간의 우애에 털끝만 한 빈틈도 없었는데, 이 사람은 동궁(東宮 훗날의 인종)이 대군(大君 훗날의 명종)에게 위해를 가하려 한다고 하면서 이런 말로 궁궐을 두렵게 만들고 동요시켜 양쪽 사이를 서로 이간하게 하였습니다. 그러다 보니 선왕의 명철한 지혜로도 의혹이 없을 수 없었고 밤낮으로 어린 아들을 보전하지 못할까 우려하신 나머지 드디어 심열(心熱)을 앓다가 끝내 승하하셨습니다. 대행왕께서도 어버이의 마음을 편치 못하게 하고 형제간에 우애 있게 지내지 못할까 항상 근심과 두려움을 품고 지내시다가 큰 변고[202]를 만난 뒤에 상중의 슬픔이 과하여 거듭 수척해지시더니 얼마 안 되어 또 승하하셨습니다. 이로

200 윤원로(尹元老) : ?~1547. 본관은 파평(坡平)이고 중종의 계비 문정왕후의 오빠이자 윤원형(尹元衡)의 형이다. 동생 윤원형과 함께 대윤(大尹) 윤임(尹任)과의 권력 다툼 과정에서 을사사화를 일으켰다.

201 자신과 가까운 사람 : 윤원로의 누이동생 문정왕후를 말한다.

202 큰 변고 : 부왕인 중종이 승하한 일을 말한다.

인해 여론이 통분하게 여긴 나머지 그의 살점을 먹으려고 하였으니, 이 사람은 종묘사직의 큰 역적이고 국가의 화근입니다. 이 사람이 비록 자전(慈殿 문정왕후(文定王后))의 지친(至親)이기는 하지만 대의(大義)로 말한다면 실상 자전의 원수인 것입니다. 빨리 먼 곳으로 귀양 보내도록 명하시어 한편으로는 하늘에 계신 양조(兩朝 중종과 인종)의 영령을 위로하고 또 한편으로는 신민들의 쌓인 울분을 위로하게 해 주시면 종사에 매우 다행스럽겠습니다."

○ 의정부와 육조가 누차 대왕대비(문정왕후)에게 윤원로를 죄주기를 청하고, 홍문관 부제학 나숙(羅淑), 대사헌 민제인(閔齊仁), 대사간 김광준(金光準) 등이 번갈아 글을 올려 대전(大殿)에게 그를 죄주기를 청하였다. 그리고 영중추부사 홍언필(洪彦弼) 등이 윤원로에게 죄주기를 청하고, 도승지 송인수(宋麟壽) 등이 윤원로에 대해 흔쾌히 공론을 따르기를 청하였으며, 지중추부사 정사룡(鄭士龍)·임권(任權), 첨지중추부사 김순고(金舜皐), 대사성 조사수(趙士秀) 등이 윤원로에게 죄주기를 청하는 등 당시에 온 조정이 다 윤원로에게 죄주기를 청하였다. 이에 대왕대비가 답하기를 "온 조정의 신하가 이렇게까지 논집(論執)하므로 애써 그 청을 따르겠다. 자원하는 곳에 부처(付處)하도록 하라." 하였다. 이에 윤원로를 해남(海南)에 부처하였다.

○ 이때 조정이 누차 윤원로의 일을 아뢰어도 상께서 윤허하지 않자, 유인숙(柳仁淑)이 분연히 말하기를 "일찍부터 이렇게 될 줄 알았다. 의정부에서 처치하느니만 못하게 되었다." 하였다. 그때 조정의 의론은 명종이 왕위를 계승하기 전에 윤원로를 의정부에 가두고 신수경(申秀涇)[203]을 형조에 가둔 다음 총재(冢宰)에게 정죄(定罪)하게 하려 하였으나 끝내 이 의론이 시행되지 못하였다. 신수경은 영천위(靈川尉)

신의(申檥)[204]의 아버지이다.

○ 당시에 대신(大臣)이 장차 이 일을 계달(啓達)하기 위하여 여러 날 회의를 하였는데, 이기(李芑)는 매양 몸이 불편하다고 핑계 대고는 다른 곳으로 나가 누워 있으면서 들으려 하지 않았다. 그러자 권벌(權橃)이 말하기를 "왜 보는 사람들로 하여금 불쾌하게 하는가." 하였다. 바야흐로 둘러앉아 은밀히 논의할 즈음에 정옥형(丁玉亨) 역시 물러앉고 참여하지 않자, 권벌이 힐책하기를 "화를 입게 될 상황이 되었을 때 어찌 물러앉아 있었다 하여 홀로 화를 면할 수 있겠는가. 영공(令公)은 다가앉아 들으시오." 하였다.

윤인경(尹仁鏡)이 당초 윤개(尹漑)로 하여금 계사(啓辭)의 초고를 기초하게 하였는데, 윤개가 다음 날 와서 말하기를 "어제 회의 내용을 상세히 알지 못하여 지어 오지 못하였다." 하니, 좌우의 사람들이 묵묵히 말이 없었다. 이날 문안한 뒤에 계달하려 하였는데 자전의 비망기(備忘記)가 먼저 내려왔다. 유관(柳灌)이 놀라서 말하기를 "위에서 이미 그 기미를 알았구나." 하였다. 그 계사를 처음에는 '빨리 현륙(顯戮)을 가할 것을 청한다'는 내용으로 논의를 정하였는데, 이준경(李浚慶)이 유독 불가하다고 하면서 "이렇게 아뢰는 것 역시 너무 빠른데 더구나 죽이자고 말할 수 있겠는가."라고 하였으므로 드디어 멀리 귀양 보내자는 것으로 고쳤다. 이때 대신이 윤원로를 주살(誅殺)하기를 청하려고

203 신수경(申秀涇) : 대본에는 '秀經'으로 되어 있는데, 《명종실록》 즉위년 7월 9일 기사에 근거하여 '經'을 '涇'으로 바로잡아 번역하였다. 이하의 '신수경'도 동일하다.

204 영천위(靈川尉) 신의(申檥) : 중종의 넷째 딸이자 문정왕후의 소생인 경현공주(敬顯公主)의 남편이다.

하면서 재신(宰臣)들에게 물었는데, 이준경이 불가하다고 하였다. 이에 유관이 경악하여 말하기를 "이는 재신이 앞날을 걱정하는 것이다." 라고 하자, 이준경이 말하기를 "지금 만약 윤원로를 주살하기를 계청한다면 대비의 마음이 편하겠는가. 갑자기 그렇게 해서는 안 된다." 하였다. 이준경이 나온 뒤에 송인수가 힐책하기를 "원길(原吉 이준경)도 이런 말을 하는가?" 하니, 이준경이 말하기를 "일을 이렇게 해서는 안 된다." 하였다. 이준경은 오래지 않아 평안 감사로 나갔다.

이상은 원래 《해동야언(海東野言)》[205] 별집(別集)에 나오는 내용으로 실로 비사(祕史) 속에 실려 있는 것입니다. 저는 이 내한(李內翰)의 《태백록(太白錄)》[206]에 실려 있는 것을 적었습니다.

을사년(1545) 7월 인종이 아직 빈소(殯所)에 있을 때, 여러 신하가 빈청(賓廳)에 모여서 모두들 윤원로를 죽이되 먼저 시행하고 뒤에 보고하려고 하였다. 그래서 재신(宰臣)들로 하여금 차례로 정승 앞에 나아가 그 가부를 말하게 하였는데, 이원길(李原吉)이 우윤으로서 앞에 나아가 말하기를 "지금은 전일과 다르고 대왕대비가 위에 계시는데, 어찌 여쭙지 않고 그 동기(同氣)를 멋대로 죽일 수 있겠습니까." 하였다.

그가 문을 나갈 때 규암(圭菴) 송인수가 얼굴에 노기를 드러내고는 그를 불러 말하기를 "원길의 이 논의는 내가 취할 수 없다." 하였다.

205 해동야언(海東野言) : 허봉(許篈)이 조선 전기의 여러 야사를 묶어 편찬한 책으로 필사본 2책으로 되어 있다.

206 이 내한(李內翰)의 태백록(太白錄) : 내한은 예문관(藝文館)의 한림(翰林)을 일컫는 말로, 이 내한은 현종 당시에 예문관 검열로 있던 이선(李選)을 말한다. 그가 《태백록》을 편찬한 사실과 《태백록》에 대해서는 분명한 근거를 찾지 못하였다.

이원길은 오래지 않아 외직으로 나가 평안 감사가 되었다. 그러나 시사(時事)가 점차 변하여 사림의 화가 오러도록 끊이지 않게 되었는데, 윤원형(尹元衡)은 이원길이 구원해 준 것을 고맙게 여겨 그를 이끌어 정경(正卿)의 반열에 앉혔다. 이는 바로 여러 신하가 한갓 전날의 대윤(大尹)과 소윤(小尹)에 대한 사정(邪正)의 설에만 현혹된 나머지 변통하여 잘 처리할 줄을 몰라 생긴 일로, 끝내 사림이 어육(魚肉)이 되는 화를 초래하고 말았으니, 참으로 애석하다.

이상은 《오음집(梧陰集)》에 나오는 것으로 한림(翰林) 이선(李選)의 《태백록》 안에 실려 있는 내용입니다. 이른바 원길은 제 외증조의 동생인 동고(東皐) 이준경이고 규암은 증조부의 동생인데, 양쪽 다 방계의 친속으로 그 잘잘못이 이와 같았습니다. 선친께서는 이 일을 언급할 때마다 오열하면서 개탄하지 않은 적이 없으셨는데, 지금 이 한림의 《태백록》 몇 대목을 보니 저도 모르게 눈물이 흘러내렸습니다. 그중에 의정부와 육조에 대한 대목은 영감께서도 몰라서는 안 되겠기에 이렇게 기록하여 올립니다.

대체로 규암 할아버지는 천성이 지극히 인자하였으나 큰일에 임하여 중대한 논의를 처리하는 데는 강직하고 정대한 기운이 맹분(孟賁)과 하육(夏育)[207]도 그 뜻을 뺏을 수 없을 정도였습니다. 가전(家傳)에서 본 바로는 윤원로를 먼저 죽이자는 당초의 논의는 실로 규암이 주도한 것입니다. 그래서 주신재(周愼齋)의 시에 "온화하기는 한 조각 빛나는 미옥 같고, 용감하기는 삼만의 철갑 기병 같아라.〔溫如

207 맹분(孟賁)과 하육(夏育) : 맹분은 전국 시대 제나라의 용사였고, 하육은 주(周)나라의 역사(力士)였다.

美玉一片潤, 勇似鐵騎三萬甲.〕"라는 말이 있고,[208] 또 "눈 아래 세상이 오히려 좁다네.〔眼底乾坤猶是狹〕"라고 하였습니다.[209]

저번에 완산(完山)의 여러 사람이 저에게 서원(書院)의 비석 글을 쓰게 했을 때, 그 글에 대략 이런 뜻을 표하였습니다.[210] 그중에 윤원로 관련 대목은 가전(家傳)에는 윤원형으로 되어 있으나 지금 여러 기록을 보니 윤원로가 실로 옳습니다. 지금 갈아 없애고 다시 새기도록 청하려 하니 비석의 돌이 얇아지는 것이 염려스럽습니다. 그리고 여기에 미칠 제생의 재력도 없을 것이니, 단지 비석 아래 빈 곳에다 "원형은 원로가 되어야 한다.〔元衡當作元老〕"라는 여섯 글자를 새기는 것이 어떻겠습니까? 부디 여러 유생과 상의하신 뒤에 말씀해 주시기 바랍니다.

정옥형(丁玉亨)은 바로 기묘년(1519, 중종14)의 사류입니다. 기묘년 9월에 제현(諸賢)이 정옥형 등과 어전(御殿)에 올라 강론하였는데 정옥형은 당시에 생원이었습니다.[211] 그런데 그다음 달에 사화(士

208 주신재(周愼齋)의……있고 : 주신재는 주세붕(周世鵬)으로, 신재는 그의 호이다. 이 시구는 《규암집》 권3 〈제현과 수창한 시편〔諸賢唱酬詩篇〕〉 중 〈규암에게 보냄〔贈圭菴〕〉에 보이는데, 송인수의 성품을 논한 시이다.

209 또……하였습니다 : 《규암집》 권3 〈제현과 수창한 시편〉 중 〈규암에게 보냄〉에 보인다.

210 완산(完山)의……표하였습니다 : 서원의 비석 글이란 〈화산서원 묘정비(華山書院廟庭碑)〉를 말한다. 그 글에 이런 뜻을 표하였다는 것은 송인수가 먼저 윤원로를 죽이자는 논의를 주도한 내용을 기록하였다는 말로, "인종이 승하하자 선생이 대신에게 청하기를 '먼저 윤원로를 죽인 다음 들어가 수렴청정 중인 대비에게 고하고 태제(太弟)를 왕으로 책봉하여 세워야 합니다.' 하였다."라고 한 대목을 가리킨다. 《宋子大全 卷171》

禍)가 마침내 일어났으니 어찌 정옥형이 풍상을 겪을까 두려워서 그 초심을 바꾸었겠습니까.

또 이 일과 관련하여 서글프게 여기는 것이 있습니다. 당시에 참소와 이간질이 이미 행해져서 나뭇잎을 벌레가 파먹도록 써 놓은 글자[212]가 크게 주상의 마음을 동요시켰습니다. 그 결과 제현을 참살(斬殺)하는 일이 성상의 생각 속에 이미 정해졌는데도 제현이 전혀 몰랐고, 바야흐로 또 제생을 거느리고 어전에 올라 강론하면서도 그런 일이 장차 벌어질 줄 몰랐으니, 이런 임금과 신하의 관계를 믿을 수 있겠습니까.

211 기묘년……생원이었습니다 : 《문과방목(文科榜目)》과 《중종실록》에 따르면, 정옥형은 1513년에 이미 식년 문과에 병과로 급제하여 1516년에는 조광조(趙光祖)와 함께 홍문관수찬 겸 경연검토관으로 활약하였고, 기묘년(1519) 4월 11일 이후로는 사헌부 지평의 직임에 있었으므로 송시열이 생원이라고 말한 것과는 차이가 있다. 《文科榜目 中宗8年 癸酉式年試》《中宗實錄 11年 8月 26日・27日, 14年 4月 11日・7月 1日》

212 나뭇잎을……글자 : 기묘사화 때 남곤(南袞), 심정(沈貞), 홍경주(洪景舟) 등이 조광조를 모함하기 위하여 희빈(熙嬪) 홍씨(洪氏)를 통해 궁중의 나뭇잎에 꿀로 '주초위왕(走肖爲王)', 즉 '조씨(趙氏)가 왕이 된다.'라는 글자를 써서 벌레가 파먹게 했던 일을 말한다. 《宣祖實錄 1年 9月 21日》

민지숙에게 답함 병오년(1666, 현종7) 7월
答閔持叔 丙午七月

두 통의 편지를 한꺼번에 받으니 매우 감격스럽습니다만 이별의 심정은 더욱 허전하기만 합니다. 선대(先代)의 비명(碑銘)[213]에 대해서는 말씀하신 대로 하면 응당 부응할 수 있을 것입니다. 다만 문체(文體) 역시 전혀 고려하지 않아서는 안 되는데, 이는 일이 눈앞에 닥친 뒤에 생각할 문제입니다.

동명(東溟)[214]의 편지에 대해서는 어제 집사에게 편지를 쓰면서 그 사이에 몇 마디 말로 회답하려고 하였는데, 상중에 있는 김(金)[215]이 하루 종일 그치지 않고 주서(朱書)의 내용을 묻는 바람에 미처 쓸 겨를이 없었습니다. 이후로는 비록 집사의 경우에도 용이하게 서신을 보내지 못할 것입니다. 부디 이런 사정을 동명을 만날 때 말씀해 주십시오. 그러면 그가 굳이 엄격한 예법으로 저를 책망하지는 않을 것입니다. 아이의 편지는 전해 주시는 것이 어떻겠습니까?

213 선대(先代)의 비명(碑銘) : 민유중의 선조 민제인(閔齊仁)의 신도비명을 말하는 듯하다.

214 동명(東溟) : 정두경(鄭斗卿, 1597～1673)의 호이다. 본관은 온양(溫陽), 자는 군평(君平)이며 이항복(李恒福)의 문인이다.

215 상중에 있는 김(金) : 김만준(金萬埈, 1639～1700)을 말한다. 자는 군평(君平)이고 김장생의 증손이다. 당시에 양부 김익렬(金益烈)을 위해 상복을 입고 있었다. 《宋子大全 卷4 金南原益烈挽》《明齋遺稿 別集 卷4 與懷川》

민지숙에게 답함 병오년(1666, 현종7) 10월
答閔持叔 丙午十月

이별한 뒤로 누차 안부 편지를 받으니 위로되고 감사한 마음이 어찌 끝이 있겠습니까. 아무런 답장이 없는 것에 대해서는 이상하게 여기시지 않을 것이라 생각합니다. 동명(東溟 정두경(鄭斗卿))의 말도 시정(時政)에 대한 견해이기는 합니다만 또한 사람으로 하여금 개탄스러운 마음이 들게 합니다.

당나라 말기에 소소한 방진(方鎭)들에서 아직도 천복(天復)을 쓰고 있었기에 제가 이런 고려를 했던 것이니 "옛사람이 어찌 꼭 지금 사람보다 낫겠는가."라는 말은 역시 나를 속이는 말이라 하겠습니다.[216] 오직 이 한 가지 일만은 오히려 제가 해야 할 일인데 이제 이것마저 없으면 양기가 회복될 수 있는 단서가 전혀 없습니다. 단지 이것을 매우 아끼기 때문에 감히 자신을 돌아보지 않는 것일 뿐입니다. 그러나 의리는 무궁한 것이니 부디 이것을 다시 동명에게 물어보시고 회신해 주십시오. 이치에 닿는 말은 당연히 다 받아들일 것입니다. 이만 줄이고 다른 것은 언급하지 않겠습니다.

216 당나라……하겠습니다 : 천복은 당나라 말기 소종(昭宗)의 연호이다. 천복 4년에 후량(後梁)이 당나라의 도읍을 낙양으로 옮기고 연호를 천우(天祐)로 고쳤는데, 이극용(李克用) 등 몇 군데 방진의 무장들은 의리를 내세우며 천우라는 연호를 쓰지 않고 천복이라는 연호를 그대로 사용하였다.《新五代史 卷4 唐本紀》 아마도 송시열이 명나라와의 의리 문제로 정두경과 견해가 서로 달라 논란을 벌였던 것으로 보인다.

민지숙에게 보냄 병오년(1666, 현종7) 10월
與閔持叔 丙午十月

듣자니 묵(墨)[217]이 천연두를 앓고 난 뒤로 얼굴을 싸매고 저자에 가서 하고 싶은 대로 하며 먹을 것을 사 먹는다고 합니다. 이것은 비록 그 어머니가 인자하고 기뻐하는 탓에 빚어진 일입니다만, 《소학(小學)》의 가르침에는 다방과 술집에 들어가지 않는 것을 선행의 한 가지 일로 삼았으니,[218] 그대로 계속 놓아두었다가 습관이 될까 두렵습니다. 부디 바라건대 완곡하게 얘기해 주시어 이로 인해 정도(正道)로 아이를 양육할 수 있게 하는 것이 어떻겠습니까. 제가 이 아이에 대해 어찌 차마 제 소생과 차이를 두겠습니까.[219] 감히 이렇게 자잘하게 말씀드리는 것을 삼가 묵묵히 이해해 주시리라 생각합니다.

217 묵(墨) : 민유중의 여동생과 정보연(鄭普衍) 사이에서 태어난 아들 정천(鄭洊, 1659~1724)의 어릴 때 이름이다. 자는 장원(長源), 호는 첨의당(瞻依堂)이며 정철(鄭澈)의 현손으로 외숙인 민정중(閔鼎重)에게 수학하였다. 《宋子大全隨箚 卷6》

218 소학(小學)의……삼았으니 : 《소학》 〈선행(善行)〉에, 송나라 때의 신하 여희철(呂希哲)이 평소에 "걸어 다니면서 드나들 때에 다방이나 술집에는 들어가지 않았다"며 그의 선한 행실을 칭찬하는 내용이 보인다.

219 제가……두겠습니까 : 정천의 묘갈명에 "그는 태어난 지 1년 만에 아버지가 별세하였는데, 그 뒤 차츰 식언이 생기면서 아버지의 죽음을 슬퍼하고 그리워하여 살고 싶어 하지 않은 듯이 하였다. 우암 선생이 그를 자신의 소생과 같이 여긴다고 하면서 즉시 그를 문하에 받아들였다."라는 내용이 있는 것으로 보아, 송시열이 평소에 정천을 제 자식과 같이 대했음을 알 수 있다. 《陶谷集 卷15 工曹正郎鄭公墓碣銘》

민지숙에게 답함 정미년(1667, 현종8) 까마귀가 약밥 먹는 날의 하루 뒷날[220]

答閔持叔 丁未飯烏後一日

그리워하는 마음이 어찌 그 끝이 있겠습니까. 단지 노병(老病)이 날로 침입하니 만나 정담을 나누는 날이 없을까 두렵습니다. 지금 이렇게 남양(南陽) 사람을 통해 손수 쓰신 편지를 전해 받았는데 이를 펼쳐 읽고 나니 제 마음이 너무나 위로되었습니다. 저는 지난겨울에 거의 죽었다가 이제 양기가 점점 퍼지는 때를 맞았기에 조금이나마 생기가 있게 되었습니다.

별지에서 말씀하신 것[221]에 대해서는 달리 무슨 말을 더 하겠습니까.

220 까마귀가……뒷날 : 정월 대보름날에는 약밥을 만들어 까마귀에게 주는 풍속이 있으므로 까마귀가 약밥 먹는 날이란 정월 대보름날을 가리킨다. 하루 뒷날은 1월 16일을 말한다.

221 별지에서 말씀하신 것 : 당시 청나라에 진주사(陳奏使)로 갔던 허적(許積)이 사건을 원만하게 수습하지 못하여 결국 현종이 책임지고 청나라에 벌금을 바치는 일이 있었는데, 민유중이 편지에서 이와 관련된 사안을 송시열에게 말한 것으로 보인다. 이 사건은 병자호란 때 잡혀갔던 안추원(安秋元)이라는 자가 1666년에 국내로 도망해 온 것이 발단이 되었는데, 조정에서는 그를 다시 돌아가게 하였으나 청나라로 들어가다가 잡히는 바람에 청나라 조정에서 이 일을 알고 사신을 파견하였다. 도망해 온 사실을 청나라에 알리지 않았다는 이유로 사신이 영의정 정태화(鄭太和)와 좌의정 홍명하(洪命夏)를 사형시키려고 하였으나 현종이 책임을 자신에게 돌리며 감형을 간청하여 사형은 면하게 되었다. 이후 9월에 다시 대신의 감죄를 청하기 위하여 허적을 청나라에 보냈는데 청나라에서는 그 대가로 벌금을 바치도록 결정하였다.《顯宗實錄 5年 8月 12日, 7年 6月 26日·7月 10日, 8年 1月 12日·29日》이 일에 대해 송시열은 허적이

단지 "푸르고 푸른 하늘이여, 이렇게 된 건 누구 때문인가."라는 시[222]를 묵묵히 외울 뿐입니다. 근래에 《고려사(高麗史)》를 열람하다가 매번 오늘날과 같은 일을 마주할 때마다 저도 모르게 마음이 오싹해지고 간담이 무너지고는 합니다. 따라서 오늘날 행할 의리는, 만약 왕실에 도움이 되지 못하면 단지 뒷전으로 물러나야지 이 외에는 다른 방도가 없다고 봅니다. 어떤 사람이 스스로 "저자 가게가 숨을 만해서 창주에 배 띄울 겨를 없었네.〔市廛差可隱, 未可汎滄洲.〕"라는 시를 읊은 것에 대해 주자(朱子)가 매우 나무랐는데,[223] 오늘날의 기상(氣象)이 대체로 이와 같으니 참으로 어찌하면 좋단 말입니까.

임금에게 책임을 돌려 벌금을 받게 하였다면서 몹시 분개하며 1667년 1월 7일에 재차 사직 상소를 올린 바 있다.

222 푸르고……시 : 《시경》 〈왕풍(王風) 서리(黍離)〉에 "끝없이 푸른 하늘이여, 이렇게 된 것은 도대체 누구 때문인가.〔悠悠蒼天, 此何人哉?〕"라는 구절이 보인다.

223 어떤……나무랐는데 : 어떤 사람이란 이영(李泳)을 말하는데, 그가 멀리 떠나 은거하기를 망설이면서 이런 시를 짓자 주희가 그의 주저하는 뜻을 지적하여 질책한 것이다. 《晦菴集 別集 卷3 林擇之》

민지숙에게 답함 정미년(1667, 현종3) 9월
答閔持叔 丁未九月

이전의 편지에 아직 답장도 하지 않았는데 뒤에 보낸 편지를 거듭 받았습니다. 매번 펼쳐 읽을 때마다 저도 모르게 마음과 정신이 상쾌해짐을 느끼는데 무슨 연유로 그러는지 잘 모르겠습니다.

일찍이 집사의 중형(仲兄 민정중(閔鼎重))에게 답하는 편지에서 간절한 걱정과 근심을 이기지 못한 나머지 다소 망발한 것이 있었는데, 이제 듣자니 이미 청량한 경계로 들어갔다고 합니다. 결국 이전의 말이 참으로 도를 구하는 방편이 된 것이기에 흠모와 찬탄의 마음을 또한 금할 수 없습니다.

노년에 촌 노인들과 자리를 다투는 것[224]은 오히려 맑고 좋은 일인데다 더구나 동문(東門) 밖에서 수많은 수레의 전송을 받으며 나온 경우야 더 말해 무엇 하겠습니까.[225] 이 말을 귀신이 듣고서 야유할까 적이 두렵습니다. 집사의 중형은 이미 성서(城西)로 나가 머물고 있습

224 노년에……것 : 춘추 시대 양자거(陽子居)라는 사람이 처음에는 예모가 엄격하여 모두 그를 두려워하고 조심하였는데, 그가 노자(老子)의 가르침을 받고 나서 소탈한 태도로 바뀌자 촌 노인들이 그와 앉는 자리를 다툴 정도로 순박하게 사람들과 어울렸다고 한다.《莊子 寓言》 시골로 들어가 촌 노인들과 순박하게 어울리며 사는 것을 말한다.

225 동문(東門)……하겠습니까 : 한 선제(漢宣帝) 때 소광(疏廣)이 태자태부(太子太傅)가 된 지 5년 만에 벼슬을 그만두고 동문 밖에서 송별연을 벌일 때, 전송을 나온 공경대부의 수레가 수백 대나 되었다고 한다.《漢書 疏廣傳》 민정중이 함경 감사의 직임을 마치고 올 때 그곳 사람들의 후한 칭송과 전별을 받았으니 더할 나위가 없을 것이라는 말이다.

니까?

듣자니 신침(神枕)[226]이 많이 있다고 하던데 혼자 죽지 않아서는 안 될 것이니 그것을 하나 나누어 주어 노쇠를 막을 수 있게 해 주시겠습니까? 만났을 때 부디 일러 주시는 것이 어떻겠습니까? 집사가 우거하는 곳은 원회(元會)[227]의 거처와 얼마나 떨어져 있습니까? 자주 서로 내왕합니까? 병을 무릅쓰고 적느라 나머지는 이만 줄입니다.

226 신침(神枕) : 진(晉)나라 갈홍(葛洪)이 지은 《신선전(神仙傳)》에 베개 방술, 즉 신침법(神枕法)이 있는데, 한 무제(漢武帝)가 태산(太山)에서 180세 된 노인에게 전수받았다는 장수 비법이다. 잣나무를 길이 1자 2치, 높이 4치의 크기로 잘라 속을 파내고 그 안에 각종 약재를 넣어 베개를 만들어 베고 자면 앓던 병도 낫고 젊어진다고 한다. 《神仙傳 卷8 太山老父》

227 원회(元會) : 김징(金澄, 1623~1676)의 자이다. 본관은 청풍(淸風), 호는 감지당(坎止堂)이다. 이식(李植)과 송준길(宋浚吉)의 문인이다.

민지숙에게 답함 정미년(1667, 현종8) 10월
答閔持叔 丁未十月

세모에 사람을 그리워하는 마음이 어쩌면 이렇게 배나 더해진단 말입니까. 이런 때에 보내신 편지가 와서 전해지니 구름을 헤치고 푸른 하늘을 바라본다는 말로도 오히려 이 마음을 비유하기에 부족합니다.

고인(古人)이 걸어간 전철은 절로 기구하기에 이 길을 찾을 경우으레 평탄한 길이 없습니다. 그러나 평탄하고 넓게 툭 트인 그 정신적 경계는 힘센 맹분(孟賁)과 하육(夏育)이라도 빼앗을 수 없는 법입니다. 그런데 집사에게 돌연 이런 일이 있을 줄은 생각지도 못하였습니다.[228] 저는 묵은 병이 아직도 심하여 세상에[229] 오래 머물 수 있는 사람이 아님을 자각하고 있기에 지난날 미적거린 것이 매우 후회됩니다.

228 고인(古人)이……못하였습니다 : 1659년(효종10) 4월 8일 소대(召對)에서 당시 헌납으로 있던 민유중이 김육(金堉)의 아들 김좌명(金佐明)·김우명(金佑明) 형제가 부모의 장사를 지내면서 수도(隧道)를 만든 것이 예에 어긋난다며 처벌을 청하였는데, 이 일로 김좌명 형제가 민유중에게 원망과 분노가 극심하였다. 그러다가 1667년 7월 13일에 현종이 신하들을 인견한 자리에서 김좌명이 우부승지 민유중에 대해 "그는 사적인 일에 치우쳐 자신과 의견이 같은 자는 진출시키고 다른 자는 배척하는 병통이 있는데, 그들이 한마디 하면 누구도 감히 뭐라고 지적하지 못하고 그들의 말만 따릅니다."라고 하면서 묵은 감정을 드러냈다. 이에 민유중은 김좌명에게 논박당했다는 이유로 광주(廣州)의 촌사(村舍)로 물러나 사직 상소를 올리고 나오지 않았다. 《孝宗實錄 10年 4月 8日》《顯宗實錄 8年 7月 13日, 14日》 여기서 송시열은 고인처럼 정도를 지키려다 보면 온갖 시련과 고난을 겪게 마련이라며 민유중을 위로한 것이다.

229 세상에 : 대본에는 '於此'로 되어 있는데, 두주에 근거하여 '此'를 '世'로 바로잡아 번역하였다.

그래서 이제부터는 감히 스스로 나태하지 않으려고 하지만 보던 글을 책만 덮으면 모두 잊어버리니, 지금은 이것이 매우 마음에 번뇌를 일으키는 점입니다. 참으로 어찌하면 좋단 말입니까.

민지숙에게 답함 무신년(1668, 현종9) 2월
答閔持叔 戊申二月

귀중한 편지를 계속 받으니 기쁘고 위로되는 마음을 금할 수가 없습니다. 다만 듣건대 체후가 조금 좋지 않다 하시니 우려되는 마음이 실로 깊어집니다.

염유(冉有)가 자화(子華)를 위하여 곡식을 주자고 청하자 공자(孔子)께서 처음에 조금 주라고 하신 것은 주어서는 안 된다는 뜻을 조금 드러내신 것이고, 더 주기를 청하자 다시 주라고 하신 것은 더 주어서는 안 된다는 뜻을 조금 드러내신 것입니다.[230] 이제 저같이 미천한 신하는 일찍이 자화처럼 심부름 가는 일도 없는데 이렇게 곡식을 많이 주는 일이 벌어졌으니 공자께서 다시 오신다면 어찌 나무라지 않으시겠습니까. 제 마음이 이와 같았기 때문에 감히 지난 편지에서 간청을 했던 것입니다. 그런데 지금 집사께서는 "전임 감사가 이미 아뢰었던 사안이다."라고 말씀하시니[231] 제 마음은 이 일로 인해 적이 개탄스럽습니다. 그러니 옥천군(沃川郡)으로 하여금 다시 보내는 수고를 하지 않게 해 주시는 것이 어떻겠습니까? 만약 끝내 사양할 수 없다면 서울

230 염유(冉有)가……것입니다 : 《논어》 〈옹야(雍也)〉에 보인다.

231 지금……말씀하시니 : 민유중은 1668년 1월 22일에 충청 감사에 제수되어 2월 13일에 하직 인사를 하고 임지로 내려갔다. 《承政院日記 顯宗 9年 1月 22日, 2月 13日》 송시열에게 곡식을 보내는 일은 이미 전임 충청 감사가 현종에게 아뢰어 윤허받은 사안이므로 후임 감사인 민유중 자신으로서는 어쩔 수 없다는 말이다.

에 있는 일가의 가난한 이들에게 나누어 주려 하니, 우선 그대로 두었다가 다시 성상께 여쭈어 조처하기를 기다리는 것이 어떻겠습니까?

민지숙에게 답함 무신년(1668, 현종9) 2월

答閔持叔 戊申二月

편지를 받고 건강이 오랫동안 정상을 회복하지 못해 아직도 정사를 보지 못하고 계시다는 것을 알고 나니 걱정스럽고 염려스러운 마음이 끝이 없습니다. 저의 병든 몸은 추위를 두려워한 나머지 어제 사상(沙上)[232]에서 비석을 세우는 일에 말안장을 얹어 달려가지 못하였습니다. 처음에는 지금과 같지 않았으니 탄식할 만합니다.

식물(食物)은 수량이 많을 뿐만 아니라 평소에 하나 얻는 것이 있으면 반드시 하나의 재앙이 생겼기 때문에 전에 받은 것도 도적을 불러들인다는 경계[233]가 두려워 거의 다 흩어 버렸습니다. 그러니 아직 보내지 않은 것도 살피지 않은들 또한 무엇이 해롭겠습니까만, 정히 그렇게 해서는 안 된다고 한다면 우선 그대로 두었다가 다시 성상께 여쭈어 조처하기를 기다리는 것이 어떨지 모르겠습니다.

계주(季周 이단하(李端夏))는 아직까지 소식이 없으니 너무나 괴이한 일입니다. 최(崔)[234]의 양식은 바꾸어 지급받았으니 그를 위해서는 매

232 사상(沙上) : 충청도 연산(連山)의 사계(沙溪)인 듯하다.

233 도적을 불러들인다는 경계 : 《주역》 〈해괘(解卦) 육삼(六三)〉에 "등에 지고 있어야 하는데도 타고 있는지라 도적이 오게 하니 올바른 행동을 하더라도 부끄러우리라."라고 하였는데, 〈계사전 상(繫辭傳上)〉에서 이를 해석하기를 "등에 지는 것은 소인의 일이고 타는 수레는 군자의 기물인데 소인으로서 군자의 기물을 타고 있기 때문에 도적이 빼앗고자 생각하게 되니 도적을 불러들이는 것이다." 하였다. 여기서는 분수에 벗어나는 재물은 재앙을 불러들인다는 말이다.

우 다행입니다. 이만 줄입니다.

234 최(崔) : 최신(崔愼, 1642～1708)을 말한다. 본관은 회령(會寧), 자는 자경(子敬), 호는 학암(鶴菴)으로 송시열의 문인이다. 《송자대전수차》 권7에 따르면, 민유중이 당시 송시열의 문하에 있던 최신을 도와주려고 양식을 보내 주었다고 한다.

민지숙에게 답함 무신년(1668, 현종9) 3월
答閔持叔 戊申三月

편지를 받으니 매우 위로가 됩니다. 가뭄의 재앙이 이와 같으니 끝이 없다고 말할 만합니다. 비를 청하는 제사를 한두 번만 지내서는 안 될 듯하니, 지나는 곳의 명산과 대천에 모두 정성을 다하여 기우제를 지낸다면 감사[235]의 지극한 정성과 공경으로 볼 때 어찌 하늘이 호응하지 않을 리가 있겠습니까. 주자(朱子)가 비 오기를 빈 것도 매번 이런 식이었습니다.

듣자니 도내에 간혹 죽은 자가 있다고 하던데 비록 진위는 잘 모르겠지만 매우 놀랍고 참혹한 일입니다. 모름지기 여러 고을에 신칙하여 만약 죽은 자가 있으면 사실대로 개록(開錄)하게 하고, 이어 갑자기 벌을 시행하는 일은 없을 것이라는 뜻을 포고하는 것이 어떻겠습니까? 근래 절박한 마음이 비할 데가 없으니 차라리 살고 싶지가 않습니다.

영감께서도 주전(廚傳)[236]을 단지 몇 그릇만 받도록 하고 수령들도 똑같이 하도록 하는 것이 어떻겠습니까? 소의 도살을 금하는 법이 엄격하지 않으니 또한 거듭 금령을 분명하게 행하도록 하되, 믿을 만한 비장(裨將)이나 별도의 사람을 보내어 염찰(廉察)하기를 천득(天得)이 영남(嶺南)에서 했던 것[237]처럼 하는 것이 어떻겠습니까? 일은 일체

235 감사 : 당시에 충청 감사로 있던 민유중을 말한다.

236 주전(廚傳) : 관원이 경유하는 고을의 역참에서 음식과 거마 등을 제공하며 접대하는 일을 말한다.

똑같아야 하니 적발되는 대로 감히 위에 보고하지 않아서는 안 될 것입니다.

237 천득(天得)이……것 : 천득은 이상진(李尙眞)의 자이다. 본관은 전의(全義), 호는 만암(晚菴)이다. 그는 1662년 12월 20일에 경상 감사에 제수되어 부임하였는데 그때 관할 지역에 사람을 보내어 염찰하고 금령을 엄격하게 시행했던 것으로 보인다.《顯宗實錄 3年 12月 20日》

민지숙에게 답함 무신년(1668, 현종9) 4월
答閔持叔 戊申四月

조금 전에 답장을 써서 소장(疏章)을 올리는 편에 부쳐 올리려 하고 있었는데 6일에 보내신 편지가 방금 도착하였습니다. 빗줄기가 점점 굵어지고 있는 때에 직접 마주하여 경하드리지 못하는 것이 한스럽습니다.

오 승지(吳承旨)[238]가 "주상께서 가뭄 때문에 노심초사하시어 안색이 매우 초췌하십니다."라고 하고, 또 스스로 말하기를 "어찌 그렇지 않을 수 있겠습니까." 하였는데, 그 말을 듣고는 저도 모르게 눈물이 흘러내렸습니다. 오늘의 비는 어찌 감사인 집사께서 성상의 뜻을 깊이 유념하신 결과가 아니겠습니까. 사람으로 하여금 너무나 미친 듯이 기뻐하게 합니다.

기우제 제문을 부탁하셔서 참으로 지극한 정성을 다해 도움을 드리려고 했는데 오늘 기도를 드릴 대상이 없어졌기 때문에 감히 다시 필요 없는 글을 올리지는 않겠습니다. 다만 비를 내려 준 데 대해 감사하는 예식은 거행하지 않아서는 안 될 것이므로 삼가 그에 대한 제문을 몇 마디 엮어 올리는 바이니, 이 예식을 행하려 하신다면 혹 이것이 취사

238 오 승지(吳承旨) : 우부승지 오두인(吳斗寅, 1624~1689)을 말한다. 1668년 2월 24일에 송시열이 우의정에 제수되었는데 계속 사조 상소를 올리고 나오지 않자 현종이 승지나 가주서를 보내어 전유(傳諭)하고 있었으므로 이때 오두인이 송시열에게 온 것이다. 《承政院日記 顯宗 9年 4月 12日》

하시는 대열에 끼일 수 있을 것입니다. 선대의 비명(碑銘)[239]은 삼가 마땅히 산정(删定)하여 돌려드릴 것입니다.

별지

비를 내려 준 데 대해 감사하고 비가 개게 해 준 데 대해 감사하는 주자(朱子)의 예(禮)가 있습니다.[240] 재작년에 성상께서 온천에서 효험을 거두었는데[241] 전혀 모른 채 궁으로 돌아오셨으므로 감사를 표하는 거조가 전혀 없었습니다. 그 뒤 미천한 신하인 제가 온천욕을 하는 은전(恩典)을 받았을 때 남아 있던 약간 명의 수령들과 정성을 다해 제문을 올려서 신민(臣民)들이 감사하고 다행스러워하는 뜻을 표하였습니다. 그리고 그다음 해에 다시 온천에 행행(行幸)하셨을 때 또 친한 시종신(侍從臣)에게 알려 주어 행조(行朝)에서 드디어 성대한 의식을 거행한 적이 있습니다.

오늘 영감께서도 기도하는 곳이 만약 돌아가는 길 옆에 있다면 이 예를 행하고서 이어 이후로도 은혜를 끝까지 내려 주기를 청할 수 있을 것입니다. 길이 만약 어긋난다면 수령을 제관(祭官)으로 차임하여 행

239 선대의 비명(碑銘) : 민유중의 선조 민제인(閔齊仁)의 신도비명을 말하는 듯하다.

240 비를……있습니다 : 《회암집(晦菴集)》 권86 〈축문(祝文)〉에 〈기우문(祈雨文)〉과 〈기청문(祈晴文)〉은 물론 〈사우문(謝雨文)〉과 〈사청문(謝晴文)〉 등의 축문식이 보인다.

241 재작년에……거두었는데 : 1666년에 현종이 인선왕후(仁宣王后) 장씨(張氏)를 모시고 온양(溫陽) 온천에 거둥하기 전에 가뭄이 심하여 기우제를 지냈는데, 온양에 갔다가 궁으로 돌아올 즈음에는 비가 거세게 내려 환궁 일정을 조정하는 문제를 논의할 정도였다. 《承政院日記 顯宗 7年 4月 27日》

하게 하더라도 합당할 것입니다. 그러나 이는 단지 비루한 저의 견해일 뿐이니 오직 집사께서 헤아려 처리하시는 데 달려 있다 하겠습니다.

○ 오늘날 곡식을 허비하는 것으로는 저자에서 막걸리를 주조하는 것보다 더한 것이 없습니다. 일찍이 보건대 주자도 누룩을 빚기 위한 곡식을 심는 것을 금하도록 요청한 적이 있습니다.[242] 그 염려가 매우 크니 부디 엄금해 주실 수 있겠습니까? 가만히 물정(物情)을 살펴보건대 감사가 자신을 엄격하게 단속한다고 여기고 있으니 수령들은 아마도 명령하면 행하고 금하면 중지할 것입니다.

○ 성공(成公)[243]의 유해가 연산(連山)에 묻혀 있는데, 연산 사람들이 이 고을의 일[244]을 듣고는 그들 또한 본받으려 하고 있습니다. 성공이 홍주(洪州) 사람이라는 것은 예전에 들은 적이 있습니다. 그런데 듣자니 이산(尼山)의 고 통천 군수(通川 郡守) 박종원(朴宗元)[245]이 성공의 외손이라고 합니다. 박종원의 자손이 이산에 많이 있으니 본현(本

242 주자도……있습니다 : 《회암집》 권25 〈건녕부 지사(建寧府知事) 부자득(傅自得)에게 보내는 차자[與建寧傅守箚子]〉에 보이는데, 식량 부족을 걱정해야 하는 상황에 수많은 곡식을 소모하여 술을 주조하면 다른 지방에서 곡식을 사 와야 하는 걱정스러운 일이 벌어지니 술 주조를 엄금하도록 해 달라는 내용이다.

243 성공(成公) : 성삼문(成三問, 1418～1456)을 말한다. 본관은 창녕(昌寧), 자는 근보(謹甫), 호는 매죽헌(梅竹軒)이다.

244 이 고을의 일 : 회덕(懷德)의 흥농촌(興農村)에 있는 박팽년(朴彭年)의 유허지에 비각을 세우고 봄가을로 제향을 올리는 방안과 장절정(壯節亭)이라는 옛 정자를 복원하여 제사를 지내는 방안 등을 논의하는 것을 말한다. 《宋子大全 卷61 答閔持叔(戊申四月二十日)》

245 박종원(朴宗元) : 인조(仁祖) 때 곡식을 바치고 통천 군수에 제수되었다. 《仁祖實錄 5年 4月 23日, 5月 7日》

縣)으로 하여금 물어보게 한다면 그 사실을 알 수 있을 것입니다.

금산(錦山) 사람은 참으로 통탄할 만합니다. 그러나 그가 진실로 후회하고 뉘우치는 뜻이 있다면 선(善)의 실마리가 싹튼 것이니, 어찌 끝내 진원(陳元)이 되지 못할 것이라고 단정할 수 있겠습니까.[246] 선왕은 동짓날 관문을 닫았는데[247] 이는 천지에서는 작은 양기가 안정적으로 잘 자라게 하는 방도이고 사람의 마음에서는 선의 실마리를 잘 이끌어 자라게 하려는 뜻이었습니다. 이제 그가 이렇게 뉘우치는데도 죽인다면 어떻게 개과천선의 길을 열 수 있겠습니까.

이생(李生)이 이배(移配)된다는 소식[248]은 들으니 가련하고 한탄스럽습니다. 계명(季明)은 일찍이 대사간을 지냈는데 작은 일로 구금되

246 금산(錦山)……있겠습니까 : 금산 사람은 불효를 저질렀다가 뒤에 뉘우친 인물인 듯하다. 진원은 후한(後漢) 때 사람인데 애초 홀어머니가 그의 불효를 고발할 정도였으나 그 고을 포정(蒲亭)의 정장(亭長) 구향(仇香)이 진원을 찾아가서 인륜을 말해주고 화복(禍福)으로 타이르자, 진원이 감동하여 마침내 효자가 되었다고 한다.《資治通鑑綱目 卷11 漢桓帝》

247 선왕(先王)은……닫았는데 :《주역》〈복괘(復卦) 상(象)〉에 "동짓날에는 관문을 닫고 행상인의 출입을 금지시키며, 임금 자신은 지방을 순행하지 않는다."라고 하였는데, 동지에는 하나의 작은 양기가 생하는 때이므로 이를 잘 보존하기 위한 것이다.

248 이생(李生)이 이배(移配)된다는 소식 : 이생은 이상익(李商翼)을 말한다. 본관은 경주, 자는 가성(可成)이며 송시열의 문인이다. 그는 1667년에 최세경(崔世慶)의 강간 사건에 연루되어 의금부에 갇혔는데, 그때 사사로이 옥문 열쇠를 만들어 외부 사람을 출입시키다가 일이 발각되자 술에 취하여 난동을 부려 엄하게 국문을 받고 통진(通津)으로 정배(定配)되었다. 1668년 3월 23일에 호조 판서 김좌명(金佐明)이 이상익의 선산이 통진에 있다는 이유로 다른 곳으로 옮겨 정배하기를 청하자 현종이 윤허하였다.《顯宗改修實錄 8年 10月 26日》《顯宗實錄 8年 11月 13日》《承政院日記 顯宗 9年 3月 23日》

기까지 하였으니[249] 사람의 이목을 놀라게 한 것을 어찌 말로 다 할 수 있겠습니까. 뜻밖의 일이 이렇게 거듭 벌어지니 세도(世道)가 탄식할 만합니다. 심지어 영감의 큰형과 중형이 원사(爰辭)에 들어가기까지 하였으니,[250] 이는 더욱 의외입니다.

249 계명(季明)은……하였으니 : 계명은 김익경(金益炅)의 자이다. 본관은 광산(光山)이고 김장생(金長生)의 손자이며 송시열의 문인이다. 호조 참의, 대사간 등을 지냈다. 김익경의 형 김익훈(金益勳)이 사도시 정에 제수되자 1667년 7월 23일에 지평 신경윤(愼景尹)이 그의 패려궂은 행실을 문제 삼아 상소하여 탄핵하였다. 그러자 1668년 3월에 김익훈이 신경윤의 아버지가 광해군 때 폐모론에 가담했다는 행적을 문제 삼고 나섰고 김익경도 이에 동조하면서 세 사람 모두 의금부의 옥에 갇히게 되었다. 이에 현종은 신경윤의 아버지 행적이 불분명하다는 이유로 신경윤은 석방하였으나, 김익훈과 김익경은 사심을 가지고 헐뜯고 모함하였다는 이유로 엄중한 처벌을 명하고 풀어주지 않았다. 《顯宗實錄 9年 3月 26日, 5月 16日》

250 영감의……하였으니 : 민유중의 큰형은 민시중(閔蓍重)이고 중형은 민정중(閔鼎重)이다. 원사는 죄인이 범죄 사실에 대해 진술한 진술서를 말하는데, 민유중의 형들이 어떤 일에 관여되어 공초(供招)에 들어갔는지는 찾지 못하였다.

민지숙에게 답함 무신년(1668, 현종9) 4월
答閔持叔 戊申四月

12일에 보내신 편지를 받으니 마치 얼굴을 마주 대한 듯하여 너무나 위안이 되었습니다. 비를 내려 준 데 대해 감사하는 제사는 《주자대전(朱子大全)》에 의거하면 즉시 행해야지 가을 추수 때까지 기다려서는 안 될 듯합니다. 본조(本朝)의 제사 의례(儀禮)는 지극히 엉성하고 허술하기 때문에 신령의 은택을 입지 못하는 것입니다. 보통의 정리(情理)로 말하더라도 요청만 하고 감사를 표하지 않은 채 다시 그 뒤를 바라는 것은 역시 곤란하지 않겠습니까.

성공(成公 성삼문(成三問))의 유허지에 대해서는 우연히 《육선생유고(六先生遺稿)》를 열람해 보니 《동각잡기(東閣雜記)》[251]에 실려 있었는데, 거기에 "성 아무개는 홍주(洪州)의 적동리(赤洞里)에서 태어났으니 그의 외가이다. 그 고을 사람들은 지금도 그때의 일을 자주 말하고는 한다."라고 되어 있습니다. 처음 태어날 때 공중에서 "아이를 낳았느냐?"라고 세 번 물은 일이 있었기 때문에 삼문(三問)이라 이름하였습니다. 또 판서 조경(趙絅)의 임진년(1652, 효종3) 상소[252]에도 "신이 예전에 홍주에 우거할 적에 자세히 들으니 성 아무개는 본디 홍주 사람

251 동각잡기(東閣雜記) : 선조(宣祖) 때의 학자 이정형(李廷馨)의 저작으로, 고려 후기부터 조선 선조 때까지 정치와 명신들의 행적을 기록한 역사서이다.

252 판서……상소 : 조경이 1652년 11월 13일에 구언(求言)에 응하여 올린 상소로, 《용주유고(龍洲遺稿)》 권9 〈응지소(應旨疏)〉에 보인다.

으로 그의 옛집이 아직도 무너지지 않았다고 합니다.……"라고 한 기록이 있습니다. 이 몇 가지에 근거하면 다른 책의 증거를 더 이상 기다릴 필요도 없이 의심할 여지가 없음을 알 수 있습니다.[253]

이곳은 비가 비록 부족하다고 말하기는 하지만 우물이 마르고 보리가 타들어 가던 예전에 비하면 크게 차이가 있고 비가 올 기미도 그치지 않고 있습니다. 농부들이 다들 올해는 흉년이 들지 않을 것이라고 하는데, 참으로 그렇게만 된다면 얼마나 다행이고 다행이겠습니까.

253 이……있습니다 : 성삼문은 분명히 홍주 사람이라는 말이다. 1668년에 충청 감사로 있던 민유중은 성삼문이 살았던 홍주 적동리의 집이 무너진 것을 보고 그곳에 유허비를 세우고자 송시열에게 글을 지어 달라고 부탁하였으므로 송시열이 여러 역사적 근거를 들어 그가 홍주 사람임을 밝힌 것이다. 《송자대전》 권171에 〈홍주 성 선생 유허비(洪州成先生遺墟碑)〉가 있다.

민지숙에게 답함 무신년(1668, 현종9) 4월 7일
答閔持叔 戊申四月七日

삼가 5일에 보내신 편지를 받고서 전에 앓던 병이 다시 도졌다가 기쁘게도 이제 평상으로 회복되셨다는 것을 알게 되었는데, 이것이 어찌 신명이 도와주신 것이 아니겠습니까. 도내(道內)의 진휼 정책은 곳곳에서 진력을 다하고 있는데 모읍(某邑)에서 두 사람이 아사(餓死)한 일이 있다는 얘기를 처음 듣고는 매우 놀랍고 참담하였습니다. 그러다가 얼마 후 그런 일이 없었다는 소식을 다시 들으니 다행스럽기만 합니다. 이렇기 때문에 직무에 걸맞지 않다는 이유로 체직되려는 자는, 그의 처지에서는 좋은 계책이라고 할 수 있겠지만 백성들이 받는 피해가 적지 않으니 어찌하면 좋단 말입니까. 백성들의 생사 문제를 가지고 자신의 편의를 도모하는 방편으로 삼고 있으니 풍습의 변화가 이 정도입니다.

이른바 2만 섬을 만약 소장(疏章)에서 청한 대로 얻게 된다면 얼마나 다행이겠습니까. 어제 오 승지(吳承旨 오두인(吳斗寅))의 말을 듣건대 "조정에서는 감사[254]가 백성의 일에 지성을 다한다고 여기고 있으므로 그가 말하는 것은 반드시 따라 줄 것입니다."라고 하였으니, 이번의 이 요청도 아마 들어줄 것입니다. 다만 그것을 얻게 되더라도 보리 수확 뒤가 더욱 어려우니 모름지기 이것을 6, 7월에 쓸 재용(財用)으로 삼는 것이 좋겠습니다.

254 감사 : 충청 감사로 있던 민유중을 가리킨다.

오 승지가 또 말하기를 "서울에는 하루 낮 동안 큰비가 내렸다." 하였고 이정숙(李靜叔)[255]의 편지에서도 "단비가 매우 흡족하게 내렸다."라고 하였으나 전의(全義)부터 그 아래 지역은 승지가 본 그 위의 지역과는 크게 다르다고 합니다. 이곳도 보리의 뿌리를 겨우 적시는 정도였습니다. 그런데 지금 내포(內浦)[256]에 큰비가 연이어 쏟아졌다고 하셨는데, 이는 참으로 이른바 수레가 가는 곳마다 내리는 비[257]라고 할 수 있으니 경탄을 금할 수가 없습니다.

저는 어제 후하게 권면하는 성상의 특별한 예우를 받아 더욱 황송한 마음이 간절하기에 바야흐로 네 번째 상소[258]를 작성하고 있습니다. 이만 줄입니다.

255 이정숙(李靜叔) : 이태연(李泰淵, 1615~1669)으로, 정숙은 그의 자이다. 본관은 한산(韓山), 호는 눌재(訥齋)이며 김집(金集)의 문인이다.

256 내포(內浦) : 충청도 가야산(伽倻山) 일대의 10개 고을, 즉 아산(牙山), 당진(唐津), 면천(沔川), 홍주(洪州), 덕산(德山), 해미(海美), 결성(結城), 보령(保寧), 서산(瑞山), 태안(泰安)을 총칭하는 말이다.

257 수레가……비 : 후한(後漢) 때의 정홍(鄭弘)이 회음 태수(淮陰太守)로 나갔을 때 그의 수레가 이르는 곳마다 단비가 내려 가뭄을 해소해 주었다. 《後漢書 鄭弘列傳》 감사 민유중의 선정으로 인해 비가 내렸다는 뜻으로 말한 것이다.

258 네 번째 상소 : 송시열은 1668년 2월 24일에 우의정에 제수되었는데, 계속 사직을 청하는 상소를 올렸고 4월 3일에도 세 번째 사직 상소를 올린 바 있다. 《顯宗實錄 9年 2月 24日, 4月 3日》

민지숙에게 답함 무신년(1668, 현종9) 4월 20일

答閔持叔 戊申四月二十日

주괴(朱瓌),[259]-제치(制置)이다.- 아들 정준(廷雋), 아들 소원(昭元), 아들 유보(惟甫), 아들 진(振),-유보는 셋째 아들이고 진은 막내아들이다.- 아들 현(絢), 아들 삼(森), 아들 송(松),[260] 아들 희(熹).

○ 이 족보에 의거하면 주자(朱子)는 종자(宗子)가 아닌데도 제치부군(制置府君)의 묘소에 제사 지내면서 자신이 제사의 주관이 되어 축문(祝文)을 썼습니다. 묘제(墓祭)가 가묘(家廟)의 예와는 차이가 있기 때문에 지자(支子)도 오히려 제사를 지낼 수 있는 것인지, 아니면 친진(親盡)의 조상이기 때문에 그런 것인지는 잘 모르겠습니다.

또 살펴보건대 주자가 일찍이 말하기를 "종자가 다른 나라로 넘어가 있을 경우, 국내에 있는 서자(庶子)가 묘소가 바라보이는 곳에 제단을 만들어 제사 지내면서, 축문에는 '효자 아무개가 개자(介子) 아무개로 하여금 그 제사를 거행하게 한다.'라고 쓰니, 조상을 높이고 종자를 공경하는 뜻이 이처럼 엄격하다."[261] 하였습니다. 이에 의거하면 지자

259 주괴(朱瓌) : 무원 주씨(婺源朱氏)의 시조로 주희의 8대조이다. 당나라 천우(天祐) 연간에 제치다원(制置茶院)을 지냈으므로 제치 부군 또는 다원 부군(茶院府君)이라고 칭해진다.

260 아들 정준(廷雋)……송(松) : 주정준(朱廷雋)은 주괴의 아들로 주희에게 7대조이며, 주소원(朱昭元)은 주희에게 6대조, 주유보(朱惟甫)는 5대조, 주진(朱振)은 고조, 주현(朱絢)은 증조, 주삼(朱森)은 조부, 주송(朱松)은 아버지이다.

261 종자가……엄격하다 : 《회암집》 권40 〈유평보에게 답함〔答劉平甫〕〉에 보인다.

가 비록 묘제를 행할 수는 있지만 축문의 칼은 여전히 종자를 주관하는 사람으로 보는 것입니다.

주자가 또 묘제에 대해 논하기를 "서로 멀리 떨어져 거처한다면 형의 집에 신주를 설치하고 아우는 신주를 설치하지 않는다. 다만 아우는 제사 지낼 때에 잠시 자리를 설치하여 지방(紙榜)으로 매 신위를 표기하였다가 제사를 마치고 나서 지방을 태운다. 이와 같이 한다면 또한 예의 변통에 맞을 듯하다."[262] 하였습니다. 이에 의거하여 논해 보면 묘제(廟祭)도 오히려 이와 같이 할 수 있는데 더구나 묘제(墓祭)는 지자가 더욱 주관하지 못할 의리가 없다 할 것입니다.

이 세 가지에 근거하면 오늘 제천(堤川)과 충주(忠州)에서 거행하는 제사는 참작하여 적절히 중도에 맞게 함으로써 그 인정과 예문에 합당하게 행할 수 있을 것으로 여깁니다. 제 생각에 축문은 공서(公瑞 민시중(閔蓍重)) 어른을 주관자로 하되 "개자 아무개가 감사로 부임하여 이 본로(本路)에 이르렀다.… …"라고 하고서 이어 추모의 뜻을 서술한다면 아마도 거의 잘못이 적을 것입니다.

육선생(六先生)의 유집[263]이 서울 집에 노관되어 있기 때문에 지금 박선생(朴先生 박팽년)의 방계 친척에게 빌려서 보내 드리니 본 뒤에 즉시 돌려주시는 것이 어떻겠습니까? 여기에서 논의한 것은 단지 박 선생의

262 서로……듯하다 : 《회암집》 권62 〈이회숙에게 답함〔答李晦叔〕〉에 보인다.

263 육선생(六先生)의 유집 : 《육선생유고(六先生遺稿)》를 말한다. 단종 때의 사육신인 박팽년(朴彭年), 성삼문(成三問), 이개(李塏), 하위지(河緯地), 유성원(柳誠源), 유응부(兪應孚)의 시와 산문을 엮어 1658년(효종9)에 충청 감사 이경억(李慶億)이 3권 3책으로 간행한 시문집이다.

유허지에 비석을 세운 다음 봄가을로 그곳 땅을 쓸고 간략하게 향촉을 올리려던 것이었습니다. 그런데 이전 감사인 이공(李公)[264]이 말하기를 "이는 장구하게 유지할 계책이 아닙니다. 옛 정자를 다시 복원한 다음[265] 제사 지낼 때 거기에 자리를 설치했다가 제사가 끝난 뒤 바로 거두는 것만 못합니다." 하였습니다. 이 말이 매우 타당하기에 이렇게 하려고 하는데 다만 물력이 부족한 관계로 의논할 때 확정하지 못하였습니다.

홍주(洪州) 사람들이 성 선생(成先生)의 사당을 세우려는 것은 그 뜻이 가상하기는 합니다만, 효종조(孝宗朝)에 춘형(春兄)이 박 선생을 위해 제향하기를 청했는데도 행해지지 못하였습니다.[266] 그런데 지금 무리하게 사당을 세우려고 하는 것이 의리에 어떨지 잘 모르겠습니다. 박 선생에 대한 비석 음기(陰記)는 졸작이기는 합니다만 초본을 보내

264 이전 감사인 이공(李公) : 이민적(李敏迪, 1625～1673)을 말한다. 본관은 전주(全州), 자는 혜중(惠仲), 호는 죽서(竹西)·백강자(白江子)이다. 이경억의 아들로 민유중 바로 전에 충청 감사를 지냈다. 《顯宗實錄 7年 11月 18日, 9年 8月 27日》

265 옛……다음 : 예전에 그곳에 있다가 허물어진 장절정(壯節亭)을 복원한다는 말이다. 그러나 실제로 정자는 바로 복원되지 않았고 1668년에 충청 감사 민유중이 박팽년의 유허지에 비석을 세우는 것으로 마무리하였다. 이 비석은 송시열이 글을 짓고 송준길이 글씨를 썼다. 한편 이로부터 25년이 지난 1693년(숙종19)에 정절사(靖節祠)라는 사당이 세워졌다. 《宋子大全隨箚 卷7》《正祖實錄 11年 7月 17日》

266 효종조(孝宗朝)……못하였습니다 : 송준길(宋浚吉)이 1657년 10월 25일의 소대(召對)에서 연산(連山)과 회덕(懷德)에 살았던 성삼문과 박팽년을 각각 그 지역의 사당에 배향하기를 청하자, 효종은 대신들에게 의논하여 결정하도록 하였다. 그런데 영의정 정태화(鄭太和) 등이 그러한 논의가 이미 있었으나 시행되지 못한 것은 다 의도가 있는 것이며 지금은 거론할 때가 아니라고 반대하여 이루어지지 못하였다. 《孝宗實錄 8年 10月 25日》

올리니 보신 뒤에 돌려주시는 것이 어떻겠습니까? 다만 산정(刪定)하고자 해서일 뿐입니다.

○ 비를 내려 준 데 대해 감사를 표하는 제사를 지금 즉시 행하기는 어렵다는 말씀은 참으로 그럴 것입니다. 어제 영상(領相)과 정상(貞相)[267]이 상전(賞典)을 사양하고자 올린 차자를 보고 웃으면서 '자손이 사리에 맞게 행동하기 때문에 글 역시 좋구나.'라고 여겼습니다. 가야산(伽倻山)[268]에서 가을에 보사제(報謝祭)를 올리는 것을 폐해서는 안 되니, 그 산 위에 제단을 설치하여 제사하고 이를 영원한 정식으로 삼는다면 어찌 선하고 아름답지 않겠습니까. 본조(本朝)에서는 신(神)을 섬기는 예가 아주 거칠고 엉성하니 참으로 탄식할 만합니다.

267 영상(領相)과 정상(貞相) : 이 당시 영의정은 정태화이고 정상은 황화방(皇華坊) 정릉동(貞陵洞)에 살았던 이경석(李景奭)을 가리킨다.

268 가야산(伽倻山) : 충청도 덕산군(德山郡)에 있는 산이다.

민지숙에게 답함 무신년(1668, 현종9) 4월
答閔持叔 戊申四月

삼가 24일에 보내신 편지를 받고서 집사께서 감영(監營)의 관아에 도착한 것을 기뻐하였는데 곧바로 동쪽으로 향해 간다는 말씀을 하시니 과로로 병이 날까 매우 염려됩니다. 그러나 손에 못이 박이는 것도 집사는 편안하게 여기실 것으로 생각되는데, 하물며 이보다 못한 경우야 말해 무엇 하겠습니까. 성묘(聖廟)와 사단(社壇)을 정리하는 등의 여러 일은 바로 집사의 책임이기는 하지만 가을을 기다려 점검하는 것이 또한 마땅하지 않겠습니까.

《육선생유고(六先生遺稿)》는 일을 다 마쳤으니 돌려주는 것이 역시 좋겠습니다. 방금 《병자록(丙子錄)》[269]을 상고해 보니, 장여헌(張旅軒)이 하 선생(河先生)의 사당을 선산(善山) 낙동강 동쪽에 세웠다고 운운한 기록이 있습니다.[270] 그렇다면 홍주(洪州) 사람들이 성 선생(成先生 성삼문(成三問))의 사당을 세우려는 논의도 불가하지는 않다 할

269 병자록(丙子錄) : 단종의 복위 운동을 꾀하다가 처형된 사육신의 충절을 기록한 책으로, 조선 초기의 문인 박종우(朴宗祐)가 저술하였다. 《송자대전수차》 권7에는 이 책의 저자를 나만갑(羅萬甲)이라고 하였는데, 인조 때 나만갑이 지은 동명의 《병자록》은 병자호란 당시의 일을 기록한 난중일기로 다른 책이다.

270 장여헌(張旅軒)이……있습니다 : 장여헌은 장현광(張顯光)으로 여헌은 그의 호이고, 하 선생은 사육신 중 한 명인 하위지(河緯地)를 말한다. 선산에 세웠다는 하위지의 사당은 1628년(인조6)에 창건된 월암서원(月巖書院)을 말한다. 이 서원의 사당에는 김주(金澍), 하위지, 이맹전(李孟專)의 위패가 모셔져 있다.

것입니다. 다만 회덕(懷德)의 경우에는 이미 방계(防啓)[271]의 일이 이루어졌으므로 곤란한 점이 있다 하겠습니다.

271 방계(防啓) : 상주(上奏)된 안건에 대하여 해당 부서에서 그 일의 부당성을 제시하여 아뢰는 것을 말한다.

민지숙에게 답함 무신년(1668, 현종9) 5월
答閔持叔 戊申五月

보내신 편지와 약재를 조금 전에 받고 방금 사의(謝意)를 표하는 답장을 썼는데, 지금 또 9일에 보내신 편지를 받고서 삼가 집사의 행차가 이쪽을 향해 온다는 사실을 알게 되었습니다. 만나 정담을 나눌 기회가 생긴 것이 기뻐서 사람으로 하여금 너무나도 만날 날이 기다려지게 만듭니다.

가뭄이 다시 들었으니 걱정으로 애타는 마음이 어찌 끝이 있겠습니까. 기억해 보면 기해년(1659, 효종10)에 가뭄의 재해가 한창 심하다가 5월 4일 선왕(효종(孝宗))의 상을 당한 한낮에 홀연히 큰비가 내렸으니, 이는 필시 선왕의 영령이 비를 하사하신 것입니다. 그 뒤로 이날에는 어느 해고 비가 오지 않은 때가 없었습니다. 삼가 생각건대 신민을 부지런히 보살피시는 마음은 등극하신 날과 차이가 없다 하겠습니다. 지금 영감께서 하신 말씀을 보니 저도 모르게 슬퍼져 눈물이 흘러내립니다.

사람과 말에 뿔이 난 기이한 일[272]은 일찍이 들어 본 적이 없으니 경악을 금할 수가 없습니다. 앞으로 어떠한 징험이 있을지 알 수 없어 너무나도 가슴이 떨리고 기가 막힐 뿐입니다.

272 사람과……일 : 《현종실록》 9년 5월 5일 기사에 따르면, 1668년 5월에 함경도 명천(明川)에 사는 사람의 머리 오른편에 뿔이 났는데 흡사 양(羊)의 굽은 뿔과 같았고, 경성부(鏡城府)에서는 말의 오른쪽 귀 안에 길이가 5푼 정도 되는 수탉의 벼슬 같기도 하고 뿔 같기도 한 것이 났다고 한다.

민지숙에게 보냄 무신년(1668, 현종9) 5월

與閔持叔 戊申五月

반나절의 만남이라 속마음을 다 쏟아 내지 못하다 보니 이별한 뒤의 그리움이 다시 더욱 아득하기만 합니다. 안형(晏兄)이 끝내 병석에서 일어나지 못하였는데[273] 오늘날의 세상에 어찌 다시 이런 사람이 있겠습니까. 그 뒷일이 아득한 것을 생각하니 더욱이 저도 모르게 눈물이 흘러내렸습니다.[274]

그의 장례를 지내는 일은 반드시 그날 아뢰었던 것과 같이 한 연후에야 거의 온편하게 될 것이기에, 이미 저 아이에게 집사의 백형(伯兄 민시중(閔蓍重))과 중형(仲兄 민정중(閔鼎重))에게 의논드리도록 당부하였고, 또 늙은 아내에게도 묵(墨)[275]의 모친에게 편지를 쓰게 하였는데,

273 안형(晏兄)이……못하였는데 : 정양(鄭瀁, 1600~1668)의 자가 안숙(晏叔)이므로 안형이라고 부른 것이다. 정양은 본관은 연일(延日), 호는 포옹(抱翁)이다. 정철(鄭澈)의 손자이고 김장생의 문인인데, 1668년 5월 1[illegible]일에 서울 관동(館洞)의 집에서 병사하였다. 《宋子大全 卷191 進善鄭公墓表》

274 그……흘러내렸습니다 : 정양에게는 정보연(鄭普衍)이라는 아들이 하나 있었는데 아버지보다 먼저 죽었고 손자는 나이가 어려 장례를 주관하기가 어려우므로 이렇게 말한 것이다. 정보연은 송시열의 문인으로 사제간의 정의가 매우 두터웠는데, 태백산(太白山)으로 들어가 방랑 생활을 하다가 일찍 세상을 떠났으므로 송시열로서는 이 집안의 일에 더욱 안타까운 마음이 들었던 것이다. 《寒水齋集 卷30 孺人閔氏墓誌銘》《宋書拾遺 卷1 鄭晩昌挽》

275 묵(墨) : 정양의 손자 정천(鄭洊, 1659~1724)의 어릴 때 이름이다. 520쪽 주217 참조.

집사의 백형과 중형의 생각은 과연 어떨지 잘 모르겠습니다. 만약 사리에 어긋나지 않는다고 여기신다면 집사께서 모름지기 도내의 지관(地官) 중에 뛰어난 자를 불러들이되 말과 시종, 양식과 반찬을 대주어 그로 하여금 즉시 장지(葬地)를 택하게 하는 것이 어떻겠습니까?

그리고 생각건대 이 형의 장문(狀文)은 모름지기 이 사람[276]이 죽기 전에 지어야만 거의 사실에 어긋나지 않을 것이니, 부디 그의 두 사위[277]에게 부탁하여 아는 대로 기억을 더듬어 보게 하는 것이 어떻겠습니까. 이 일은 집사의 백형과 중형, 그리고 집사께서도 유의하지 않아서는 안 될 것입니다. 애석하게도 이 형의 지기(知己)로는 단지 제 아이의 생부[278]가 있는데, 지금은 죽어 돌아올 수 없으니 참으로 어찌하면 좋단 말입니까.

276 이 사람 : 송시열 자신을 말한다.

277 그의 두 사위 : 정양의 사위 민광익(閔光益)과 윤헌경(尹憲卿)을 말한다. 《宋子大全 卷191 進善鄭公墓表》

278 제 아이의 생부 : 송시열의 양아들 송기태(宋基泰)의 생부인 사촌형 송시형(宋時瑩)을 말한다.

민지숙에게 답함 무신년(1668, 현종9) 5월

答閔持叔 戊申五月

감사의 깃발이 점점 가까이 오기에 이미 반가운 마음이 들었는데 연이어 보내신 편지를 받으니 더욱 이 마음에 위로가 됩니다. 다만 19일에 계룡산(鷄龍山)에 간다는 말씀을 들으니 다시 바삐 떠나실 것이라 여겨지기에 한탄스러운 마음이 듭니다.

가뭄의 재해가 이와 같으니 애타고 절박한 마음이 어찌 끝이 있겠습니까. 그러나 신령의 감응을 불러들이는 것은 단지 영감의 정성이 얼마나 신을 감동시켜 이르게 하느냐에 달려 있으니 지엽적인 글이 무슨 상관이 있겠습니까. 글이란 또 반드시 형산(衡山)의 구름이 걷히게 한 것과 같은 정도의 솜씨[279]는 되어야 거의 힘을 발휘할 수 있는데, 애석하게도 창려현(昌黎縣) 사람[280]이 부리던 솜씨가 끊어진 지도 오래되었습니다.

그러나 편지에서 하신 말씀이 이와 같으니 삼가 제 노둔함을 채찍질

279 형산(衡山)의……솜씨 : 한유(韓愈)가 형산에 올라가서 지은 시에 "내가 찾아온 것은 마침 가을비 내리는 계절이라, 음기가 어둑하건마는 씻어 낼 맑은 바람도 없네. 마음을 가라앉히고 말없이 기도를 올리자 감응이 있는 듯하니, 신명이 어찌 정직한 마음의 기도를 들어주지 않겠는가. 조금 있자 운무가 개면서 봉우리들이 드러나서, 우러러보니 우뚝하게 창공을 버티고 서 있구나."라는 구절이 있다. 《韓昌黎集 卷3 謁衡嶽廟遂宿嶽寺題門樓》 소식(蘇軾)은 〈조주 한문공 묘비(潮州韓文公廟碑)〉에서 "공의 정성은 형산의 구름이 걷히게 할 수 있었다."라고 하여 한유의 문장력을 칭찬한 바 있다.

280 창려현(昌黎縣) 사람 : 한유를 말한다.

하여 글을 지어 부응할 것입니다. 다만 보내 주신, 훌륭한 자리를 모두 차지해 버린 것 같은 가야산(伽倻山)의 제문(祭文) 수준에는 부합하지 못할 듯하니 더욱 사람으로 하여금 생각이 고갈되게 합니다. 이렇게 하였는데도 오히려 큰비를 얻지 못한다면 가야산의 신령은 매우 완악하다 말할 수 있을 것입니다. 나머지는 만났을 때 얘기하기로 하고 이만 줄이겠습니다.

민지숙에게 답함 무신년(1668, 현종9) 6월
答閔持叔 戊申六月

공주(公州) 호민(豪民)들의 포학함은 말을 하려면 혀가 닳을 것입니다. 말씀하신 것과 같은 경우는 어찌 구우일모(九牛一毛) 정도일 뿐이겠습니까.[281] 권(權)[282]의 명철함은 일반 사람보다 뛰어나 호민과 아전들이 이를 갈고 눈을 흘기며 원망하였습니다. 그가 뜻밖의 일로 떠났을 때 하리배(下吏輩)의 불손한 태도와 호민들의 형편없는 말은 이루 다 헤아릴 수 없을 정도였습니다. 이후에 그가 다시 와서 장차 추문(推問)하여 다스리려 하다가 갑자기 상(喪)을 당해 돌아갔으니, 그 대임(代任)이 만약 사대부의 마음이 있다면 어찌 그냥 지나칠 수 있겠습니까. 저는 이 죄는 우선 통렬하게 다스려도 된다고 생각합니다.

네 창고의 감관(監官)과 색리(色吏) 들은 으레 수백 섬을 꺼내어 사적인 용도로 쓰다가 갚을 때가 되면 가난한 백성에게 나누어 징수합니다. 그러면 가난한 백성은 두려워 감히 말을 못 하고 또 징수하는 것이 몇 말에 불과하기 때문에 매번 함구하고 순응합니다. 그런데 지금 이들을 잡아들였다는 말씀을 들으니 가려운 데를 긁은 것 이상으로 시원합니다. 그러나 만약 법대로 처단하려 한다면 죽는 자가 한둘이 아닐 것이고 풍습이 이를 늘 다반사로 여겼기 때문에 혹여 모르고 범한

281 말씀하신……뿐이겠습니까 : 민유중이 편지에서 말한 내용은 현재 벌어지고 있는 전체 규모와 비교해 볼 때 극히 미미한 일부일 뿐이라는 말이다.

282 권(權) : 공주를 다스린 목사(牧使)인 듯하다.

자도 있을 것입니다. 모름지기 영문(營門)에서 통렬하게 감죄(勘罪)하되 죽을 자는 절로 죽게 하고 살 자는 절로 살게 하는 것이 어떨지 모르겠습니다.

동명(東溟)의 글은 언뜻 보아도 자못 하자가 있습니다만 그 문장의 기세는 호방하고 강건하니 다른 사람이 바랄 수 있는 경지가 아닙니다. 장차 상세하게 보고 말씀드리겠습니다.

민지숙에게 보냄 무신년(1668, 현종9)

與閔持叔 戊申

일찍이 용담(龍潭)[283]에게 답하는 편지에서 "이 형이 만년에 진천(鎭川)에 묫자리를 정하고 역시 매우 좋아하였으니 지금 그대로 그곳 진천에 장사 지낸다면 그의 유언을 따르지 않고 그의 평소 뜻을 따르는 것입니다.[284] 그러니 만약 이 형에 대해 조부를 따르기를 좋아하지 않을 것이고 필시 아내를 따르기를 좋아할 것이라고 여긴다면 이는 이 형을 대우하는 것이 아닙니다.……"라고 한 적이 있는데, 그[285]가 어떻게 생

283 용담(龍潭) : 용담 현령을 지낸 홍석(洪錫, 1604~1680)을 말한다. 본관은 남양(南陽), 자는 공서(公敍), 호는 손우(遜愚)이다. 김상헌(金尙憲)의 문인으로 병자호란 이후 벼슬을 단념하고 태백산 춘양(春陽)에 은거하여 강흡(姜恰), 정양(鄭瀁), 홍우정(洪宇定), 심장세(沈長世)와 교유하였는데, 사람들이 이들을 태백 오현(太白五賢)이라고 불렀다. 《陶菴集 卷32 司禦遜愚洪公墓碣》

284 이……것입니다 : 이 형이란 정양을 가리킨다. 본관은 연일(延日), 호는 포옹(抱翁)이며 송강(松江) 정철(鄭澈)의 손자이자 김장생(金長生)의 문인인데, 1668년 5월 13일 서울 관동(館洞)에서 병으로 사망하였으므로 장지(葬地)를 의논하고 있는 것이다. 만년에 진천에 묫자리를 정했다는 것은 그가 생전에 조부인 정철의 묘소가 있는 진천의 선산을 자신의 묫자리로 정했다는 말이다. 그러나 정작 죽을 때에는 태백산 봉화(奉化)의, 부인 이씨(李氏)와 아들 정보연(鄭普衍)의 무덤이 있는 곳에 묻어 달라고 유언하였다. 《宋子大全 卷61 答閔持叔(戊申六月二十日), 卷192 進善鄭公墓表》《抱翁集 卷7 年譜》

285 그 : 정주(鄭澍, 1634~1704)를 말하는 듯하다. 자는 덕우(德雨)이고 정철의 현손(玄孫)이며 송시열의 문인이다. 정양이 죽었을 때 아들 정보연은 이미 8년 전에 죽었고 정보연의 아들 정천(鄭洊)은 나이가 어렸으므로 종손인 정주가 상사(喪事)를 주관

각하는지 모르겠습니다. 오늘 그가 오겠다고 약속하였으니 만나서 상의할 수 있을 것입니다. 다만 이 말은 친구의 처지에서 한 말이고 따를지 말지는 정씨 본가에 달려 있기 때문에 이미 이런 뜻으로 정애(鄭哀 정주(鄭澍))에게 답장하였으니, 그가 필시 이미 조처한 바가 있을 것입니다.

다만 만창(晩昌)의 무덤을 이장(移葬)하는 것은 하루가 시급하니[286] 부디 이런 때를 계기로 조속히 그 장지와 날짜를 택하는 것이 어떻겠습니까. 처음에는 아버지가 들어오고 자식이 나가는 것을 도리에 크게 어긋난다고 여겼는데 지금은 또한 이를 돌아볼 겨를조차 없는 점이 있습니다.[287]

무릇 이런 일들은 모두 그 집안의 운수와 관계되는 것이기에 참으로 그렇게 하려 하지 않아도 절로 그렇게 되는 점이 있습니다. 그래도 우리의 도리로는 힘이 미칠 수 있는 한에서 최선을 다하지 않을 수 없으므로 지난번에 이 형의 병이 심각하다는 소식을 들었을 때 속히 편지를 보내어 장차 이장을 해야 한다는 뜻을 고했습니다. 그가 비록

한 것으로 보인다. 《宋子大全 卷36 與尹汝望吉甫(戊申六月)》

286 만창(晩昌)의……시급하니 : 만창은 정보연의 자이다. 그가 태백산으로 들어가 방랑 생활을 하다가 세상을 떠났으므로 아버지 정양이 그를 태백산의 봉화에 장사 지냈고 자신의 부인 이씨(李氏)와 외숙 홍인걸(洪仁傑) 등도 차례로 그곳으로 이장하였다. 그런데 후에 지관(地官)들이 정보연의 무덤은 후손에게 화를 미칠 수 있는 자리이므로 이장해야 한다고 주장하였다. 《寒水齋集 卷30 孺人閔氏墓誌銘》《宋子大全 卷36 與尹汝望吉甫(戊申六月)》

287 처음에는……있습니다 : 정보연의 이장이 시급한 상황이므로 정양을 봉화에 장사 지내고 정보연을 봉화에서 다른 데로 이장하는 것도 고려해 볼 수 있다는 말이다.

그 편지를 미처 보지는 못했지만 듣자니 우리 아이가 그 편지를 빈소에 올리고 곡하였다고 합니다. 지금 이렇게 하지 않으면 만창을 저버릴 뿐만 아니라 이 형을 저버리는 일이 되기에 제가 이렇게 간절히 말씀드리는 것입니다.

민지숙에게 답함 무신년(1668, 현종9)
答閔持叔 戊申

민 남원(閔南原)[288]이 편지에서 말한 것이 모두 옳기 때문에 한결같이 그의 말에 따라 산정(刪定)하였고 그 외에 다소 긴요하지 않게 여겨지는 것들 역시 대부분 빼 버리고 간략하게 하였습니다. 역사에서 말하지 않았는데 스스로 창작했다는 말씀은 그렇게 할 능력을 갖춘 사람이 아니면 참으로 어찌 감히 그렇게 할 수 있겠습니까. 삼가고 또 삼가도 오히려 잘못이 있을까 두려우니 유하혜(柳下惠)를 배운 사람 중에는 문을 닫은 노나라 남자보다 나은 사람이 있지 않습니다.[289]

288 민 남원(閔南原) : 남원 부사를 지낸 민중로(閔重魯, 1624~?)를 말한다. 본관은 여흥(驪興), 자는 동망(東望)이다. 병조 좌랑과 장령을 지냈다.

289 삼가고……않습니다 : 《모시정의(毛詩正義)》 〈소아(小雅) 항백(巷伯)〉의 모전(毛傳)에 "노나라 사람 중에 혼자 사는 남자가 있었는데 이웃의 과부도 혼자 살고 있었다. 어느 날 밤 폭풍우로 과부의 집이 무너지자 과부가 남자 집으로 달려와서 의탁하려 하였는데, 남자는 문을 닫고 들어오지 못하게 하였다. 이에 부인이 말하기를 '그대는 어째서 유하혜가 했던 것처럼 하지 못하십니까? 그는 신분이 낮은 여자를 따뜻하게 품어 주었는데도 나라 사람들이 음란하다고 하지 않았습니다.' 하니, 남자가 말하기를 '유하혜는 진실로 그렇게 할 수 있지만 나는 진실로 그렇게 할 수 없습니다. 나는 내가 잘하지 못하는 것으로 유하혜의 잘하는 점을 배우려 합니다.' 하였다. 이에 대해 공자(孔子)는 '유하혜를 배우려고 하는 사람 중에 이보다 나은 경우는 있지 않다.'라고 평하였다."라고 하였다. 여기서는 노나라 남자처럼 송시열도 자신이 할 수 있는 범위 안에서 문제가 생기지 않도록 신중하게 글을 쓸 뿐이라는 말이다.

민지숙에게 답함 무신년(1668, 현종9) 6월 20일

答閔持叔 戊申六月二十日

엊그제 편지를 받고 답장을 썼는데 다만 그 인편이 심하게 발을 절뚝거려 돌아가기가 쉽지 않은 상황이었습니다. 그러다가 이제 다시 거듭 편지를 받았으니 누가 열 통의 편지보다 한 번 보는 것이 낫다고 말할 수 있겠습니까.

정형(鄭兄 정양(鄭瀁))의 장지(葬地)에 관한 설들은 이전 편지와 아울러 홍(洪)과 윤(尹)의 편지[290]까지 올렸으니, 이것을 보면 이런저런 설들을 다 알 수 있을 것입니다. 봉화(奉化)와 진천(鎭川)을 놓아두고 다른 장지를 찾는다면 장차 분분한 외부의 논란을 이루 감당할 수 없을 것입니다. 역시 일로 봐서는 제대로 이르어질 수 없는 점이 있으니 그는 모름지기 진천에 장사 지내도록 하고 만창(晩昌 정보연(鄭普衍))의 무덤은 즉시 제천(堤川)으로 이장하여 둘 사이의 거리가 다소 가깝게 한다면 일에서나 도리에서나 모두 순하고 편리할 것으로 보입니다. 잘 모르겠지만 어떻게 생각하십니까?

외부 사람들이 만약 아버지가 들어가고 자식이 나오는 것을 크게 사리에 어긋난다고 여기지 않는다면 정형의 유언을 따라 아버지는 봉화에 장사 지내고 아들의 무덤은 즉시 이장하는 것도 불가하지는 않을

290 홍(洪)과 윤(尹)의 편지 : 홍은 홍석(洪錫)이고 윤은 윤문거(尹文擧)와 윤선거(尹宣擧) 형제이다. 송시열이 홍석에게 답하고 윤씨 형제에게 보낸 편지를 말한다. 《宋子大全 卷36 與尹汝望吉甫(戊申六月)》

것입니다. 제천의 산이 원서(遠西)[291]에서 가까우면 더욱 편리할 것입니다만, 이 또한 십분 상세하게 살펴보지 않아서는 안 됩니다.

그러니 모름지기 믿을 만한 사람을 보내어 헤아려 보게 한 연후에 연월(年月)은 민 참봉(閔參奉) 어른에게 택하게 하되, 감사께서 체직(遞職)되기 전에 한다면 매우 좋겠습니다. 대체로 정형의 장지는 비록 마음대로 할 수 없으나 만창의 일에서는 기필코 스스로 그 잘못에 대한 책임을 지더라도 반드시 이장하고 싶습니다.

주생(朱生 주여규(朱汝奎))의 편지는 의문 나는 예(禮)에 대해 물어온 것인데 답장을 전달할 길이 있겠습니까? 다음 편지에 말씀해 주시기 바랍니다. 이만 줄입니다.

291 원서(遠西) : 제천 내의 지명으로 민씨(閔氏) 집안의 선산이 있는 곳이다.《宋子大全隨箚 卷7》

민지숙에게 답함 무신년(1668, 현종9) 6월 28일

答閔持叔 戊申六月二十八日

정애(鄭哀)[292]가 오고 이어 보내 주신 편지를 받으니 그지없이 위로됩니다. 이전 편지에 대해서는 어제 이미 답장하였습니다. 정형(鄭兄 정양(鄭瀁))의 장지에 대해서는 처음부터 지금까지 봉화(奉化)는 불가하다는 것이 제 생각이었는데, 홍 용담(洪龍潭)의 설[293]을 들은 뒤로 이번 상(喪)의 장지는 봉화로 하되 만창(晩昌 정보연(鄭普衍))의 묘는 다른 곳으로 이장하자는 것이 처음과는 달라진 제 견해입니다.

그런데 봉화를 제치면 진천(鎭川)인데 진천이 인사(人事)에서 편리하다는 것이 길보(吉甫 윤선거(尹宣擧)) 등 여러 공의 의견입니다. 비록 이 의견이 옳다 하더라도 진천 역시 최적지는 아니라는 것이 또 저의 견해입니다. 그래서 우선은 진천에 장사 지냈다가 후일의 상황이 어떤지 보려고 한 것이 또한 부득이한 데서 나온 저의 의견입니다.

그런데 이제 듣자니 정애가 끝내 진천의 묫자리를 다른 곳으로 바꾸려 한다고 합니다. 그러면 진천으로 하는 계획은 단연코 이미 막혔다 하겠습니다. 하지만 만창의 이장에 대해서는 저의 뜻이 간절할 뿐만

292 정애(鄭哀) : 정양의 아들 정천(鄭洊)이 나이가 어려 대신 정양의 상사를 주관하고 있는 정주(鄭澍)를 말하는 것으로 보인다. 1668년 6월에 정주가 정양의 장지 문제를 논의하기 위해 송시열을 찾아왔다. 《宋子大全 卷36 與尹汝望吉甫(戊申六月)》

293 홍 용담(洪龍潭)의 설 : 홍 용담은 용담 현령(龍潭縣令)을 지낸 홍석(洪錫)을 말한다. 그는 정양의 장지로 봉화를 주장하는 한편, 봉화에 있는 정보연의 무덤은 후손이 끊어질 땅이라고 하면서 이장을 주장하였다. 《宋子大全 卷36 與尹汝望吉甫(戊申六月)》

아니라 봉화를 주장하는 홍공(洪公 홍석(洪錫))의 의견으로 보더라도 만창의 경우는 이장하지 않아서는 안 된다고 하였으니, 지금 제천(堤川)이라는 편리한 곳을 얻은 상황에서 어찌 잠시인들 늦출 수 있겠습니까.

제천이 과연 길지일 경우, 그 집안의 의견은 이번 상의 장지까지도 제천으로 하려고 하는데, 이것도 매우 편리하고 좋을 것입니다. 다만 진천과 봉화를 놓아두고 새로 정하는 잘못에 대해 길보 등 여러 공이 힘주어 말하고 있으니 이 점이 난처한 듯합니다. 오늘의 일은 단지 한 가지 유념할 것이 있는데, 봉화에 묻어 달라는 유지를 어기는 것이 어찌 부자를 같은 곳에 묻어 달라는 유지를 어기는 것만 하겠습니까. 이는 단지 그 집안의 여러 친척이 경중을 잘 헤아려 결정하는 데 달려 있다 하겠습니다.

대체로 제 생각에는 이 말 저 말 할 것 없이 진실로 묵(墨 정천(鄭洊))에게 이로우면 그렇게 하는 것이 아마도 이 형의 뜻일 듯합니다. 원우(元祐) 연간의 제현(諸賢)이 "그 일을 따르지 않고 그 뜻을 따라야 한다."라고 한 것이 바로 오늘의 일이라 하겠습니다. 그러나 이것은 대사(大事)이니 마음대로 할 수 없습니다. 따라서 이제 장차 길보에게 달려가 물어보려 하는데, 만약 그런 답변을 얻게 되면 즉시 답변드리도록 하겠습니다.

○ 지금 보니 정애는 논의를 결단하고 일을 처리하고 또 중론을 제압할 능력을 갖추었으니 매우 위안이 되고 위로가 됩니다. 모든 일을 이 사람에게 맡기는 것이 어떻겠습니까?

민지숙에게 보냄 무신년(1668, 현종9)

與閔持叔 戊申

정형(鄭兄 정양(鄭瀁))의 장지에 대한 논의가 아직 정해지지 않았으니 안타깝고 답답합니다. 용담(龍潭 홍석(洪錫))과 윤우(尹友 윤문거와 윤선거)의 편지에서의 주장이 이와 같으니, 제 생각은 한결같이 윤(尹)의 편지대로 끝내 진천 쪽에 무게가 쏠립니다. 그 아버지를 진천에 장사 지내고 나면 만창의 이장은 편리한 대로 하더라도 불가할 것이 없습니다. 만약 진천을 제쳐 두고 다른 데를 구하게 되면 아마도 분분한 논의를 진정할 수 없을 듯합니다.

용담의 편지 중의 이른바 그 첩(妾)에 관한 대목은 매우 놀랄 만한 일이니, 모름지기 주부(主婦)에게 고하여 힘써 잘 보합하게 함으로써 사람들이 엿보고 이러쿵저러쿵하지 않게 하는 것이 어떻겠습니까? 기타 풍수에 관한 논의는 그 우활함만 보였을 뿐이고 풍수상의 주세(主勢) 운운한 이하는 단지 옛 책의 글을 베껴 놓았을 뿐입니다. 용담과 윤의 두 편지는 돌려주시는 것이 어떻겠습니까?

민지숙에게 답함 무신년(1668, 현종9) 7월
答閔持叔 戊申七月

보내 주신 편지를 받은 데다 아울러 책자를 장정까지 하여 돌려주시니 감사한 마음 그지없습니다. 거취에 대한 말씀은 매번 그 지극히 간절한 마음에 감동하지만 성공과 실패, 이로움과 불리함은 몸과 마음을 다 바쳐 나라에 이바지하는 자의 일이고,[294] 몸과 마음을 다 바치는 것은 포부를 지닌 자가 아니면 불가능합니다. 그래서 소옹(邵雍)이 말하기를 "천하의 일을 위해 죽기는 쉽다." 했던 것이니,[295] 이는 지닌 것도 없으면서 경솔하게 그 일을 맡는 것을 기롱한 것입니다.

초야에 숨을 수 없다는 점은 사람들이 다 이렇게 말합니다만, 송(宋)나라의 제공(諸公)은 비록 조정에서 벼슬했던 자들도 오히려 물러나 초야에서 늙었고, 본조(本朝)의 일의 체모도 이와 다른 것이 있었습니까. 그러니 이는 응당 체직(遞職)된 뒤에 강구해야 할 일인 것입니다.

294 성공과……일이고 : 제갈량(諸葛亮)의 〈후출사표(後出師表)〉에 "모든 일은 이와 같아서 어떻게 될지 미리 알기 어려우니, 신은 몸과 마음을 다 바쳐 죽은 뒤에야 그만둘 것입니다. 성공과 실패, 이로움과 불리함에 대해서는 신의 지혜로 미리 헤아릴 수 있는 바가 아닙니다."라고 하였다. 이에 근거하여 이 구절의 뜻을 부연하면, 앞으로 펼쳐질 일의 성패와 유불리를 미리 따지지 않고 오로지 자신이 지닌 능력을 다하는 것이 나라를 위해 몸과 마음을 바치는 자의 일이라는 말이다. 《三國志 蜀書5 諸葛亮傳》

295 소옹(邵雍)이……것이니 : 송나라 때의 학자 소옹이 말하기를 "천하의 일을 위해 죽기는 쉽지만 천하의 일을 이루기는 어렵다." 하였다. 《皇極經世書 卷12 觀物內篇》 죽음도 쉬운 일이 아니지만 그래도 천하의 일을 이루기가 더 어려움을 강조하기 위해 한 말이다.

석채례(釋菜禮)의 소고기 육포는 계하 사목(啓下事目)이 이미 이루어졌으니 더욱 미안할 것이 없습니다. 이것을 핑계로 농간을 부리는 폐단은 이를 관리하는 자가 철저하게 막는 데에 달려 있을 뿐입니다.

별지

성상의 뜻이 매우 간절한 점[296]에 대해서는 저처럼 매우 혼미한 사람이라도 어찌 감동할 줄 모르겠습니까. 다만 스스로 자질을 돌아볼 때 진실로 털끝만큼이라도 은혜에 보답할 가망이 없으니 스스로 낭패스러울 뿐입니다. 그래서 감히 그 뜻에 부응하지 못하는 것이지 이 밖에 다시 다른 뜻은 없습니다.

생각건대 무술년(1658, 효종9)과 기해년(1659, 현종 즉위년) 사이에 여러 친구가 전혀 서로 도와주지 못하자, 혹자는 저를 재앙의 근원이라 하기도 하고 혹자는 5일간의 경조윤(京兆尹)이라 하기도 했으며,[297] 심지어는 거짓으로 서로 소원한 모습을 취하여 스스로 재앙을 모면할 단서를 만들고 있다고 여기기도 하였습니다. 이는 비록 제가 자초한 것이기는 하지만 여기에서 인정이 어떤지를 잘 볼 수 있었는데, 오늘날은 더욱 심하다는 생각이 듭니다. 사방을 돌아보아도 아득하기

296 성상의……점 : 1668년 2월 24일에 송시열이 우의정에 제수된 이후 사직 상소를 올리며 나오지 않자, 현종이 계속 승지나 가주서를 보내어 조정에 나오기를 간곡하게 전유(傳諭)하고 있는 상황을 말한다.

297 5일간의……했으며 : 한(漢)나라 때 장창(張敞)이 경조윤에 임명되자, 그가 며칠 못 가서 해임될 것을 알고는 적포연(賊捕掾) 서순(絮舜)이 말하기를 "이분은 지금 5일간의 경조윤일 뿐이다." 했다고 한다.《漢書 張敞傳》당시 이조 판서로 있던 송시열이 얼마 못 가서 물러날 것이라고 말하는 사람도 있었다는 말이다.

만 할 뿐이니 결국 끝에 가서 낭패를 당하고 돌아오면 무슨 이익이 있겠습니까.

도움이 없는데 실패하거나 깨지지 않을 것이라고 스스로 주장하는 것은 모름지기 보통 수준을 벗어난 재덕과 명망을 갖추고 있어야 가능할 것입니다. 영감께서 한번 그 처음과 끝을 생각해 보시는 것이 어떻겠습니까? 영감의 지극한 정성에 대해서는 진실로 늘 경탄하고 있습니다. 성상의 체후가 미령하시어 진실로 걱정스럽고 급박하니 북쪽으로 대궐을 바라본다는 말씀은 실로 제 마음과 부합한다 하겠습니다.

민지숙에게 답함 무신년(1668, 현종9) 10월
答閔持叔 戊申十月

도성을 나온 지 반달 만에 도봉(道峯)으로 돌아왔는데,[298] 홀연히 집사의 중형(仲兄 민정중(閔鼎重)) 대감으로부터 10일에 보내신 편지를 전해 받고 삼가 여러 가지 말씀하신 것을 알게 되니 제 마음이 매우 위로되고 후련합니다.

이번 행차에서 옛 도읍지 송도(松都)의 산천을 두루 돌았는데, 성조(聖祖 이성계(李成桂))의 유적지와 탁타교(橐駝橋)[299]에 이르러서는 두 태조(太祖)[300]의 웅장한 풍모를 상상하였습니다. 이어 숭산(崧山)[301]의 선죽(善竹)[302]을 방문해서는 포은(圃隱)의 순결한 충의(忠義)를 추모

298 도성을……돌아왔는데 : 송시열은 1668년 10월 8일에 상소하여 선산에 성묘하기 위한 휴가를 받고 12일에 양주(楊州)의 서산(西山)에 있는 선산을 참배하고 장단(長湍)을 거쳐 개성(開城)의 여러 곳을 둘러본 뒤 24일에 도봉서원(道峯書院)으로 돌아왔다. 《宋子大全 附錄 卷5 年譜》

299 탁타교(橐駝橋) : 개성의 보정문(保定門) 안에 있는 다리이다. 옛날 거란이 고려 태조에게 수호(修好)를 위하여 낙타 50필을 보내왔는데, 이때 태조가 거란족과는 수교할 수 없다 하여 사신 30명을 모두 섬으로 귀양 보내고 낙타 50필은 이 다리 아래에 매어 두고 모두 굶어 죽게 한 데서 이런 이름이 붙었다. 《東國輿地志 卷1 京都 開城府》

300 두 태조(太祖) : 고려의 태조 왕건(王建)과 조선의 태조 이성계를 말한다.

301 숭산(崧山) : 개성의 진산(鎭山)인 송악(松嶽)의 이칭이다. 신숭산(神嵩山)이라고도 한다. 《東國輿地志 卷1 京都 開城府》

302 선죽(善竹) : 개성의 좌견리(坐犬里) 북쪽에 있는 선죽교(善竹橋)로, 포은 정몽주(鄭夢周)가 피살된 곳이다. 《東國輿地志 卷1 京都 開城府》

하였습니다. 그리고 화담(花潭),[303] 봉잠(鳳岑),[304] 파산(坡山)의 두 사당과 묘소[305]도 모두 들렀으며, 천마(天磨), 성거(聖居), 오관(五冠), 보봉(寶鳳) 같은 산은 말할 것도 없습니다. 끝에 마전(麻田)에 들러 고려 태조 등의 사당에 참배하고[306] 이어 왕씨(王氏)의 후손들과 얘기를 나누었는데 사람의 마음을 편치 않게 하였습니다.

이제 앞으로 조계(漕溪)[307]에 노닐게 되었고 지금 와서 얻은 것이 많으니 어찌 다시 다른 생각이 있겠습니까. 경륜과 사업은 한결같이 춘형(春兄 송준길(宋浚吉)) 및 집사의 백형(伯兄 민시중(閔蓍重))과 중형에게 맡기고 도성의 동문(東門) 밖에서 귀영(貴營)의 당귀주(當歸酒)를 오래 마시려고 하는데,[308] 집사는 어떻게 생각하십니까?

303 화담(花潭) : 개성부 화담동(花潭洞)의 화담서원(花潭書院)을 말하는데, 화곡서원(花谷書院)이라고도 한다. 화담 서경덕(徐敬德)의 위패를 모신 곳이며 그의 문인 박순(朴淳), 허엽(許曄), 민순(閔純)을 배향하였다.《東國輿地志 卷1 京都 開城府》

304 봉잠(鳳岑) : 경기 장단(長湍)의 봉잠서원(鳳岑書院)을 말하는데, 안순(安珣), 이색(李穡), 김안국(金安國), 김정국(金正國)의 위패를 모신 곳이다.《東國輿地志 卷2 京畿右道 長湍都護府》

305 파산(坡山)의……묘소 : 두 사당이란 경기 파주(坡州)에 있는 파산서원(坡山書院)의 성혼(成渾)을 모신 사당과 자운서원(紫雲書院)의 이이(李珥)를 모신 사당을 말하고, 두 묘소란 성혼과 이이의 묘소를 말한다.

306 마전(麻田)에……참배하고 : 경기 장단 마전군(麻田郡)의, 고려 태조 이하 7대 임금의 위패를 모신 숭의전(崇義殿)을 참배했다는 말이다.《東國輿地志 卷2 京畿右道 長湍鎭 麻田郡》

307 조계(漕溪) : 대본에는 '曹溪'로 되어 있는데,《동국여지비고(東國輿地備考)》 권2 〈한성부(漢城府)〉에 근거하여 '曹'를 '漕'로 바로잡아 번역하였다. 도봉산과 삼각산의 중간 지점에 있는 지명으로 지금의 북한산 우이동 계곡의 서북쪽 지류이다.

308 귀영(貴營)의……하는데 : 귀영은 충청 감영(忠淸監營)을 말하는데 당시에 민유

쌍수비(雙樹碑)[309]는 어찌 감히 경계하신 대로 하지 않을 수 있겠습니까. 다만 성(成)과 최(崔)의 두 비(碑)와 견주어 볼 때 그 일 중에 어느 것이 먼저 할 일이고 나중에 할 일인지 잘 모르겠습니다.[310] 식물(食物)은 만약 성상의 명을 얻지 못하면 의당 어떻게 처리해야 하겠습니까?[311] 모름지기 잘 헤아려 보고 말씀해 주시기 바랍니다.

봉화(奉化)의 면례(緬禮)[312]는 생각하면 눈물이 흘러내립니다. 제가

중이 충청 감사로 있었다. 1668년 10월에 송시열이 민정중에게 답하는 편지에, 호서백(湖西伯)이 당귀주를 보내 주어 자신의 마음을 사로잡았다는 내용이 보인다. 《宋子大全 卷57 答閔大受(戊申十月)》

309 쌍수비(雙樹碑) : 쌍수(雙樹)는 공주(公州)에 있는 쌍수산성(雙樹山城)을 말하는데, 1624년(인조2) 이괄(李适)의 난 때에 이곳으로 피신했던 인조가 성안의 두 그루 나무 아래에 머물러 있었기 때문에 이런 이름이 붙었다. 《약천집(藥泉集)》 〈쌍수산성 기사비 추기(雙樹山城記事碑追記)〉에 따르면, 충청 감사로 있던 민유중이 인조 당시의 유적을 기록하여 남기고자 송시열에게 비석의 음기(陰記)를 부탁한 것으로 보인다. 그러나 실제로 이 비석은 당시에는 완성하지 못하였고 이후 숙종 대에 와서야 세워지게 된다. 《藥泉集 卷19 雙樹山城記事碑追記, 卷34 寄記》《新增東國輿地勝覽 卷17 忠淸道 公州牧》《肅宗實錄 17年 12月 19日》

310 성(成)과……모르겠습니다 : 성은 성삼문(成三問)을, 최는 최영(崔瑩)을 말한다. 송준길이 민유중에게 답한 편지에 "홍주(洪州)에 있는 성삼문 고택의 땅 절반은 성삼문의 고택이고 나머지 반은 최영의 고택이라 하니, 다시 자세히 조사해 보는 것이 어떻겠는가?"라는 대목이 있는데, 아마도 민유중이 이것이 사실임을 확인하고 이 고택에 두 사람의 유허비를 세우려고 송시열에게 글을 부탁했던 것으로 보인다. 《宋子大全 隨箚 卷7》《同春堂集 卷13 答閔持叔(戊申)》 쌍수비의 비문과 성삼문·최영의 비문 중에 어느 것을 먼저 지어야 하는지를 물은 것이다.

311 식물(食物)은……하겠습니까 : 송시열이 휴가를 받아 양주 서산의 선산에 성묘하러 갈 때 현종이 식물을 하사하자 송시열이 계속 사양하고 받지 않았다. 《宋子大全 附錄 卷5 年譜》 자신의 사양을 임금이 끝까지 받아들이지 않는다면 어떻게 조처하는 것이 좋겠느냐는 말이다.

병이 있고 지역도 멀어서 가서 영결할 수 없는데, 그가 이 마음을 잘 혜량해 줄지 모르겠습니다. 10일쯤에 대략 성서(城西)에 도착하여 정형(鄭兄 정양(鄭瀁))의 궤연(几筵)에 곡하고 이어 묵(墨 정천(鄭洊))을 위로하면서 슬피 눈물을 흘렸는데, 그 내곡(內哭)[313]은 더욱 차마 들을 수 없었습니다.

312 봉화(奉化)의 면례(緬禮) : 봉화에 있는 정보연(鄭普衍)의 무덤을 제천(堤川)으로 이장하는 일을 말한다.

313 내곡(內哭) : 정양의 며느리이자 정보연의 부인인 민씨(閔氏)의 곡소리를 말하는 듯하다.

민지숙에게 답함 무신년(1668, 현종9) 11월

答閔持叔 戊申十一月

눈이 온 뒤에 교외의 집 처마 아래에서 햇볕을 쬐다가 손수 쓰신 편지를 갑자기 받으니 기쁘고 위로되는 마음이 어찌 끝이 있겠습니까. 그러나 이때 한 병의 당귀주(當歸酒)를 잃어버렸으니 작은 일이 아닙니다. 이는 제가 말을 신중하게 하지 못한 소치이기에 허물을 돌릴 곳이 없으니[314] 우습고 우습습니다.

저는 병이 날로 심해져서 오늘도 조정의 반열에 나아가 신하로서의 경사스럽고 기쁜 마음을 표하지 못하였습니다.[315] 그래서 다시 대죄(待

314 이때……없으니 : 송시열은 1668년 2월 24일 우의정에 제수된 이후 계속 사직 상소를 올리며 나가지 않다가 9월에 현종이 온양 온천에 행행했을 때 그 행궁에 입조하여 임금을 만났다. 그때 현종에게 자신의 우의정 직김을 체차한다면 대가(大駕)를 따라 올라가겠다고 약속하여 판중추부사에 제수되었고, 그 뒤 도성 안이 시끄러우니 교외에 나가 있겠다고 청하여 이때까지 계속 광주(廣州)의 궁촌(宮村)에 머물고 있었다. 《宋子大全 附錄 卷5 年譜》 여기서 당귀주는 당귀라는 약재로 만든 술의 의미보다는 '돌아가야 한다'는 그 글자의 뜻을 취한 것이다. 온양 행궁에서 대가를 따라 올라가겠다고 말함으로 인해 결국 지금까지 집으로 돌아가지 못하고 있다는 말이다.

315 저는……못하였습니다 : 1668년 8월 16일에 현종이 온양에 행행했다가 9월 초에 세자가 감기로 열이 심해지자 궁으로 돌아갔는데, 10월 초에는 세자가 내의원으로 거처를 옮길 정도로 병이 심해졌다. 이후에 점점 병이 나아져 10월 30일에는 세자의 병이 회복된 것을 종묘에 고하고 교서를 반포하기로 결정하였고, 11월 10일에 권정례(權停例)로 진하례(陳賀禮)를 거행하였다. 《顯宗實錄 9年 8月 16日, 9月 3日・4日, 10月 2日・30日, 11月 10日》 송시열은 병으로 이 진하례에 참석하지 못하였다는 말이니, 이 편지는 11월 10일에 썼음을 알 수 있다.

罪)하는 상소를 올렸으니 이런 상황이라면 또 어찌 당귀주를 생각하지 않을 수 있겠습니까. 성상께서 자주 경연(經筵)을 여시어 신하와 주고받는 대화가 메아리처럼 원활하니, 이는 실로 왕업의 근본이 되는 터전입니다. 태평 만세를 금상(今上)의 당대에 기대할 수 있게 되었는데 유독 미천한 신하인 제가 병으로 인해 제대로 보좌하지 못하고 있으니 죄스럽고 한스러울 뿐입니다.

제가 서쪽으로 송도(松都)를 유람할 때 화장사(華藏寺)에 이르러서는 공민왕(恭愍王)의 화상을 보고[316] 참으로 임금 같지 않다고 느꼈고, 만월대(滿月臺)에 올라서는 옛사람이 늘어진 기장을 보고 했다는 탄식을 하였습니다.[317] 선죽교(善竹橋)를 방문해서는 왕요(王瑤 공양왕(恭讓王))가 충신(忠臣 정몽주(鄭夢周))을 보호하지 못한 것을 탄식하였고, 탁타교(槖駝橋)에 이르러서는 고려 태조(太祖)의 웅장한 풍모를 상상하였습니다. 지난번 연석(筵席)에서 이에 대해 하나하나 권면과 경계의 말씀을 드리고 싶었는데 해 질 무렵에 춘형(春兄)이 다른 말을 끼워 넣는 바람에 그 말씀을 다 드리지 못하였으니, 이제 와서 한스러운

316 화장사(華藏寺)에……보고 : 화장사는 장단(長湍)의 보봉산(寶鳳山) 아래에 있는 절로, 고려 공민왕의 〈조경자사도(照鏡自寫圖)〉가 보관되어 있다. 《新增東國輿地勝覽 卷12 京畿 長湍都護府》

317 만월대(滿月臺)에……하였습니다 : 만월대는 개성에 있는 고려 왕궁의 정전(正殿)인 연경궁(延慶宮) 앞 계단에 있던 누대이다. 《東國輿地志 卷1 京都 開城府》 "늘어진 기장을 보고 했다는 탄식"이란 《시경》 〈왕풍(王風) 서리(黍離)〉에 보이는 것으로, 동주(東周)의 대부(大夫)가 행역(行役)을 나가는 길에 이미 멸망한 서주(西周)의 옛 도읍인 호경(鎬京)을 지나가다가 옛 궁궐이 폐허로 변한 채 기장만 늘어져 있는 것을 보고 비감에 젖어 탄식한 것을 말한다. 여기서는 송시열이 만월대의 터만 남아 있는 것을 보고 멸망한 고려 왕조의 옛 영화에 대해 탄식하였다는 말이다.

마음이 그지없습니다.

규암(圭菴)과 천곡(泉谷) 두 선생의 묘소를 살피고서 갖추어지지 않은 묘소의 석물(石物)을 갖추려 한다고 하시니[318] 경탄스러운 마음을 금할 수가 없습니다. 규암 선조의 비석 음기(陰記)는 끝내 빠트려서는 안 되니 부디 아울러 유의해 주시는 것이 어떻겠습니까. 선조의 묘표(墓表)는 만약 집사의 백씨(伯氏 민시중(閔蓍重))와 중씨(仲氏 민정중(閔鼎重))로부터 명이 있으면 어찌 감히 저의 졸렬한 실력을 잊은 채 이에 부응하여 짓지 않을 수 있겠습니까.

쌍수비(雙樹碑)의 글[319]은 초고가 이미 완성되었으니 정서하여 올리겠습니다. 다만 쌍수(雙樹)는 석가(釋迦)가 열반한 곳에 있던 나무이므로 후세에 승려를 일컬어 쌍문자(雙門子)라고 하였으니, 지금 좋은 글자로 고치려고 하는데 잘 되지 않습니다. 부디 생각해 봐 주시는 것이 어떻겠습니까.

318 규암(圭菴)과……하시니 : 규암은 송인수(宋麟壽)의 호이고 천곡은 송상현(宋象賢)의 호이다. 송인수는 을사사화(乙巳士禍) 때 탄핵을 받고 사사(賜死)되었고 송상현은 임진왜란 때 동래 부사(東萊府使)로서 동래성을 지키다 전사하였다. 송인수의 묘소는 충청도 문의(文義)에 있고 송상현의 묘소는 청주(淸州)에 있었으므로 당시 충청 감사로 있던 민유중이 이들 무덤의 석물을 갖추고자 한 것이다. 《宋子大全隨箚 卷7》

319 쌍수비(雙樹碑)의 글 : 569쪽 주309 참조.

민지숙에게 보냄 기유년(1669, 현종10) 1월
與閔持叔 己酉正月[320]

동성(同姓)인데 본관이 다르다는 핑계를 대고 혼인하는 것은 실로 오랑캐의 풍속입니다. 이에 대해 성상께서 과단성 있게 금지하셨으니[321] 매우 성대한 거조입니다만, 시속의 기강이 매우 문란하니 어찌 제대로 받들어 따르겠습니까. 특별히 성상의 뜻을 거론하면서 엄하고 분명하게 신칙(申飭)하도록 하는 것이 어떻겠습니까?

신덕왕후(神德王后)의 일[322]은 일의 체모가 심대합니다. 그러나 오

320 己酉正月 : 대본에는 '戊申十一月'로 되어 있는데, 《현종개수실록(顯宗改修實錄)》과 《승정원일기》 현종 10년 1월 4일 기사에 근거하여 바로잡았다. 편지에 나오는, 본관이 다르더라도 동성일 경우 혼인을 금한다는 명이 내려진 것과 신덕왕후 강씨(康氏)를 종묘에 배향하기를 청한 일 등은 모두 무신년(1668) 11월이 아니라 기유년(1669) 1월 4일의 일이기 때문이다.

321 동성(同姓)인데……금지하셨으니 : 1669년 1월 4일 양심합(養心閤)에서 소대(召對)하고 《심경(心經)》을 강하는 자리에서 송시열이 이 일을 아뢰어 현종의 윤허를 받았다. 《顯宗改修實錄 10年 1月 4日》《承政院日記 顯宗 10年 1月 4日》

322 신덕왕후(神德王后)의 일 : 신덕왕후를 왕후로 복위시켜 종묘에 배향하는 일을 말한다. 신덕왕후는 태조 이성계의 두 번째 부인이다. 이성계가 즉위하자 현비(顯妃)에 책봉되었고 자신의 아들 이방석(李芳碩)을 세자로 세우는 과정에서 이방원과 갈등을 빚으면서 이후 화병으로 사망하여 황화방(皇華坊)의 정릉(貞陵)에 묻혔다. 이방원이 즉위하자 후궁으로 격하되었고 무덤도 경기 양주(楊州), 즉 지금의 성북구 정릉동으로 이장하였다. 이후 1669년 1월 4일의 소대에서 송시열이 신덕왕후의 능을 보수하고 종묘에 배향하기를 청하였는데, 현종은 정릉의 수리는 허락하였으나 종묘의 배향은 윤허하지 않았다. 《顯宗改修實錄 10年 1月 4日》《承政院日記 顯宗 10年 1月 4日》

늘에 와서 바꾸어 올바르게 귀결시킨다면 명분이 바르게 되고 말이 사리에 맞게 될 것입니다. 이미 묘소를 수리하라는 명이 있었으니[323] 만약 조정이 협동한다면 배향(配享)도 어렵지 않을 것입니다.[324]

323 묘소를……있었으니 : 《승정원일기》 현종 10년 1월 4일 기사에 보인다.

324 조정이……것입니다 : 조정의 신하들이 이후로도 계속 신덕왕후의 종묘 배향을 아뢰었으나 현종이 윤허하지 않다가 1669년 8월 5일에야 마침내 윤허하였다. 《承政院日記 顯宗 10年 8月 5日》

민지숙에게 답함 무신년(1668, 현종9) 11월
答閔持叔 戊申十一月

이렇게 멀리서 보내 주신 편지를 받으니 마치 대면한 것 같아 매우 위로가 됩니다. 이번에 제가 다시 명기(名器)를 욕되게 하였는데,[325] 이는 또 행조(行朝)에서 면유(面諭)하시던 뜻과는 다릅니다.[326] 그래서 부득이 단공책(檀公策)[327]을 쓰려고 하는데 어떤지 잘 모르겠습니다.

쌍수(雙樹)는 주필(駐蹕)이라는 말로 고쳤고 또 대(臺)가 정(亭)이라는 말보다는 나으니, 다시 참작하여 처리하시기에 달려 있다 하겠습니다.[328] 기문(記文)의 끝부분에 있는 말은 그다지 찬양하는 뜻이 아니니 그대로 두더라도 무방합니다만, 반드시 고치려고 한다면 별지에서 말씀하신 대로 해도 불가할 것은 없습니다.

묘표(墓表)의 비액(碑額)을 써서 보내니 역시 취사를 어떻게 하실지

325 이번에……하였는데 : 1668년 11월 26일에 송시열이 다시 우의정에 제수된 것을 말한다. 《顯宗實錄 9年 11月 26日》

326 행조(行朝)에서……다릅니다 : 1668년 9월에 현종이 온양(溫陽) 온천의 행궁(行宮)에서 송시열과 만났을 때, 도성에 함께 올라가는 것을 분명하게 이행할 경우 우의정의 직임을 체차해 주겠다고 했던 약속을 현종이 지키지 않고 이제 와서 다시 우의정에 제수했다는 말이다. 자세한 내용은 571쪽 주314 참조.

327 단공책(檀公策) : 상황이 불리할 때 달아나는 계책을 말한다. 단공(檀公)은 유송(劉宋) 때의 장군 단도제(檀道濟)인데, 그가 만든 서른여섯 계책 중 마지막 계책인 삼십육계는 전세가 불리하면 달아나는 계책이다. 《南史 王敬則列傳》

328 쌍수(雙樹)는……하겠습니다 : 쌍수정(雙樹亭)이라는 이름을 주필대(駐蹕臺)로 고치는 것이 어떻겠느냐는 말이다. 쌍수에 대한 내용은 569쪽 주309 참조.

에 달려 있습니다. 전적부군(典籍府君)의 묘표는 추후에 올릴 계획입니다. 이른바 장적(帳籍)에 누락되어 있다는 것은 회덕(懷德)에서 소란을 일으켜 옥에 갇힌 자를 말한 것입니다. 이만 줄입니다.

민지숙에게 답함 무신년(1668, 현종9) 12월
答閔持叔 戊申十二月

보내 주신 편지의 말씀은 삼가 잘 알았습니다. 일전에 형세가 곤란하고 급박하여 지레 한강을 건넜으나 또 고향으로 돌아가지도 못하고 한강 밖에서 머뭇거리고 있으니,[329] 낭패스러운 상황을 무슨 말로 표현하겠습니까. 오직 -원문 빠짐- 산의 적막하고 쓸쓸한 이곳에 주상이 집사의 중씨(仲氏)인 탁지(度支)를 보내어[330] 하룻밤을 함께 자게 함으로써 우울하고 답답한 마음을 크게 풀어 주셨으니 성은이 더욱더 망극하다 하겠습니다.

주필대(駐蹕臺)의 글[331]과 묘표의 비액(碑額)은 일찍이 돌아가는 인편에 부쳤는데, 찬자(撰者)와 글씨 쓴 이를 전자(篆字)로 쓸 때 '신(臣)' 자를 붙이는 것은 규례에 의거하면 당연이 그렇게 해야 하지만, 다만 음기(陰記)는 문체가 다르기 때문에 꼭 그럴 필요는 없을 것입니다. 이 사람은 부득이할 경우 다시 도성에 들어가는 것을 면치 못할 듯하

329 일전에……있으니 : 송시열은 1668년 11월 16일에 소대에 입시했다가 물러 나와 동교(東郊)에 머물고 있었는데, 11월 26일에 현종이 다시 우의정에 제수하는 명을 내리자, 상소를 남겨 두고 떠나서는 곧바로 한강을 건너 광주(廣州) 궁촌(宮村)으로 물러 나왔다. 《宋子大全 附錄 卷5 年譜》

330 주상이……보내어 : 송시열이 1668년 12월 1일에 재차 사직 상소를 올리자, 2일에 현종은 특별히 민정중(閔鼎重)을 보내어 유지를 내리고 거듭 머무르기를 권하였다. 당시에 민정중이 호조 판서였기 때문에 탁지라고 한 것이다. 《宋子大全 附錄 卷5 年譜》

331 주필대(駐蹕臺)의 글 : 569쪽 주309, 576쪽 주328 참조.

니, 모든 일을 충분히 생각하여 가르침을 주시기 바랍니다. 이만 줄입니다.

민지숙에게 답함 무신년(1668, 현종9) 12월
答閔持叔 戊申十二月

이제 막 이전 편지에 답장을 하였는데 방금 또다시 편지를 받으니 위로되고 기쁜 마음을 금할 길이 없습니다. 제가 신중하게 벼슬을 사양한 것은 실로 이런저런 일들이 있어서인데 외부 사람들에게 말하기가 곤란하니[332] 직접 대면할 때를 기다려 진달하도록 하겠습니다. 현재 저는 상소를 작성하여 남쪽으로 돌아가는 것을 허락해 달라고 청하고 이어 대략이나마 아뢴 것이 있는데 비답이 내려오면 거취를 결정할 수 있을 것입니다.[333]

영감은 임기 만료가 이미 가까웠는데 잉임(仍任)되었으니, 회양(淮陽)에서 10년간 재임한 것 역시 어찌 장유(長孺)에게 합당한 일이었겠습니까.[334] 양전(量田)하는 정사가 중하다고는 하나 내직(內職)에 비하

332 제가……곤란하니 : 1668년 12월 2일에 현종은 특별히 송시열에게 민정중(閔鼎重)을 보내어 유지를 내리고 거듭 머물러 주기를 권하였는데, 그 자리에서 송시열은 우의정을 맡을 수 없는 이유 두 가지를 말하였다. 하나는 청나라에서 알면 번거로운 일이 생긴다는 것이었고 또 하나는 삼공(三公)의 직임은 자신의 능력으로 감당할 수 없다는 것이었다. 《宋子大全 附錄 卷5 年譜》

333 현재……것입니다 : 1668년 12월 3일에 송시열은 재차 우의정을 사직하는 상소를 올려 현종의 허락을 받았고 이어 판중추부사에 제수된 뒤에도 다시 고향으로 돌아가게 해 달라는 상소를 올렸다. 《宋子大全 附錄 卷5 年譜》《承政院日記 顯宗 9年 12月 13日, 14日, 17日》

334 영감은……일이었겠습니까 : 장유는 한 무제(漢武帝) 때 직간으로 유명했던 신하 급암(汲黯)의 자이다. 그는 내직에 있고 싶어 했으나 무제가 그를 누워서도 잘 다스

면 차이가 있습니다. 만약 제가 조정에 있었다면 결코 그냥 지나치지 않았을 것이고 다만 후임자를 찾는 일에 신중을 기했을 것입니다. 남운로(南雲路 남구만(南九萬))와 이이중(李彝仲 이민서(李敏敍)) 역시 외직에 있어서는 안 되고, 이계우(李季羽)[335]는 끝내 조정에 편안하게 있을 수 없으니 이 사람이 어떻습니까? 다만 백성을 다스리는 수령으로서의 능력이 어떤지는 알 수 없으니 그렇다던 차라리 중우(仲羽)가 더 낫지 않겠습니까.[336] 부디 은밀하게 이에 대한 의견을 주시기 바랍니다.

다만 오늘날의 사세로 볼 때 강한 처방약을 쓰지 않으면 결코 부지되거나 구제될 가망이 없는데 지금의 분위기는 모두 목전의 일만 고식적으로 처리하고 있습니다. 이렇게 되면 결국 다 구렁텅이에 빠지게 될 것이니 한심하다 하겠습니다. 판교(板橋)[337]에서 소란을 일으킨 사람은 듣자니 장적(帳籍)에서 누락되어 있는 자라고 합니다. 법에 의거하여 처리하면 양민에게 끼치는 피해를 아울러 없앨 수 있을 것입니다.

리는 명망 있는 인물이라 하여 회양 태수(淮陽太守)로 임명하는 바람에 10년 동안 회양에 있다가 끝내 돌아오지 못하고 임지에서 죽었다. 《史記 汲黯列傳》 당시 충청 감사로서 임기 만료를 앞두고 있는 민유중에게 양전이 끝날 때까지 감사의 직임을 잉임하고 균전사(均田使)를 겸임하도록 명하였기 때문에 송시열이 급암의 사례를 들어 그 조처가 합당하지 않음을 말한 것이다. 《承政院日記 顯宗 9年 12月 18日, 20日》

335 이계우(李季羽) : 이익(李翊, 1629~1690)으로, 계우는 그의 자이다. 본관은 우봉(牛峯), 호는 농재(農齋)이다. 이상(李翔)과 이숙(李䎘)의 아우이며 송시열의 문인이다.

336 중우(仲羽)가……않겠습니까 : 중우는 이숙의 자이다. 호는 일휴정(逸休亭)이며 송시열의 문인이다. 이 편지에서 송시열의 추천이 있은 뒤 이숙은 실제로 1669년 2월 5일에 충청 감사에 제수된다. 《顯宗實錄 10年 2月 5日》

337 판교(板橋) : 충청도 회덕(懷德)의 마을 이름이다.

민지숙에게 답함 무신년(1668, 현종9) 12월
答閔持叔 戊申十二月

연이어 답장을 보냈으니 차례로 받아 보시리라 생각하는데 이제 또 13일에 보내신 편지를 받으니 자못 나그네의 시름에 위로됩니다. 저는 바야흐로 봉은사(奉恩寺)에 이르러 벗들과 대화를 나누다 보니 조금 늦어졌지만 저도(楮島)[338]에 유람 갔다가 이어 도성 안으로 향하려고 하는데 아직도 주저되는 마음은 없지 않습니다.

서성(鋤城)은 참으로 매우 빼어난 하나의 큰 길지라고 할 수 있습니다. 당초에 이계현(李啓賢)과 그곳에 가서 묏자리를 점쳤는데 실로 훗날 성곽을 쌓을 염려가 있었기 때문에 제쳐 두었습니다. 성곽을 쌓을 형세로는 이보다 더 좋은 곳이 없는데 아직까지도 매몰되어 있으니 참으로 애석하다 하겠습니다. 그곳은 장지(葬地)로서의 관점에서 말하더라도 거칠고 사나운 기운은 조금 있으나 산 위의 퇴사(退卸)[339]가 매우 기이하고 또 수구(水口)[340]의 쏟아지는 기세가 다른 데에는 없는 독특한 곳입니다. 다만 집사께서 지금 택한 곳이 정확히 어디에 위치하는지는 잘 모르겠습니다. 이만 줄입니다.

338 저도(楮島) : 경기 광주(廣州) 남한강 유역의 섬으로 봉은사에서 1리쯤 떨어진 곳에 있는데, 절경으로 이름이 높았다. 저자도(楮子島)라고도 한다. 《東國輿地志 卷2 京畿左道 廣州鎭 廣州牧》

339 퇴사(退卸) : 풍수지리 용어로, 기맥이 물러나서 풀어 헤쳐진 변화가 있는 형세를 말한다. 퇴사가 많으면 많을수록 힘이 있어 명당으로 친다고 한다.

340 수구(水口) : 풍수지리 용어로, 골짜기에서 흐르는 물이 멀리 돌아 흘러서 하류가 보이지 않는 땅을 말한다. 좋은 혈(穴)을 이루는 조건의 하나로 꼽힌다.

민지숙에게 답함
答閔持叔

지난달 27일에 보내신 편지를 오늘 낮에 받았는데 사람의 마음과 눈을 모두 다 열리게 하였으니 위로되는 마음을 이루 말로 다 할 수 없습니다. 저는 성상의 하교에 압박을 받은 데다 중씨(仲氏)의 정중한 뜻을 차마 저버릴 수 없어 다시 대궐 문으로 들어갔는데, 한 번 성상을 면대한 뒤로는 추운 우거(寓居)에 칩거하여 닫아 있습니다.[341] 게다가 병이 계속 이어지는 관계로 정신이 거의 없는 상태라서 그대로 시골로 돌아가기를 결행하지 못한 것을 매우 후회하고 있습니다.

저는 성상의 은혜와 예우를 받기만 하고 아무런 계책도 내지 못했는데, 이는 실로 제가 평소 사람들에 대해 좋지 않게 여겼던 점입니다. 그럼에도 자신의 경우에는 이를 직접 범하고 있으니 비록 자공(子貢)의 말주변이 있다 하더라도 어떻게 사람들에게 스스로 해명할 수 있겠습니까. 이로 인해 실의에 빠져 있다 보니 매번 떨치고 돌아가려는 생각이 들 때마다 끝내 숨길 수 없을까 두렵습니다.

송 도사(宋都事)의 일이 끝내 이루어진다면 얼마나 다행이고 다행이

341 저는……있습니다 : 1668년(현종9) 11월 26일에 우의정에 제수된 이후로 송시열이 계속 사직 상소를 올리자, 현종은 연달아 승지와 사관을 보내어 전유하면서 나오기를 압박하였고, 12월 2일에는 특별히 민유중의 중씨인 호조 판서 민정중(閔鼎重)을 보내어 거듭 나와 주기를 권하였다. 이에 송시열은 3일에 다시 상소를 올려 우의정의 사직을 허락받고 판중추부사를 제수받은 뒤에 12월 19일에 양심합(養心閤)에 나와 현종을 알현하였다. 《宋子大全 附錄 卷5 年譜》

겠습니까. 저의 일을 우선 천천히 하라는 것은 누차 공을 번거롭게 하는 것이 도리에 해가 되어서입니다. 감사의 3년 임기는 실로 바꿀 수 없는 의론인데 매번 행해지지 않으니 매우 탄식할 일입니다.[342] 나머지는 일일이 다 말씀드리지 못합니다.

342 감사의……일입니다 : 조선 시대에 감사의 임기를 3년으로 하고 임기가 만료되면 거관(去官)하는 제도인 삼기법(三期法)이 있었으나 실제로는 잘 지켜지지 않았다. 당시 민유중은 충청 감사로서 임기 만료를 앞두고 있었는데, 양전(量田)이 끝날 때까지 감사의 직임을 잉임(仍任)하라는 명이 내려왔기 때문에 이렇게 말한 것이다.《承政院日記 顯宗 9年 12月 18日, 20日》

지은이 **송시열(宋時烈)**

1607(선조40)~1689(숙종15). 자는 영보(英甫), 호는 우암(尤菴)·우재(尤齋)·파옹(巴翁)·화양동주(華陽洞主) 등이며, 시호는 문정(文正), 본관은 은진(恩津)이다. 부친은 송갑조(宋甲祚)이고, 모친은 선산 곽씨(善山郭氏)이다. 사계(沙溪) 김장생(金長生)과 신독재(愼獨齋) 김집(金集)을 사사하여 기호학파의 종장(宗匠)이자 노론의 영수로 활동하면서 조선 후기 학문과 정치에 큰 발자취를 남겼다. 효종의 즉위 이후 청나라에 대한 복수설치(復讎雪恥)를 역설한《기축봉사(己丑封事)》를 올려 북벌론을 제시하였고, 학문적으로는 주자성리학을 정통으로 삼아 남인 학자인 윤휴(尹鑴)와 대립하였다. 이후 남인, 소론과 갈등이 깊어지다가 효종의 천릉(遷陵), 왕실 복제를 둘러싼 예송(禮訟)으로 논핵을 받아 삭탈관직되고 덕원(德源), 장기(長鬐), 거제도(巨濟島)에서 유배 생활을 하였다. 1689년 원자 책봉 문제로 제주(濟州)에 유배되었다가 서울로 압송되던 중 정읍(井邑)에서 사사(賜死)되었다. 1756년(영조32) 문묘(文廟)에 배향되고 영의정에 추증되었다. 저서로《송자대전》,《주자대전차의(朱子大全箚疑)》,《정서분류(程書分類)》,《주자어류소분(朱子語類小分)》,《논맹혹문정의통고(論孟或問精義通考)》 등이 있다.

옮긴이 **이기찬(李基璨)**

1963년 경북 예천에서 태어났다. 성균관대학교 국문학과를 졸업하고, 성균관대학교 한문고전번역 석·박사 통합과정을 수료했다. 민족문화추진회 국역연수원 연수부와 상임연구부 과정을 마쳤다. 한국고전번역원에 재직 중이다. 번역서로는《매천집》,《명재유고》,《승정원일기》,《일성록》,《교감학개론》 등이 있다.

송자대전 13

송시열 지음 | 이기찬 옮김

2024년 12월 31일 초판 1쇄 발행

발행인 김언종 | 발행처 한국고전번역원
등록 2008. 3. 12. 제25100-2018-000049호
주소 (03310) 서울시 은평구 진관1로 85
전화 02-350-4800 | 팩스 02-350-4994 | 홈페이지 www.itkc.or.kr

연구총괄 정동화 | 연구책임 장희성 | 연구기획 강지원 | 자문 정선용

책임편집 이선주 | 편집진행 조은지 서윤이
교정 서세영 송숙희 유정님 | 조판 김지현 정효진 | 제작 조은지
디자인 씨디자인 | 인쇄 대유기획인쇄

값 20,000원
ISBN 978-89-284-1139-9 94810
978-89-284-0619-7 (세트)